市场营销实务

(第2版)

主　编　张青辉
副主编　陈　杰　赵　娟　郭少军
参　编　李小凤　张　璐

北京理工大学出版社
BEIJING INSTITUTE OF TECHNOLOGY PRESS

版权专有　侵权必究

图书在版编目（CIP）数据

市场营销实务/张青辉主编． —2 版． —北京：北京理工大学出版社，2018.2
(2020.3 重印)

ISBN 978 – 7 – 5682 – 5296 – 6

Ⅰ. ①市… Ⅱ. ①张… Ⅲ. ①市场营销学 – 高等学校 – 教材 Ⅳ. ①F713.50

中国版本图书馆 CIP 数据核字（2018）第 027023 号

出版发行 / 北京理工大学出版社有限责任公司

社　　址 / 北京市海淀区中关村南大街 5 号

邮　　编 / 100081

电　　话 / (010) 68914775（总编室）

　　　　　 (010) 82562903（教材售后服务热线）

　　　　　 (010) 68948351（其他图书服务热线）

网　　址 / http：//www.bitpress.com.cn

经　　销 / 全国各地新华书店

印　　刷 / 三河市华骏印务包装有限公司

开　　本 / 787 毫米 × 1092 毫米　1/16

印　　张 / 17.5　　　　　　　　　　　　　　　　　　责任编辑 / 陈　玉

字　　数 / 411 千字　　　　　　　　　　　　　　　　文字编辑 / 李玉昌

版　　次 / 2018 年 2 月第 2 版　2020 年 3 月第 3 次印刷　责任校对 / 周瑞红

定　　价 / 43.00 元　　　　　　　　　　　　　　　　责任印制 / 边心超

图书出现印装质量问题，本社负责调换

前　言

　　本书是高职教育创新发展带动下的创新型教材，作者通过对高职教育教学规律的深入研究，结合多年积累的教学经验，在借鉴国内外大量的资料和最新科研成果的基础上，以任务导向为主线对教材进行编排。本书的特点比较突出：

　　(1) 以任务导向编排教材内容。引导学生完成任务获得专项技能，提高学生的参与度。

　　(2) 提供慕课与微课资源。在每个任务开头和结尾都以二维码的形式提供了与课程内容有关的慕课、微课以及众多的公开课，为学生提供丰富的课程资源，保障学习效果。

　　(3) 增加创业营销内容。为提升学生创业能力，围绕创业的机会、包装、推介等活动进行介绍，吸取了营销学、创业学、投资学等多学科的知识和技能。

　　(4) 采用校企合作形式开发教材。企业兼职教师参与教材的编制，并提供了宝贵建议，使教材的任务非常贴近企业工作实际，具有很强的可操作性。

　　本书由张青辉任主编，陈杰、赵娟、郭少军任副主编，李小凤、张璐参与编写。张青辉编写大纲和最终修改定稿。各项任务及执笔人分别为：任务一、任务三、任务十由张青辉编写，任务二、任务四由陈杰编写，任务六、任务七由赵娟编写，任务五、任务九由李小凤编写，任务八由郭少军编写，任务十一由张璐编写，任务十二由郭少军、张青辉编写。

　　本书编写过程中得到创维集团呼市分公司、宜齐商城、永盛成超市的大力支持，不仅提出很好的意见和建议，也提供了很多的素材和案例。本书在编写过程中，参考了诸多著作、教材、论文，借鉴了国内外专家和学者研究成果，还使用了大量网络信息、自媒体案例，有些已经在文中或参考文献中注明出处，有些由于多种原因或个人疏忽而没有列出来。在此，一并表示衷心的感谢。

　　由于作者的水平有限，书中难免有疏漏和不妥之处，敬请读者批评指正，以便我们进一步修改和完善。

目 录

任务一　走入营销 ……………………………………………………………………（1）
　　任务 1.1　认识市场和营销 ………………………………………………………（2）
　　　　1.1.1　市场 ……………………………………………………………………（2）
　　　　1.1.2　市场营销 ………………………………………………………………（3）
　　任务 1.2　树立现代市场营销观念 ………………………………………………（5）
　　　　1.2.1　市场营销观念的演变过程 ……………………………………………（5）
　　　　1.2.2　市场营销理论的变革和发展 …………………………………………（8）
　　　　1.2.3　市场营销的新形势 ……………………………………………………（9）

任务二　分析市场营销环境 ………………………………………………………（14）
　　任务 2.1　了解市场营销环境 ……………………………………………………（14）
　　　　2.1.1　市场营销环境含义 ……………………………………………………（15）
　　　　2.1.2　市场营销环境的特点 …………………………………………………（15）
　　　　2.1.3　市场营销环境的类型 …………………………………………………（15）
　　　　2.1.4　市场营销环境的特征 …………………………………………………（16）
　　任务 2.2　分析市场营销环境——宏观环境构成 ………………………………（17）
　　　　2.2.1　人口环境 ………………………………………………………………（17）
　　　　2.2.2　经济环境 ………………………………………………………………（19）
　　　　2.2.3　政治和法律环境 ………………………………………………………（21）
　　　　2.2.4　社会文化环境 …………………………………………………………（21）
　　　　2.2.5　自然环境 ………………………………………………………………（22）
　　　　2.2.6　科技环境 ………………………………………………………………（23）
　　任务 2.3　分析市场营销环境——微观环境构成 ………………………………（24）
　　　　2.3.1　市场营销渠道 …………………………………………………………（25）
　　　　2.3.2　顾客 ……………………………………………………………………（26）
　　　　2.3.3　竞争对手 ………………………………………………………………（26）

2.3.4　公众 …………………………………………………………………… (27)
　任务 2.4　掌握市场营销环境分析策略 …………………………………………… (27)
　　2.4.1　SWOT 分析法 ………………………………………………………… (28)
　　2.4.2　市场机会和威胁 ……………………………………………………… (28)
　　2.4.3　应对机会和威胁的营销对策 ………………………………………… (30)

任务三　开展市场调研与预测 …………………………………………………… (33)

　任务 3.1　制订调研方案 …………………………………………………………… (34)
　　3.1.1　明确调研目标 ………………………………………………………… (35)
　　3.1.2　确定调研对象和调研单位 …………………………………………… (35)
　　3.1.3　确定调研项目 ………………………………………………………… (35)
　　3.1.4　确定调研时间与地点 ………………………………………………… (35)
　　3.1.5　确定市场调研的形式 ………………………………………………… (36)
　　3.1.6　选择调研方法 ………………………………………………………… (37)
　　3.1.7　设计调研表 …………………………………………………………… (38)
　　3.1.8　调研资料的整理和分析方法 ………………………………………… (39)
　　3.1.9　确定提交报告的方式 ………………………………………………… (40)
　任务 3.2　组织实施调研 …………………………………………………………… (41)
　　3.2.1　制订调研工作计划 …………………………………………………… (41)
　　3.2.2　组织实地调研 ………………………………………………………… (42)
　任务 3.3　撰写调研报告 …………………………………………………………… (43)
　　3.3.1　设计市场调研报告的封面 …………………………………………… (44)
　　3.3.2　确定市场调研报告的目录 …………………………………………… (44)
　　3.3.3　确定市场调研报告的导语 …………………………………………… (45)
　　3.3.4　确定市场调研报告的主体内容 ……………………………………… (45)
　　3.3.5　确定市场调研报告的附录 …………………………………………… (46)
　任务 3.4　掌握市场预测的方法 …………………………………………………… (46)
　　3.4.1　市场预测的内容 ……………………………………………………… (47)
　　3.4.2　市场预测的基本方法 ………………………………………………… (48)

任务四　分析购买者市场 ………………………………………………………… (56)

　任务 4.1　认识与分析消费者市场与消费者心理 ………………………………… (56)
　　4.1.1　消费者市场及其特点 ………………………………………………… (57)
　　4.1.2　消费者购买行为类型 ………………………………………………… (58)
　　4.1.3　消费者购买行为 ……………………………………………………… (59)
　任务 4.2　分析理解消费者购买决策过程 ………………………………………… (63)
　　4.2.1　产生需求的原因 ……………………………………………………… (64)
　　4.2.2　收集信息的途径 ……………………………………………………… (64)
　　4.2.3　选择判断的方法 ……………………………………………………… (64)

  4.2.4 购买决策 …………………………………………………………………… (65)
  4.2.5 购后评价的方式 ……………………………………………………………… (65)
 任务 4.3 认识与分析生产者市场购买行为 ……………………………………………… (66)
  4.3.1 什么是产业市场 ……………………………………………………………… (67)
  4.3.2 产业市场的特点 ……………………………………………………………… (68)
  4.3.3 产业市场的购买决策参与者 ………………………………………………… (68)
  4.3.4 产业市场的购买类型 ………………………………………………………… (69)
  4.3.5 影响产业市场购买的主要因素 ……………………………………………… (69)
  4.3.6 产业购买者购买决策过程 …………………………………………………… (70)
 任务 4.4 认识与分析转卖者市场购买行为 ……………………………………………… (71)
  4.4.1 转卖者市场 …………………………………………………………………… (72)
  4.4.2 转卖者市场的特点 …………………………………………………………… (72)
  4.4.3 中间商购买行为类型及购买过程参与者 …………………………………… (73)
  4.4.4 中间商购买决策 ……………………………………………………………… (73)
 任务 4.5 认识与分析非营利组织市场购买行为 ………………………………………… (74)
  4.5.1 非营利组织市场 ……………………………………………………………… (75)
  4.5.2 非营利组织采购的基本原则和购买方式 …………………………………… (76)
  4.5.3 政府采购的类型及行为 ……………………………………………………… (76)

任务五 选择目标市场营销 …………………………………………………………… (83)
 任务 5.1 实施市场细分 ……………………………………………………………………… (83)
  5.1.1 市场细分的含义和作用 ……………………………………………………… (84)
  5.1.2 市场细分的依据和步骤 ……………………………………………………… (86)
  5.1.3 市场细分的标准 ……………………………………………………………… (87)
 任务 5.2 确定目标市场 ……………………………………………………………………… (89)
  5.2.1 目标市场的含义 ……………………………………………………………… (89)
  5.2.2 选择目标市场的条件 ………………………………………………………… (90)
 任务 5.3 选择目标市场 ……………………………………………………………………… (90)
  5.3.1 目标市场的主要策略 ………………………………………………………… (91)
  5.3.2 如何选择目标市场策略 ……………………………………………………… (92)
 任务 5.4 明确市场定位 ……………………………………………………………………… (93)
  5.4.1 市场定位的含义 ……………………………………………………………… (93)
  5.4.2 市场定位策略 ………………………………………………………………… (94)
  5.4.3 市场定位的方法 ……………………………………………………………… (94)

任务六 掌握产品与服务策略 ………………………………………………………… (98)
 任务 6.1 熟悉产品策略 ……………………………………………………………………… (99)
  6.1.1 整体产品的概念、构成、意义 ……………………………………………… (99)
  6.1.2 产品的分类 …………………………………………………………………… (101)

任务 6.2　掌握产品组合策略 …………………………………………………… (101)
　6.2.1　产品组合及其相关概念 …………………………………………… (102)
　6.2.2　优化产品组合的分析 ………………………………………………… (103)
　6.2.3　产品组合策略的调整 ………………………………………………… (104)
任务 6.3　掌握产品市场生命周期策略 ………………………………………… (105)
　6.3.1　产品市场生命周期的概念 …………………………………………… (105)
　6.3.2　产品市场生命周期各阶段的特征和营销策略 ……………………… (106)
任务 6.4　了解新产品开发策略 ………………………………………………… (109)
　6.4.1　新产品的概念 ………………………………………………………… (109)
　6.4.2　新产品开发的意义 …………………………………………………… (110)
　6.4.3　新产品开发的方式 …………………………………………………… (111)
　6.4.4　新产品开发的程序 …………………………………………………… (112)
任务 6.5　了解商标、包装及服务策略 ………………………………………… (114)
　6.5.1　商标策略及相关内容 ………………………………………………… (115)
　6.5.2　包装策略及相关内容 ………………………………………………… (118)
　6.5.3　服务策略及相关内容 ………………………………………………… (120)

任务七　研究价格制订与价格策略 …………………………………………… (128)

任务 7.1　了解价格 ……………………………………………………………… (129)
　7.1.1　价格的含义 …………………………………………………………… (129)
　7.1.2　影响定价的主要因素 ………………………………………………… (129)
　7.1.3　价格决策过程 ………………………………………………………… (134)
任务 7.2　掌握定价的一般方法 ………………………………………………… (136)
　7.2.1　成本导向定价法 ……………………………………………………… (136)
　7.2.2　需求导向定价法 ……………………………………………………… (140)
　7.2.3　竞争导向定价法 ……………………………………………………… (141)
任务 7.3　了解定价的基本策略 ………………………………………………… (143)
　7.3.1　新产品定价策略 ……………………………………………………… (144)
　7.3.2　细分定价策略 ………………………………………………………… (146)
　7.3.3　产品生命周期定价策略 ……………………………………………… (146)
　7.3.4　心理定价策略 ………………………………………………………… (147)
　7.3.5　折扣定价策略 ………………………………………………………… (148)
任务 7.4　掌握价格变动反应及价格调整方法 ………………………………… (150)
　7.4.1　企业降价与提价策略 ………………………………………………… (150)
　7.4.2　掌握价格变动的反应 ………………………………………………… (152)

任务八　分析分销渠道策略 …………………………………………………… (158)

任务 8.1　分析分销渠道 ………………………………………………………… (159)
　8.1.1　分销渠道 ……………………………………………………………… (159)

  8.1.2 分销渠道流程 ……………………………………………………………… (160)
  8.1.3 分销渠道的模式及层次 ………………………………………………… (161)
 任务8.2 了解分销渠道的分类与策略 ……………………………………………… (163)
  8.2.1 分销渠道的类型 ………………………………………………………… (163)
  8.2.2 分销渠道策略的分析 …………………………………………………… (164)
  8.2.3 影响分销渠道选择的因素的分析 ……………………………………… (166)
  8.2.4 分销渠道管理策略的研究 ……………………………………………… (168)
 任务8.3 熟悉中间商 ………………………………………………………………… (171)
  8.3.1 代理商和经纪商 ………………………………………………………… (171)
  8.3.2 批发商 …………………………………………………………………… (172)
  8.3.3 零售商 …………………………………………………………………… (173)
 任务8.4 进行实体分配 ……………………………………………………………… (175)
  8.4.1 实体分配的含义与功能 ………………………………………………… (176)
  8.4.2 实体分配的内容 ………………………………………………………… (176)

任务九 实施促销策略 …………………………………………………………… (182)

 任务9.1 了解促销与策略组合 ……………………………………………………… (182)
  9.1.1 促销的概念 ……………………………………………………………… (183)
  9.1.2 促销组合的基本策略 …………………………………………………… (184)
  9.1.3 促销策略的选择 ………………………………………………………… (185)
 任务9.2 分析人员推销 ……………………………………………………………… (185)
  9.2.1 人员推销的含义 ………………………………………………………… (186)
  9.2.2 人员推销的特点 ………………………………………………………… (186)
  9.2.3 人员推销的职能 ………………………………………………………… (187)
  9.2.4 人员推销的基本形式 …………………………………………………… (187)
  9.2.5 推销人员的业务要求 …………………………………………………… (188)
  9.2.6 人员推销的策略 ………………………………………………………… (190)
 任务9.3 了解广告 …………………………………………………………………… (191)
  9.3.1 广告的定义 ……………………………………………………………… (191)
  9.3.2 广告的作用 ……………………………………………………………… (191)
  9.3.3 广告的种类 ……………………………………………………………… (192)
  9.3.4 四大媒体广告的特性及选择 …………………………………………… (193)
  9.3.5 网络广告 ………………………………………………………………… (195)
  9.3.6 广告设计与语言形象 …………………………………………………… (197)
  9.3.7 广告效果测定 …………………………………………………………… (197)
 任务9.4 掌握营业推广 ……………………………………………………………… (198)
  9.4.1 营业推广的概念和作用 ………………………………………………… (198)
  9.4.2 营业推广的形式 ………………………………………………………… (199)
  9.4.3 企业进行营业推广时应考虑的因素 …………………………………… (202)

任务9.5 把握公共关系 (203)
9.5.1 公共关系的含义 (203)
9.5.2 公共关系的作用 (204)
9.5.3 企业常见的公共关系 (205)
9.5.4 企业公关活动的目标 (206)
9.5.5 公共关系的活动方式 (207)

任务十 认识网络营销 (210)
任务10.1 网络营销概述 (210)
10.1.1 网络营销概念 (211)
10.1.2 网络营销内涵 (212)
10.1.3 网络营销特征 (212)
10.1.4 网络营销内容 (213)
任务10.2 理解网络营销的理论 (215)
10.2.1 理解直复营销理论 (215)
10.2.2 关系营销理论 (216)
10.2.3 软营销理论 (216)
10.2.4 整合营销理论 (217)
10.2.5 一对一营销理论 (218)
10.2.6 体验营销理论 (218)
任务10.3 分析网络营销环境 (219)
10.3.1 宏观环境 (220)
10.3.2 微观环境 (221)
任务10.4 分析网络营销战略 (223)
10.4.1 网络营销战略 (224)
10.4.2 网络营销战略模式 (225)
10.4.3 实施与控制网络营销战略规划 (226)

任务十一 市场营销管理 (229)
任务11.1 了解市场营销计划 (229)
11.1.1 市场营销活动的内容 (230)
11.1.2 市场营销计划的编制与执行 (232)
任务11.2 了解市场营销组织 (232)
11.2.1 市场营销组织概述 (232)
11.2.2 市场营销人员的组织和管理的分析 (235)
任务11.3 进行市场营销管理 (236)
11.3.1 年度计划控制 (237)
11.3.2 赢利能力控制 (239)
11.3.3 效率控制 (240)

11.3.4 战略控制 ……………………………………………………………… (241)

任务十二 学习创业营销 …………………………………………………… (246)

任务12.1 识别与启动创业项目 ……………………………………… (247)
12.1.1 准备创业 …………………………………………………………… (248)
12.1.2 识别创业机会 ……………………………………………………… (249)
12.1.3 启动创业项目 ……………………………………………………… (251)

任务12.2 策划与包装创业项目 ……………………………………… (252)
12.2.1 策划创业项目 ……………………………………………………… (253)
12.2.2 包装创业项目 ……………………………………………………… (254)
12.2.3 撰写创业计划书 …………………………………………………… (256)

任务12.3 推介与路演创业项目 ……………………………………… (259)
12.3.1 推介创业项目 ……………………………………………………… (259)
12.3.2 路演创业项目 ……………………………………………………… (260)

参考文献 …………………………………………………………………… (266)

走入营销

任务目标

完成以下任务，你应该能够：
1. 准确理解市场、市场营销等概念。
2. 树立现代市场营销观念。

任务导入

让销售变得多余
——营销大师菲利普·科特勒谈营销

什么叫市场营销？是能说会道挨家挨户上门推销吗？还是设计玉米片的包装？或是用免费玩具吸引你买欢乐套餐？或是购物时给你积分卡？

菲利普·科特勒说："人们经常把市场营销和销售混为一谈。彼得·德鲁克的《经营权威》里面有一段著名的话说得好，'市场营销的目标是让销售变成多余'——这就是说，如果你真能找到没有被满足的需求并做好满足需求的工作，你就不用在销售上下太多工夫。"

换句话说，市场营销的目的不是像在50年前或100年前那样为了把已经生产的产品销售出去。相反，制造产品是为了支持市场营销。一家公司可以在外面采购所需的产品，但使其繁荣的却是市场营销的理念和做法。公司其他职能——制造、研发、采购和财务——都是为了支持公司的运作而存在的。

菲利普·科特勒说："市场营销最简短的解释是：发现还没有被满足的需求并满足它。这是一个整体思维体系，你的成功不是跟着干别人已经干成功的事，而是找到人们想买却只有你能卖的东西。"

菲利普·科特勒还提出，已经被推动的市场和推动中的市场是不一样的。

任务 1.1　认识市场和营销

任务提示

本项任务将引领你从营销的角度认识市场，并对什么是营销得出全面准确的理解。

任务情境

营销在生活中无处不在。企业需要营销，学校需要营销，医院需要营销，政治家需要营销，我们每一个人都需要营销。营销究竟是什么？企业 CEO 说："营销就是企业经营。"校长说："营销就是一切为学生服务。"医生说："营销就是赢得患者的信赖。"政治家说："营销就是选民的支持。"街边的小贩说："营销就是把东西卖出去呗。"的确，给营销一个准确的定义不是件容易的事情。不过不要紧，这些五花八门的说法已经勾勒出营销的轮廓，现在让我们一层层揭开她神秘的面纱。

1.1.1　市场

市场是一个古老的经济范畴，在其发展的历史长河中，形成了一个有多种含义的概念。

1. 市场的内涵

企业营销活动的重要舞台是市场，没有市场就没有营销活动的开展。因此，市场成为与市场营销联系最为紧密的一个概念，只有了解什么是市场，才能更好地理解什么是市场营销。

传统意义上的市场是指商品交换的场所，即买主和卖主发生交换活动的地点或地区，这是从空间形式上界定，市场是一个地理概念，也就是人们通常所说的"狭义市场"。

经济学指出，市场是指商品和劳务交换的场所、领域及其关系的总和。这是站在买卖双方交换关系的角度提出的"广义市场"的概念，是对市场所作的一般性、宏观性的理解。

管理学指出，市场是指供需双方在共同认可的一定条件下所进行的商品或劳务的交换活动。

市场营销学指出，市场是由一切具有特定欲望和需求并且愿意和能够以交换来满足这些需求的潜在顾客所组成。菲利普·科特勒指出："市场，这个术语有很多用法……对于一个市场营销人员来说，市场是购买或可能购买某些货物或劳务的所有人或所有企业单位。"市场营销学从企业或卖主的角度来理解市场的含义。

从销售的角度来说，市场包括三个要素：人口、购买力和购买欲望。用公式表示为

$$市场 = 人口 + 购买力 + 购买欲望$$

（1）人口：人口是构成市场最基本的条件。凡有人居住的地方，就有各种各样的物质和精神方面的需求，从而才可能有市场，没有人就不存在市场。

（2）购买力：购买力是消费者购买商品或劳务的支付能力。消费者的购买力是由消费

者的收入决定的。有支付能力的需求才是有意义的市场，所以购买力是构成消费市场的又一个重要因素。

（3）购买欲望：购买欲望是指消费者购买商品的动机、愿望或要求，是消费者把潜在购买力变成现实购买力的重要条件，因而也是构成市场的基本因素。人口再多，购买力水平再高，如果对某种商品没有需求的动机，没有购买商品的欲望，也形成不了购买行为，这个商品市场实际上也就不存在。从这个意义上讲，购买欲望是决定市场容量最有权威的因素。

市场的这三个要素相互制约，缺一不可，共同决定着市场的规模和容量。

2. 市场的分类

随着市场经济的发展、企业生产的进一步专业化，企业对市场的理解也因此而细化。按照营销活动的对象，可以把市场划分为消费品市场、生产资料市场、服务市场、资金市场、技术市场、劳动力市场和信息市场；按照购买者的性质和购买目的，可以把市场划分为消费者市场和组织市场；按照市场营销交易的方式，可以把市场分为现货市场和期货市场；按照市场所在的地理位置，可以把市场划分为国内市场和国际市场；按照市场的竞争程度，可以把市场划分为完全竞争市场、垄断竞争市场、寡头垄断市场和完全垄断市场。

1.1.2 市场营销

要全面准确地理解什么是市场营销，必须弄清楚其涉及的相互关联的几组概念。

1. 需要、欲望与需求

（1）需要是指人的某些需求没有得到满足的感受状态，是人类与生俱来的"基本需求"。这个基本需求是人类经济活动的起点，它存在于人本身的生理需要和自身状态之中，绝不是市场营销者能凭空创造的。如人们需要食品、空气、衣服等以求生存，还需要娱乐、教育和文化生活等。只有部分需要会上升到欲望。

（2）欲望是指人想得到上述基本需要的具体满足品的愿望，是个人受不同文化及社会环境影响表现出来的对基本需要的特定追求。如当一个美国人需要食品时，欲望是想得到一个汉堡包、一块法国烤肉和一杯可口可乐；一个中国人需要食品时，欲望是想得到一个馒头或一碗米饭和炒菜。营销人员无法创造人的基本需要，但可以采用各种营销手段来创造人的欲望，并开发及销售特定的服务或产品来满足这种欲望，但只有部分欲望上升为需求。

（3）需求是指人对于有能力购买并且愿意购买某个具体产品的欲望。当有购买力支持时，欲望即变为需求。如有许多人都想拥有一辆奔驰车，但只有少数人愿意并且能够购买，即只有少数人有购买奔驰车的需求。

将需要、欲望和需求加以区分，其重要意义在于阐明这样一些事实，即营销者无法创造需要，但可以影响欲望，并开发及销售特定的产品和服务来满足欲望。营销者总是通过各种营销手段来影响需求，并根据对需求的预测结果决定是否进入某一产品（服务）市场。

2. 产品

营销学中的产品是一个广义的概念，表述为能够用以满足人类某种需要或欲望的任何东西，有实物、劳务、活动、场所、思想等多种形式。一个厂家的产品越是与消费者的欲望相吻合，其在市场竞争中成功的可能性越大。

3. 价值

价值或称效用，是消费者对产品满足其各种需要的能力的评价。消费者通常根据对产品价值的主观评价和要支付的费用来作出购买决定。必须强调的是，真正决定产品价值的因素是一种产品或一项服务本身给人们所带来的极大满足，而不是生产成本。

4. 交换和交易

所谓交换，是指通过提供某种东西作为回报，从别人那里取得所需物品的行为。交换的发生，必须具备五个条件：① 至少有两方；② 每一方都有被对方认为是有价值的东西；③ 每一方都能沟通信息和传送物品；④ 每一方都可以自由接受或拒绝对方的产品；⑤ 每一方都认为与另一方进行交换是适当的或称心如意的。

交易是交换的基本组成单位，是交换双方之间的价值交换。交换是一种过程，在这个过程中，如果双方达成一项协议，就称之为发生了交易。

5. 市场营销

美国市场营销协会将市场营销定义为：市场营销是关于构思、货物和服务的设计、定价、促销和分销的规划与实施过程，目的是创造能实现个人和组织目标的交换。在交换双方中，如果一方比另一方更主动、更积极地寻求交换，则前者称为市场营销者，后者称为潜在顾客。

菲利普·科特勒认为，市场营销是个人或群体通过创造并同他人交换产品和价值以满足需求和欲望的一种社会和管理过程。

当前大家比较接受的定义为：市场营销是与市场有关的人类活动，它以满足人类各种需要和欲望为目的，通过市场变潜在交换为现实交换的活动。

也可以把市场营销看作是一种计划及执行活动，其过程包括对一个产品、一项服务或一种思想的开发制作、定价、促销和流通等活动，其目的是经由交换及交易的过程达到满足组织或个人的需求目标。现代市场营销活动不仅涉及商业活动，也涉及非商业活动；不仅涉及个人，也涉及团体；不仅涉及实物产品，也涉及无形服务及思想观念。

案例 1-1

面对同一市场，产生不同结论

美国一个制鞋公司要寻找国外市场，公司派了一名业务员去非洲的一个岛国。让他了解一下能否将本公司的鞋推销给他们。这个业务员在国外待了一天就给公司发了一封电报：这里的人不穿鞋，没有市场，我明天立即返回总部。公司不甘心这么无果而终，又派了另一名业务员到这个岛国，第二个人在岛国待了一个星期后，给公司发了一封电报：这里的人不穿鞋，鞋的市场很大，我准备把公司的鞋卖给他们。

公司总裁收到了两份内容截然不同的电报，为了弄清市场的真实情况。于是，公司又派出了第三位业务员到这个岛国。这个业务员在非洲待了三个星期后，给公司也发回了一封电报：这里的人不穿鞋，原因是他们长有脚疾。他们也想穿鞋，过去不需要我们公司生产的鞋，因为我们的鞋太窄。我们需要生产宽的鞋，才能适合他们对鞋的需求。同时，他们部落的首领不允许我们在这里做买卖，除非我们借助政府和公关力量在此地做大规模营销活动。预计我们打开这个市场需要投入 1.5 万美元，这样每年我们大约能卖 2 万双鞋并能赚取较高的利润，经初步测算投资收益率约为 15%。

任务1.2 树立现代市场营销观念

任务提示

企业的市场营销活动是在特定的市场营销观念下进行的。市场营销观念或营销哲学就是企业在开展市场营销活动的过程中处理企业、顾客和社会三者利益方面所持的态度、思想和思维方式,是企业开拓市场、实现营销目标的根本指导思想。本项任务将引领你认识和了解市场营销观念的演变、发展和创新,从而树立现代市场营销观念。

任务情境

第二次世界大战之前,福特汽车公司依靠老福特的黑色T型车取得了辉煌的成就,但老福特过分相信自己的经营哲学,不管市场环境的变化和需求的变动,坚持固守黑色T型车。而通用汽车公司的创始人斯隆,觉察到战争给全世界人民带来的灾难,特别是从战场上回来的年轻人,厌倦了战争的恐怖与血腥,珍惜生命,期望充分地享乐,因而,他们对汽车的需求不再是只满足于单调的黑色T型车,更希望得到款式多样、色彩鲜艳、驾驶灵活、能够体现个性的流线型汽车。通用公司抓住需求变革的时机,推出了适应市场需要的汽车,很快占领了市场,把老福特从汽车大王的位置上拉了下来,取而代之成为新的汽车大王。

经济形势在变,营销环境在变,营销观念也在变。现代营销观念就是要求企业根据环境变化把顾客的需求放在经营的首位,满足顾客需求是企业一切活动的出发点和落脚点。

1.2.1 市场营销观念的演变过程

市场观念是指企业进行经营决策、组织和开展市场营销活动的基本指导思想。在市场营销学中,十分强调企业要有正确的市场观念。一定的市场营销环境要求一定的思想观念与之相适应,如果市场营销观念符合客观形势,营销人员就会作出正确的营销决策,相反,则会导致营销决策的失误,甚至使企业破产。

企业的营销观念先后经历了传统营销观念和现代营销观念两个阶段,前者包括生产观念、产品观念和推销观念,后者包括市场营销观念、社会营销观念。

1. 生产观念

生产观念是一种最古老的营销观念。生产观念认为,消费者总是喜爱随处买到价格低廉的产品,企业应当集中精力提高生产率和扩大分销范围,增加产量,降低成本。其典型的口号是:"我们生产什么,就卖什么。"

生产观念在西方盛行于19世纪末20世纪初。当时资本主义国家处于工业化初期,市场需求旺盛,整个社会产品供应能力则相对不足。企业只要提高产量、降低成本,便可获得丰厚的利润。因此,企业的中心问题是扩大生产物美价廉的产品,而不必过多关注市场需求差异。

除了物资短缺、产品供不应求的情况之外,还有一种情况也会导致企业奉行生产观念。这就是某种具有良好市场前景的产品,技术含量和生产成本很高,必须通过提高生产率、降低成本来扩大市场。

生产观念是一种重生产、轻市场的观念。在物资短缺的年代，也许能创造辉煌，但随着生产的发展、供求形势的变化，这种观念必然会使企业陷于困境。

2. 产品观念

产品观念是与生产观念并存的一种市场观念。它认为消费者喜欢购买高质量的产品，因此企业应集中一切力量提高产品质量。与生产观念一样，产品观念也是典型的"以产定销"观念，它是生产观念的一种表现形式。

生产观念和产品观念的共同特点是：重生产、轻营销，把市场看作是生产过程的终点，从生产者角度出发，而不是把市场看作是生产过程的起点，从消费者出发，忽视了市场需求的多样性和动态性。当某些产品出现供过于求或不适销对路而产生积压时，有关企业只知"我们制造最好的服装""我们制造最好的汽车"，却不知产品为什么销不出去。曾经有这样一个例子，美国有一制造厂的经理，认为他们制造的文件夹质量如此之高，以至于从四楼摔下都不会损坏，因此，产品应该卖得出去。他的营销顾问却一针见血地指出，顾客买文件夹并不是为了从四楼往下摔。

3. 推销观念

推销观念（也称为销售观念）是被许多企业所采用的另一种观念。这种观念认为，消费者不会自觉地购买足够用的产品，因此企业应加强生产后的推销工作，以引导消费者购买其产品。其具体表现是"我卖什么，就设法让人们买什么"。

推销观念是在资本主义经济由卖方市场向买方市场转变过程中形成的，它流行于20世纪30—40年代。这一时期，由于科技进步、科学管理和大规模生产的推广，产品产量迅速增加，逐渐出现了市场商品供过于求、卖主之间竞争激烈的新形势。在这种情况下，许多企业感到仅有物美价廉的商品是不够的，要在竞争中获得更多的利润，还必须重视和加强产品的推销工作。于是，企业雇用了大批推销专家，做大量的广告宣传，对消费者进行无孔不入的促销信息"轰炸"，迫使他们购买。

与前两种观点一样，推销观念也是建立在以企业为中心，"以产定销"，而不是满足消费者真正需要的基础之上。

4. 市场营销观念

市场营销观念认为，实现企业目标、获取最大利润的关键在于以市场需求为中心组织企业营销活动，有效地满足消费者的需求和欲望。具体表现是"顾客需要什么，我就生产什么"或"生产消费者需求的"。

市场营销观念形成于20世纪50年代，随着科学技术的飞速进步和生产的不断发展，美国等发达资本主义国家，已经由个别产品供过于求的卖方市场，变为总量产品供过于求的买方市场。并且，由于个人收入和消费水平的提高，市场需求瞬息万变，买方优势地位加强，企业之间竞争加剧。企业生产什么和生产多少的决定权掌握在消费者手里，消费者是决定企业命运的主人。在此形势下，企业只有注重产前的市场调研，从消费者需求出发，组织经营活动，才能在竞争中立于不败之地。

有些人简单地认为市场营销就是推销，但是，从以上的对比我们可以看到：市场营销活动不单指商品流通领域内的活动，而是指包括售前和售后在内的整个经营活动，推销仅仅是市场营销活动的一部分，而且还不是最重要的部分。推销是市场营销人员的职能之一，但并不是最主要的职能。可以说，推销只是"市场营销冰山"的尖端。市场营销人员只要能够通过充分的市场调研，了解消费者需求，研制开发出符合消费者需求的产品，并能够合理地运用各种营销策略，那么消费者就会乐于接受这种产品，因而，产品的推销也就变得不那么重要了。美国企业管理学专家彼得·德鲁克甚至认为：市场营销的目的在于使推销成为不必要。

市场营销观念的出现，是企业营销观念发展史上的一次革命。

案例 1-2

康佳成功的秘诀——满足市场需求

深圳康佳公司的发展道路表明，市场营销观念可使企业保持旺盛的生命力。该公司成立于1980年，起初以来料加工的方式生产一些简单的电子钟、收录机，企业经营举步维艰。严峻的市场形势迫使康佳人从市场需求出发，选择了电视机作为打开市场的产品。1995年，电视机市场已经被进口名牌和国有老厂挤得水泄不通，一张新面孔要挤进去谈何容易。为了寻找生存空间，康佳人坚持市场导向，推出了十多个产品大类、几百个品种的产品。除了通信设备要经邮电部批准入网外，其他产品都是根据瞬息万变的市场需求及时推出的。每年保证有3个彩电新品投入市场，同时开发40种新产品，每年新产品产值占总产值的80%以上。康佳真正做到了顾客需要什么，就生产什么；市场流行什么，就生产什么。康佳总经理陈伟荣对市场营销观念的理解是：站在市场前沿，充分考虑未来市场需求的发展，及时开发新产品。市场上销售着一种，生产线上生产着一种，开发部里研究着一种，脑子里还构思着一种。

5. 社会营销观念

社会营销观念认为，企业提供产品和服务，不仅要满足消费者的需求和欲望，而且还要符合消费者的长远利益。社会营销观念出现于20世纪70年代，为了抵制工商企业在市场营销中以次充好、虚假宣传、欺骗顾客、危害消费者利益的现象，西方许多国家消费者运动兴起。许多学者指出：市场营销观念回避了消费者欲望和需求短期满足同长远的社会福利之间的矛盾。企业奉行市场营销观念往往会导致环境污染、资源短缺、物资浪费、损害消费者长远利益等现象。在美国，人们对有关行业和产品进行了如下的评论：

汽车行业满足了美国人对交通方便的需求，但同时却产生燃料的高消耗、严重的环境污染、更多的交通伤亡事故以及更高的汽车购买费用和修理费用等。

软性饮料满足了美国人对方便的需求，但大量包装瓶罐的使用实际上是社会财富的浪费。

清洁剂工业满足了人们洗涤衣服的需要，但它同时却严重地污染了江河，大量杀伤鱼类，危及生态平衡。

为了克服上述现象，西方学者提出了社会营销观念，即企业决策者在确定经营目标时，既要考虑市场需求，同时又要注意消费者的长远利益和消费者整体（社会）的长远利益。与单纯的市场营销观念比较，社会营销观念考虑了消费者整体的长远利益。消费者个体的局部眼前利益有时会同消费者整体的长远利益发生矛盾，如有些洗洁剂企业为满足低收入消费者的需求，大量生产含磷量很高的洗衣粉，致使洗衣污水的大量排放，严重污染了水资源。

案例 1-3

本田汽车的环保方案

日本横滨本田汽车公司别出心裁地推出了一个通过销售汽车而绿化街道的"本田方

案",每卖一辆车,就在街道两侧分别种一棵纪念树,以减轻越来越多的汽车尾气对城市环境的污染。该方案实施后,汽车一辆辆开出厂门,街道上树木一棵棵栽上,绿化带也就一块块铺开。"绿化街道"真实地记载着本田公司不俗的销售业绩,同时又美化环境,减少污染,使公众倍感温馨。

案例 1-4

农夫山泉有点甜

农夫山泉利用"味道有点甜"的广告传播迅速崛起后,又启动面向贫困地区基础体育事业的"阳光工程",向全国贫困地区的中小学校捐赠了价值 500 多万元的体育器材。这些举措树立了农夫山泉关注社会的形象,大大提升了农夫山泉的品牌美誉度。

以上五种市场营销观念归纳起来可以分为两大类型:一类是以生产为中心的旧观念,包括生产观念、产品观念、推销观念;另一类是以市场(顾客与消费者)为中心的观念,包括市场营销观念、社会营销观念。市场营销的观念由生产导向转变为市场(消费者)导向,是发达国家现代企业经营管理思想的一个重要变革。西方市场学者对于这种转变给予了很高的评价,称之为商业哲学的一次革命。他们认为,在两种不同观念的指导下,企业全部工作方针、行为内容、重点及手段和效果都是截然不同的。这种区别如图 1-1 所示。

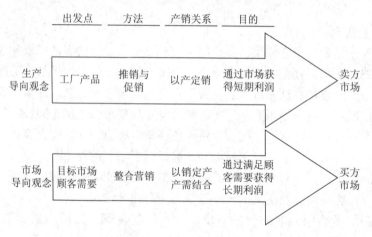

图 1-1 两种营销观念的区别

1.2.2 市场营销理论的变革和发展

随着环境的变化,市场营销理论也随之发生了几次变化,经历了三种典型的营销理论,即以满足市场需求为目标的 4P 理论、以追求顾客满意为目标的 4C 理论和以建立顾客忠诚度为目标的 4R 理论。

1. 以满足市场需求为目标的 4P 理论

市场营销理论的逻辑起点只是产品及其特性。最早,麦卡锡提出了 4P 理论,即从产品本身出发,关注产品(Product)、价格(Price)、渠道(Place)、促销(Promotion)四个主要因素。他认为一次成功和完整的市场营销活动,意味着以适当的产品、适当的价格、适当的渠道和适当的促销手段,投放到特定市场的行为。该理论的提出被认为是现代市场营销理论划时代的变革，它最早将复杂的市场营销活动加以简单化、抽象化和体系化，并成为多年来市场营销实践的理论基石。

该理论的核心是站在企业的角度思考问题，重视产品，以满足市场需求为目标。该理论的缺陷在于：一是营销活动注重企业内部，对营销过程中的外部不可控变量考虑较少，难以适应市场变化；二是随着产品、价格和促销手段等在企业间的相互模仿，在实际运用中很难起到出奇制胜的作用。

2. 以追求顾客满意为目标的 4C 理论

罗伯特·劳特朋提出了 4C 理论，该理论以消费者需求为导向，重新设定了市场营销组合的四个基本要素，即顾客（Consumer）、成本（Cost）、便利（Convenience）和沟通（Communication）。它强调企业首先应该把追求顾客满意放在第一位，不应是"消费者请注意"，而是请"消费者注意"；其次是努力降低顾客的购买成本；再次要充分注意到顾客在购买过程中的便利性，而不是从企业的角度来决定销售渠道策略；最后还应以消费者为中心实施有效的营销沟通。

其理论的核心是重视顾客导向，以追求顾客满意为目标。罗伯特·劳特朋认为，大众营销时代已经过去，整合营销时代已经来临，企业几乎要对消费者进行一对一的营销。

该理论的不足在于：首先，4C 理论以满足消费者为导向，注重消费者需求，而市场经济还存在竞争，企业不仅要看到需求，而且还需要更多地注意到竞争对手。其次，在 4C 理论下，企业往往被动地适应顾客的需求，为被动满足消费者需求付出更大的成本。

3. 以建立顾客忠诚度为目标的 4R 理论

21 世纪伊始，《4R 营销》作者艾略特·艾登伯格提出 4R 营销理论。它阐述了四个全新的营销组合要素，即关联（Relevance）、反应（Reaction）、关系（Relation）和报酬（Reward）。首先，4R 理论强调企业与顾客在市场变化的动态中应建立长久互动的关系，以防止顾客流失，赢得长期而稳定的市场；其次，企业应学会倾听顾客的意见，建立快速反应机制以对市场变化快速做出反应；再次，企业与顾客之间建立长期而稳定的朋友关系，从实现销售转变为实现对顾客的责任与承诺，以维持顾客再次购买和顾客忠诚；最后，企业应追求市场回报，并将市场回报当作企业进一步发展和保持与市场建立关系的动力与源泉。

4R 理论以关系营销为核心，以竞争为导向，重在建立顾客忠诚。该理论的缺陷是：4R 营销要求同顾客建立关联，需要实力基础或某些特殊条件，但这并不是所有的企业都可以轻易做到的。4R 营销模式针对了 4P 营销和 4C 营销的不足，为企业提供了很好的营销思路。

1.2.3　市场营销的新形势

科技的进步和社会经济的发展，必然带来新观念、新技术、新方法，而这些对企业的营销战略与策略及营销活动的组织与管理等方面都会有重要影响，进而产生一些新的营销形式，如文化营销、知识营销、关系营销和网络营销等。

1. 文化营销

文化营销是指通过激发产品的文化属性，构筑亲和力，把企业营销转化为文化沟通，通过与消费者及社会文化的价值共振，将各种利益关系群体紧密维系在一起的营销活动过程。其实质是充分运用文化力量实现企业战略目标的市场营销活动，核心在于寻求为顾客所接受的价值观念作为立业之本，从而促进顾客对整个企业包括其产品品牌的认同。文化营销要求企业在市场调研、环境预测、选择目标市场、市场定位、产品开发、定价、渠道选择、促销、提供服务等营销活动流程中均应主动进行文化渗透，提高文化含量，以文化为媒介与顾客及社会公众构建全新的利益共同体。

文化营销包括四个方面：一是企业借助于或适于不同特色的环境文化开展营销活动；二是企业在制订市场营销战略时，须综合运用文化因素实施文化营销战略；三是文化因素须渗透到市场营销组合中，制订出具有文化特色的市场营销组合；四是企业应充分利用营销战略全面构筑企业文化。

2. 知识营销

21 世纪，以知识为基础的经济发展模式越来越受到各国企业界的普遍关注，各行各业也面临前所未有的新挑战。知识营销就是商家通过深入浅出地向消费大众传播新产品所包含的科学技术知识及其对人们生活的影响，使消费者不仅知其然，而且知其所以然，培育和创造新市场，通过指导消费者正确使用不断出现的高新技术产品来启动消费的营销革命，对于促进高科技含量产品的销售具有决定性的重要作用，所以被越来越多的商家所采用。

知识营销相对于传统营销方式，更注重通过供给来创造需求，是对一般由需求决定供给的营销的升华。其特征有如下几个。

（1）营销环境发生了质变。知识经济时代企业的营销环境将发生巨大变化。首先是竞争日益激烈。随着信息网络技术的飞速发展及世界经济一体化的不断演进，"国内市场国际化，国际竞争国内化"将逐步成为现实，竞争愈演愈烈。其次，竞争的方式也将发生变化。大家共有信息技术，共享知识资源，共同开发市场，在合作中竞争，在竞争中合作，形成良性循环的竞争环境。

（2）营销产品发生了质变。传统营销产品逐步被知识型产品所替代。所谓知识型产品即为高科技产品的升华，产品科技含量高，如数字化彩电等。对于这些知识型产品的营销必须要求营销者具有高素质，不仅要深谙营销技巧，同时也要掌握产品的知识含量，能够把这些知识推销给消费者。如果营销者对产品本身的技术含量、使用功能、维修知识一知半解，对消费者的询问含糊其辞，产品售出发生故障时也不能迅速提供售后服务，消费者就将疑云重重，营销也就很难成功。

（3）营销方式发生了质变。计算机技术和网络技术正一日千里地迅猛发展，在知识经济时代必将获得更大的发展甚至出现更大的突破。如今，互联网已将世界联为一体。与此同时，国际互联网使得营销信息系统更加完善与迅速。传统的营销方式是靠媒体、广告等向消费者传达产品信息的。这种传递是单向的，往往是营销者比较主动而消费者处于被动，信息反馈速度慢并有限，而且成本较高，因而往往不能制订适宜的营销战略。而在知识经济时代，网络化的实现使营销渠道四通八达；不仅营销部门可通过网络将产品信息迅速传达给消费者，大大减少了营销环节，从而降低了成本；而且消费者也可以通过网络与营销部门进行对话，提出自己的愿望与要求，促使厂家生产出更适合市场需求的产品。

3. 关系营销

关系营销，是把营销活动看成是一个企业与消费者、供应商、分销商、竞争者、政府机构及其他公众发生互动作用的过程，其核心是建立和发展与这些公众的良好关系。

关系营销（也称作"关系营销学"）是指在营销过程中，企业还要与消费者、竞争者、分销商、供应商、政府机构和公众等发生交互作用的营销过程，它的结构包括外部消费者市场、内在市场、竞争者市场、分销商市场等,核心是跟与自己有直接或间接营销关系的个人或集体保持良好的关系。

4. 网络营销

网络与经济的紧密结合推动市场营销进入崭新的阶段——网络营销阶段。作为一种新的营销方式和营销手段,它的内容非常丰富。网络营销产生于20世纪90年代,发展于20世纪末至今。

网络营销产生和发展的背景主要有三个方面,即网络信息技术发展、消费者价值观改变、激烈的商业竞争。从网络的角度理解,凡是以网络为主要营销手段,为达到一定营销目标而开展的营销活动,都称为网络营销。从营销的本质角度理解,网络营销是指个人或企业等组织借助于计算机、网络和交互式多媒体等技术,在虚拟的市场环境中交换商品,满足目标消费者的需求和欲望,实现企业营销目标的一种营销方式,其核心思想是将网络上顾客潜在的需求转化为现实的交换。网络营销以新的方式、方法和理念,通过一系列网络营销策划、制订和实施营销活动,更有效地促成个人和组织交易活动实现的新型营销模式。它是企业整体营销战略的一个组成部分,是为实现企业总体经营目标所进行的营销活动。

案例 1-5

魏先生的特种果蔬无人问津

魏先生是一个潜心科研的农业专家,整天忙于他的实验基地。经过多年的努力,他终于利用生物工程原理培育出160多种特种果蔬。其中:有紫色的、巧克力色的、象牙白色的辣椒;有像葡萄大小的红色的、黑色的、绿色的番茄;还有彩色玉米,彩色的小南瓜以及比鸡蛋还要大的草莓等。

这些特种果蔬不添加任何化学成分,不需喷撒任何农药,自身具有抗病虫害能力,是一种安全的绿色食品,既有营养价值又有观赏价值。可是,这些特种果蔬如何走向市场,魏先生却没有办法,他不知道怎样让广大消费者认识这些特殊的果蔬产品,也不知道哪些人会先来尝试。

魏先生首先尝试将自己种的黑色番茄送给隔壁邻居品尝,告诉人家,这种番茄营养价值很高,在国际市场真的非常贵重。邻居说:这东西很怪异,我们不敢吃。

他也不知道怎样让这些特殊的果蔬产品从实验产品走向产业化,以便批量生产,否则人们消费不起。而这需要一大笔资金投入,农科院的科研经费本来就少得可怜,魏先生本人也没有什么积蓄,这样就很难冲出实验田。对此,魏先生一筹莫展。

问题:

魏先生的特种果蔬为什么无人问津?如果现在魏先生问计于你,你打算如何帮助魏先生解决他的难题呢?

分析提示:

魏先生的特种果蔬之所以无人问津,是因为其不懂市场营销,从而不知道如何寻找产品卖点来宣传商品,不知道如何筹措资金、如何开拓市场。

如果他问计于我,我认为可从以下几方面入手解决这一难题:

一是根据这些特种果蔬是安全的绿色食品,既有营养价值又有观赏价值的特点,提炼产品卖点,展开多形式、多渠道宣传,改变消费者的消费习惯,让其成为一种消费时尚和消费习惯。诸如：运用广告宣传，组织消费者参加企业举办的绿色食品知识讲座，进行绿色食品知识比赛等，借以提升企业和产品的知名度。二是运用营业推广的多种形式，如现场有奖消费、现身说法、专家免费咨询、权威机构证明等。三是……

课程小结

营销在我们生活中无处不在，如何认识营销和营销策划，往往对企业营销活动的成败具有举足轻重的作用。

（1）从营销的角度认识市场，并从一系列相关核心概念出发对什么是营销得出全面而准确的理解。

（2）认识和了解市场营销观念及其演变、发展和创新的过程，从而树立现代市场营销观念。

课后自测

一、判断题

1. 市场营销就是推销和广告。（   ）
2. 市场营销学是以消费者为研究中心的内容。（   ）
3. 在组成市场的双方中，买方的需求是决定性的。（   ）
4. 生产观念和产品观念一样，都是"以产定销"的观念。（   ）

二、选择题

1. 市场营销作为一门独立的学科诞生于20世纪初的（   ）。
   A. 欧洲　　　　　B. 日本　　　　　C. 美国　　　　　D. 中国
2. 从市场营销的角度看，市场就是（   ）。
   A. 买卖的场所　　　　　　　　　B. 商品交换关系的总和
   C. 交换过程本身　　　　　　　　D. 具有购买欲望和支付能力的消费者
3. 从营销理论的角度而言，企业市场营销的最终目标是（   ）。
   A. 满足消费者的欲望与需求　　　B. 获取利润
   C. 求得生存和发展　　　　　　　D. 把商品推销给消费者
4. 企业要以有限的资源去满足消费者无限的需求，必须发挥自己的优势，去生产既是消费者需要又是自己擅长的产品，这是（   ）的核心内容。
   A. 推销观念　　　B. 市场营销观念　　　C. 绿色营销观念　　　D. 生态营销观念
5. 市场营销的核心是（   ）。
   A. 生产　　　　　B. 分配　　　　　C. 交换　　　　　D. 促销

三、填空题

1. 市场包括三个主要因素，用公式来表示就是：市场 = ＿＿＿＿ + ＿＿＿＿ + ＿＿＿＿。
2. 市场营销学以＿＿＿＿为中心展开对整个市场营销活动的研究，主要包括四个方面的内容，即产品、＿＿＿＿、＿＿＿＿、促销，简称为4P。
3. 4C营销理论中包括的C是指＿＿＿＿、＿＿＿＿、＿＿＿＿、＿＿＿＿。

四、简答题

1. 如何理解市场营销的概念？
2. 市场营销观念的主要思想是什么？它和生产观念、产品观念、推销观念有何不同？
3. 4R营销理论的内容是什么？

[拓展学习]

爱琴钟表公司的市场为什么缩水

美国爱琴钟表公司从1869年创立到20世纪50年代，一直被认为是美国最好的钟表制造商之一。该公司在市场营销管理中强调生产优质产品，并通过由著名珠宝商店、大百货公司等构成的市场营销网络分销产品。在1958年之前，公司以产品优质享有盛誉，销售额连年上升。但后来，其销售额和市场占有率开始下降，造成这种状况的主要原因是市场形势发生了变化：这一时期的许多消费者对名贵手表已经不感兴趣，而趋向于购买那些经济、方便、新颖的手表；而且，许多制造商迎合消费者需要，已经开始生产低档产品，并通过廉价商店、超级市场等大众分销渠道积极推销，从而夺走了爱琴钟表公司的大部分市场。

问题：该公司坚持了什么样的营销观念？需要如何调整这一观念？

[技能实训]

实训目标：明确了解不同的市场营销观念给企业带来的市场影响。

实训内容：查询相关资料，判断当地不同类型企业的市场营销观念是什么？其市场影响是什么？如何树立现代市场营销观念？

实训地点：实训室。

实训设计：

（1）学生3~5人分组合作，利用10~15分钟的时间查询资料，选定当地不同类型企业。

（2）根据所学习到的知识，讨论各企业的市场营销观念现状。

（3）将讨论结果汇总整理，面向全班分享。

[学习资源]

线上学习资源：

1. 中国营销传播网 http：//www.emkt.com.cn/
2. 现代营销 http：//www.xdyx.com.cn/
3. 网易公开课 https：//open.163.com

线下学习资源：

1. [美] 菲利普·科特勒. 营销管理（第16版）. 北京：中国人民大学出版社，2015.
2. [美] 里斯·特劳特. 营销革命. 北京：机械工业出版社，2017.

任务二

分析市场营销环境

任务目标

完成以下任务，你应该能够：
1. 能了解市场营销环境的含义及特点。
2. 能列举宏观环境对营销活动的影响。
3. 能举例说明微观环境对营销活动的影响。
4. 能对营销环境分析工作有整体认识。

任务导入

作为一项社会性的经济管理职业活动，市场营销离不开特定的环境。我们在从事市场营销活动时，总是要受到多种因素的影响。这些因素，有些是促进性因素，有些则是制约性因素，市场营销环境分析的目的就是要清晰认识市场营销活动全过程的影响因素，及时识别和利用市场机会，规避环境的威胁，充分发挥自身优势，制订正确的营销计划，并在实施过程中随时修正失误，顺利实现企业的营销目标。

作为营销工作的重要组成部分，市场营销环境分析贯穿于整个营销活动的始终。

任务 2.1　了解市场营销环境

任务提示

企业营销人员对营销环境进行分析，首先，必须知道什么是市场营销环境；其次，围绕营销目标，确定营销活动面临着什么样的环境；最后，结合具体营销活动，确定这些环境中重要的影响因素。

任务情境

"南橘北枳"是一句古老的成语，出自《晏子春秋·内篇杂下》。原文为："橘生淮南则为橘，生于淮北则为枳，叶徒相似，其实味不同。所以然者何？水土异也。"完整的典故是：齐国的晏子出使到楚国，楚王想戏弄他，故意将一个犯人从堂下押过。楚王问：此人犯了什么罪？回答：一个齐国人犯了偷窃罪。楚王就对晏子说，你们齐国人是不是都很喜欢偷东西？晏子回答：淮南有橘又大又甜，一移栽到淮北，就变成了枳，又酸又小，为什么呢？因为水土条件不同。现在这个人生长在齐国不偷东西，到楚国就偷了，莫非楚国的水土使老百姓喜欢偷窃别人的东西？

后人遂用"南橘北枳"来比喻环境对人的影响，现代汉语中似乎用于贬义稍多些，形容某种事物因为环境的变化而"异化"或者"变质"。作为社会经济细胞之一，企业的一举一动也受所处环境的影响。通常情况下，企业市场营销环境是指影响企业市场营销活动及其目标实现的各种因素和动向，分为宏观市场营销环境和微观市场营销环境。企业在营销活动中，必须对这些因素加以分析，做到趋利避害，以促进营销目标的实现。

2.1.1 市场营销环境含义

市场营销环境是指影响企业市场营销活动和营销目标实现的各种因素和条件。这些因素和条件与企业营销活动有着明显的或潜在的关联，并直接或间接地影响着企业市场营销活动及目标。

市场营销环境是客观的，企业是不可能去选择市场营销环境的，要想生存下去就要主动适应环境，所谓适者生存法则；企业也不可能去改变市场营销环境，只能努力去影响环境，规避市场环境威胁，使环境有利于企业的生存和发展。

2.1.2 市场营销环境的特点

企业营销环境具有以下特点：

（1）客观性。客观性是营销环境的首要特征。营销环境的存在不以营销者的意志为转移。主观地臆断某些环境因素及其发展趋势，往往造成企业盲目决策，导致在市场竞争中的惨败。

（2）动态性。动态性是营销环境的基本特征。任何环境因素都不是静止的、一成不变的。相反，它们始终处于变化、甚至是急剧的变化之中。例如，顾客的消费需求偏好和行为特点在变，宏观产业结构在调整等。企业必须密切关注营销环境的变化趋势，以便随时发现市场机会，监视可能受到的威胁。

（3）复杂性。营销环境包括影响企业市场营销能力的一切宏观因素和微观因素，这些因素涉及多方面、多层次，而且彼此相互作用和联系，既蕴涵着机会，也潜伏着危险，共同作用于企业的营销决策。

（4）不可控性。相对于企业内部管理机能，如企业对自身的人、财、物等资源的分配使用来说，营销环境是企业无法控制的外部影响力量。例如，无论是直接营销环境中的消费者需求特点，还是间接营销环境中的人口数量，都不可能由企业来决定。

2.1.3 市场营销环境的类型

随着市场经济的发展，营销环境的内容也在不断地变化。20世纪初，西方的工商企业仅把销售市场作为营销环境，到20世纪30年代以后，又把政府、工会、竞争等与企业有利害关系者也看做环境因素；到20世纪60年代以后，进一步把自然生态、科学技术、社会文化等作为重要的环境因素；到20世纪70年代以后，随着政府对经济干预的加强，企业越来越重视对政治、法律环境的研究。影响和制约市场营销环境的因素广泛而复杂，不同的因素对市场营销活动各个方面的影响和制约不尽相同，相同的因素对不同的企业所产生的影响和制约大小也不相同。

按企业营销活动受制于市场营销环境的紧密程度来分类：

（1）微观营销环境。与企业紧密相连，直接影响企业营销能力的各种参与者中多数与企业有着或多或少的经济联系，所以也称直接营销环境或作业环境。

（2）宏观营销环境。影响企业营销活动的一系列巨大的社会力量，一般以微观营销环境为媒介去影响和制约企业营销活动，有时也可直接影响企业的营销活动，所以也称间接营销环境。

综上，一个企业的市场营销环境由三个层次构成：第一层次是企业本身，第二层次是企业所处的微观营销环境，第三层是宏观营销环境，如图2-1所示。

图2-1　市场营销环境

2.1.4　市场营销环境的特征

市场营销环境是一个多因素，多层次的综合体。而且各因素均在不断地变化和发展之中。企业要在复杂多变的环境下适应市场，必须要掌握市场营销环境的特征。

1. 客观性

市场营销环境具有强制性和不可控制性，是不以企业营销者的意志为转移，即营销者可以认识和利用市场营销环境，但无法摆脱市场营销环境也不能控制市场营销环境，尤其是宏观市场营销环境。市场营销环境的客观性就要求企业主动适应市场营销的环境的变化和要求，制订并且不断调整营销策略。

2. 差异性

不同国家或地区宏观市场营销环境自然相差极大，而且同样的宏观市场营销环境因素，对不同企业的影响也不尽相同；不同的企业，其微观市场营销环境也千差万别。市场营销环境的差异性就要求企业必须采用各种有针对性的营销策略。

3. 多变性

市场营销环境是一个多种因素构成的动态系统,每一个因素都随着社会经济的发展而不断变化。市场营销环境的多变性就要求企业根据环境的变化不断调整营销策略。

4. 相关性

市场营销环境因素之间相互影响、相互制约,某一环境因素的变化会引起其他因素的互动变化,从而形成新的市场营销环境。相关性要求企业要分析和把握各因素间相互影响,不断创造和开拓对自己有利的环境。

任务2.2 分析市场营销环境——宏观环境构成

任务提示

企业营销人员开展营销的首要任务是对其企业所处的宏观环境有充分的认识,了解宏观环境因素对企业经营的积极的或消极的影响,为今后制订正确的营销战略和策略奠定基础。

任务情境

MINISO 名创优品品牌分析

名创优品以"国际著名百货品牌"的身份进入中国市场,相继在我国各地城市开设一百多家门店,所售商品大部分单价仅十元,并且宣称"100% 日本品质"。

事实上,名创优品的资金来自于哎呀呀饰品连锁股份有限公司(以下简称哎呀呀),而哎呀呀董事长叶国富坚称名创优品为日本品牌,并说日本媒体的报道使他们在日本变得很有名。

在名创优品的宣传中,它是国际著名的休闲百货品牌,总部位于日本东京,在全球拥有3 000多家店铺,每年有超过1亿人次到店消费。其创始人是日本著名设计师"自然使者"三宅顺也。2013年,该品牌由中国广州财团引进,进入中国。

市场营销环境可以从市场营销的微观环境和宏观环境进行分析。

市场营销宏观环境是指给企业造成市场机会和环境威胁的主要社会力量。构成要素主要有人口因素、经济因素、政治和法律因素、自然环境、科技环境、社会文化环境等。

2.2.1 人口环境

人口是构成市场的基本因素。有人就有各种消费需求,这些消费需求决定着市场。人口环境对营销的影响主要表现在人口数量、人口结构和人口(地理)分布,也是企业在作营销决策时必须分析或关注的。

1. 人口数量

企业如要在某个国家、某个地区开展经销活动,必须要关注所在国家和地区的人口数量及其变化。一个企业在多大市场范围开展营销活动,就要分析和研究这个范围的人口数量。

一个国家或地区总人口数量的多少,是衡量市场容量的重要因素,尤其影响生活必需品市场的规模大小。

2. 人口结构

人口结构对市场有不同的需求,对营销有很大的影响,关注人口结构有助于企业根据自身的优势,选择目标市场。

案例 2-1

老年人的消费状况

据中国老年协会介绍,中国目前60岁以上的老年人已达2.3亿,并以每年3%的速度递增。预计到2030年中国老年人口将超过欧洲人口。我国老年产品与服务的多种需求构成了一个十分庞大、丰富多彩的市场。老年人购物时,有求实、求廉的动机。一般要求商品经济实用、朴实大方、经济耐用、质量可靠、使用便利、易学易用、安全舒适、有益健康。他们对商品的审美情趣、花色款式无过高要求。对于许多商品,往往是其市场生命周期的中后期才开始使用。对于商品要求实用,不赶时髦,在购物过程中更注重商品的价格。

(1) 年龄结构。不同年龄的消费者对商品和服务的需求是不一样的。不同年龄段的人群就形成了各具年龄特色的市场,如婴儿市场、儿童市场、青少年市场、成人市场、老年市场等。

(2) 性别结构。一般来说,一个国家或地区的男、女人口总数相差不大。首先,性别差异表现在消费需求有显著的差异,因而在市场上形成了男子用品市场和妇女用品市场;其次,性别差异在购买习惯与购买行为方面也有差别,如妇女用品市场需求旺盛、容量大,由于家庭中大多数日用消费品也由女性采购,因此,多数家庭用品和儿童用品也都被纳入妇女市场。

(3) 教育与职业结构。人口受教育程度的高低,影响着消费者对商品的鉴赏力,消费心理、购买的理想程度和消费结构。职业不同,对市场需求也表现出不同的倾向,如不同的职业有其不同的消费传统和习惯。

(4) 家庭结构。家庭是社会的细胞,也是商品采购和消费的基本单位。一个市场拥有家庭数量的多少、家庭规模和家庭组成状况等,直接影响到市场需求的潜量和需求结构。如家庭数量的多少直接决定了某些产品的市场容量;家庭规模和家庭组成的状况直接决定了需求产品的品种、规格和档次。

世界各国家庭结构的变化趋势是:家庭数量增加,家庭规模趋于小型化。

案例 2-2

家庭的消费

一个家庭的新婚阶段是家用电器、家具等耐用品的需求旺盛期;家庭中有了孩子,消费支出的重心便转移到孩子的需求上,家庭收入的很大比重都用于孩子的食品、服装、教育和文娱等方面;待到孩子长大成人、独立生活后,父母的消费多用于医疗、保健、旅游或储蓄。家庭由于所在地点不同,开支也不一样,比较居住在城市中心和郊区的家庭,会发现在交通、住房和食品等方面有不同的支出比例。

(5) 社会结构。城市人口与农村人口构成比例对营销也有极大的影响。发达国家的城市人口占总人口的比例高,发展中国家城市人口占总人口的比例低,不同的人群对产品的品种和需求数量不同,尤其在我国,农业人口占总人口的近43.9%,这样的社会结构要求营销要重视农村这个大市场。

(6) 民族结构。不同的种族或民族有着各不相同的文化传统和生活习惯。具体表现在饮食、居住、服饰、礼仪等方面的消费需求各有特点，都有自己的风俗习惯。这些不同的消费需求与风俗习惯会影响他们的消费特征和购买行为，形成独特的民族市场。

3. 人口（地理）分布

案例 2-3

南方降温产品畅销

我国北方寒冷与南方炎热的气候，都会对产品提出不同的环境适应性要求。这就是在有三大"火炉"之首称号的武汉市的夏天，降温产品（冷饮、电风扇、空调器、电冰箱）特别畅销的原因所在。

人口有地理分布上的区别，居住在不同地区的人群，由于地理环境、气候条件、自然资源、风俗习惯的不同，其消费需求的内容和数量也不尽相同，购买习惯与行为也存在差别，如我国北方人和南方人的区别。

2.2.2 经济环境

1. 经济发展状况

（1）经济发展阶段。美国学者罗斯顿的经济成长阶段理论，把世界各国经济发展归纳为五种类型：传统经济社会；经济起飞前的准备阶段；经济起飞阶段；迈向经济成熟阶段；大量消费阶段。罗斯顿理论最主要的是经济起飞阶段，该阶段表明一个国家已克服种种经济发展的阻碍，创造了使经济得以持续发展的力量，正如飞机在地面上克服了各种阻力得以起飞一样；凡属前三个阶段的国家称为发展中国家，而处于后两个阶段的国家称为发达国家。

（2）经济形势。经济形势如何，直接影响企业的经营。经济繁荣时期，由于国民收入的增加也是消费增长和促进消费升级的时期；经济衰退时期，由于消费者改变了开支方式，奢侈品的销路大幅度下降，而必需品的销路却上升；在严重危机时期，会出现百业萧条情况。同时由于天灾人祸等原因，也会影响经济发展。

2. 收入与支出状况

（1）收入。市场规模的大小取决于购买力，仅有消费欲望，并不能创造市场，只有既有消费欲望、又有购买力，市场消费需求才具有现实意义。购买力取决于消费者的收入，研究和分析收入对消费需求的影响时是，通常使用以下指标。

① 国民生产总值（GDP）。GDP 是指一个国家在一年内所创造的价值总和，这是衡量一个国家经济实力和经济发展的重要指标。用 GDP 除以总人口即得出人均国民收入，这是影响和决定消费水平的重要指标。如我国 GDP 在世界名列前茅，但人均 GDP 则仍属较低水平。

② 个人收入。简单说，个人收入是消费者从各种来源所获得的总收入。这是衡量一个国家或一个地区消费市场规模（容量），反映购买力水平高低的指标。有时受通货膨胀、税收、社会福利等因素影响，个人收入要区分为名义收入和实际收入。

③ 个人可支配收入。从个人收入中扣除税款和其他经常性转移支出后剩余的部分，这是能够用来进行消费或储蓄的个人收入，它构成实际的购买力。

④ 个人可任意支配收入。从个人可支配收入中减去用来维持个人或家庭日常生活必需

的费用所剩余的部分，就属于个人可任意支配收入。这部分收入是消费需求变化中最活跃的因素，也是企业营销活动的主要对象。

（2）支出。消费者的支出模式和消费结构在很大程度上受到收入的影响，同时会受家庭生命周期所处的阶段、家庭所在地等一系列因素的影响。

① 恩格尔定律。德国统计学家恩斯特·恩格尔在1853年至1880年间，曾对比利时不同收入水平的工人家庭进行调查，并于1895年发表了《比利时工人家庭日常支出：过去和现在》一文，发现了关于收入变化与各方面支出变化之间比例关系的规律性。后来恩格尔的追随者对恩格尔定律的表述加以修改，其内容是：

- 随着家庭收入的增加，用于购买食品的支出占家庭收入的比重（即恩格尔系数）就下降。
- 随着家庭收入的增加，用于住宅建筑和家务经营的开支占家庭收入的比重大体不变（燃料、冷藏等支出占家庭收入的比重会下降）。
- 随着家庭收入的增加，用于其他方面（如服装、交通、娱乐、卫生保健、教育等）的支出和储蓄占家庭收入的比重会上升。

在恩格尔定律中，恩格尔系数减小，表明生活富裕、生活质量高；反之，恩格尔系数越大，表明生活贫困、生活质量低。

案例2-4

美国居民的消费模式

美国属于典型的"高收入、高消费、低储蓄"国家。根据美国商务部的报告，全美个人储蓄率（个人储蓄率是指当年储蓄额占个人可支配收入的比例）在2006年四个季度均为负数。从消费水平和消费结构看，美国的食物支出（包括食品、饮料、烟草三项）以及衣着和日用品的消费支出占总消费支出的比重均较低，住房和燃料使用支出较多，家具、家用设备及住房日常维护方面支出较高。美国居民医疗保健支出比重高达17.58%，成为第一大消费支出，这在西方发达国家属于一个例外，主要是由于美国医疗服务高度市场化造成的。美国居民交通通信支出比重也比较高，表明生活现代化程度较高。总体而言，美国的奢侈型消费是建立在强大的综合国力、资源和有限的人口总量基础之上的。美国的这种消费模式对于人口众多的发展中国家显然不可能适用。2008年次贷危机的爆发充分证明美国消费模式存在致命缺陷。

② 家庭生命周期。家庭生命周期按年龄、婚姻、子女等状况，可划分为七个阶段。
- 未婚期，年轻的单身者。
- 新婚期，年轻夫妻，没有孩子。
- 满巢期一，年轻夫妻，有6岁以下的幼童。
- 满巢期二，年轻夫妻，有6岁和6岁以上的儿童。
- 满巢期三，年纪较大的夫妻，有已能自立的子女。
- 空巢期，身边没有孩子的老年夫妻。
- 孤独期，单身老人独居。

显然，家庭的生命周期在不同阶段，其支出模式有很大的不同。

③ 家庭所在地点。居住在乡村和居住在城市，甚至居住在城市中的不同地段，在住宅、

交通和食品等方面的支出情况也都会有所不同。

3. 储蓄与信贷状况。

（1）储蓄：是指消费者将可任意支配收入的一部分以银行存款、债券、股票等形式储存待用。收入一定时，储蓄增多，现实购买力减少，潜在的购买力加大；储蓄减少，现实购买力增加。由此可见储蓄直接制约着市场消费量的大小。

我国人均收入水平不高，但储蓄率相当高。虽然储蓄目的不同，但其最终的目的主要也是为了消费，只是推迟了现实的消费支出。

（2）信贷：是指金融机构或商业机构向有一定支付能力的消费者融通资金的行为，从消费者的角度也称为信用消费，如分期付款、信用卡等。信用消费允许消费者购买超过自己现实购买力的商品，创造了更多的消费需求。

2.2.3 政治和法律环境

1. 政治环境

政治环境是指企业市场营销的外部政治形势。它引导着企业经营活动的方向。

2. 法律环境

法律环境是指国家或地方政府所颁布的各项法律、行政法规和地方法规等，它是企业经营活动的行为准则。在国内从事营销要熟悉我国的民事法律制度、商事法律制度和经济法律制度以及相关行政法规和地方性法规。

如从事国际营销还要熟悉相关国家的法律制度，以及相关的国际条约或公约、国际惯例。

案例 2-5

《电子签名法》

随着电子商务在中国的兴起，电子商务的相关法律也随之完善。2004年4月2日，第十届全国人大常委会第八次会议首次对电子签名法草案进行了审议，中间又经过两次修改和审议，最终在8月28日通过了《中华人民共和国电子签名法》（以下简称《电子签名法》），并决定于2005年4月1日起实施。《电子签名法》明确和规范了以下几个方面的问题。

（1）明确了电子签名的法律效力。

（2）明确了电子签名所需要的技术。

（3）对电子商务认证机构和行为做了规定。

（4）明确了电子商务交易双方和认证机构。

（5）明确了"技术中立"原则。

（6）增加了有关政府监管部门法律责任的条款。

2.2.4 社会文化环境

案例 2-6

从《菜根谭》发现商机

百家讲坛火热登场，于丹《论语心得》的热销，易中天《水煮三国》的火爆，就连经典权威的《红楼梦》也被炒得沸沸扬扬，一股文化热以排山倒海之势向我们涌来。当整个中国都在为中国五千年源远流长的传统文化喝彩的时候，谁会想到利用这些文化资源获得财富呢？

山东省寿光市世纪三元现代农业开发有限公司抓住机会，从中国传统文化的经典中挖掘出了"菜根文化"，做起了菜根生意，其生意火得不得了。《菜根谭》本是大家耳熟能详、流传千古的名文，山东省寿光市世纪三元现代农业开发有限公司推出了以桔梗为主的系列健康酱菜品牌——把根留住，做起了菜根的产业。"把根留住"这个品牌名非常有意思，也非常贴切，来源于一首歌。公司领导笑称自己的品牌是国际性品牌，因为有华人的地方，就有知道《把根留住》的人。

1. 宗教信仰

宗教是构成社会文化的重要因素。纵观各民族的消费习惯和消费需求，都可以在其中看到宗教的影响，而且这种影响已经沿袭下来，并且形成了一种模式。不同的宗教有自己独特的节日、礼仪以及对商品使用的要求和禁忌。某些宗教组织甚至在教徒购买决策中有决定性的影响。企业在营销活动中要把影响大的宗教组织作为自己重要的公关的对象；同时在营销活动中注意不同的宗教信仰，避免各种宗教矛盾和冲突。

2. 价值观念

价值观念是人们对社会生活中各种事物的态度和看法，生活在不同文化环境下的人有不同的价值观念，可反映在不同的方面，如阶层观念、财富观念、创新观念、时间观念等。企业在营销活动中要根据这种差异，采取不同的营销策略。

3. 消费习俗

由于重复或沿袭而巩固下来的并变成需要的行动方式称为习惯。世代相袭固化而成的一种风尚称为风俗。消费习俗是人们在长期经济活动和社会活动中所形成的一种消费风俗习惯。自然，不同的消费习俗具有不同的消费要求。充分了解目标市场消费习俗，既有利于生产和销售，也有利于正确引导健康消费，同时也是进行营销的前提。

4. 消费流行

一个时代、一个社会，人们总会有共同的审美观念、审美趋势、生活方式和情趣爱好，从而导致社会需求的一致性，这就是消费流行。突出表现在服饰、家电和保健品方面。消费流行具有时间性和地域性。

2.2.5 自然环境

自然界提供给人类各种形式的物质资料，如阳光、空气、水、森林、土地等。市场营销学中涉及的自然环境，主要是指企业的资源环境和生态环境。随着人类社会进步、工业化进程加速，一方面创造了丰富的物质财富，满足了人们日益增长的需求；同时也对自然环境造成了某些难以恢复的破坏。自然环境的变化已给企业带来了严重威胁，怎样克服威胁，从中找到市场机会，需要企业认识自然环境的现状和变化趋势。

1. 资源和能源日益短缺

地球上的自然资源有三类：一是取之不尽、用之不竭的无限资源，如空气；二是有限但可能再生的资源，如森林、粮食；三是有限但不可再生的资源，如石油及其他矿藏。

目前，空气受到严重污染，水已在某些地区出现了供应不足；森林面临大量采伐，耕地面临着日益减少；而石油、矿藏早已出现供不应求，这种短缺使许多行业面临着原材料和能源成本增加，最终导致生产成本越来越高。而对致力开发新能源、新材料以及节约资源的企业，则有着巨大的市场机会。

2. 环境污染日趋严重

大气污染、各种水体水源污染、土壤和植物里有害物质的增加，污染层面日渐升级，已成为全球性问题。制造污染的企业成为众矢之的，而致力控制污染、最大程度降低污染的企业，则有了市场机会。

3. 国家干预不断加强

面对自然资源短缺和环境污染严重的问题，各国都加强了立法，更重要的是加强了执法力度。我国还提出了科学发展、促进人与自然和谐的理念，这必将促进绿色产业、绿色消费、绿色营销以及生态营销进一步发展。

案例 2-7

中国社会化媒体崛起为呼叫中心产业带来新商机

不久前，一次特殊的"打车"经历让亿迅（中国）软件有限公司的 CEO 李农感触颇深，他利用一款手机 APP 程序仅花费了 12 秒就接到了出租车司机的回应，5 分钟后出租车到达。

澳大利亚 Infitech 公司的总裁查尔斯认为，现在呼叫中心已经和之前的大有不同，现在不再只是电话的呼入呼出、离岸套利和外包，呼叫中心需要和社会化媒体走到一起，履行好端到端的责任，要更注重客户的体验，体现出互动的感觉。

李农认为，社会化媒体给中国呼叫中心产业带来的收益已经"初见成效"。李农表示，今后一段时间内呼叫中心产业发展的路径在于完善社会化媒体与之相适应的服务体系，社会化媒体的发展将会让呼叫中心的功能更强大、服务更优质。

案例提示

毫不夸张地说，我们已经进入了一个新的网络时代。我们的生活和工作一刻都离不开互联网、短信网、微信公众平台等。但这些网络如果独立运行，会给消费者带来网络转换的不方便，而且也增加了建设和运行成本。中国呼叫中心产业中的企业应把握科学技术发展的新趋势，适时利用社会化媒体来满足客户服务管理的需求。

2.2.6 科技环境

科学技术是第一生产力，是对人类生活最具影响的力量，纵观人类历史，每一次技术革命，都会改变社会的发展进程，都会改变经济生活的方方面面。科学技术对营销的影响表现在以下几个方面。

1. 科技发展促进社会经济结构的调整

新技术革命是一种创造性的毁灭力量，作为促进生产力发展的强大原动力，它不但能摧毁旧的产品和旧的工艺方法，甚至摧毁一个旧的行业，同时会创造出一个全新的行业，导致社会经济结构的分化和改组。

2. 科技发展促进消费者购买行为的改变

科技的发展必然导致消费者结构、市场需求结构发生变化，并将对人们消费习惯产生冲击,最终改变人们的消费模式和生活方式,如随时随地在家购物、享受服务的网络电子商务模式。

3. 科技发展影响企业营销组合策略的创新

科技发展促使产品更新换代加速,即产品寿命周期缩短;科技发展降低了生产成本,使产品价格下降;科技发展促进流通方式的现代化;科技发展促使广告媒体多样化、信息传播快速化。

4. 科技发展促进企业营销管理现代化

科技发展对企业改善经营管理提出了新的要求,同时也提供了新的条件和设备。现在计算机技术和网络技术已经深入到各行各业和人们的日常生活当中,企业必将采用这些技术成果,从而提高整个经营活动的能力和效率。同时,科技发展对企业的营销人员也提出了更高要求,促使其更新观念,掌握现代化管理理论和方法,不断提高营销管理水平。

任务2.3 分析市场营销环境——微观环境构成

任务提示

这也是营销人员入职的重要一课。营销人员要对市场营销微观环境做出分析,必须首先认识什么是市场营销微观环境以及构成这一环境的各种因素有哪些。其次要能区分微观环境和宏观环境对企业的影响;微观环境对企业的市场营销的影响是直接的;微观环境中的一些因素通过企业努力可以不同程度地加以控制。

任务情境

随着传统佳节中秋节的临近,各月饼厂商开始了新一轮的市场争夺战。与以往不同,这些"疯狂的月饼们"除了在线下实体店铺竞争外,还纷纷展开了网战。诸多月饼大品牌将目光放到了淘宝商城,试图借着电子商务的东风在中秋节大显身手。

2015年9月1日,淘宝首页打出了商城月饼销售的大旗,消费者可以选购的月饼商品数近2 500件,包括广式月饼、滇式月饼、苏式月饼、港式月饼等各地区月饼。月饼馅口味也从传统的蛋黄、火腿、莲蓉延伸到五仁、黑芝麻、椰奶,甚至还有哈根达斯推出的冰激凌月饼等。消费者的选择广泛,且在淘宝商城购买月饼还可以享受优惠。

同时,二维码被运用到此次月饼大战中,消费者可以在淘宝商城购买月饼,并把二维码下载到手机上,到线下实体店凭二维码提取月饼。随着市场营销环境的改变,商家也纷纷进行战略调整。

企业是一个系统组织,内部营销环境有两个层次:一是决策层,由董事会、经理及其办事机构组成,负责确定企业的任务、目标、方针政策和发展战略;二是运作层,由企业内部各职能部门(如生产、物流、研发、财务、营销等)组成,业务活动各有侧重,但却是互相关联的一个整体,强调分工协作。

营销部门通常由营销副总、销售经理、推销人员、广告经理、营销研究与计划以及定价专家组成。营销部门在制订和实施营销目标与计划时,不仅要考虑企业外部环境,还要充分考虑企业内部环境,争取决策层和其他职能部门的理解和支持。

由此可见，企业内部各部门、各层次分工是否科学，协作是否和谐，有没有人和的气氛是企业营销活动一个内在的重要因素。

案例 2-8

企业内部对营销的影响

一个生产企业内部往往设有计划、技术、采购、生产、营销、质检、财务、后勤等多个部门。营销部门与企业其他部门之间既有多方面的合作，也经常与生产、技术、财务等部门发生矛盾。如生产部门关注的是长期生产的定型产品，要求品种规格少、批量大、标准订单、较稳定的质量管理；营销部门注重的是能适应市场变化、满足目标消费者需求的"短、平、快"产品，则要求多品种规格、少批量、个性化订单、特殊的质量管理。所以，企业在制订营销计划、开展营销活动时，必须协调和处理好各部门之间的矛盾和关系。

2.3.1 市场营销渠道

任何企业都不大可能完成相关产品或服务的全部内容，必须与营销渠道中的其他企业合作，才能完成全部生产和营销的任务。

1. 供应商

向企业供应生产经营所需原材料、零配件、设备、能源、劳务及其他资源的企业或个人。供应商对企业营销活动有着重大的影响，具体表现在：

（1）供应的及时性和稳定性。交货期直接制约着生产进度安排及销售量和利润，尤其对资源供应紧张时，供应商更起着决定性作用。

（2）供应的价格。直接制约着产品成本和利润，尤其对主要原材料和零配件的价格水平及变化趋势，要做到心中有数，应变自如。

（3）供应的质量保证及售前售后服务。直接制约着产品质量、销售量及利润。

由此可见，企业既要与主要的供应商建立长期的信用关系，又要避免资源来源的单一化，受制于人。有质量和效率都信得过的供应商是企业取得竞争优势的一个重要条件。

案例 2-9

供应商对营销的影响

供应商的资信对生产者的营销业务会产生多方面实质性的影响。如供应商提高原材料价格，生产企业亦将被迫提高其产品价格，由此可能会影响到企业产品的销售量。又如，若供应商供应短缺，则会使企业开工不足，无法履行产品购销合约而损害企业在客户中的声誉。

2. 营销中间商

营销中间商是为企业营销活动提供各种服务的企业或部门，是协助企业促销、销售和经销其产品给目标消费者的机构。包括：

（1）中间商。是商品从生产商流向消费者的中间环节或渠道，包括商人中间商和代理中间商。前者是转售商，有批发商和零售商；后者有代理商和经纪商，是替生产企业寻找买主、推销产品的中间商。

（2）物流或配送机构。是协助厂商储存并把商品运送至目的地的物流中心或配送中心或配送公司，基本作业有包装、运输、仓储、装卸搬运、库存控制和订单处理等方面，目的是实现商品的空间价值和时间价值。

（3）营销服务机构。为厂商提供营销服务的各类机构，包括广告公司、广告媒介经营公司、市场调研公司、营销咨询公司等。企业可自设服务机构，也可委托专业服务机构代理相关业务。

（4）金融机构。协助厂商融资及保险服务的机构，包括银行、信托公司、保险公司。

2.3.2 顾客

顾客是企业的目标市场，是企业服务的对象，是营销活动的出发点和归宿。企业的一切营销活动都应以满足顾客的需要为中心。

顾客是市场的主体，任何企业的产品或服务，只有得到顾客的认可，才能赢得市场，现代营销强调顾客是企业最重要的微观环境因素，把满足顾客需要作为企业营销管理的核心。

2.3.3 竞争对手

竞争是市场经济的必然，企业在市场中都会面对形形色色的竞争对手，形成不同的竞争关系。在市场上除了来自本行业的竞争外，还有来自代用品生产者、潜在加入者、原材料供应者和购买者等多种力量的竞争。这是企业营销活动必须重视的非常重要的制约力量。实践中要做到知己知彼、扬长避短，从而提高市场占有率。

企业在市场上面临四种类型的竞争对手：

1. 愿望竞争对手

满足消费者目前各种不同的愿望的竞争对手。

2. 一般竞争对手

满足消费者某种愿望的不同方法的竞争对手。

3. 产品形式竞争对手

能满足消费者某种愿望的同类商品在质量、价格上的竞争对手。

4. 品牌竞争对手

能满足消费者的某种欲望的同种产品不同品牌的竞争对手。

案例 2—10

竞争者对营销的影响

"假如可口可乐的工厂一把大火烧掉，全世界第二天各大媒体的头版头条一定是银行争相给可口可乐贷款……"这是可口可乐人最津津乐道的一句话。可口可乐靠多年来的历史沉淀形成了强大的第一品牌形象，在很长一段时间内牢牢地占据着碳酸饮料市场。百事可乐可谓生不逢时，一直处在竞争对手可口可乐的强势打压下。直到20世纪80年代，百事可乐发现了竞争对手的弱点：可口可乐历史悠久，长盛不衰，同时也就不可避免地有品牌老化的势头。百事可乐塑造自己新时代第一的品牌形象："百事，新一代的选择""可口可乐是你爸爸喝的可乐"，立刻赢得了大批年轻人的青睐，百事可乐与可口可乐划江而治，成为全球碳酸饮料第二大巨头。竞争对手太强大，不妨从侧面进攻，另立一个"山头"，与竞争对手共同站上"巅峰"。

2.3.4 公众

对企业营销活动有实际或潜在利害关系和影响力的团体或个人。公众对企业的态度，会对企业营销活动产生巨大的影响，它既可以有助于企业树立良好的形象，也可能妨碍企业的形象。所以企业必须处理好与公众的关系，争取公众的支持和偏爱，为自己营造和谐、宽松的社会环境。

企业所面临的公众主要有：

1. 融资公众

主要包括银行、投资公司、证券公司、股东等，它们对企业的融资能力有重要影响。

2. 媒介公众

主要包括报纸、杂志、电台、电视台、网络等传播媒介，它们掌握传媒工具，有着广泛的社会联系，能直接影响社会舆论对企业的认识和评价。

3. 政府公众

与企业营销活动有关的各级政府部门，如行业主管部门及财政、工商、税务、物价、商检部门，它们所制订的方针政策对企业营销活动或是限制或是机遇。

4. 社团公众

与企业营销活动有关的非政府机构，如消费者组织、环保组织及其他群众团体。企业营销活动涉及社会各方面的利益，必须密切注意来自社团公众的意见和建议。

5. 社区公众

企业所在地附近的居民和社区团体。社区是企业的邻里，企业必须重视保持与社区的良好关系，积极支持社区的重大活动，对社区的发展贡献力量，争取社区公众的理解和支持。

6. 一般公众

除上述五种关系公众之外的社会公众。一般公众不会有组织地对企业采取行动，但企业形象会影响他们的选择。

7. 内部公众

企业内部的管理人员和一般员工。企业的营销活动离不开内部公众的支持，内部公众对企业的态度会影响到企业之外的公众对企业的看法。企业处理好与广大员工的关系，可以增强内部凝聚力，增强员工的责任感和满意度，从而有利于塑造良好的企业形象。

任务2.4 掌握市场营销环境分析策略

任务提示

营销人员在认识市场营销宏观环境和微观环境的基础上，要对其做出分析，分析、评价和鉴别由于环境变化造成的机会与威胁，以便采取相应措施，扬长避短。

任务情境

分析中国手机市场的环境

业务分析：对手机市场环境进行分析应理清分析思路及切入点，紧密结合中国的市场环境展开，并注意某些要素的变化，如消费者个性的增强、3G牌照的发放、竞争者的发力等。业务程序：第一步，分析中国手机市场的宏观环境，包括政治环境、经济环境、技术环境、法律环境等；第二步，分析中国手机市场的微观环境，包括消费者特征、供货商经营能力、竞争者实力等；第三步，总结华为手机在变化的中国市场环境中的营销策略。

业务说明：对手机市场环境变化的分析应从多角度进行，除了业务程序中提到的分析要素外，当然还包括华为自身市场状态的分析。

2.4.1 SWOT分析法

在对营销环境分析时，有一种简便易行的SWOT分析法（见表2-1），即将宏观环境、市场需求、竞争状况、企业营销条件进行综合分析，找出与企业营销活动相关的优势（Strengths）、劣势（Weakness）、机会（Opportunities）和威胁（Threats）。

1. 优势

企业较之竞争对手在哪些方面具有不可匹敌、无法模仿的独特能力。

2. 劣势

企业较之竞争对手在哪些方面具有缺点与不足。

3. 机会

外部环境变化趋势中对本企业营销有吸引力的、积极的、正向的因素。

4. 威胁

外部环境变化趋势中对本企业不利的负面因素。

表2-1 SWOT分析法

优势（S）	机会（O）
劣势（W）	威胁（T）

2.4.2 市场机会和威胁

企业面对威胁的程度不同和市场机会吸引力不同营销环境，需要通过环境分析来评估机会与威胁。通常采用分析矩阵图。

1.（营销环境）威胁分析

可能所有行业的企业都有威胁；也可能只有某些行业的所有企业有威胁；或者只有某些行业内的某些企业有威胁。

对威胁的分析通常着眼于两方面：一是分析威胁的潜在严重性；二是分析威胁出现的可能性或概率，如图2-2所示。

出现的概率

		高	低
威胁严重性	高	处于此位置时，威胁严重性高，出现概率也高。企业面临严重的环境威胁，应高度戒备，积极采取对策，避免威胁造成的损失	处于此位置时，威胁严重性高，但出现概率低，企业不可忽视，必须密切注意其发展变化，也应采取相应措施准备面对，力争避免威胁的危害
	低	处于此位置时，威胁严重性低，但出现概率高，出现的可能性大，企业必须充分重视	处于此位置时，威胁严重性低，出现的概率也低，企业不必担心，但应注意其发展动向

图2-2　威胁分析矩阵

2. 机会分析

对机会分析从潜在的吸引力和成功的可能性或概率两方面进行，如图2-3所示。

成功的概率

		大	小
潜在的吸引力	大	处于此位置时，机会潜在的吸引力和成功的可能性都很大，有极大可能为企业带来巨额利润，应牢牢把握，全力发展	处于此位置时，机会潜在吸引力很大，但可能性小，说明企业暂时还不具备利用这些机会的条件，可以放弃
	小	处于此位置时，机会潜在吸引力很小而成功可能性大，虽然企业拥有利用机会的优势，但不值得去开拓	处于此位置时，机会潜在吸引力很小，成功可能性也小，应主动放弃

图2-3　机会分析矩阵图

3. 威胁—机会综合分析

营销环境对企业的威胁和机会是并存的，威胁中有机会，机会中有威胁。在一定条件下，两者可相互转化，此时使用威胁—机会综合分析矩阵来分析评价，能更清楚认识企业在环境中的营销状况，如图2-4所示。

威胁水平

		高	低
机会水平	高	冒险营销，机会水平和威胁水平都高，高风险高收益，对企业吸引力大，要抓住机会，同时制订避免风险对策	理想营销，机会水平高，威胁水平低，企业有非常好的发展前景，对企业最有利，但这种情况很少
	低	困难营销，威胁水平高，机会水平低，如不能减少环境威胁，企业将陷入困境	成熟营销，机会水平和威胁水平都低，企业发展机会已很少，自身发展潜力也很低，能够维持企业的运营

图2-4　威胁—机会综合分析矩阵图

2.4.3 应对机会和威胁的营销对策

1. 应对机会的营销对策

面临机会必须慎重的实事求是的评估，采用不同对策。

（1）及时利用策略。当市场机会与企业的营销目标一致，企业又具备利用市场机会的资源条件，并享有竞争中的差别利益时，企业应抓住时机，及时调整自己的营销策略，充分利用市场机会，求得更大的发展。

（2）待机利用策略。有些市场机会相对稳定，在短时间内不会发生变化，而企业暂时又不具备利用市场机会的必要条件，可以积极准备，创造条件，等待时机成熟时再加以利用。

（3）果断放弃策略。市场机会十分具有吸引力，但企业缺乏必要条件，无法加以利用，此时企业应做出果断放弃的决策。

2. 应对威胁的营销策略

通过环境分析，营销人员掌握了营销活动面临的确切威胁，这时，就可以采取相应措施来规避这些不利环境因素带来的影响。

（1）转移策略。转到其他赢利更多的行业或市场上。

① 产品转移：将受到威胁的产品转移到其他市场。

② 市场转移：将企业营销活动转到新的细分市场上去。

③ 行业转移：将企业资源转到更有利的新行业中去。

（2）减轻策略。通过调整企业市场策略来适应环境或改善环境，以减轻环境威胁对营销活动的影响程度。

（3）反抗策略。通过各种手段，阻止或限制不利环境因素对企业营销活动的影响，或促使不利环境向有利环境的方向转化。

（4）合作措施。通过各种合作手段，组织更多的企业，运用多家资源，分散风险，共同保护自身利益。

课程小结

根据市场营销职业工作分析，营销从业人员在从事营销活动时，必须对所处的营销环境有清晰的认识，才能做到趋利避害，促进营销目标的实现。市场营销环境的认识与分析是营销活动中第二个重要的工作，共分3个任务：市场营销宏观环境的认识、市场营销微观环境的认识和市场营销环境的分析。

市场环境分析就是认识这些因素对营销活动形成哪些影响，从而在营销活动中做到趋利避害。

本工作以工作描述开始，以工作活动结束。希望读者能够在获知工作信息的基础上，在教师引领下，按照"资讯、计划、决策、实施、检查和评价"六步骤来完成分项任务及工作活动，直至完成延伸工作活动，以实现"学习就是工作，工作就是学习"。

本工作的学习目标是：完成本工作后，学生能够进行市场营销环境的认识与分析工作，并能够熟练完成简单的、与日常生活的相关商品的市场营销环境分析，进而能够完成企业实际项目。

课后自测

一、判断题

1. 对环境威胁，企业只能采取对抗策略。（　　）
2. 只有既想买，又买得起，才能产生购买行为。（　　）
3. 宏观环境一般以微观环境为媒介去影响和制约企业的营销活动，因而宏观环境也称为间接营销环境。（　　）
4. 微观环境与宏观环境之间是一种并列关系，微观环境并不受制于宏观环境，各自独立地影响企业的营销活动。（　　）
5. 市场营销环境是一个动态系统，每个环境因素都随着社会经济的发展而不断变化。（　　）
6. 面对目前市场疲软、经济不景气的环境威胁，企业只能等待国家政策的支持和经济形势的好转。（　　）
7. 我国南北方人民在食品口味上存在着很大的差异，导致对食品需求也不同，这是宏观环境中经济因素形成的。（　　）

二、选择题

1. 市场营销环境（　　）。
   A. 是企业能够控制的因素　　　　B. 是企业不可控制的因素
   C. 可能形成机会，也可能造成威胁　D. 是可以了解和预测的
   E. 通过企业的营销努力是可以在一定程度上去影响的
2. 微观环境指与企业紧密相连，直接影响企业营销能力的各种参与者，包括（　　）。
   A. 企业本身　　B. 营销渠道　　C. 顾客
   D. 竞争者　　　E. 公众
3. 对环境威胁的分析，一般着眼于（　　）。
   A. 威胁是否存在　　　　B. 威胁的潜在严重性
   C. 威胁的征兆　　　　　D. 预测威胁到来的时间
   E. 威胁出现的可能性
4. 购买行为的实现必须具备（　　）。
   A. 消费欲望　　B. 购买力　　C. 成年资格
   D. 商品　　　　E. 都不是

三、简答题

简析企业市场营销环境分析的主要目的，简述市场营销环境的特征。

[拓展学习]

【背景】2008年开始，以京东商城、红孩子、凡客诚品为代表的中国B2C行业发展得如火如荼。网购人群的不断攀升、交易量记录的不断刷新，让企业主、消费者、互联网从业者以及政府看到了中国电子商务的强大能量。面对良好的电子商务发展环境，作为中国电子商务的中坚力量，阿里巴巴及淘宝也实施了一系列动作：2008年4月淘宝商城上线，9月阿里妈妈并入淘宝，10月阿里巴巴追加50亿元打造大淘宝战略等。与之相对应的是，一大批如李宁、优衣库、杰克琼斯等知名品牌入驻淘宝商城。某知名企业的营销部经理开始分析当

前的市场环境,并通过SWOT法分析进入淘宝商城的必要性。

【分析】淘宝的价值并不仅仅停留在交易本身。依托于淘宝电子商务平台,企业主能够得到的不仅仅是销售,而且可以得到品牌塑造和与消费者的深入沟通。而对于消费者而言,淘宝具有"消费信息传播"和"消费渠道"双重价值。营销部经理前往董事长办公室,汇报情况,分析市场环境,请示董事长决策。

【模拟】对营销部经理和董事长的活动进行模拟(提示:可以结合企业的发展现状和发展预期,从市场营销微观环境和市场营销宏观环境两个方面,通过SWOT分析提出看法和观点)。

[技能实训]

实训目标:明确认识市场营销环境对企业营销活动的影响。

实训内容:通过对企业营销环境资料消息进行分析,找出企业面临的环境机会与威胁,提出企业的应对策略。

实训地点:实训室或教室。

实训设计:某企业准备生产婴儿食品,等到的市场营销信息如下:

(1)我国现阶段育龄妇女人数增加,且用母乳哺育婴儿的产妇比例有较大幅度下降。

(2)居民家庭收入有所增加,独生子女家庭舍得在孩子身上花钱。

(3)婴儿食品购买者偏爱进口货和名牌,国产新品在市场上很难站稳脚跟。

(4)婴儿食品生产原料之一的蔗糖今后一段时间内行情趋紧,价格上涨幅度可能很大,其他原材料供应不会有较大变化。

(5)近期内对婴儿食品的营养性要求占主导地位的消费情况不会发生变化。

(6)婴儿食品的生产技术比较简单,资金需求量不大,行业渗透障碍比较小。

(7)中国人民银行宣布调低人民币与外币比价,政府也明确表示今后要严格控制消费品进口,这就将较大幅度提高进口婴儿食品的价格,减少市场对进口货的需求。

(8)国家法律规定食品的营养性要求占主导地位的消费情况不会发生变化。

(9)一些卫生机构倡导产妇用母乳哺育婴儿的益处。

(10)一些企业受经济效益和人员超编的影响,要求产妇多休产假。

训练:试用环境分析矩阵图分析企业面临的环境机会与威胁,并商讨企业的对策。

[学习资源]

线上学习资源:

1. 请登录:http://v.youku.com/v_show/id_127904717.html(市场营销环境分析(范高潮))

2. 请登录:http://v.youku.com/v_show/id_XMTM5MjU1NzU0NA==.html(万门大学 市场营销 市场营销环境构成)

线下学习资源:

1. [美]菲利普·科特勒. 营销管理(第15版·彩色版). 北京:格致出版社,2016.

2. [美]菲利普·科特勒,凯文·莱恩·凯勒. 科特勒营销思维. 北京:中国人民大学出版社,2015.

任务三

开展市场调研与预测

任务目标

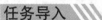

通过完成本任务，你应该能够：
1. 了解市场调研的程序，掌握收集市场信息的基本方法。
2. 灵活运用市场调研的方法进行市场调研。
3. 掌握一些重要的定量与定性的预测方法。

任务导入

CNNIC第40次《中国互联网络发展状况统计报告》

2017年8月4日，中国互联网络信息中心（CNNIC）在京发布第40次《中国互联网络发展状况统计报告》（以下简称为《报告》）。

中国网民规模达7.51亿，数字技术助推经济社会转型

截至2017年6月，我国网民规模达到7.51亿，半年共计新增网民1 992万人，半年增长率为2.7%。互联网普及率为54.3%，较2016年年底提升1.1%。以互联网为代表的数字技术正在加速与经济社会各领域深度融合，成为促进我国消费升级、经济社会转型、构建国家竞争新优势的重要推动力。

手机网民占比达96.3%，移动互联网主导地位强化

截至2017年6月，我国手机网民规模达7.24亿，较2016年年底增加2 830万人。网民中使用手机上网的比例由2016年年底的95.1%提升至96.3%，手机上网比例持续提升。上半年，各类手机应用的用户规模不断上升，场景更加丰富。其中，手机外卖应用增长最为迅速，用户规模达到2.74亿，较2016年年底增长41.4%；移动支付用户规模达5.02亿，线下场景使用特点突出，4.63亿网民在线下消费时使用手机进行支付。

IP地址数量居世界前列，出口带宽大幅增长

截至2017年6月，我国IPv4地址数量达到3.38亿个、IPv6地址数量达到21 283块/32地址，二者总量均居世界第二；中国网站数量为506万个，半年增长4.8%；国际出口带宽达到7 974 779Mb/s，较2016年年底增长20.1%。

商务交易类应用保持高速增长，促进消费带动转型升级

2017年上半年，商务交易类应用持续高速增长，网络购物、网上外卖和在线旅行预订用户规模分别增长10.2%、41.6%和11.5%。网络购物市场消费升级特征进一步显现，用户偏好逐步向品质、智能、新品类消费转移。同时，线上线下融合向数据、技术、场景等领域深入扩展，各平台积累的庞大用户数据资源进一步得到重视。

互联网理财市场趋向规范化，线下支付拓展仍是热点

2017年上半年，互联网理财用户规模达到1.26亿，半年增长率为27.5%，互联网理财领域线上线下正在整合各自在流量、技术和金融产品服务的优势，步入从对抗竞争走向合作共赢的发展阶段，网贷理财产品收益率持续下降，行业朝向规范化发展；线下支付领域依旧是市场热点，网民在超市、便利店等线下实体店使用手机网上支付结算的习惯进一步加深，网民在线下购物时使用过手机网上支付结算的比例达到61.6%，在深耕国内市场的同时，我国网络支付企业纷纷拓展市场潜力巨大的海外市场。

在线教育、网约车服务规模保持增长，共享单车丰富出行方式

截至2017年6月，公共服务类各细分领域应用用户规模均有所增长。其中，在线教育、网约出租车、网约专车或快车的用户规模分别达到1.44亿、2.78亿和2.17亿。在线教育市场迅速发展，人工智能技术驱动产业升级；网约车市场经历资本驱动的急速扩张阶段，进入规范化发展道路。共享单车用户规模达到1.06亿，丰富市民出行方式，技术与资本推动行业蓬勃发展。

任务3.1 制订调研方案

任务提示

本分项任务将引领你了解市场调研的目的、方法，并对问卷进行设计，以制订一个完善的调研方案。

任务情境

山东SH酒店管理有限公司是一家从事酒店投资和管理的大型股份制企业，近期由于业务发展的需要，将全面接管省城另一家酒店——济南天发大酒店，并对其进行重新定位和整体规划。鉴于目前市场上的经济型酒店、会展酒店和度假酒店等，都以各自鲜明的市场定位形成了较强的竞争力，因此，能否对原天发大酒店进行全新定位和规划是至关重要的。山东SH酒店管理有限公司试图通过市场调研来全面探察济南市酒店业务的发展状况，尤其是对以天发大厦为核心的天桥区商业圈范围内的酒店业经营环境、竞争态势、消费需求特征等进行深入考察，以对该项目的发展规划有一个客观的认识，并为该项目的市场定位、整体运营规划及品牌推广提供科学依据。

目前，公司将这项任务交给了你，请你制订一份市场调研方案。

市场调研是一项复杂的、严肃的、技术性较强的工作，在进行实际调研之前，应对调研工作的各个方面和各个阶段进行通盘的考虑和安排，以提出相应的调研计划，制订出合理的工作程序，这就需要制订调研方案。

3.1.1 明确调研目标

明确调研目标是市场调研首先要解决的问题。只有确定了调研目标，才能确定调研的范围、内容和方法。且每一次市场调研的具体目标不完全相同，所以在调研之初，要明确以下内容：为什么要做这次调研？通过调研了解哪些情况？调研结果有什么具体用途？给谁看？例如：某一种商品在最近6个月销售额同比下降了20%，这种下降可能是由于竞争加剧引起的，也可能是营销策略制订不当所致，抑或是季节性原因，具体原因是什么？实践证明，市场调研人员进行的市场调研，开始往往涉及面较广，提出的问题较笼统。因此，需要找出市场的主要问题，即明确调研的主题。明确调研的主题通常以下面两种形式进行。

（1）邀请企业管理决策者和专业人士，听取他们对市场问题的分析，开拓思路，对寻找市场主要问题的症结所在作出科学的选择和判断。

（2）收集并利用间接资料进行分析。调研目标的确定是一个从抽象到具体、从一般到特殊的过程。调研者首先应限定调研的范围，找出企业最需要了解和解决的问题；然后分析现有的、与调研问题有关的资料，如企业销售记录、市场价格变化等。在此基础上确定市场问题的主要症结，明确本次调研的目标。

3.1.2 确定调研对象和调研单位

明确了调研目标之后，就要确定调研对象和调研单位，这主要是为了解决向谁调研和由谁来具体提供资料的问题。调研对象就是根据调研目的、任务确定调研的范围以及所要调研的总体，它是由某些性质上相同的许多调研单位所组成的。调研单位就是所要调研的社会经济现象总体中的个体，即调研对象中的一个一个的具体单位，它是调研中要调研登记的各个调研项目的承担者。例如，为了研究某市美容院的经营情况及存在的问题，需要对全市美容院进行全面调研，那么，该市所有美容院就是调研对象，每一个美容院就是调研单位。

3.1.3 确定调研项目

调研项目是指对调研单位所要调研的主要内容，确定调研项目就是要明确向被调研者了解什么问题，它是为实现调研目的、取得资料而设置的，通常依据抽查目的分解为调研提纲和调研细项。

调研提纲表明实现市场调研目的需要解决的主要问题有哪些，调研细项是提纲的具体化。例如"某市学生消费者的手机使用状况"这样一个调研题目，需要的调研细项有两个方面。

（1）学生消费者的基本资料：性别、文化程度、年龄等。

（2）具体商品对象的评价项目：品牌、颜色、功能、购买地点及价格等。

调研项目可以有多种选择，怎样选择取决于调研目的和调研结果的用途。所列调研项目应尽可能做到项目之间相互关联，使取得的资料相互对照，以便了解现象发生变化的原因、条件和后果，便于检查答案的准确性。调研项目的含义要明确、肯定，必要时可附以调研项目解释。

3.1.4 确定调研时间与地点

调研时间是规定调研工作的开始时间和结束时间，包括从调研方案设计到提交调研报告的整个工作时间，也包括各个阶段的起始时间，其目的是使调研工作能及时开展、按时完成。为了提高信息资料的时效性，在可能的情况下，调研期限应适当缩短。在调研方案中，还要明确规定调研地点。调研地点与调研单位通常是一致的，但也有不一致的情况，当不一致时，尤其有必要规定调研地点。例如人口普查，规定调研登记常住人口，即人口的常住地点。若登记时不在常住地点，或不在本地常住的流动人口，均须明确规定处理办法，以免调研资料出现遗漏或重复。

3.1.5 确定市场调研的形式

进行市场调研，应采取抽样调研的形式。抽样调研是指从市场总体中抽取一部分子体作为样本，对样本进行调研，然后根据样本信息，推算市场总体情况的方法。抽样调研的具体过程是：明确市场调研目标总体，了解总体基本情况；决定抽样基本单位，确定样本数量；选择抽样方法进行抽样，样本调研和根据样本信息推算总体情况。

抽样调研工作量小、费用低、所需时间短，在市场调研实践中，是采用最为广泛的调研形式。

抽样调研是用样本调研结果来推断整体结果，会产生抽样调研误差。抽样调研误差分抽样误差和资料收集误差。从一定意义上讲，出现抽样误差是可以控制在允许范围内的。但在实际操作中，应尽量减少抽样调研误差。

市场调研的抽样方法有很多，下面主要介绍两种。

1. 随机抽样

随机抽样是按照随机原则，从总体中抽取一定数目的单位作为样本进行观察。随机抽样使总体中的每个单位都有同等机会抽中，不受主观因素影响。随机抽样的方法一般有以下几种。

（1）简单随机抽样：在总体单位中不进行任何有目的的选择，而是按随机原则、纯粹偶然的方法抽取样本。包括抽签法和随机号码表法。

（2）分层抽样：先将总体所有单位按某些重要标志进行分类（层），然后在各类（层）中采用简单随机抽样的方法抽取样本。

（3）分群抽样：将市场调研总体分成若干群体，然后以简单随机抽样方法选定若干群体作为调研群体，对群体内各子体进行普遍调研。

（4）系统抽样：系统抽样是依据一定的抽样距离，从总体中抽取样本，所以又称等距抽样。首先，对总体中的单位进行有序编号，然后按一定的距离，确定样本单位的区间数。采用此种方法所取的样本，能使样本较均衡地分散在总体的各个部分，不会过分集中在某一阶段，从而有利于增强样本的代表性，且抽样方法也简便易行。

2. 非随机抽样

非随机抽样是总体中的每个总体单位不具有被平等抽取的机会，而是根据研究者的主观标准来抽选样本的方法。非随机抽样的方法一般有以下几种。

（1）任意抽样法：由调研人员根据其工作便利而任意选取样本的方法。比如，在街头对遇到的过程行为作访问调研。只有在调研总体中各分子之间差异很小、基本同质的情况下，才适宜采用此种方法。

（2）判断抽样法：由市场调研人员根据经验判断而选定样本的一种方法。适用于总体中子体构成不同、样本数目不多的调研。常用的典型调研、重点调研，就属于判断抽样法的具体应用。

（3）配额抽样法：首先将总体中的所有单位按某些属性特征分为若干类（组），然后在每个类（组）中，分配样本数额，用判断抽样方法选取样本单位。

抽样方法的选择，要根据具体情况，多考虑各种因素对抽样的影响。

3.1.6　选择调研方法

调研方法有文案法、访问法、观察法和实验法等。在调研时，采用何种方式、方法不是固定和统一的，而是取决于调研对象和调研任务。在市场经济条件下，为准确、及时、全面地取得市场信息，尤其应注意多种调研方式的结合运用。

1. 文案法

文案调研法是指通过收集各种历史和现实的动态统计资料，从中摘取与市场调研课题有关的资料，在办公室内进行统计分析的调研方法，又称为间接调研法、资料分析法或室内研究法。

在文案调研中，按照资料的来源不同，一般分为内部资料和外部资料。

内部资料主要是指企业内部的市场销售信息系统经常收集的资料，是在企业的正常运转过程中收集、整理并使用的。它对于分析、辨别存在的机会与问题，制订与评价相应的决策方案都是必不可少的。它通常包括企业以前的相关调研资料和企业档案，即企业内部的各种有关的记录、报表、账册、订货单、合同等。

外部资料是指存在于企业外部的各种各样信息源（如报刊、出版物等）上的资料。外部资料主要包括：① 政府机关、金融机构公布的统计资料；② 公开出版的期刊、文献杂志、书籍、研究报告等；③ 市场研究机构、咨询机构、广告公司所公布的资料；④ 行业协会公布的行业资料、竞争企业的产品目录、样本、产品说明书及公开的宣传资料；⑤ 供应商、分销商以及企业情报网提供的信息情报；⑥ 展览会、展销会公开发送的资料。

调研者应将收集起来的凌乱资料进行分类整理，必要时要制成图表来分析比较，检验资料的真伪。

2. 观察法

观察法是调研者到现场利用感官或借用仪器来收集被调研者的行为表现及有关市场信息资料的一种方法。

观察法可分为直接观察和实际痕迹测量两种方法。

直接观察法是指调研者在调研现场有目的、有计划、有系统地对调研对象的行为、言辞、表情进行观察记录，以取得第一手资料。它最大的特点是：在自然条件下进行，所得材料真实生动，但也会因为所观察的对象的特殊性而使观察结果流于片面。

实际痕迹测量法是通过某一事件留下的实际痕迹来观察调研，一般用于对用户的流量、广告的效果等的调研。

3. 访问法

访问法就是调研人员采用访谈询问的方式向被调研者了解市场情况的一种方法，它是市场调研中最常用、最基本的调研方法。

访问包括在有正式问卷情况下进行的访问以及没有问卷情况下进行的访问两种。有正式问卷的访问，调研者通常要设计一份结构严谨的问卷，在访问过程中严格按照问卷预备的问题按顺序提问，这样可以方便资料的处理。没有问卷的访问，在访问过程中没有标准的询问问题格式，调研者仅仅按照一些预定的调研目标，自己发挥，提出问卷进行询问。被调研者回答这些问题时，同样有充分的自由。

（1）面谈调研：这是调研者直接访问被调研者，进行面对面的交谈，取得所需市场调研资料的一种方法。

（2）电话调研：这是由调研员通过电话与被调研者交谈，获取资料的一种方法。

（3）邮寄调研：这是由调研人员将设计好的问卷，通过邮寄的方式送达被调研者手中，请他们填好答案后寄回，以获取信息资料的方法。有些征订单、征询意见表及评比选票等，也可以认为是调研表的性质，因而也被看作是邮寄调研形式。

（4）留置调研：这是由调研者将调研表或问卷当面交给被调研者，并说明答卷要求，留给被调研者自行填写，然后由调研者定期收取的一种调研方法。

（5）网络调研：这是指在互联网上针对特定营销环境进行简单调研设计、收集资料和初步分析的活动。互联网作为高效的信息沟通渠道，可大大提高企业收集信息的效率和效用。

4. 实验法

实验法是把调研对象置于一定条件下，进行小规模实验，通过观察分析，了解其发展趋势的一种调研方法。实验法通常用来调研某种因素对市场销售量的影响。它的应用范围很广，凡是某一商品在改变品种、品质、包装、设计、价格、广告、陈列方法等因素时都可以应用这种方法，调研用户的反应。

案例 3-1

一份"2017年度手机用户偏好调研表"中的前言

您好！这是一份有关"手机用户偏好调研"的调研问卷，旨在更好地了解手机消费者的使用偏好，您的意见对我们进行数据收集有重大的帮助，非常感谢您花费宝贵时间填问卷。为答谢您的回答，我们会抽取完整问卷的作答者赠予精美杂志。请您认真作答，并留下您的联系方式，以使我们尽快将杂志寄往您处。

3.1.7 设计调研表

调研表又称问卷，是一种以书面形式了解被调研对象的反映和看法，从而获取所需资料和信息的载体。

1. 设计调研表的结构

一份完整的调研表通常包括前言、主体和附录三部分。

（1）前言。前言是对调研的目的、意义及有关事项的说明，其作用有两个：一是引起被调研者的兴趣和重视，使他们愿意回答问卷；二是打消公众的顾虑，使他们敢答，争取他们的支持与合作。

（2）主体。主体是调研者所要收集的主要信息，是问卷的主要部分。它主要是以提问的形式呈给被调研者。问卷设计是否合理，调研目的能否实现，关键就在于这部分内容的设计水平和质量。主体内容的问题设计需要围绕调研目的来确定。

（3）附录。附录包括作业证明记录及一些图表说明等。作业证明记录用以登记调研访问工作的执行和完成情况，内容包括调研时间、调研地点、调研者姓名等。这项内容虽然简单，但对于检查调研计划的执行情况，复查或修正某些调研内容，以及证明整个调研的真实性和可靠性具有重要意义，故也要认真设计。作业证明记录的目的是为了明确责任，一旦发现问题便于查询。

2. 设计调研表的格式

设计调研表时，应根据具体情况采用不同的设计格式。格式的确定，是按问题如何提出及列举什么样的答案供被调研者选择来确定的。一般而言，按照问题是否提供答案，调研表设计的格式可分为开放式和封闭式两种类型。

（1）开放式提问。开放式提问是指在设计调研问题时，不设计答案，而是让被调研者自由回答。例如："您对网上购物有什么看法？""您为什么要购买海尔牌的手机？"

（2）封闭式提问。封闭式提问是指在设计调研问题的同时，还设计了各种可能答案，让被调研者从中选定自己认为合适的答案。

根据提问项目或内容的不同，封闭式提问的种类主要有以下几种。

① 选择题。它分为单项选择题和多项选择题。这种格式便于填表回答，而且易于统计。

② 顺位法。顺位法又称顺序量表，指调研人员为一个问题准备若干答案，让被查者根据自己的偏好程度定出先后顺序。例如，请将下列饮料品牌依您的喜好排列（最喜欢给4分，最不喜欢者给1分）：

A. 王老吉 □   B. 康师傅 □   C. 统一 □   D. 汇源 □

③ 量表法。它的设计方法为：给出一句话，让被调研者在"非常同意、同意、中立、有点不同意、很不同意"这五个等级上做出与其想法一致的选择。例如：

等级	非常同意	同意	中立	有点不同意	很不同意
××服饰款式很时尚	5	4	3	2	1

（3）调研表设计应注意的问题。调研表是保证市场调研活动顺利进行和资料准确可靠的重要工具。在设计调研表时，应做到：第一，问题清楚明了，通俗易懂，易于回答，同时能体现调研目标，符合逻辑顺序。一般情况下把容易回答的问题放在前面，较难回答的问题放在中间，敏感性问题放在最后，封闭式问题在前，开放式问题在后。第二，避免诱导性提问，问卷设计的问题应保持中立，不能暗示或有倾向性，不要诱导被调研者按调研者的意图回答问题，否则会造成调研资料的失真。第三，调研表不宜过长，一般控制在15～20分钟之内回答完毕为宜。时间过长会引起被调研者的反感。第四，有利于数据处理，调研表应按计算机的处理要求来设计，最好能直接被计算机读入，以节约时间和提高统计的准确性。

3.1.8 调研资料的整理和分析方法

采用实地调研方法搜集的原始资料大多是零散的、不系统的，只能反映事物的表象，无法深入研究事物的本质和规律性，这就要求对大量原始资料进行加工和汇总，使之系统化、条理化。目前这种资料处理工作一般由计算机进行。

随着经济理论的发展和计算机的运用，越来越多的现代统计分析手段可供我们在分析时选择，如回归分析、相关分析等。每种分析技术都有其自身的特点和适用性，因此可以根据调研的要求，选择最佳的分析方法并在方案中加以规定。

3.1.9 确定提交报告的方式

报告的方式主要包括报告书的形式和份数、基本内容和报告书中的图表等内容。

案例 3-2

兰若传媒车载电视受众调查的抽样设计

一、置信度与推断误差

95%的置信水平下，推断误差在5%以内。

二、抽样方法

系统抽样方法（等距抽样）。

三、样本容量

631。

四、操作要点

1. 抽样主方案

按随机原则，对抽样框23条线路所有站点做系统随机抽样（等距抽样）。对每条线路站点每间隔5个站点取1个，依次取5、10、15、20、25、30、35站点，共计抽取98个站点。遇到站点相同的线路车辆将前移或后延一个站点。按上次方案每条线路调查乘客数量的规定，重新确定每个被抽取站点需要调查乘客的数量。站点调查共计539名乘客。

2. 抽样辅助方案

对23条线路的公交车，由访问员随车访问调查，每条线路访问员随机对车上的4名乘客做调查，共计调查92名乘客。

在选择被调查乘客时，要求尽量按照随机原则进行。规定主方案站点调查时每次下车的第三个乘客即是访问对象，如不满三个的则以最后下车的乘客为调查对象；辅助方案随车调查时选取座位号为2、6、10、14的乘客作为访问对象。上述两方案共计调查631名乘客。

站点乘客抽样的具体站点名称及乘客数量另附文本，下面以2路公交线路为例略做说明，其余线路类同。2路公交线路共调查14名乘客，其中第5站点4名乘客，第10站点6名乘客和第15站点4名乘客。

五、时间设计

为了保证和提高样本的代表性，抽样调查必须考虑时间因素的影响。同时，还要考虑到方案的可行性。

任务 3.2　组织实施调研

任务提示

本分项任务将引领你运用调研技巧组织实施调研。

任务情境

明锐市场调查研究公司正在给某公司做有关某品牌奶粉项目的市场调研。前期的调研方案已经设计完毕，接下来将要实施调研活动。你是负责该调研项目的项目经理，接下来将要制订本次调研的工作计划，并组织实施该调研方案。

市场调研的组织与实施包括制订调研工作计划、组织实地调研。

3.2.1　制订调研工作计划

制订调研工作计划分为以下 3 个步骤。

1. 组织领导及调研人员配备

建立市场调研项目的组织领导机构，可由企业的市场部或企划部来负责，针对调研项目成立市场调研小组，负责项目的具体组织实施工作。

调研人员可从高校中的经济管理类专业的大学生中招聘，根据调研项目中完成全部问卷实地访问的时间来确定每个访问员 1 天可完成的问卷数量，核定招聘访问员的人数。对访问员须进行必要的培训，培训内容如下：

（1）本次调研的意义。通过讲授，介绍本次调研工作的意义，使调研人员认识本人工作的重要性，并介绍本次调研工作的过程、统计资料的口径，以使整个调研工作纳入统一的管理轨道，避免由于理解不一致而产生调研差错。

（2）访问调研的基本方法和技巧。这包括如何面对调研对象，如何提问，如何解释，遇到一些情况如何处理，调研的要求及要注意的事项等内容。培训调研人员是保证调研工作质量的重要环节。通过培训，提高调研人员的能力，积累经验，以保证调研工作的质量。

2. 编制工作进度

为市场调研项目的整个进行过程安排一个时间表，确定各阶段的工作内容及所需时间。市场调研包括以下几个阶段。

（1）制订调研方案阶段：包括调研目的、调研内容、调研方法的确定，调研表的设计等内容。

（2）组织实施调研阶段：包括制订调研计划和实地调研。

（3）撰写调研报告阶段。

每一个阶段应掌握好时间的分配，以使调研工作更好地进行。

3. 进行费用预算

市场调研的费用预算主要有调研表设计印刷费、访问员培训费、访问员劳务费、调研表统计处理费等。企业应核定市场调研过程中将发生的各项费用支出，合理确定市场调研的总费用预算。访问调研的前期工作占20%,访问调研工作占50%,撰写调研报告占30%。若是委托市场调研公司来做,需加全部经费的20%~30%作为服务费。

3.2.2 组织实地调研

市场调研的各项准备工作完成后,开始进行问卷的实地调研工作,组织实地调研要做好三方面的工作。

1. 做好实地调研的组织领导工作

实地调研是一项较为复杂烦琐的工作,要按照事先划定的调研区域确定每个区域调研样本的数量、访问员的人数、每位访问员应访问样本的数量及访问路线,每个调研区域配备一名督导人员;明确调研人员及访问人员的工作任务和工作职责,做到工作任务落实到位,工作目标、责任明确。

2. 做好实地调研的协调、监督工作

调研组织人员要及时掌握实地调研的工作进度完成情况,协调好各个访问员间的工作进度;要及时了解访问员在访问中遇到的问题,帮助解决对于调研中遇到的共性问题,提出统一的解决办法。要做到每天访问调研结束后,访问员首先对填写的问卷进行自查,然后由督导员对问卷进行检查,找出存在的问题,以便在后面的调研中及时改进。

3. 调研资料的整理和分析

实地调研结束后,即进入调研资料的整理和分析阶段。此阶段主要分为以下三个步骤。

(1)编校:对收集到的资料进行核对、校正,以达到消除错误、去伪存真的目标。首先,检查收集的资料是否齐全,有无重复。其次,对含糊不清的资料,记录不准的地方,应及时要求调研人员辨认,以更正。最后,如发现前后有矛盾的答案问卷,或剔除不用,或要求调研人员重新调研,以给予补救。

(2)资料分类:即对经过核实编校的资料,分别归入适当的类别,分门别类地编号收存。分类可以根据调研所列问题或调研表中的问题,预先分类;或在收集到资料后进行分类。分类时要注意资料之间的差异性或同一类资料的共同性。对于重要的连续性数据,最好是制成相应的统计图表。

统计图表便于直观地观察信息资料的特征。常见的统计图表有单栏表、多栏表、分布图和趋势图。制成何种图表,应根据调研的实际需要来做。

(3)分析资料:资料的分析有记录分析和现象分析两种方法。记录分析是对样本调研数据资料的分析,如计算样本单位中拥有汽车的百分率。这是对客体现象进行对比综合分析,对其本质进行可信度判断分析,推断总体中有实用价值的情报信息。

进行现象分析常用的基本方法有综合归纳法、对比分析法、相关分析法、时间序列分析法和因果分析法等。其中后三种方法的目的是进行预测。这些分析既是调研的结果,也是认识市场规律、进行市场预测的方法。

调研数据的统计可利用 Excel 电子表格软件完成。将调研数据输入计算机后,经 Excel 软件运行后,即可获得已列成表格的大量的统计数据,利用上述统计结果,就可以按照调研目的的要求,针对调研内容进行全面的分析工作。

调研资料的整理与分析,为下一步的市场调研报告的撰写做了铺垫。

案例 3-3

宝洁公司的市场调查部门

宝洁公司早在1925年便成立了市场调查部门，投入了大量的时间与金钱，取得有关消费者需求的资料。这个部门在当时已具有迄今未改的形象：极为量化的取向；拥有实力雄厚的广告媒体；为取得更快、更精确的资料，不惜投入大量的时间与金钱；可独立于业务部门的客观性；保持一种神秘色彩。

（1）组织成员。1934年宝洁的市场调查部门已有34名市场调查员；而市场调查的基础，就在于实地的现场问卷调查。在市场调查中，公司要求市场调查员熟记所有的指示、问题和答案。眼前没有任何笔记本、笔或问卷，因为这些东西都有碍自然的对话及公开坦诚的态度。访谈结束后，市场调查员便立即躲进汽车，记下顾客的反应，如此便完成一次访问。

（2）遍及全球的市场调查部门。公司到国外分公司招募人员成立市场调查部，用尽各种方法，最终宝洁的市场调查部能够比电台本身还了解听众群的规模，并以此研究结果向电台讨价还价，以购得最佳的广告时段。而这种在广告媒体及听众方面着手的工作方针，使宝洁市场调查部在计划媒体策略时，扮演了举足轻重的角色。

（3）有效整理庞大资料的组织。宝洁市场调查部门组织的严谨，表现在它能够有效地整合各种资料来源，供决策层参考。

大多数成功的企业都必然建立自己的市场调查部门，但像宝洁公司那样能独立开展数据收集与分析工作的企业并不多。事实上，现在的宝洁也更趋向于与更专业的调查机构合作，共同实施调查项目。我们需要更多地了解市场调查机构的类型和运作情况，以便他们能为企业提供更专业、更有针对性的服务。

任务 3.3　撰写调研报告

任务提示

本分项任务将引领你撰写一份合格的市场调研报告。

任务情境

经过大量辛苦细致的调研工作后，你的团队已经将相关信息、数据资料收集起来了。你将代表明锐市场调查研究公司给该客户某品牌奶粉撰写市场调研报告。能否撰写出一份高质量的调研报告，以使顾客对所调研的市场现象或问题有一个全面系统的了解和认识，是市场调研的成败所在。市场调研报告是市场调研人员以书面形式，反映市场调研内容及工作过程，并提供调研结论和建议的报告。市场调研报告是市场调查研究成果的集中体现，其撰写得好坏将直接影响到整个市场调查研究工作的成果质量。一份好的市场调研报告，能给企业的市场经营活动提供有效的导向作用，能为企业的决策提供客观依据。

市场调研报告必须回答两个问题"是怎样"和"为什么"。通过调研，就对"是怎样"有了基本的了解，现在必须通过现象看本质，从具体到抽象，由个别到一般地归纳出现象背后的本质规律来。市场调研报告不仅要告诉读者"是怎样"，更要回答"为什么"会是这样？原因何在等问题。

3.3.1 设计市场调研报告的封面

市场调研报告的封面是整个市场调研报告的"脸面",对封面一定要慎重对待,不能出现错别字,否则会影响阅读对象对整篇调研报告的印象。

1. 封面

封面的内容一般包括标题和报告日期、委托方、调研方等,如图3-1所示。

```
        关于×××居民收支、消费及储蓄情况的
                    调研报告
        调研单位＿＿＿＿＿＿＿
        通讯地址＿＿＿＿＿＿＿
        电话＿＿＿＿＿＿＿
        E-mail＿＿＿＿＿＿＿
        报告日期＿＿＿＿＿＿＿
        报告委托方＿＿＿＿＿＿＿
```

图3-1 市场调研报告封面

在实践中,有的市场调研报告的封面也做了简化、艺术化处理。

2. 标题

标题的形式一般有以下三种。

(1)直叙式标题:是反映调研意向或指出调研地点、调研项目的标题,如《北京市中高档商品房需求的调研》等。这种标题的特点是简明、客观。

(2)表明观点式标题:是直接阐明作者的观点、看法,或对事物作出判断、评价的标题。如《对当前的需求不旺不容忽视》《高档羊绒大衣在北京市场畅销》等标题。这种标题既表明了作者的态度,又揭示了主题,具有很强的吸引力。

(3)提出问题式标题:是以设问、反问等形式,突出问题的焦点和尖锐性,吸引读者阅读、思考,如《消费者愿意到网上购物吗?》《北京市房地产二级市场为什么成交寥寥无几?》等。

标题按形式又可以分为单行标题和双行标题。单行标题是用一句话概括调研报告的主题或要回答的问题。一般是由调研对象及内容加上"调研报告"或"调研"组成,如《海尔洗衣机在国内外市场地位的调研》等。双行标题由主题加副题组成。一般用主题概括调研报告的主题或要回答的问题,用副题标明调研对象及其内容。

3.3.2 确定市场调研报告的目录

如果市场调研报告的内容、页数较多,为了方便读者阅读,应当使用目录或索引的形式列出报告所分的主要章节和附录,并注明标题、有关章节号码及页码。一般来说,目录的篇幅不宜超过一页。

目录一般包括以下内容:

(1)调研设计与组织实施。

(2)调研对象的构成情况简介。

(3)调研的主要统计结果简介。

（4）综合分析。
（5）数据资料汇总表。
（6）附录。
实践中的目录也有简化形式。

3.3.3 确定市场调研报告的导语

导语也称前言、引言，即调研报告的开头部分。导语部分一般简要介绍调研的背景、意义、目的，或交代调研的时间地点、对象范围、方式方法等。导语要求以叙述说明为主，简短概括，简练清楚。

案例 3-4

2017 年 3 季度杭州消费者购房需求调研报告

1. 调研时间

2017 年 10 月 23—25 日。

2. 调研目的

了解杭州市消费者购房需求偏好，如购房面积、户型面积偏好以及其他购房考虑、因素等；了解杭州市消费者购买力水平，如理想价位、付款方式、装修标准等；了解杭州市消费者购房影响因素；了解杭州市消费者目前居住状况、购房计划及目的等；了解杭州市消费者对于购买二手房的态度及其具体原因；了解杭州市消费者对于目前住宅水平的态度及对未来房价走势的预期。

3. 调研方式与对象

本次调研采取随机调研方式，主要针对杭州市拟购房消费者。

4. 抽样方案

本次调研采取随机抽样方式，共回收有效问卷 523 份。

3.3.4 确定市场调研报告的主体内容

确定市场调研报告的主体内容是市场调研报告的核心，也是写作的重点和难点所在。它要完整、准确、具体地说明调研的基本情况，进行科学合理的分析预测，并在此基础上提出有针对性的对策和建议。具体包括以下三方面内容。

1. 情况介绍

市场调研报告的情况介绍即对调研所获得的基本情况进行介绍，是全文的基础和主要内容，要用叙述和说明相结合的手法，将调研对象的历史和现实情况，包括市场占有情况，生产与消费的关系，产品、产量及价格情况等表述清楚。在具体写法上，既可按问题的性质将其归结为几类，采用设立小标题的形式；也可以以时间为序，或者列示数字、图表或图像等加以说明。无论如何，都要力求做到准确和具体，富有条理性，以便为下文进行分析和提出建议提供坚实充分的依据。

2. 分析预测

市场调研报告的分析预测即在对调研所获基本情况进行分析的基础上对市场发展趋势做出预测，它直接影响到有关部门和企业领导的决策行为，因而必须着力写好。要采用议论的手法，对调研所获得的资料分析条理，进行科学的研究和推断，并据以形成符合事物发展变化规律的结论性意见。用语要富于论断性和针对性，做到析理入微，言简意赅，切忌脱离调研所获资料随意发挥，去唱"信天游"。

3. 建议

市场调研报告的建议是市场调研报告写作目的和宗旨的体现，要在上文调研情况和分析预测的基础上，提出具体的建议和措施，供决策者参考。要注意建议的针对性和可行性，能够切实解决问题。

3.3.5 确定市场调研报告的附录

附录是指市场调研报告正文包含不了或没有提及，但与正文有关必须附加说明的部分。它是对正文报告的补充或更详尽的说明，包括数据汇总表及原始资料背景材料和必要的工作技术报告，例如为调研选定样本的有关细节资料及调研期间所使用的文件副本等。附件内容也包括复杂、专业性的内容，通常将调研问卷、抽样名单、地址表、地图、统计检验计算结果、表格、制图等作为附件内容，每一内容均需编号，以便查寻。

案例 3-5

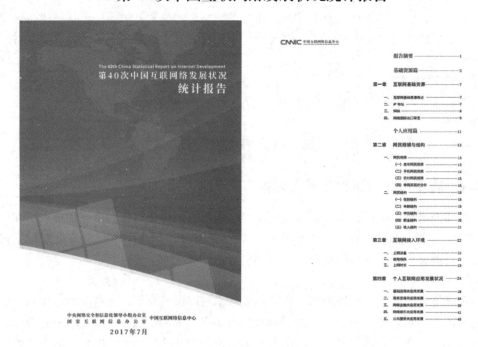

第 40 次中国互联网络发展状况统计报告

任务 3.4 掌握市场预测的方法

任务提示

本项任务将带领你掌握一些重要的市场预测的方法。

任务情境

"标王"的衰败

从1996年秦池集团以6 666.6万元的天价获得中央电视台黄金档位"标王"称号后,中央电视台黄金时段就成为国内众多知名企业穷追不舍、不惜一掷千金的争夺目标,并以此提升自己产品的知名度,达到轰动效应,以至于在1997年秦池集团要用3.2亿元的"天文数字"第二次获得CCTV黄金时段。

"标王"称号,一时引起舆论哗然。然而一年后,当秦池集团经营陷入困境的报道公之于各大媒体时,业内人士开始冷静思考,并对包括原秦池集团在内的众多企业的这种行为进行了分析和检讨,认为秦池集团在没有完全正确预测分析国内白酒行业宏观环境、产品特点、消费者行为和不可控的意外因素影响下,孤注一掷地拿出企业自身很难承受的3.2亿元拼CCTV"标王"称号,不仅使企业背上了沉重的资金负担,经营陷入困境,而且造成社会舆论偏离了秦池人的初衷。真可谓代价是惨重的。

预测就是根据过去和现在估计未来,根据已知推断未知。市场预测是运用预测的科学原理与手段,对市场交换活动及其影响因素的未来发展状况及变化趋势做出估计与预测。市场预测是市场调查的发展和延伸,是市场分析研究的结果。

市场预测是市场研究与市场营销活动中的必不可少的环节,做好市场预测工作,对于企业市场经营的成败具有重要意义。

3.4.1 市场预测的内容

市场预测的内容相当广泛,从不同的方面、不同的角度进行预测包含的内容会有所不同。站在销售预测这个角度,市场预测的主要内容有以下几方面。

1. 市场需求预测

市场需求预测包含消费者需求与生产经营者需求两方面。具体内容有:

(1) 需求总量预测。如对购买力增长速度与总量、购买力投向及消费构成变化等进行预测。

(2) 需求影响因素变化预测。即对引起需求变化的各种影响因素的变化趋势、变化时间、变化程度进行预测,以便寻求变化的深层原因。

(3) 需求变化特征预测。

2. 商品的供给预测

首先要了解同类产品现有的生产企业的数量、生产能力、技术水平及各项经济指标。以此为基础,预测产品生产在未来一定时期内的发展状况,进而预测商品的供给情况。

3. 市场占有率预测

市场占有率预测主要预测企业市场占有率的发展趋势及其影响因素,充分估计竞争对手的变化,并对各种影响本企业市场占有率的因素采取适当的策略加以控制。市场占有率预测可以从以下三个方面进行:

(1) 本企业产品市场地位的预测,如预测产品质量水平、市场占有率的变化等。

(2) 竞争对手情况的预测,如预测竞争对手的数量、各自的实力变化、可能采取的经营策略,以及竞争对手对本企业竞争策略的反应及影响程度等。

(3) 对潜在竞争者的预测，如分析预测是否会有潜在竞争者进入，他们可能采取什么样的经营策略挤入市场等。

4. 产品发展预测

产品发展预测是企业制订产品、经营计划的重要依据，是企业市场预测的重点。它包括：

(1) 现有产品生命周期的预测。主要是对与企业产品有关方面的科学技术的发展进行预测，如有关的新材料、新设备、新工艺的发展，新的替代品的出现等，以判断企业产品所处的生命周期阶段。

(2) 新产品发展前景的预测。如预测新产品的开发方向，顾客对新产品的结构、规格、质量、售价方面有什么要求，新产品上市后的销售量和市场需求潜量有多大等。

(3) 产品资源变动趋势预测。如预测该产品现有社会生产能力、产品总量、进出口量、储备状况的变化，影响产品生产总量及质量和性能的人力资源、物力、财力资源以及原材料辅料、能源动力、基础设施等因素的变化等。

5. 产品价格变动趋势预测

产品价格变动趋势预测主要是对产品价格涨落及其发展趋势进行预测，一般可以通过以下两种途径来进行：

(1) 根据产品成本构成因素及其变化趋势，预测价格的变化趋势。

(2) 根据供求关系对价格的影响，预测价格的变动趋势。

3.4.2 市场预测的基本方法

无论预测什么内容，都要求推导出一个结果，取得预测结果的技术手段叫做预测方法。市场预测方法很多，但可以归纳为定性预测和定量预测两大类。目前的预测实践中，将这两大类方法相结合，并越来越多地运用计算机技术，是预测方法的总趋势。

1. 定性预测方法

定性预测方法是根据经验和分析判断对预测对象的发展变化趋势和状态进行预测的方法。其特点是，主要靠经验判断未来，有时也做一些量化分析作为判断的辅助手段。这种方法适用范围广、成本低、费时少，但受预测者的主观因素影响大，较难提供以准确数据为依据的预测值。在数据资料较少或不准的情况下，多采用此法。下面对常用的几种定性方法做一介绍。

(1) 集体判断法。这种方法就是由企业经理集合有关人员进行分析讨论，对未来市场形势做出预测判断。具体方式有两种：一是集中企业高中层的经理人员进行讨论预测；二是集中企业有经验的销售人员进行讨论预测。

这种方法的优点是：① 预测速度快，成本低，易于组织进行；② 能够集思广益，相互启发，避免个人判断的局限性。

其缺点是：① 预测结果易受讨论气氛、权威人士和当时市场形势的影响；② 对问题的分析缺乏系统的数据。

对于这两种预测方法，预测结果的得出可以通过讨论的形式直接得出，也可以使用"主观概率法"，即先由预测专家对预测事件发生的概率做出主观的估计，然后计算它们的平均值，以此作为对事件预测的结论。

例如，某企业生产的洗衣机2016年1—6月销售增长率在6%~13%之间，据此预测

2017 年的销售增长率。参加预测的专家共 5 人，预测结果见表 3-1。

表 3-1 预测结果

概率 增长率	甲	乙	丙	丁	戊	汇总
5%	2	0.1	0.3	0.2	0.4	1.2
10%	6	0.5	0.4	0.5	0.4	2.4
15%	2	0.4	0.3	0.3	0.2	1.4
∑	1.0	1.0	1.0	1.0	1.0	5.0

$$\overline{X} = \frac{1.2 \times 5\% + 2.4 \times 10\% + 1.4 \times 15\%}{5} = 10.2\%$$

（2）专家预测法。专家预测法是指专家以自己的专业知识和经验，在对过去和现在情况进行分析的基础上，对未来可能出现的各种趋势做出预测和评估的方法。这里的专家包括经销商、分销商、供应商、营销顾问和贸易协会。专家预测的具体方式有许多种。例如，可以组织一个专家小组进行某项预测，最后可以形成一个小组估计，或者是由一位较权威的分析家把意见汇总成个人的估计。只是这种方法容易使小组内各专家成员屈于权威或碍于面子而不愿发表意见。实践中，更为常用的专家预测法是"德尔菲法"。

德尔菲法是美国兰德公司在 20 世纪 40 年代末期开始使用的一种预测方法，现在已成为应用很广泛的一种预测方法。德尔菲法是通过发函询问的方式进行预测的。其具体做法是向所选择的预测专家分别发函或调查表，提出问题，并提供进行预测的各种有关资料，要求专家背靠背地按照自己的想法提出预测意见，由预测组织者把专家们的意见汇集、整理后，再将不同的意见及其理由反馈给每位专家，这样多次反复征询，逐步缩小各种不同意见的差距，得到基本上趋于一致的预测结果。

德尔菲法有以下三个特点：

① 匿名性。参加预测的各方面专家，在整个预测过程中并不直接见面，而是以背靠背的方式接受征询的。预测是以匿名的方式进行的，这样就可以使专家的个人意见得到充分的发表，避免了集体讨论时的各种心理因素对专家的影响。

② 反馈性。德尔菲法的函询征集过程往往是经过几轮反复后才能完成。大量的信息反馈，使专家的意见得到沟通，并使其有机会反复思考，对问题做出新的判断。

③ 收敛性。采用德尔菲法进行预测，一般经过几轮反馈后，在多数情况下专家的意见会逐渐趋于一致，论据充分的意见会得到大多数专家的接受，呈现出收敛的趋势。

（3）用户意见法。用户意见法，是直接向潜在用户征询购买倾向及购买意见后再经判断进行预测的方法。这种方法认为只有用户最了解自己的需求，最有权决定自有货币的投向。只要全面询问用户的意见，就可以得出准确的预测。此法多用于需求较稳定的生产资料市场的预测。

2. 定量预测方法

定量预测方法是根据历史和现状的统计资料，应用数学方法对预测对象的发展变化趋势进行预测的方法。在占有若干统计资料、预测对象的未来受突发性因素影响较小的情况下，选用适当的数学模型进行定量预测，可以得到比较满意的预测结果。但是，由于所选择和建立的数学模型不可能把所有因素都考虑进去，因此定量预测的结果出现误差也在所难免。

定量预测的方法很多，这里只介绍几种常用的方法。

（1）简单移动平均法。这种方法是将近期的实销值按规定的期数进行平均，随着时间的推移，不断引进新的数据来修改平均值，以消除偶然变动因素的影响，使时间序列数据修匀并呈某种趋势，以求得下期预测值。

其数学模型为

$$F_t = \frac{D_{t-1} + D_{t-2} + \cdots + D_{t-(n-1)}}{n}$$

式中　F_t——预测值；

　　　D——实销值；

　　　t_i——时间序列；

　　　n——预测资料期数。

案例 3-3

某公司将三个月（或四个月，$n=4$）的实际销售量的算术平均数作为下个月的预测值（见表 3-2）。

表 3-2　简单移动平均法

月份	实销量/千元	三个月的移动平均数预测值	四个月的移动平均数预测值
1	10		
2	12		
3	13		
4	16	(13+12+10)÷3=11.67	
5	19	(16+13+12)÷3=13.67	(16+13+12+10)÷4=12.75
6	23	(19+16+13)÷3=16	(19+16+13+12)÷4=15
7	26	(23+19+16)÷3=19.33	(23+19+16+13)÷4=17.55
8	30	(26+23+19)÷3=22.67	(26+23+19+16)÷4=21
9	28	(30+26+23)÷3=26.33	(30+26+23+19)÷4=24.5
10		(28+30+26)÷3=28	(28+30+26+23)÷4=26.75

可以看出，n 值越大，预测值的滞后误差就越大，不能反映近期的情况；n 值越小，对近期的变化趋势反映得越明显，但对某些随机因素所引起的变化剔除的程度越差。可见，使用简单移动平均法进行预测，n 的取值是关键，一般可参考以下原则：① 在资料期数较多时，n 值可适当取大些；相反，只能取小些；② 在历史资料具有明显的季节周期或循环周期性变化时，n 值应等于季节周期或循环周期；③ 如果希望反映近期数据的变化趋势时，则 n 值应取小些。

（2）加权移动平均法。为了克服简单移动平均法的滞后性缺陷，可以采取提高近期资料权数的办法。加权移动平均法的出发点，就是加大近期资料的权数，以缩小远期资料对预测结果的影响。

$$F_t = \sum_{i=t+n+1}^{t} W_i D_i$$

式中　F_t——第 t 期的加权移动平均值；
　　　D_i——资料期的实销量；
　　　W_i——第 i 期的权数，$\sum_{i=t+n+1}^{t} W_i = 1$。

案例 3-6

某企业某年 1—4 月份某产品的实际销售量分别为 300 件、320 件、322 件、331 件，预测 5 月份的销售量。权数分别为 0.1、0.2、0.3、0.4。

根据公式，加权移动平均值为

$$F_t = 0.1 \times 300 + 0.2 \times 320 + 0.3 \times 322 + 0.4 \times 331 = 323 \text{（件）}$$

即 5 月份该产品的销售量预测值为 323 件。

这个方法比较准确地反映了实际，但权数越大，其风险越大，必须注意选择权数。

（3）指数平滑法。指数平滑法是对加权移动平均法的改进和发展，是一种特殊的加权移动平均法。其基本思想是将前期预测值和前期实际值分别确定不同的权数（二者的权数之和等于 1），然后加以平均。

其数学模型为

$$F_t = \alpha D_{t-1} + (1 - \alpha) F_{t-1}$$

式中　α——平滑系数（$0 \leqslant \alpha \leqslant 1$）；
　　　D_{t-1}——上期实销值；
　　　F_{t-1}——上期预测值。

α 可按原预测数与实际数的差异程度来确定。差异幅度大，说明原预测数偏差大，则 α 要大些；差异幅度小，说明原预测数较准确，α 可小些。当 $\alpha = 1$ 时，$F_t = D_{t-1}$（下期预测数＝本期实际数）；当 $\alpha = 0$ 时，$F_t = F_{t-1}$（下期预测数＝本期预测数）。α 越小，则近期的倾向性变动影响越小，越平滑；α 越大，则近期的倾向性变动影响越大，越不平滑。如欲敏感地反映最新数值变化，α 取较大值，如 $\alpha = 0.9$；如只需观察时间序列的长期趋势，取较小值，如 $\alpha = 0.1$。在实际应用中，倾向于采用较小的 α 值。

案例 3-7

某企业 5 月份销售 42 万元，原预测销售 38 万元。选 $\alpha = 0.2$，求 6 月份的预测值。

$$F_6 = 0.2 \times 42 + (1 - 0.2) \times 38 = 38.8 \text{（万元）}$$

这个方法简便易行，需要的数据不多，目前采用得比较普遍，常用于短期销售预测。

（4）统计需求分析法。这是市场预测中因果分析的一种预测方法。前述定量预测法，是着重变量随时间变动的关系。但是，大量的经济现象不仅与时间有关，还存在着相互之间的因果关系。例如，供求与商品价格、消费者购买支出与收入等，后者是前者的影响因素。统计需求分析法就是研究引起未来状态变化的各种因素所起的作用，找出各种因素对未来状态的统计关系。

在利用统计需求分析法进行需求预测时，一般将销售量作为因变量，而将市场营销组合的各变量（如广告费用、价格、产品品质、分销渠道支出等）作为自变量，即销售量 Q 是一系列独立的需求变数 X_1，X_2，…，X_n 的函数：

$$Q = f(X_1, X_2, \cdots, X_n)$$

但是这些变数同销售量之间一般并不能用严格的数学公式表示出来，只能利用统计分析揭示和说明，即这些变数同销售量之间的关系是统计相关。

随着计算机的应用，人们开始越来越广泛地使用统计需求分析法。但利用这种方法时，应注意以下几个会影响这个方法有效性的因素：① 观察数据过少；② 各变数之间高度相关；③ 变数与销售额之间的因果关系不清；④ 未考虑新变数的出现。

（5）季节指数法。在市场经济中，一些商品状况由于受到自然气候、生产条件、风俗习惯等因素的影响，在每一年中随着季节的变化呈现出周期性的变动规律，这种变动规律有三个特点：一是季节性变动每年重复出现；二是季节变动按照一定的周期进行；三是每个周期变化强度大体相同。季节指数法就是根据预测变量按月或按季编制的时间序列资料，用统计的方法测定出反映季节变动规律的季节指数，并以此为依据进行短期预测的一种预测方法。

利用季节指数法的关键是计算出时间序列的季节指数，要求资料数据以季度或月份来收集，并且至少有三年以上的历史资料。常用的方法有平均数比率法和直线趋势比率平均法。

（6）回归分析法。市场的发展变化是由多种因素决定的，许多经济现象，除了受时间因素的影响外，还可能受很多因素的影响。这些因素之间存在着相互影响、相互依存的因果关系，例如，人们的收入水平提高了，市场就会繁荣。广告的投入增加了，产品的销售量就会增加。功能近似的新产品的出现，会使相应商品的销售量下降等。回归分析就是描述一种变量的变化对另一种变量的影响程度，寻找经济现象中的因果关系的一种研究方法。

回归分析预测就是通过对预测对象和影响因素的统计分析，找出它们之间的变化规律，将变化规律用数学模型表示出来，并利用数学模型对未来进行测算。回归分析预测法有很多种类型，按自变量个数分为一元回归预测和多元回归预测；按自变量和因变量之间是否存在直线关系，分为线性回归预测和非线性回归预测，线性回归预测变量之间的关系表现为直线型，非线性回归预测变量之间的关系主要表现为曲线型。

案例 3-8

关于宏达公司市场需求预测分析报告

宏达公司原来一直采用消费者意向调查法来调查、了解未来的市场需求，经过几年的实践，由于公司所面对的消费者难以界定，后改为由企业的管理人员和销售人员进行未来市场需求的预测。

宏达公司采用的这种市场需求预测方法叫集合意见法，这种方法是指由有一定的经营知识的企业内部管理人员、业务人员共同座谈讨论，交换意见，对预测对象进行充分的分析后，对其发展变化的趋势提出集体的预测结果的一种方法。

该方法主要优点是简单易行、应用面广，适用于短期市场预测。由于参加预测的人员主要是企业采购、销售、财务、物价等部门的工作人员，他们工作在第一线，比较熟悉市场需求及变化动向,他们的预测能比较客观地反映市场的真实趋向。为了使预测结果更具有可靠性,也可用一部分消费者问卷调查来证实一下集合意见法的可靠性。中长期的市场预测可借助专家预测法、时间序列预测法、回归预测法等定性定量方法进行预测,可提高集合意见法预测的可靠性,从而提高预测的精度,更好地为企业经营决策提供可靠的信息资料。

课程小结

在营销运作过程中,要做一个正确的市场营销决策,市场调研是基础。

(1)在制订调研方案中,企业应依次选择调研目的,确定调研对象、调研单位、调研项目、调研时间与地点、调研的形式、调研方法,设计调研表,确定调研资料整理的方法,最后确定提交调研报告的方式。

(2)在组织与实施调研中,首先要制订调研工作计划,其次组织实地调研。

(3)撰写调研报告,一份完整的调研报告应有封面、目录、导语、主体内容和附录。

(4)掌握市场预测的方法,定性与定量的方法各有所长,根据实际预测过程中的需要选择合适的方法。

课后自测

一、判断题

1. 调研对象就是调研单位。(　　)
2. 调研提纲表明实现市场调研目的需要解决的主要问题有哪些,调研细项是提纲的一体化。(　　)
3. 抽样调研是用样本调研结果来推断整体结果,会产生抽样调研误差,所以所有调研应使用普查。(　　)
4. 凡是某一商品在改变品种、品质、包装、设计、价格等因素时都可以使用实验法。(　　)

二、选择题

1. 下列方法中属于随机抽样的是(　　)。
   A. 任意抽样法　　　　　　　　B. 分层抽样法
   C. 判断抽样法　　　　　　　　D. 配额抽样法
2. 下列方法中属于非随机抽样的是(　　)。
   A. 任意抽样法　　　　　　　　B. 分层抽样法
   C. 抽签法　　　　　　　　　　D. 随机号码表法
3. 通过搜集各种历史和现实的动态统计资料,从中摘取与市场调研课题有关的资料,在办公室内进行统计分析的调研方法是(　　)。
   A. 观察法　　B. 访问法　　C. 文案法　　D. 实验法
4. 调研者直接访问被调研者,进行面对面的交谈,取得所需市场调研资料的一种方法是(　　)。
   A. 邮寄调研　　B. 电话调研　　C. 网络调研　　D. 面谈调研
5. 开放式提问常用的方法是(　　)。
   A. 选择题法　　　　　　　　　B. 顺位法

C. 自由式问答法 　　　　　　　D. 量表法

6. 对于市场预测法难以量化的因素或无历史数据的现象进行市场预测，最适宜的预测方法是（　　）。

　A. 定量分析法　　B 抽样法　　C. 不存在的　　D. 定性预测法

7. 专家预测法中所包括的专家（　　）。

　A. 仅指市场预测专家　　　　　B. 仅指技术工作专家
　C. 仅指理论专家　　　　　　　D. 各方面的专家

8. 定性预测法与定量预测法的根本区别在于进行预测时（　　）。

　A. 是否用数学模型　　　　　　B. 是否用表格
　C. 依据不同　　　　　　　　　D. 是否有预测法

9. 德尔菲法不具备以下哪一特点（　　）。

　A. 匿名性　　B. 收敛性　　C. 推断性　　D. 反馈性

三、简答题

1. 一份市场调研方案包括哪些内容？
2. 调研表包括哪些内容？
3. 调研工作计划包括什么？
4. 市场调研报告的内容有哪些？
5. 市场预测有哪些定量与定性的方法？

[拓展学习]

失误的市场调查与预测带来的恶果

一位在上海经营宠物食品公司的企业家到北京出差，趁空闲时间，在西单图书大厦买了一本市场调查技术方面的书。3个月以后，他为这本书付出了三十几万元的代价。原来，这位企业家回到上海后，为了能够了解更多的消费者信息，他根据市场调查书中的技术介绍，亲自设计了精细的问卷，在上海选择了1 000个样本进行调查，并且保证所有的抽样在超级市场的宠物购物人群中产生，内容涉及价格、包装、食量、周期、口味、配料等6大方面，覆盖了所能想到的全部因素。沉甸甸的问卷让企业的高层着实振奋了一段时间，谁也没有想到市场调查正把他们拖向溃败。

最初这家企业采用新配方、新包装的狗粮产品上市了，短暂的旺销持续了一星期，随后就是全面萧条，后来产品在一些渠道甚至遭到了抵制。过低的销量让企业高层不知所措，当时远在美国的这位企业家更是惊讶"科学的调研为什么还不如以前我们凭感觉定位来的准确？"

这位企业家说："我回国以后，请了十多个新产品的购买者回来座谈，他们拒绝再次购买的原因是宠物不喜欢吃。"产品的最终消费者并不是"人"，人只是一个购买者，错误的市场调查方向，决定了调查结论的局限性，甚至荒谬。

经历了这次失败，这位企业家认识到了市场调查的两面性，市场调查可以增加商战的胜算，而失败的市场调查对企业来说是一场噩梦。

阅读以上材料，回答问题：

1. 这位企业家以调查结果形成的决策为什么会失败？
2. 这个案例对我们确定市场调查目标有什么启示？

[技能实训]

实训目标：通过本项目的训练使学生掌握市场调研分析的方法，并能初步解决实际问题。

实训内容：某制鞋厂生产了一种海蓝色的涤纶坡跟鞋，在本地很受欢迎。鞋厂根据市场反应给外地的一家大型鞋帽商场发货5 000双。时隔不久，商场来电要求退货。厂家很快派人赶赴这一城市，经初步调查，生产地与这一消费地风俗习惯不同，该城市市民认为这种鞋的颜色不太吉祥，因此，鞋上市后几乎无人问津。

制鞋厂于是决定召回海蓝色的鞋，并委托调查机构对该城市的鞋类消费市场进行调查。假如你是调查机构的一员，你将如何进行调查？调查内容大致包括哪些？

实训地点：实训室或者教室。

实训设计：

1. 学生分组，查阅资料，可以从不同角度去思考，确定调查分析的内容。

2. 各组结合材料，展示分析的结果。

3. 各组互评，教师对其讲评。

[学习资源]

线上学习资源：

1. 零点研究咨询集团 http：//www.horizon-china.com/

2. 艾瑞咨询集团 http：//www.iresearch.cn/

3. 网易公开课 https：//open.163.com

线下学习资源：

1. ［英］托尼·普罗克特. 营销调研精要. 吴冠之，等，译. 北京：机械工业出版社，2004.

2. Alvin C. Burns, Ronald F. Bush. Marketing Research：Online Research Application. 北京：机械工业出版社，2007.

任务四

分析购买者市场

任务目标

完成本任务,应该能够:
1. 能列举消费者购买行为的影响因素。
2. 能分析消费者购买行为决策的过程。
3. 能列举组织购买行为的影响因素。
4. 能举例说明组织购买方式的区别。
5. 能区分组织购买的三种类型。

任务导入

作为服务于购买者的一项社会性的经济管理职业活动,市场营销离不开特定的购买者,营销人员从事市场营销活动的主要目的是出售生产和经营的产品。而产品能否出售,关键在于购买者对它是否有购买欲望。为此,在认识营销环境的基础上,还应该对购买者进行分析与研究。通过认识与分析购买者市场、购买者心理、购买者购买决策,可以对购买者市场形成较为完整的认识和结论,从而指导营销活动的开展。

任务4.1 认识与分析消费者市场与消费者心理

任务提示

市场是由无数个消费者组成的,营销人员研究市场必须首先认识消费者的消费心理,理解消费者市场活动的表现和营销因素。

任务情境

云南白药牙膏的消费者分析

2005年,一支特立独行的牙膏以超凡的胆识和魄力、势如破竹的姿态,在中国牙膏市场掀起了一场史无前例的风暴。这支牙膏的名字就叫云南白药牙膏,2006年年底,其市销售额累计已飙升至 3 亿元，成功开拓了功能性牙膏高端市场的新大陆，确立了中国功能性牙膏的品牌地位，2012 年销售额超 12 亿元。一举成为医药产品进军日化领域的成功典范。

除了产品配方不可复制外，云南白药牙膏几乎不具任何优势，而作为后进入市场的新品，却要以 20 多块的价格去与"洋牙膏"竞争。试从消费者行为学角度对该案例进行分析。

案例分析

从马斯洛需求模型分析，消费者想治疗牙病是生理需要，白药牙膏很容易使人联想到云南白药的药物品牌，恰到好处地将治疗牙病这一隐性动机通过意识引导变为显性动机。消费者收入的变化会引起消费者需求重心的改变。随着人们收入的增加，人们会将需求重心向健康、舒适、方便侧重，对于产品的质量要求也越来越高。云南白药牙膏集团正是立足于这一点推出新一代口腔护理、保健牙膏，以牙龈、牙周、牙齿和口腔其他组织得到专业的护理、保健为特色。白药牙膏以高质量、高价格走牙膏高端路线，满足人们对于产品高质量要求的心理。

消费者的需要是多样的，消费者的偏好也是多样的，企业营销的问题就是要找出消费者需求的产品和方法。

4.1.1 消费者市场及其特点

市场的划分标准有很多，按顾客购买目的或用途的不同，可分为消费者市场和生产者市场两大类。消费者市场是一切市场的基础，是最终产品市场，其他市场（生产者、中间商等）以最终消费者的需求和偏好为转移。消费者的需求是市场营销活动的出发点，企业要在市场竞争中能够适应市场、驾驭市场，必须要掌握消费者购买的特点。

1. 多样性和不确定性

人们为了生活、享受、发展，必须进入消费市场购买商品，以满足自己需求。消费购买涉及每一个人、每一个家庭。为此，消费者市场是一个人数众多、幅源广阔的市场，由于消费者所处的地理位置各不相同，闲暇时间不一致，造成购买时间和购买地点的分散性。

2. 购买量少，多次购买

消费者市场以个人或家庭为购买和消费的基本单位。由于受到消费者人数、需求量、购买力、存放条件、商品有效期等因素的影响，消费者的购买表现为数量小、批次多、购买频繁。除一部分耐用消费品外，大部分商品需要经常反复购买。

3. 购买的差异性大

消费者购买因受年龄、性别、职业、收入、文化程度、民族、宗教、消费习惯等方面的影响，其需求有很大的差异性，对商品的需求也各不相同，而且随着社会经济的发展，消费者消费习惯、消费观念、消费心理不断发生变化，从而导致消费者购买差异性大。

4. 大多属于非专家购买

需求的复杂性，导致了产品的多样性，使得大多数消费者在购买时缺乏相应的专业知识、价格知识和市场知识，尤其是对某些技术性较强、操作比较复杂的商品，更需要卖方的宣传、介绍和帮助。

5. 购买的流动性大

由于购买力的相对有限，消费者对所需的产品必须慎重选择，加之在市场经济比较发达的今天，消费者的购买能力经常在不同的产品，不同的地区，不同的企业之间流动。

6. 购买的周期性

从消费者对商品的需求来看，有些商品消费者需要常年购买，均衡消费，如食品、副食品、牛奶、蔬菜等生活必需品，有些商品需要季节性或节日购买，如时令时装、冬天穿棉衣、夏天穿单衣、热天买冰箱、冷天买电热毯等。

7. 购买的发展性

人类社会的生产力和科学技术总是在不断进步，新产品不断出现，消费者收入不断提高，消费需求也在向前推进。消费者需要的发展性在市场上主要表现为消费数量的增加和消费质量的提高。

所以，对企业的营销人员来说，认清消费者购买特点十分重要，有助于企业根据消费者购买特点来制订营销策略，更好地开展市场营销活动。

4.1.2 消费者购买行为类型

在购买活动中，每个消费者的购买行为都不相同，区分不同类型的消费者购买行为，找出不同类型购买行为的差异，有利于开展企业的营销活动。根据消费者购买行为的复杂程度、所购产品的差异程度及消费者的购买性格，可将购买行为划分如下几类。

1. 复杂型

（1）特点：这是消费者初次在购买差异性很大的消费品时所发生的购买行为。购买这类商品时，通常要经过较长时间考虑，购买者首先要广泛收集各种相关信息，对可供选择的产品进行全面评估，在此基础上建立起自己对该品牌的信念，形成自己对各个品牌的态度，最后慎重地做出购买决策。

（2）对策：对于复杂购买行为，营销者应制订策略帮助购买者掌握产品知识，运用报纸、电台、电视等广告媒体和销售人员大力宣传其品牌的优点，发动商店营业员和消费者亲友，影响消费者的最终购买决定，简化购买过程。

2. 习惯型

（1）特点：是指消费者由于对某种商品或某家商店的信赖、偏爱而产生的经常反复的购买。由于经常购买和使用，他们对这些商品十分熟悉，体验较深，再次购买时往往不再花费时间进行比较选择。这种购买行为最为简单，适用于低值易耗品。

（2）对策：针对这一类型消费者，企业应当努力提高产品质量，加强广告宣传、创品牌、保品牌，在消费者中树立良好的品牌形象，使自己的产品受到消费者的偏爱，成为他们习惯购买的对象。

3. 理智型

（1）特点：做出购买决策前对不同品牌加以仔细比较和考虑，相信自己的判断，不容易被人打动，不轻易做出决定，决定后也不轻易反悔，这类消费者不受商品的包装、广告和宣传的影响。

（2）对策：对这类消费者要适当加以参谋，不要喋喋不休地介绍产品。

4. 冲动型

（1）特点：易受产品外观、广告宣传或相关群体影响，决定轻率，缺乏主见，易于动摇和反悔。

（2）对策：营销者在促销过程中要慎重推介。
  5. 价格型（经济型）
（1）特点：这类购买行为是指消费者购买商品时特别重视价格，对于价格的反应非常灵敏，一般来说，这类消费者与自身的经济状况有关。
（2）对策：对于这类消费，要根据经济条件做适当推介。
  6. 情感型
（1）特点：这类消费者其个性心理兴奋性较强，情感体验丰富，想象力与联想力强，很注重商品的造型和色彩，是以符合自己的想象作为购买的主要依据。
（2）对策：营销员应多做宣传介绍，诱导消费者产生丰富的联想以满足需求。
  7. 不定型
（1）特点：此类消费者往往比较年轻，独立购物的经历不多，消费习惯和消费心理尚不稳定，没有固定偏好，易于接受新的东西。
（2）对策：对这类消费者应多加介绍引导他们购物，推介适合于他们的产品。

消费行为的各种类型，通常并不是以单纯的形式出现，同一消费者对不同的商品或不同的消费者对同一种商品的购买行为都是有差异的，同时具有多种特点。企业可以根据他们的不同特点，有效地调整营销组合。

4.1.3　消费者购买行为

市场营销的目的是满足消费者的需求。企业必须分析和研究消费者的需求及影响因素，研究消费者的购买行为及自身特有的规律，才能有效地开展市场营销活动，实现其营销目标。

消费者的购买活动是一个具体的行为过程。是消费者在购买前的准备阶段。对于市场营销人员来讲，他们主要分析和研究有关消费者市场的以下问题：

- 购买对象（Objects）——市场需要什么？
- 购买目的（Objectives）——为何购买？
- 购买组织（Organizations）——购买者是谁？
- 购买方式（Operations）——如何购买？

因为四个英文字母开头都是O，所以简称为"4O"研究法。

  1. 购买对象
这是购买决策的核心和首要问题，企业分析消费者的购买对象，必须对消费者市场的商品进行细分类。消费品的分类通常有两种方法。
（1）根据商品的形态和使用频率分类，可以分为：
① 耐用消费品。这种消费品一般可以多次使用，如电视机、电冰箱、洗衣机、家具等。
② 易耗消费品。这种商品一般只能使用一次或几次，如食品、纸张、洗衣粉等。
③ 劳务。这是为消费者提供利益或满足的服务，如技术指导、家电维修、理发等。
（2）根据消费者的购买习惯分类，可以分为：
① 方便商品。是指消费者经常购买的一些小商品。具体又分为三种：一是日用品，如牙膏、肥皂、信封等，这些商品是消费者经常需要的，随时购买的，很少考虑如何挑选，消费者对少数品牌可能会建立品牌偏好，这些商品销售最好设在邻近消费者的居住区，而且分

布要广。二是即兴商品，如旅游纪念品或工艺品等，消费者对这些商品往往不是刻意寻找，而是凭一时冲动才购买。这些商品通常放在适当地点的商店最明显的地方，或由专门的商店出售。三是急需商品。如某地突然遭受寒流侵袭，急需防寒用品，或某地流行某种传染病，急需某种药品等，销售者应在消费者产生急需时，通过许多商业网点快速地推销急需商品，否则这些商品会滞销。

② 选购商品。选购商品为分两种：一是同质商品选购。在商品的质量、款式、规格等方面没有太大差异时，消费者主要以品牌的知名度作为选购商品的依据。如电冰箱、电视机、洗衣机等。所以生产和出售这类商品的企业要注意树立品牌意识，宣传自己的产品，提高服务水平。二是异质商品选购，在商品的花色品种款式、色彩等方面差异很大时，消费者选购商品以自身的爱好为主要出发点，如家具、服装等。这类商品销售的关键在花色、款式、色彩等方面要符合消费者的喜好，在商业区要有足够的销售点，便于消费者的比较和挑选。

③ 特殊品。这是消费者偏爱的独特商品或名牌消费品，如古董、手工艺品、名家字画、高级乐器、高级照相机等，这类商品的购买特点：消费者对特定商标有特殊偏好、信念坚定，不需选择和比较，不愿使用同类代用品，不考虑价格高低，企业的营销策略是保证产品质量，确立名牌地位，制订与名牌产品形象一致的价格策略，提供完善的售后服务，选择信誉良好的高档商店经销产品。

（3）根据产品的作用分类：

① 功能类产品。指满足某种基本需要的，实用性强的产品，如食物、蔬菜、水果及建筑材料等。

② 渴望类产品。指具有美化生活作用的产品，主要是生活日常用品，如肥皂、牙膏、香水、剃须刀等。市场营销专家称之为"保护自我的产品"。

③ 快乐类产品。指能引起冲动性购买并产生短暂的生理或心理快乐的产品，包括各种零食、式样新颖的服装、饰品和玩具等。

④ 成人类产品。指由于社会风俗习惯或健康方面的原因不适用于非成年人使用的产品，如烟、酒、化妆品、咖啡等。

⑤ 地位类产品。指可以显示消费者的社会地位或社会阶层归属的商品。

⑥ 威望类产品。指能够表明该产品的拥有者在某些方面的成功或具有某些方面威望的产品。

2. 购买动机

动机是为了满足个人需要的一种驱动和冲动，消费者购买动机是指消费者为了满足某种需要而产生的购买商品的欲望和意念。由于消费者需要的多种多样，购买动机大体上可概括为两大类。

（1）生理性购买动机：指人们因生理需要而产生的购买动机，如饥思饮食、渴思饮水、寒思衣，所以又称为本能动机。生理动机是人们基本的、生理本能需要为基础的，因此具有经常性、习惯性和稳定性的特点。

（2）心理性购买动机：是指人们由于心理需要而产生的购买动机。心理动机归纳为以下三类：

① 情感动机。由消费者的情感需要引起的购买动机。

② 理智动机。指建立在对商品客观认识的基本上，经过充分的分析比较后产生的购买动机。具有客观性、固定性的特点。

③ 惠顾动机。指消费者由于对特定的商品或特定的商店产生特殊的信任和偏好而形成的习惯和重复光顾的购买动机，这种动机具有经常性和习惯性的特点。

3. 购买组织

购买组织是指购买主体。消费者以个人或家庭为单位购买产品，家庭成员和其他有关人员在购买活动中往往起着不同的作用，并且相互影响，构成消费者的"购买组织"。分析这个问题，企业可以全力抓住关键人物开展促销活动，提高营销效率。

（1）消费者在购买活动中的作用。在购买活动中，每个家庭成员都可能扮演下列五种角色中的一种或几种。

① 发起者（倡议者）——第一个提议或打算购买某种产品的人。

② 影响者——对最终购买商品有直接或间接影响者。

③ 决策者——最后决定整个购买意向的人。

④ 购买者——购买决策的实际执行者。

⑤ 使用者——实际使用或消费商品的人。

消费者以个人为单位购买时，五种角色可能同时由一人扮演，以家庭为购买单位时，五种角色往往由家庭不同成员分别扮演。例如，一个家庭要购买一台学习机，发起者可能是儿子，他认为有助于提高自己学习英语的效率。影响者可能是女儿，表示赞成。决定者可能是母亲，她认为孩子确实需要，而且根据家庭目前的经济状况有能力购买。购买者可能是父亲，他有些电器知识，带上现金去商店选购。使用者是儿子。

在以上五种角色中，营销人员最关心决策者是谁。某些产品和服务很容易辨认购买决定者。比如，男性一般是烟酒的购买决定者，女性般是化妆品的购买决定者。高档消费品的购买决定往往由多人协商做出。有些产品不易找出购买决定者，则要分析家庭不同成员的影响力，而这种影响力有时是很微妙的。

（2）家庭特点对购买决策的影响。家庭不同成员对购买决策的影响大小往往由不同家庭的特点决定，家庭特点可以从以下三个方面分析：

① 家庭权威中心点。社会学家根据家庭权威中心点不同，把所有家庭分为四种类型。

第一种，各自做主型——亦称自治型，每个家庭成员都有权相对独立地做出有关自己的决策。

第二种，丈夫支配型——家庭购买决策权掌握在丈夫手中。

第三种，妻子支配型——家庭购买决策权掌握在妻子手中。

第四种，共同支配型——又叫调和型，家庭大部分购买决策由家庭成员共同协商做出。

"家庭权威中心点"会随着社会经济状况的变化而变化。由于社会教育水平增高和妇女就业增多，妻子在购买决策中的作用越来越大，许多家庭由"丈夫支配型"转变为"妻子支配型"或"共同支配型"。

② 家庭成员的文化与社会阶层。家庭主要成员的职业、文化及家庭中的分工不同，在购买决策中的作用也不同。

③ 家庭生命周期的差异。一个家庭从产生到子女独立的发展过程称家庭生命周期，根据购买者的年龄、婚姻和子女等状况，消费者处在不同的家庭生命周期阶段，会有不同的爱

好与需要。

4. 购买方式

它主要是指消费者如何购买,其中涉及消费者何时购买、何地购买、以何种形式购买等。在当今市场上,企业要从事有效的营销活动,必须了解消费市场和购买行为。

对于市场营销人员来讲,他们主要分析和研究有关消费者市场的以下问题:

(1) 哪些人构成了市场(Who)——谁?
(2) 他们购买什么商品(What)——什么?
(3) 他们为何购买(Why)——为何?
(4) 他们什么时候购买(When)——何时?
(5) 他们在哪里购买(Where)——哪里?
(6) 他们以什么方式购买(How)——如何?

上述对购买者、购买对象、购买目的、购买时间、购买地点及购买方式等问题的研究,即我们在市场营销中所说的"5W1H",要回答这些问题必须借助于消费者行为模式。

消费者行为模式实质上是一种刺激——反应模式,企业所提供的产品、价格、分销和促销,所有这些我们称为"市场营销刺激"是企业有意安排的对消费者的外部环境刺激。或是环境刺激,即消费都所处的经济技术、政治、文化等外部环境。其次,上述两方面的刺激必然会对消费者产生一定影响,导致消费者作出某种最终反应,这些最终反应体现为消费者对产品的选择,对品牌的选择,对经销商的选择,对购买时机的选择及购买数量的选择等,通过这一系列的选择,消费者最终实现购买行为。可见,相同的外部刺激对不同消费者会引起不同反应,其原因是消费者从受到刺激到作出反应,其间要经历一个过程,这个过程就是具有不同特征的消费者作出的不同购买决策的过程,市场营销人员的任务就是研究这一过程,即研究影响消费者对外部刺激作出反应的因素,从而提示出消费者行为规律,制订出有针对性行之有效的营销策略。

所有这些刺激进入购买者的"暗箱"后,经过一系列的心理活动,产生了人们看得到的购买反应,购买还是拒绝接受,或是表现出需要更多的信息。如购买者一旦决定购买,其反应便通过其购买决策过程表现在购买者的购买选择上,包括产品的选择、品牌选择、购物商店选择、购买时间选择和购买数量选择。这一关系可用图4-1表示。

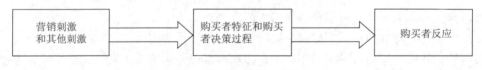

图4-1 购买者行为总模式

消费者对外部刺激的反应(购买决策)取决于两个方面因素:一是消费者的特征,它受多种因素影响,并进一步影响消费者对刺激的理解与反应;二是消费者购买决策过程,它影响最后的结构状态。图4-1和图4-2分别表示购买者行为总模式和购买行为详细模式。

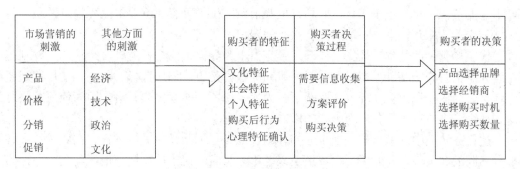

图 4-2 购买者行为详细模式

综上所述,由消费者行为模式,我们可以得出,消费者分析实质上就是分析影响消费者对外部刺激作出反应的因素,也就是回答两个问题:消费者的特征如何影响购买行为?消费者是如何进行购买决策的?

任务4.2 分析理解消费者购买决策过程

任务提示

消费者的市场购买决策活动是一个过程,营销人员应该了解这一过程中哪些阶段起了决定性作用,这样就能够制订针对目标市场的行之有效的营销计划。

任务情境

为老年人定制的服装市场营销措施

某服装企业在为老年人提供服装时采用了以下一些营销措施:① 在广告宣传策略上,着重宣传产品的大方实用,易洗易脱、轻便、宽松;② 在媒体的选择上,主要是电视和报纸杂志;③ 在信息沟通的方式方法上主要是介绍、提示、理性说服,而力求避免炫耀性、夸张性广告,不邀请名人明星;④ 在促销手段上,主要是价格折扣、展销会;⑤ 在销售现场,生产厂商派出中年促销人员,为老年消费者提供热情周到的服务,为他们详细介绍商品的特点,若有需要,就送货上门;⑥ 在销售渠道的选择上,他们主要选择大商场,靠近居民区,并设立了老年专柜或老年店中店;⑦ 在产品的款式、价格、面料的选择上分别采用了以庄重、淡雅、民族性为主,以中低档价格为主,以轻薄、柔软为主,适当地配以福、寿等喜庆寓意的图案;⑧ 在老年顾客的接待上,厂家再三要求销售人员在接待过程中要以介绍质量可靠、经济实用为主,在介绍品牌、包装时注意顾客的神色、身体语言,适可而止,不硬性推销。

某一天,在该厂设立的老年服装店里来了四五位消费者,从他们亲密无间的关系上可以推测出这是一家子,并可能是专为老爷子来买衣服的。老爷子手拉一位十来岁的男孩,走在前面,后面是一对中年夫妇。中年妇女转了一圈,很快就选中了一件较高档的上装,要老爷子试穿;可老爷子不愿意,理由是价格太高、款式太新,中年男子说反正是我们出钱,你管价钱高不高呢。可老爷子并不领情,脸色也有点难看。营业员见状,连忙说,老爷子你可真是好福气,儿孙如此孝顺,你就别难为他们了。小男孩也摇着老人的手说好的好的,就买这件好了。老爷子说小孩子不懂什么好坏,但脸上已露出了笑容。营业员见此情景,很快将衣服包好,交给了中年妇女,一家人高高兴兴地走出了店门。

现代市场营销的基本特征,是以满足顾客需求为导向,而企业对顾客需求的了解则是建立在研究购买行为的基础上的。购买行为研究的核心是主体如何选择、购买和使用特定产品来满足自己的需要和欲望。理解顾客购买行为或者说了解顾客并非易事,因为任何购买行为都受到社会和个体本身等各方面因素的影响。

上述任务情境中的老爷子、中年夫妇、小孩都参与了购买的决策过程,在此过程中各自又都有不同的购买心理和购买行为。正是该老年服装店的销售员在把握他们不同购买行为的基础上,展开恰到好处的营销手段,从而顺利实现交易活动。

消费者的购买决策过程一般要经过五个阶段,如图4-3所示。

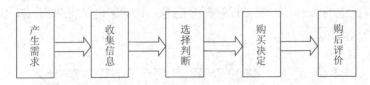

图4-3 消费者购买决策过程

4.2.1 产生需求的原因

需求是消费者购买过程的起点。消费者的需求一般由两方面的原因引起:一种是内部刺激,如饥饿、寒冷等;因饥饿而引发的购买食品,因口渴而引发购买饮料。另一种是外部刺激所诱生的,如电视广告中的宣传,商店里新烤出的面包等。所有这些来自内部和外部的刺激都可能引起消费者的需要并诱发其购买动机,从而决定消费者的购买行为。当消费者感觉到某种需要并准备购买某种产品去满足它时,对这种商品的购买过程就开始了。因此,企业要善于安排诱因促使消费者对该产品产生强烈的要求,并立即购买。

4.2.2 收集信息的途径

当消费者产生了购买动机之后,便会开始收集商品的有关信息。

消费者信息来源有四个途径。

(1) 经验来源:指直接使用产品得到的信息。

(2) 个人来源:从家庭、亲友、邻居、同事等人个交往中获得信息。

(3) 公共来源:指社会公众传播的信息,如消费者权益组织、政府部门、新闻媒介、消费者和大众传播信息。

(4) 商业来源:指营销企业提供的信息,如广告、推销员介绍、商品包装的说明、商品展销会等,是消费者获取信息的主要来源。这一信息源是企业可以直接控制的。

消费者收集信息的主要来源是商业来源,但个人来源是最主要的信息来源,原因是商业来源一般只起告知作用,个人来源则起着认定或评价作用。企业应了解和掌握消费者的信息来源,在此基础上设计有效的传播途径,使企业与目标消费者更好地沟通。

4.2.3 选择判断的方法

当消费者从不同的渠道获取到有关信息后,便对这些信息进行分析比较和综合判断,最后决定购买。如消费者在选择冰箱时，会考虑到冷冻能力、容积大小、耗电量、噪声、外观、价格、售后服务等属性。而且不同的消费者对各种属性重要性的认识有很大差异，有的消费者看重冰箱的冷冻能力，有的更看重售后服务，有的消费者最看重价格，所以营销人员应了解顾客主要对哪些属性感兴趣以确定本企业产品应具备的属性，为不同的消费者提供具有不同属性的产品。

4.2.4 购买决策

这是消费者购买过程中最关键的阶段，因为只有作出购买决策后，才会产生实际的购买行为。消费者经过分析比较和评价以后，会对可供选择的品牌形成某种偏好，从而形成购买意图。但消费者购买决策的最后确定，还会受到其他两种因素的影响（图4-4）。

1. 他人态度

如丈夫想买一大屏幕彩电，而妻子坚决反对，丈夫就极有可能改变，他人态度的影响力取决于以下三个因素。

（1）他人态度的强度：否定态度越强烈，影响力越大。

（2）他人与消费者的关系：关系越密切，影响力越大。

（3）他人的权威性：他人对此类产品的专业水准越高，则影响力越大。

2. 意外情况

消费者的购买意图还会受到未预料的情况的影响，在消费者即将采购时，家庭收入、产品价格等的意外变化会改变消费者的购买意图，使消费者推迟或取消原来的购买决定。

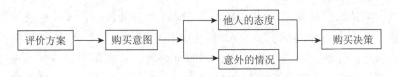

图4-4 评价方案与购买决策之间的步骤

4.2.5 购后评价的方式

消费者在购买产品之后，就进入了购后阶段，此时市场营销人员的工作并没有结束。

产品在购买之后，消费者能通过自己使用和他人的评价，对自己购买的产品产生某种程度上的满意或不满意。这些感受最终会通过各种各样的行为表现出来，形成所谓的购后行为。

如果他们感到满意，很可能再次购买产品，并向他人宣传产品的优点，这种宣传往往比广告更为有效；如果不满意，则会尽量减少不平衡感。具有不平衡感的消费者可能会通过退货或寻找能证明产品优点的信息来减少心理不协调，甚至会采取公开或私下的行动发泄不满，如向消协投诉，向熟人亲友抱怨等。

企业应当采取有效措施减少或消除消费者的购后失调感，还可提供良好的沟通渠道，供消费者投诉并迅速赔偿他们所受不公平的损失。事实证明，与消费者进行购后沟通可减少退货和取消订货的情况，如果让消费者的不满意发展到向有关部门投诉或抵制产品的程度，企业将遭受更大损失。

任务 4.3　认识与分析生产者市场购买行为

任务提示

生产者市场与消费者市场有一定差别,营销人员必须认识其特点、购买决策过程及影响因素,才能做好组织营销工作。

任务情境

戴尔怎样采购

戴尔采购工作最主要的任务是寻找合适的供应商,并保证产品的产量、品质及价格方面在满足订单时,有利于戴尔公司。采购经理的位置很重要。戴尔的采购部门有很多职位设计是做采购计划、预测采购需求,联络潜在的符合戴尔需要的供应商。因此,采购部门安排了较多的人。采购计划职位的作用是什么呢?就是尽量把问题在前端就解决。戴尔采购部门的主要工作是管理和整合零配件供应商,而不是把自己变成零配件的专家。戴尔有一些采购人员在做预测,确保需求与供应的平衡,在所有的问题从前端完成之后,戴尔在工厂这一阶段很少有供应问题,只是按照订单计划生产高质量的产品就可以了。所以,戴尔通过完整的结构设置,来实现高效率的采购,完成用低库存来满足供应的连续性。戴尔认为,低库存并不等于供应会有问题,但它确实意味着运作的效率必须提高。

精确预测是保持较低库存水平的关键,既要保证充分的供应,又不能使库存太多,这在戴尔内部被称之为没有剩余的货底。在 IT 行业,技术日新月异,产品更新换代非常快,厂商最基本的要求是要保证精确的产品过渡,不能有剩余的货底保留。戴尔要求采购部门做好精确预测,并把采购预测上升为购买层次进行考核,这是一个比较困难的事情,但必须精细化,必须落实。

事实上,在部件供应方面,戴尔利用自己的强势地位,通过互联网与全球各地优秀供应商保持着紧密的联系。这种"虚拟整合"的关系使供应商们可以从网上获取戴尔对零部件的需求信息,戴尔也能实时了解合作伙伴的供货和报价信息,并对生产进行调整,从而最大限度地实现供需平衡。给戴尔做配套,或者作为戴尔零部件的供应商,都要接受戴尔的严格考核。

戴尔的考核要点如下:

其一,供应商计分卡。

其二,综合评估。

其三,适应性指标。

其四,品质管理指标。

其五,每三天出一个计划。

在物料库存方面,戴尔比较理想的情况是维持 4 天的库存水平,这是业界最低的库存纪录。戴尔是如何实现库存管理运作效率的呢?

第一,拥有直接模式的信用优势,合作的供应商相信戴尔的实力。

第二,具有强大的订单凝聚能力,大订单可以驱使供应商,按照戴尔的要求去主动保障供应。

第三，供应商在戴尔工厂附近租赁或者自建仓库，能够确保及时送货。

戴尔可以形成相当于对手 9 个星期的库存领先优势，并使之转化为成本领先优势。

戴尔很重视与供应商建立密切的关系。"必须与供应商无私地分享公司的策略和目标，"迈克尔说。通过结盟打造与供应商的合作关系，也是戴尔公司非常重视的基本方面。在每个季度，戴尔总要对供应商进行一次标准的评估。事实上，戴尔让供应商降低库存，他们彼此之间的忠诚度很高。从 2001 年到 2004 年，戴尔遍及全球的 400 多家供应商名单里，最大的供应商只变动了两三家。

戴尔也存在供应商管理问题，并已练就出良好的供应链管理沟通技巧，在有问题出现时，可以迅速地化解。当客户需求增长时，戴尔会向长期合作的供应商确认对方是否可能增加下一次发货数量。如果问题涉及硬盘之类的通用部件，而签约供应商难以解决，就转而与后备供应商商量，所有的一切，都会在几个小时内完成。一旦穷尽了所有供应渠道也依然无法解决问题，那么就要与销售和营销人员进行磋商，立即回复客户，这样的需求无法满足。

戴尔通过自行创造需求的方法，并取得供应商的认同，已经取得了很好的成绩。戴尔要求供应商不光要提供配件，还要负责后面的即时配送。对一般的供应商来说，这个要求是"太高了"，或者是"太过分了"。但是，戴尔一年 200 亿美元的采购订单，足以使所有的供应商心动。一些供应商尽管起初不是很愿意，但最后还是满足了戴尔的即时配送要求。戴尔的业务做得越大，对供应商的影响就越大，供应商在与戴尔合作中能够提出的要求会更少。戴尔公司需要的大量硬件、软件与周边设备，都是采取随时需要，随时由供应商提供送货服务。

供应商要按戴尔的订单要求，把自己的原材料转移到第三方仓库，在这个原材料的物权还属于供应商。戴尔根据自己的订单确定生产计划，并将数据传递给本地供应商，让其根据戴尔的生产要求把零配件提出来放在戴尔工厂附近的仓库，做好送货的前期准备。戴尔根据具体的订单需要，通知第三方物流仓库，通知本地的供应商，让他把原材料送到戴尔的工厂，戴尔工厂在 8 小时之内把产品生产出来，然后送到客户手中。整个物料流动的速度是非常快的。

思考题

1. 戴尔的采购从哪些方面反映了产业购买者的共同行为特征？
2. 作为产业购买者，戴尔的购买行为有哪些时代特点？
3. 假设你所在的公司是一家生产液晶显示器的大型企业，现在打算将戴尔由潜在客户变为现实客户，请你为自己的公司提出一套能够实现这一目标的方案。

4.3.1 什么是产业市场

产业市场又称为生产者市场或企业市场。它由所有购买商品和服务并将其用于生产其他商品和服务，以供销售、出租或供应给他人的组织构成。产业市场通常由以下产业所组成：农业、林业、渔业、矿业、制造业、建筑业、运输业、通信业、公用事业、金融业、保险业和服务业等。

4.3.2 产业市场的特点

在组织市场中,产业市场的购买行为与购买决策具有典型的代表意义,因此,我们以产业市场为例,说明组织市场的基本特征。相对于消费者市场而言,产业市场的主要特点表现为七个方面。

(1) 购买者较少,购买量较大:产业市场的购买者数目较少,购买规模较大,在特定的市场,购买者高度集中,少数人购买了其中的大部分产品,而消费者市场的潜在购买者是数目庞大的家家万户,且以分散的个人和家庭为单位,规模很小。

(2) 产业市场的购买者往往集中在少数地区。组织市场的购买者往往集中在某些区域,以至于这些区域的业务用品购买量占据全国市场的很大比重。

(3) 派生需求:也称为引申需求或衍生需求。产业需求归根结底是由消费者对消费品的需求衍生出来的,并且随着消费品需求的变化而变化。

(4) 需求缺乏弹性:许多产业商品和服务的总需求并不因价格的影响而大起大落,而是相对稳定,因为生产商不可能在生产工艺上作出迅速变动,或是马上找到满意的替代品,只是尽可能地寻找价格相对低廉的供应商。

(5) 波动需求:产业用户对商品和服务的需求比消费者对商品和服务的需求更易产生波动,这在经济学上被称为加速原理,即消费品需求每增长一定百分比,则为满足这一额外需求而追加生产,工厂和设备必须以成倍的百分比增长。

(6) 专业化采购:产业商品的购者是经过训练的专业人员,他们专门从事购买业务,具有丰富的专业知识和较强的技术信息分析能力,采购行为更为理性,不像普通消费者那样易受外界因素的影响。这就要求产业营销人员必须对自己及竞争对手的产品技术资料了如指掌,并能完备提供。

(7) 其他特征:消费者的购买往往是以中间商为媒介,在零售环节实现的产业采购者则往往采用直接购买、互惠购买或是租赁方式。他们通常不经过中间商,而是从生产商直接购买;或是采用互惠购买的方式,选择从自己企业购买产品的其他企业作为供应商;有时出于节约成本等方面的考虑,还可以采用租赁方式获得所需设备。

4.3.3 产业市场的购买决策参与者

在产业购买中,购买决策的参与者很多,一些重要采购项目尤其如此。除专职的采购员外,其他一些人员也参与购买采购过程。

在产业营销活动中,人员推销是多种促销组合中的一种主要工具,所有参与采购决策过程中的人构成采购中心,其成员有五种角色:使用者、影响者、决策者、购买者、信息控制者。

(1) 使用者:指具体使用欲购产品和服务的人员。在通常情况下,首先由使用者提出购买建议,他们在计划购买产品的品种、规格方面起着重要作用。比如公司要购买实验用的电脑,其使用者是实验室技术人员。

(2) 影响者:指影响购买决策的人员。他们通常协助决定产品的规格,并提供所需的评价信息。企业的技术人员是最主要的影响者。

(3) 决策者:指有权决定和批准购买方案的人员。

(4) 购买者：指组织采购工作的正式职权的人员，其主要职责是选择供应商并就购买条件进行谈判。在复杂的购买活动中，购买者还包括参与谈判的高层经理人员。

(5) 信息控制者：指在企业外部和内部能够控制市场信息流向的人员。如企业的采购代理商、接待员等。

当然，并不是每一个企业采购任何产品都必须有上述五种人员参加购买决策过程。

在实际的采购过程中，在不同情况下，各种参与者所起的作用是不同的。所以产业营销人员必须弄清下列问题：谁是主要的决策参与者？他们影响哪些决策？影响决策的程度如何？每位决策者使用何种评价标准？对这些问题的正确认识将直接影响着产业供应商的销售业绩。

4.3.4 产业市场的购买类型

根据购买情况的复杂程度，产业购买者的购买类型分为三类。

(1) 直接重购：是指采购部门按以往惯例再次采购商品。这是一种最为简单的购买类型，采购者需作的决策最少。在这种情况下，采购部门根据以往采购的满意程度，从自己认可的供应商名单中进行选择。被选中的供应商将尽最大努力保持其商品和服务的质量，并采取其他有效措施来提高购买者的满意程度。

(2) 修正重购：指采购部门为了更好地完成采购任务，就产品规格、价格、发货条件及其他方成进行适当调整。此时买卖双方都会有更多的人员参加。

这种情况给"名单以外的供货企业"提供了市场机会，给"原来被认可的供应商"造成了威胁，这些供货企业要设法争取产业采购者。

(3) 全新采购（新购）：指采购部门首次购买某种商品或服务。这是一种最为复杂的购买类型，需收集的信息最多，需作出的决策最多，而且风险和成本越大，决策参与者的数目越多，完成决策所需的时间越长。购买者通常要作一系列的决策，即决定产品的规格、价格幅度、交货时间、服务条件、支付条件、订购数量、可接受的供应商和所选择的供应商。此外，供应商应派出特殊的推销小组，并采用不同的传播工具，向产业顾客提供市场信息，帮助顾客解决难题。

4.3.5 影响产业市场购买的主要因素

产业购买者在制订购买决策时会受到很多因素影响，其中主要包括四类因素，如图4-5所示。

环境因素			
需求水平	组织因素		
经济前景	目标	人际因素	
资金成本	政策	职权	个人因素
技术变革者	程序	地位	年龄、收入
法规的发展	组织结构	志愿	教育、工作职位
竞争性的发展	制度	说服力	风险态度、文化	采购者

图4-5 影响产业采购行为的主要因素

(1) 环境因素：即一个企业外部环境的因素，任何组织都要在一定的外部环境下从事各种活动。产生采购者的购买行为在很大程度上受当前经济环境和预期经济环境的影响，如社会的平均需求水平、经济发展前景等。例如，如果国家经济前景不佳，产业购买者就不会增加投资，甚至会减少投资，减少原材料采购量和库存量。

(2) 组织因素：即企业本身的因素，诸如企业的目标、政策、组织结构、制度等。显然，这些组织因素也会影响产业购买者的购买决策和购买行为。

(3) 人际因素：正如前面所述，企业的采购中心通常包括使用者、影响者、决策者、购买者、信息控制者。这几种参与者在组织工作中的地位、职权、影响力以及相互关系各不相同，这种人际关系状况势必影响组织的购买。

(4) 个人因素：与一般消费者不同，产业购买大多是专业人员，很少受感情左右，其购买行为大都是经过科学论证作出的理智型购买。即便如此，个人的和主观的因素也会不同程度地体现在购买决策和购买行为中。

所以，影响产业购买者的因素复杂多样，产业营销人员必须了解和熟知自己的顾客，掌握环境的变化对产业购买者的购买行为可能产生的影响，并结合产业购买者的组织状况、人际状况和购买参与人的特点，及时调整营销方案。

4.3.6 产业购买者购买决策过程

产业购买者的采购过程分为八个阶段。

(1) 发现需求：即产业购买者意识到对某种商品或服务的需求。这种需求的可能来源于两个方面：一是企业内部因素，如企业决定推出新知识、需要购买新零件，准备寻求新的供应商等；二是企业的外部因素，如商品展销会、广告宣传等都可能刺激产业购买者的需求。

(2) 确定需求：即确定所需品种的特征和数量。相对而言，标准化产品的需求较易确定，涉及复杂产品购买时，采购人员应与技术人员和使用者共同研究确定产品的一般特征，并按各种属性的重要程度进行排序。

(3) 说明需求：企业的采购组织确定需要以后，要指定专家小组，对所需品种进行价值分析，作出详细的技术说明，作为采购人员取舍的标准。供货企业的市场营销人员也要运用价值分析技术，向顾客说明其产品具有的良好功能。

(4) 物色供应商（寻找供应商）：采购人员可能通过多种途径寻找供应商，如参加展览会、观看商业广告、查找工商企业名录、向咨询机构查询、请同行推荐等方式，来选择合适的供应商，在此基础上，列出一份合格供应商名单。

(5) 征寻报价：即企业的采购经理邀请合格的供应商，让他们提供具体的产品目录和价目表，并描述其产品在质量、功能、规格、技术、销售、服务等方面的详细情况，技术复杂且价格昂贵的产品还要提交内容详尽的书面材料。因此，供货企业的市场营销人员必须提出与众不同的建议书，提高顾客的信任度，争取成交。

(6) 选择供应商：采购中心根据供应商提供的产品质量、价格、信誉、及时交货能力、技术服务等来评价供应商，选择最具有吸引力的供应商，采购中心在做出最后决定以前，也许还要和那些比较有倾向性的供应商谈判，争取较低的价格和更好的条件，最后采购中心选定一个或几个供应商。

（7）签订合同：在选定供应商后，供求双方要正式签订合同或订单，并在其中详细规定交货数量、交货时间、退款保证等具体细节。当前，许多企业已不再使用"定期采购订单"，而更倾向于使用"一揽子采购"合同。因为如果采购次数较少，每次采购批量较大，库存就会增加。反之，如果采购次数较多，库存就会减少。采购经理通过与某一供货商签定"一揽子合同"，以双方协定的价格随时重复供货，从而在双方建立起一种长期关系，这种供货关系对供货双方均有好处，对供应方来讲，只要保证产品的质量、价格和服务，就可以保证稳定的销售额，并在一定程度上把其他供应商排斥在竞争之外；对采购方来说，最大好处是减少库存，同时还可以减少重发订单的不经济。

（8）履行合同评估：采购经理最后还要向使用者征求意见，了解他们对购进产品是否满意，检查评价各个供应商履行合同情况，根据评估结果，决定对供应商的取舍。

需要指出的是，上述八阶段是在全新采购的情况下的整个采购过程，实际上在修订重购和直接重购的情况下，有些阶段可能被简化或省略，一笔订货需要经历哪几个购买阶段，要视具体情况而定。

任务 4.4　认识与分析转卖者市场购买行为

任务提示

转卖者是指为了转卖或租赁给他人，从中赢利的个人或组织。转卖者购买行为是指中间商在寻找、购买、转卖或租赁商品过程中所表现的行为。由于转卖者处于流通环节，是制造商与消费者之间的桥梁，因此企业应把其视为顾客采购代理人，全心全意帮助他们为顾客提供优质服务。

任务情境

家乐福败走香港

继 1997 年年底八佰伴及 1998 年中大丸百货公司在香港相继停业后，2000 年 9 月 18 日，世界第二大超市集团"家乐福"位于香港杏花村、荃湾、屯门及元朗的 4 所大型超市全部停业，撤离香港。

法资家乐福集团，在全球共有 5 200 多家分店，遍布 26 个国家及地区，全球的年销售额达 363 亿美元，赢利达 7.6 亿美元，员工逾 24 万人。家乐福在我国的台湾、深圳、北京、上海的大型连锁超市，生意均蒸蒸日上，为何独独兵败香港？

家乐福声明其停业原因，是由于香港市场竞争激烈，又难以在香港觅得合适的地方开办大型超级市场，短期内难以在市场争取到足够占有率。

家乐福倒闭的责任可从两个方面来分析：

1. 从它自身来看

第一，家乐福的"一站式购物"（让顾客一次购足所需物品）不适合香港地窄人稠的购物环境。家乐福的购物理念建基于地方宽敞，与香港寸土寸金的社会环境背道而驰，显然资源运用不当。这一点反映了家乐福在适应香港社会环境方面的不足和欠缺。

第二，家乐福在香港没有物业，而本身需要数万至 10 万平方英尺（1 英尺：0.305 米）

的面积经营，背负庞大租金的包袱，同时受租约限制，做成声势时租约已满，竞争对手凯舰它的铺位，会以更高租金夺取；家乐福原先的优势是货品包罗万象，但对手迅速模仿，这项优势也逐渐失去。

除了已开的4家分店外，家乐福还在将军澳新都城和马鞍山新港城中心租用了逾30万平方英尺的楼面，却一直未能开业，这也给它带来沉重的经济负担。

第三，家乐福在台湾有20家分店，能够形成配送规模，但在香港只有4家分店，直接导致配送的成本相对高昂。在进军香港期间，它还与供货商发生了一些争执，几乎诉诸法律。

2. 从外部来看

第一是在1996年它进军香港的时候，正好遇上香港历史上租金最贵时期，经营成本高昂，这对于以低价取胜的家乐福来说，是一个沉重的压力。并且在这期间又不幸遭遇亚洲金融风暴，香港经济也大受打击，家乐福受这几年通货紧缩影响，一直无赢利。

第二是由于香港本地超市集团百佳、惠康、华润、苹果速销等掀起的减价战，给家乐福的经营以重创。作为国际知名的超市集团，家乐福没有主动参加这场长达两年的减价大战，但几家本地超市集团的竞相削价，终于使家乐福难以承受，在进军香港的中途败走。

4.4.1 转卖者市场

中间商市场又称转卖者市场，是指通过购买商品和服务并将之转售或出租给他人以获取利润为目的的组织。中间商市场由各种批发商和零售商构成。批发商的主要业务是购买商品和劳务并将之转卖给零售商和其他商人以及产业用户、公共机关用户和商业用户等，但不面向最终消费者的流通组织。零售商的业务则是把商品或服务直接销售给最终消费者。

4.4.2 转卖者市场的特点

1. 转卖市场的购买是为了再出售

转卖市场的购买是为了再出售，是一种派生需求，受最终消费者购买的影响。由于离最终消费者更近，对派生需求的反应较直接。

2. 转卖者不对产品进行再加工

转卖市场上，中间商主要是买进卖出产品，基本上不对其再加工，购进价的变化往往直接影响最终消费者的购买量，而不同的进货渠道形成了不同的价格。转卖者只赚取销售利润，单位产品增值率低，因此必须大量购进和大量出售。由于财力有限且不专销一家企业产品，往往需要生产厂商协助做产品广告，扩大影响。

3. 时间性强，对时间要求苛刻

由于中间商本身是"转手买卖"，决定了他们对选购时间要求苛刻，这是因为产品在消费者市场上具有很强的时间性和时尚性，因此中间商在购买、出售商品时必须赶在时尚的前沿，否则就会造成大量产品积压。

4. 供应方需提供服务

转卖者不擅长技术，在销售产品的过程中，会遇到许多与产品有关的问题，所以需要供货方提供客户服务、技术服务和返修商品服务。

4.4.3 中间商购买行为类型及购买过程参与者

1. 中间商购买行为类型

（1）选购新产品。选购新产品是指中间商第一次购买从未买过的某种产品。其购买过程复杂，与产业市场的产品新购类似。

（2）选择最佳供应商。选择最佳供应商：一是指企业选择货源充裕、价格优惠、提供服务与支持力度大的名牌产品的制造商为自己的供货者；二是指实力雄厚的中间商有自己的品牌，选择愿意为其定牌生产的供应商。现在国内外许多大型的中间商都有自己的品牌。

（3）寻找更好的供货条件。寻找更好的供货条件是指中间商希望寻找到能提供更好供货条件的供应商。如加大折扣、增加服务、信贷优惠、促销支持等。

（4）直接重购。直接重购是指中间商的采购部门按照过去的订货目录和交易条件继续向原有的供应商购买产品。

2. 中间商购买过程的参与者

（1）商品经理。商品经理是连锁超市公司总部的专职采购员，分别负责某类商品的采购工作，通过对商品的审查和甄别向公司采购委员会提出采购或拒购某种商品的建议。商品经理的偏好对决定新供应商的产品是否被购买起到直接的作用。

（2）采购委员会。采购委员会是由公司总部的部门正副经理和商品经理组成，负责审查商品经理提出的新产品采购建议，做出是否购买的决定。采购委员会每周召开一次审核会议，它对新产品购买决策起间接作用。

（3）分店经理。分店经理是连锁店下属的各零售店的负责人，决定分店实际购买产品，是掌握最终采购权的人。他掌握分店近70%的产品采购权，是供应商推销员的主要公关对象。

4.4.4 中间商购买决策

1. 选择购买时间和数量决策

2. 选择供应商决策

中间商根据供应商提供的产品销售前景，广告宣传等促销手段措施，提供的优惠条件来选择供应商，具有很强的理智性。

3. 选择购买货色的决策

货色就是商品的花色品种，是中间商拟供应市场的商品和劳务的组合，决定中间商在市场中的位置。中间商可以从4种货色形式中选择商品：

（1）独家货色。中间商只代理一家制造商的产品。

（2）专深货色。中间商经销多家制造商生产的一个种类而不同质量的产品。

（3）广泛货色。中间商在自己经营范围内经销多家制造商的多种产品。

（4）杂乱货色。中间商不受限制、不加选择地经销不同制造商制造的互不关联的产品。

4. 购买条件决策

中间商想获取如价格折扣、广告津贴、信用保证、交货迅速、退货、维修等尽可能多优厚购买条件。

任务 4.5　认识与分析非营利组织市场购买行为

任务提示

非营利组织市场主要由公共事业组织与政府组织构成，其中政府采购是一个非常巨大的市场。营销人员研究非营利组织市场应该重点认识政府采购市场，分析其市场活动的表现和营销因素。

任务情境

上海浦东新区学校电脑集中招标采购

1. 项目背景

本项目为学校电脑采购项目，于 2014 年 8 月 23 日下达采购中心，被列入政府采购范围。这次联合集中采购计算机为 3 120 台，涉及 120 所学校，分布在浦东新区的各个地方，计算机的配置要求高，尤其是 120 台教师机的配置，为当前最先进配置，具有极高性价比。学生用机的数量也具有前所未有的规模。

2. 招标准备

由于本次招标计算机数量多，所以在确定招标方式上，既考虑 120 所学校需要计算机的时间上的急迫性，又考虑到采购程序的严密性、招标的最大范围的公开性，最终把招标方式确定为公开招标。8 月 24 日以公开招标的方式在浦东新区政府采购网站发布招标公告，8 月 25 日在《解放日报》上发布招标公告。

招标文件编制的具体做法是将计算机分为 A、B 和 C 三个包，A 包为 2 000 台学生机，B 包为 1 000 台学生机，C 包为 120 台教师机，这样分主要考虑到两个因素：其一是要求制造供应商供货时间短，3 000 台计算机可能的话由两家供应商提供，缩短制造周期；其二是教师机要求配置高，性能稳定可靠，兼顾到中高档国内外品牌的投标、中标机会。

2014 年 8 月 27 日开始出售标书，共有 15 家公司购买了招标文件。

3. 招标过程

2014 年 9 月 6 日在浦东新区政府采购中心开标，特别邀请浦东新区公证处的两位公证员开标公证，邀请浦东新区政府采购监督小组的两位监督员作为监标人，浦东新区有线电视中心等新闻媒体进行了采访，评标专家由上海市政府采购中心提供，在评标当天通知新区采购中心，保证了评标专家的保密性和公正性。9 月 7 日评标，邀请上海市资深专家四位和一位使用单位人员组成评标小组，评标小组决定 3 000 台学生电脑项目授予 L 公司，120 台教师电脑项目授予 T 公司。

4. 合同履行情况

2014 年 9 月 10 日与 L 公司签订合同，L 公司授权，具体工作由 B 公司实施。

2014 年 9 月 14 日与 T 公司签订合同，T 公司授权，具体工作由 Q 公司实施，随后采购中心与使用单位、中标单位、被授权单位召开了协调会议，达成"工作安排备忘录"。

2014 年 9 月 17 日至 21 日 B 公司进行用户情况调查，他们组织人员对 120 所学校逐一进行实地调查：邀请学校老师参加培训，调查学校计算机机房情况、电源情况等。

2014年9月18日至25日B公司组织老师培训，组织安排120所小学的计算机老师进行电脑（学生机）的培训（电脑基本知识、使用及维护），共有86所学校参加。

在学校具备安装条件的情况下，截至10月13日总共完成98所学校的安装调试。因部分学校的客观因素，其余的22所学校无法及时完成验收。

为保证该项目的顺利实施他们做好了大量的工作（事前准备、调查、事中协调、联系用户等），全心全意地为使用单位服务，最大范围内满足学校提出的要求。但由于部分学校的客观原因，也导致部分工作的重复，浪费人力、物力及时间，增加了成本。

5. 结果评价

定标与签订合同之后，采购中心的工作并未完成，监督履约和项目的验收及付款等是政府采购工作的重要环节。项目的执行责任人必须与供应商、买方、出资方保持经常联系，了解履约中出现的问题，及时进行协调，这方面的工作今后有待加强。

本次招标项目节约资金364.8万元，节约率达21.9%，效果比较明显。使用单位在提供教师机配置时，强调了计算机的主板要求，供应商在供货时间有限的情况下，针对用户提出的配置进行性能匹配测试，结果是主板、硬盘不匹配，最后经技监部门确认，使用了同档次的、供应商成熟的机型。因此，使用单位要考虑计算机配置的合理性，避免浪费时间和资源。

对于公开招标的项目，其中要做到公正、公平的一个重要环节是评标小组的组成，使用单位往往作为评标小组的组成人员之一，在评标时，专家评委有时首先倾听他们的意见，使用单位有可能提出一些片面的带有某些导向性的意见，如何避免类似的问题有待思考。

为了确保大批量计算机的供货质量，采购中心在签订供货合同的时候，特定增加了一条，就是在计算机送到学校后，抽查一定数量机器到技监部门作性能和防辐射检测，合格后使用。供应商在制造计算机时，势必加强对产品质量的控制，使用户感到政府采购放心满意。

思考题

1. 政府招标采购有哪些特点？
2. 在政府招标采购中，有哪些重要的参与者？他们各自对政府采购行为产生什么影响？
3. 假定2022年北京冬奥会体育场馆建设项目需要集中招标采购一批消防设备，而你是国内一家消防设备生产企业的营销经理。请问：你用什么方法帮助你的企业在投标竞争中获胜？

4.5.1 非营利组织市场

1. 非营利组织市场

非营利组织泛指一切不从事营利性活动，即不以创造利润为根本目的的机构团体。不同的非营利组织，有其不同的工作目标和任务。在我国，习惯将"机关团体事业单位"称为各种非营利组织。非营利组织市场是指为了维持正常运作和履行职能而购买产品和服务的各类非营利组织所构成的市场。

2. 非营利组织市场购买行为

该行为是指国家机关、事业单位和团体组织使用财政性资金采购依法制订的集中采购目录以内的或者采购限额标准以上的货物、工程和服务的行为。

4.5.2 非营利组织采购的基本原则和购买方式

1. 非营利组织采购基本原则

（1）公开、公平、公正和效益原则。

（2）勤俭节约原则。

（3）计划性原则。

2. 非营利组织采购方式

非营利组织采购方式有公开招标、议价合约选购和日常性采购三种，其中以招标为最主要方式。

（1）招标。招标是指招标人通过媒体公开提出自己的招标条件，邀请投标人书面应征，到规定日期，由招标人召集至少三家符合招标条件的投标人当场开标，选择报价最低并且在其他方面符合招标条件的供应商为中标单位，双方签订合同。采取这种采购方式使政府采购部门处于主动地位，而供应商之间竞争激烈，中标的关键是报价是否最低。

（2）议价合约选购。非营利组织采购部门在某些采购业务计划复杂，风险大，竞争性小的情况下，会采取议价合约选购方式。它是指政府采购部门和一个或几个供应商进行谈判，最后只和其中一个符合条件的供应商签订合同，达成交易。

议价合约选购方式定价方法有：成本加成定价法、固定定价法、固定价格加奖励法。

（3）日常性选购。日常性采购是为了维持非营利组织部门日常办公和组织运行需要而进行的采购，它一般属于直接重购，购买过程简单，如购买办公用品。

4.5.3 政府采购的类型及行为

1. 政府采购的类型

各个国家和各级政府机构都有采购组织，一般分两大类。

（1）军事部门的购买组织。

（2）行政部门的购买组织。

2. 影响政府购买行为的主要因素

影响政府购买行为因素除了环境因素、组织因素、人际因素和个人因素影响之外，还受以下因素的影响：

（1）受社会公众的监督。

（2）受国内外政治形势影响。

（3）受国内外经济形势影响。

（4）受科学技术发展的影响。

（5）受自然因素的影响。

课程小结

根据市场营销职业工作分析，营销从业人员在从事营销活动时，只有认识市场购买行为，才能有目的地制订营销计划，促进营销目标的实现。

消费者购买行为的认识与分析共分三个任务：消费者市场的认识与分析、消费者行为、心理的认识与分析和消费者购买决策的认识与分析。消费者市场是指为满足生活消费需要而购买商品和服务的一切个人和家庭，它是商品和服务的最终归宿即最终市场。消费者市场的特点有无限扩展性、多层次性、复杂多变性、可诱导性、伸缩性、可替代性和相关性等。消费者的行为受其不同的文化、社会、个人和心理因素组合的影响。对消费者行为最直接的决定性因素是个人及其心理特征。由于年龄、职业、收入、个性和生活方式的不同，消费者的行为仍然会有很大差异。消费者心理因素包括动机、感觉和知觉、学习、信念和态度等。消费行为包括复杂性购买行为、选择性购买行为、简单性购买行为和习惯性购买行为四种基本类型。典型的消费者购买决策过程包括五个阶段：认识需求，收集信息，选择评价，决定购买，购后感受。

组织购买行为的认识与分析共分 3 个任务：生产者市场购买行为的认识与分析、转卖市场购买行为的认识与分析和非营利组织购买行为的认识与分析。组织市场分为三种类型，即生产者市场、转卖市场和非营利组织市场。生产者市场也称产业市场，是由所有这样的个体和组织构成的：它们采购产品和服务是为了通过加工生产其他产品和服务供出售或出租，以达到赢利的目的。非营利组织包括政府、学校、医院、疗养院等组织，其采购目的是为本机构人员提供产品和服务。由于机构内人员消费的不可选择性，以及这些机构的非营利性与公益性，这一市场具有许多独有的特点。

本工作的学习目标是在完成本工作后，学生能够对消费者购买行为和组织购买行为有一定的认识，并能够熟练完成对两类市场购买行为分析，进而能够完成企业实际项目。

课后自测

一、选择题

1. 政府购买方式有（　　）。
   A. 公开招标选购　　B. 议价合约选购　　C. 直接购买
   D. 日常性采购　　　E. 专家购买
2. 生产者用户的需要可以由（　　）引起。
   A. 内在刺激　　　B. 外在刺激　　　C. 精神刺激
   D. 物质刺激　　　E. 以上全是
3. 通过生产者用户对各个供应商的绩效评价，以决定（　　）供货关系。
   A. 建立　　　B. 维持　　　C. 修正
   D. 中止　　　E. 构建
4. 批发商和零售商的产品组合策略主要有（　　）。
   A. 独家产品　　B. 深度产品　　C. 广度产品
   D. 混合产品　　E. 整体产品
5. 中间商的购买多属于（　　）。

A. 冲动购买　　　B. 习惯购买　　　C. 专家购买
D. 理性购买　　　E. 非专家购买

6. 消费者市场的主要特点有（　　）。
A. 广泛性　　　B. 分散性　　　C. 复杂性
D. 易变性　　　E. 发展性

7. 一个国家的文化包括的亚文化群主要有（　　）。
A. 语言亚文化群　　B. 宗教亚文化群　　C. 民族亚文化群
D. 种族亚文化群　　E. 地理亚文化群

8. 同一社会阶层的成员具有类似的（　　）。
A. 收入　　　B. 个性　　　C. 价值观
D. 兴趣　　　E. 行为

9. 消费者购买过程是消费者购买动机转化为（　　）的过程。
A. 购买心理　　B. 购买意志　　C. 购买行动　　D. 购买意愿

10. 体育明星和电影明星是其崇拜者的（　　）。
A. 成员群体　　B. 直接参照群　　C. 厌恶群体　　D. 向往群体

二、简答题

1. 习惯性购买行为的主要营销策略是什么？
2. 在消费者购买决策过程的信息收集阶段，企业需要做哪些方面营销工作？
3. 消费者如何评价对其购买活动的满意感？
4. 相关群体对消费者购买决策的影响体现在哪些方面？
5. 什么是政府采购？有哪些主要特点？会有哪些角色参与？
6. 组织采购决策一般由哪些主要角色构成？对于组织购买行为各具有怎样的作用？
7. 组织市场的购买决策一般会经过哪几个主要阶段？
8. 中间商市场购买行为具有哪些特点？

三、课堂讨论

1. 组织购买市场同消费者购买市场的对比。
2. 向组织推销产品时，最大的卖点应该是什么？
3. 联系消费实例，说明消费者购买行为有哪几种类型？
4. 联系市场实例，了解生产者购买行为有哪几种类型？

[拓展学习]

某市家用汽车消费情况调查分析

随着居民生活水平的提高，私车消费人群的职业层次正在从中高层管理人员和私营企业主向中层管理人员和一般职员转移，汽车正从少数人拥有的奢侈品转变为能够被更多普通家庭所接受的交通工具。了解该市家用汽车消费者的构成、消费者购买时对汽车的关注因素、消费者对汽车市场的满意程度等对汽车产业的发展具有重要意义。

本次调研活动中共发放问卷 400 份，回收有效问卷 368 份，根据整理资料分析如下。

一、消费者构成分析

1. 有车用户家庭月收入分析（表 4–1）

表 4-1 有车用户家庭月收入

家庭收入	比重/%	累积/%
2 000 元以下	28.26	28.26
2 000~3 000 元	33.70	61.96
3 000~4 000 元	10.87	72.83
4 000~5 000 元	18.48	91.31
5 000 元以上	8.69	100.00

2. 有车用户家庭结构分析（表 4-2）

表 4-2 有车用户家庭结构

家庭结构	比重/%	累积/%
夫妻	36.96	36.96
与子女同住	34.78	71.74
与父母同住	8.70	80.44
单身	17.39	97.83
其他	2.17	100.00

3. 有车用户职业分析

调查显示有 29% 的消费者在企业工作，20% 的消费者是公务员，另外还有自由职业者、机关工作人员和教师等。目前企业单位的从业人员，包括私营业主、高级主管、白领阶层，仍是最主要的汽车使用者。而自由职业者由于收入较高及其工作性质，也在有车族中占据了较高比重，如图 4-6 所示。

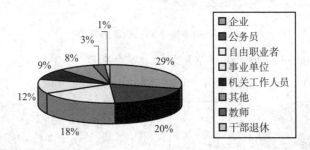

图 4-6 消费者职业构成

4. 有车用户年龄及驾龄分析

在我们所调查的消费者中，年龄大多在 30~40 岁或是 30 岁以下，所占比重分别为 43% 和 28%，也有 23% 的年龄在 40~50 岁，仅有 6% 的消费者年龄在 50 岁以上。可见，现在有车一族年轻化的趋势越来越明显，这是因为大多数年轻人没有太多的家庭负担，正处于购买力和消费需求同样旺盛的时候，而越来越低的购车门槛，也给了他们足够的购车理由。

该市有车用户的驾龄平均为 5.294 年，而在本次接受调查的消费者中，有 61.94% 的用户驾龄在 3 年以上，由此可见，本次调查的有车用户驾龄普遍较长，因而对汽车也比较熟悉，对汽车相关信息掌握的也相对全面，这就使得我们对有车用户青睐的品牌的调查有了较高的可信度，而他们在汽车使用方面的经验，也能够为今后该市家用汽车市场营销策略的制订提供一定的帮助。

二、消费者购买汽车时关注的因素分析

在对消费者最终选购汽车起主导作用的因素中，油耗经济性好、性价比高、售后服务好这三项占据了前三名，所占比重分别为22%、21%和15%。影响消费者购车的因素如图4-7所示。

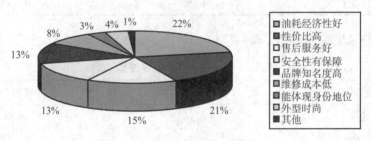

图4-7 影响消费者购车的因素

消费者在购车前获取信息的渠道主要有哪些呢？通过汽车报纸、杂志获取信息的消费者占总数的27%，还有23%的消费者是通过电视、广播获取信息的，此外，上网查询和广告等也都是消费者获取信息的主要渠道。由此可见，在传媒业越来越发达的今天，任何媒介都能够加以利用，成为推动营销的帮手。消费者获取信息的渠道如图4-8所示。

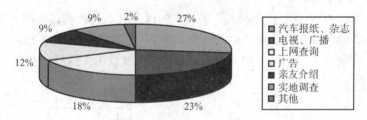

图4-8 消费者获取信息的渠道

消费者最信赖的购车场所如图4-9所示。消费者满意的支付方式如图4-10所示。

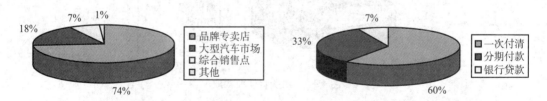

图4-9 消费者最信赖的购车场所　　　　图4-10 消费者满意的支付方式

三、用户使用情况特点分析

本次调查中男性用户的汽车品牌排名前三位的分别是：捷达、宝来、本田，所占比例分别为37%、14%和11%；女性用户的汽车品牌前三位的分别是：宝来、本田、捷达，所占比例分别为44%、13%和13%。由此可见，该市家用汽车市场上消费者使用的品牌的前三位毫无疑问的是捷达、宝来和本田，所占比重分别是33%、20%和11%。而消费者所认为的该市家用汽车市场上数量最多的汽车品牌前四位也分别是：捷达、宝来、本田和丰田，这

与实际情况也较为相符。由此可见，目前最受有车一族青睐的无疑是经济车型。

四、用户满意度分析

目前该市家用汽车消费者使用最多的三种品牌分别是捷达、宝来、本田，这三种品牌的汽车到底具有哪些优势呢？通过比较发现：捷达车用户对本车最满意的地方在于车的性能和燃油经济性，所占比重分别是53%和30%。捷达车的动力性和品牌知名度也是比较令他们满意的因素。宝来车的用户对本车最满意的地方在于车的舒适性、品牌知名度和燃油经济性，所占比重分别是34%、24%和24%，该车的动力性和整体性也较出色。而本田车最令用户满意的地方除了舒适性、品牌知名度、性能外，还有车的外观，这几项所占比重分别是30%、20%、20%和20%。由此可以看出，消费者较为满意的车型除了经济舒适外，还必须具有较高的品牌知名度。

[技能实训]

家庭购买决策实训

实训目标：认识消费者购买心理与行为，才能有效地开展市场营销活动，实现其营销目标。

实训内容：在授课教师指导下，组织学生通过购买情景模拟，认识消费者购买行为中的购买动机、购买组织、购买方式。

实训地点：实训室。

实训设计：

1. 全班同学分7组，每组8人左右，角色包括：讲解员（1个）、父亲（1个）、母亲（1个）、孩子（可多个）、商家（可多个），进行一次购买情景模拟的角色表演。

2. 模拟情景包括家庭购买决策方式的4个类型，每个类型各由两个组分别表演，表演场景自定。

（1）妻子主导型。

（2）丈夫主导型。

（3）自主型。

（4）联合型。

3. 各角色分工表演说明（表演重点应放在家庭的购买角色上，而非销售方）：

（1）讲解员：说明这是一次怎样的情景，做好开场白；表演中间也可穿插说明；最后表演完毕做好总结，说明购买决策类型的特点。

（2）父亲：表演要求：有该角色的特点，突出家庭购买决策方式的类型。

（3）母亲：表演要求：有该角色的特点，突出家庭购买决策方式的类型。

（4）孩子：表演要求：有该角色的特点，突出家庭购买决策方式的类型。

（5）商家：表演要求：担当好销售员的特色，识别该家庭的购买决策方式是哪个类型，有针对性进行销售。

4. 时间控制：每组5~8分钟。

5. 班级组织：班级分好组，自行进行抽签，确定好每组的购买决策类型，学委把组员名单填好，并发到老师邮箱。

6. 分配好组员内的角色，并确定好要模拟的情景主题，学委把角色分配填好，并发到老师邮箱。

7. 课上进行购买情景模拟的角色表演，需要道具的可以自行准备，增加表演趣味性。

8. 评分项详看下表，要求每个组长对每个评分项对应做得最好的组进行投票（不能投自己组），每一个评分项只能投一个组，票数最多的是最佳讲解员和最佳表演组。

组号（组长+类型） \ 评分项目	讲解员	角色表演生动性	符合购买决策类型	团队合作
1				
2				
3				
4				
5				
6				
7				
8				

[学习资源]

线上学习资源：

1. 视频：《财经狼眼之如何约束政府采购》（http：//www.ipiyi.com/business/20130407/0a061598e4220954.html）

2. 视频：〔北京新闻〕北京前三季度政府采购节支12亿元，公务卡改革加快推行（http：//tv.cntv.cn/video/C10097/fa3c65e430c13ddee28924c80a4e5c44）

3. 请登录：http：//v.pps.tv/play-379E4Y.html（网易公开课：市场营销原理之消费者行为）

4. 请登录：http：//v.pps.tv/play-38ULWF.htmL（东方名家系列节目：新营销的本质——创造顾客价值）

线下学习资源：

1. ［美］希夫曼.消费者行为学.北京：中国人民大学出版社，2015.

2. 阳翼.赢在低端市场：中国农村消费者行为与市场营销研究.广州：暨南大学出版社，2012.

3. ［美］恩里科·特雷维桑.非理性消费.北京：人民邮电出版社，2017.

任务五

选择目标市场营销

任务目标

完成以下任务，你应该能够：
1. 掌握市场细分的方法。
2. 掌握目标市场应具备的条件以及选择模式。
3. 熟悉进入目标市场的主要策略。

任务导入

"情侣苹果"的启发

元旦，某高校俱乐部前，一老妇守着两筐大苹果叫卖，因为天寒，问者寥寥。一教授见情形，上前与老妇商量几句，然后走到附近商店买来节日织花用的红彩带，并与老妇一起将苹果两两一扎，接着高叫道："情侣苹果哟！五元一对！"经过的情侣们甚觉新鲜，用红彩带扎在一起的一对苹果看起来很有情趣，因而买者甚众。不一会就卖光了。

普普通通的苹果为何卖得好价钱？从"问者寥寥"到"买者甚众"是什么起了作用？

任务 5.1　实施市场细分

任务情境

蒙牛公司常温液态奶的市场细分

内蒙古蒙牛乳业（集团）股份有限公司在常温液态奶市场上，通过市场细分，划分出五个不同的细分市场：白奶系列、高端奶系列、花色奶系列、乳饮料系列、儿童奶系列。运用自身技术优势，针对上述五个细分市场又研制出不同的产品配方，并采用多品牌策略，对每个系列的产品继续细分为近二十个市场，形成了对液态奶市场的全面控制，截至 2010 年，市场占有率连续 5 年蝉联中国乳品市场榜首。以儿童奶系列为例，依据功能的不同细分市场如下：健骨型儿童奶、呵护肠胃型儿童奶、智慧型儿童奶、果蔬型多口味儿童奶。

5.1.1 市场细分的含义和作用

所谓市场细分，就是营销者通过市场调研，从区别消费者的不同需求出发，根据消费者购买行为的差异性，把整个市场细分成两个或两个以上具有类似需求的消费者群。也就是说每个消费者群就是一个细分市场，而每个细分市场都是由需求倾向类似的消费者构成的群体，那么所有细分市场之总和便是整体市场。

市场细分这个概念是由美国市场营销学家温德尔·史密斯于20世纪50年代中期提出来的。在当时第二次世界大战结束后的美国，市场细分这一概念顺应了众多商品市场由卖方市场转化为买方市场这一新的市场经济形式。

市场细分的方法是多种多样的，但通行的方法有四种。

1. 单一标准法

它是指根据市场主体的某一因素进行细分，如按品种来细分花卉市场、按性别细分服装市场、按用途细分塑料市场等。当然，按单一标准细分市场，并不排斥环境因素的影响作用。考虑到环境的作用更符合细分市场的科学性要求。

2. 主导因素排列法

它是指一个细分市场的选择存在多因素时，可以从消费者的特征中寻找和确定主导因素，然后与其他因素有机结合，确定细分的目标市场。

3. 综合因素法

它是指根据影响消费者需求的两种或两种以上的因素综合进行细分。综合因素法的核心是并列多种因素分析，所涉及的各项因素都无先后顺序和重要与否的区别。例如用生活方式、收入水平、年龄三个因素可将妇女服装市场划分为不同的细分市场，如图5-1所示。

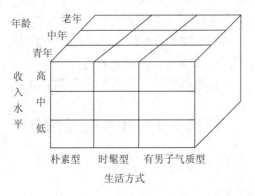

图5-1 综合因素法

4. 系列因素细分法

它是指细分市场所涉及的因素是多项的，但各项因素之间先后有序，由粗到细，由浅入深，逐步进行细分。这种分法使得目标市场将会变得越来越具体，例如某地的皮鞋市场就可以用系列因素细分法做如图5-2所示细分。

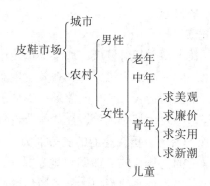

图5-2 某地皮鞋市场的细分

市场细分实际上是一种求大同、存小异的市场分类方法。它不是对商品进行分类,而是对需求各异的消费者进行分类,是识别具有不同需求和欲望的购买者或用户群的活动过程。市场细分的目的是为了企业选择与确定目标市场,实施有效的市场营销策略。市场细分是企业选择目标市场的前提和基础。我们先看一个案例。

案例5-1

市场细分

乔治·阿玛尼不仅仅是具有高知名度的服装品牌,它也是当今最有价值的时尚公司之一。乔治·阿玛尼在社会精英群体及时尚的细分市场里也运用类似的方式延伸品牌。如今乔治·阿玛尼的品牌由一个主品牌和五个子品牌构成,这些品牌在不同的价格水平上满足不同的目标消费者。

1975年,乔治·阿玛尼用其名字创立了公司。作为一名设计师,他凭着对美学、奢侈品的直觉,吸引了当今社会的精英们。乔治·阿玛尼不仅仅是一个在时尚和奢侈品领域最受尊敬、最具知名度的品牌,它也是当今最有价值的时尚公司之一,差不多值30亿欧元。

乔治·阿玛尼的品牌体系如下:

署名乔治·阿玛尼的产品线:这是由阿玛尼成衣和奥斯卡礼服等组成的衣饰系列。该系列售价极高,其主要目标消费群在35~50岁。

Armani Collezioni:阿玛尼大胆地进入这个消费能力稍低的市场区域。

Emporio Armani:该品牌特别瞄准了25~35岁的专业人士群体,并提供与目标人群相关的具有时代感的设计。

Armani Jeans:这是阿玛尼服饰最低层次的品牌,它面向大众市场。

A/X Armani Exchange:这是阿玛尼产品链上特许外包零售的品牌。它向消费者提供一些尽显品牌魅力的服务。Armani Exchange通过向消费者提供全套服饰和附属品来尽显乔治·阿玛尼全部的奢华时尚感。

这些子品牌帮助乔治·阿玛尼在许多不同的时尚成衣市场运作。但这还不是全部。它令阿玛尼不仅跨越相同品类的众多细分区域,而且也跨越了不同品类。

通过案例我们概括市场细分的作用:

1. 有利于分析、发掘新的市场机会,制订最佳营销战略

通过市场细分,企业可以把消费者需求同市场上现有的商品进行比较,发现消费者未得到满足的需求、了解存在的市场机会。

2. 有利于中小企业开发市场

中小企业一般资源有限，技术水平相对较低，如果平均使用资源于各市场，不仅不能取得较好的经济效益，还可能由于同一些实力雄厚的大企业发生竞争而面临危机。但是，如果中小企业善于发现某一部分特定的消费者未满足的需求，细分出一个小市场，集中力量满足这一部分消费者的需求，在经营中发挥相对优势，往往能取得较好的经济效益。

3. 有利于合理地运用企业的资源，提高企业的竞争能力

在每一个细分市场上竞争者的优势与弱点能明显地暴露出来，本企业只要能看准时机，针对竞争对手的弱点，有效地利用本企业的资源优势，推出更适合消费者需求的产品，就能用较少的资源把竞争对手的原有顾客和潜在顾客转变为本企业产品的潜在消费者。小企业通过市场细分，可以在市场中谋得一席之地，同样，大企业运用市场细分策略则更有利于发挥企业的资源优势，保持稳定的市场份额，甚至可以抢占竞争对手的市场空间。

4. 有利于更好地满足社会需要

在市场细分基础上，企业可增强市场调查的针对性，准确地预测各类消费者需求的变化情况，挖掘潜在需要。这样，企业不仅可以针对消费者现实的需要，以需定产，而且还可以根据潜在的需要发展新产品，开拓新市场，以满足消费者不断变化的新需要。

5.1.2 市场细分的依据和步骤

市场细分是有客观依据的。

（1）市场是商品交换关系的总和，它由生产者、消费者和中间商组成，其本身就是可以细分的。不同区域的市场处在不同的地理环境之中，就形成了不同的细分市场。

（2）消费者需求和购买行为的差异性和同类性，是市场细分的主要依据。消费者个人由于经济、地理、文化素养、民族习惯等方面的差异，形成了各种各样的偏好、兴趣，对商品的需求千差万别，于是就形成了差异性；但总有相当数量的消费者对商品的需求是一致的，这又形成了同类性。市场细分就是建立在消费者相似需求的共同特征基础上的。

（3）构成市场买卖双方的企业和消费者都具有各自的"个性"。各个企业因其资源、设备、地理位置、技术等差别，有自己的优势，可以从事不同的产品生产和经营；消费者则有各自的购买欲望和需求特点，这样，企业可根据消费者的需求进行市场细分，以便较准确地选择分片市场作为自己的经营服务对象，谋求最佳的经济效益。

在市场细分理论中，依据消费者对商品的同质需求和异质需求，可以把市场分为同质市场和异质市场。同质市场是指消费者对商品的需求大致相同的市场。例如，消费者对食盐、白糖、大米、火柴的需求差异很小，消费者购买这些商品的数量比较稳定，对其要求最简单的包装、最方便的购买和最低的价格，则这些商品的市场就具有较大的同质性，企业无须进行市场细分。但对大多数商品来说，由于市场因素的多元化，需要进行细分，因此都属于异质市场。这种异质市场是指市场群之间大，但各市场群内部差异小的市场。市场细分实际上也是一个将异质市场分成若干个同质市场的过程。

市场细分的步骤因市场的类型不同而有差异。

市场细分的步骤可通过如下例子看出：一家航空公司对从未乘过飞机的人很感兴趣（细分标准是顾客的体验）。而从未乘过飞机的人又可以细分为害怕飞机的人、对乘飞机无所谓的人以及对乘飞机持肯定态度的人（细分标准是态度）。在持肯定态度的人中，又包括高收入有能力乘飞机的人（细分标准是收入）。于是这家航空公司就把力量集中在开拓那些对乘飞机持肯定态度，只是还没有乘过飞机的高收入群体。

市场细分通常采取的七个步骤是：

（1）选定产品市场范围。当企业确定市场细分的基础之后，必须确定进入什么行业、生产什么产品。产品市场范围应当以顾客的需求，而不是产品本身的特性来确定。

（2）列出企业所选定的产品市场范围内所有潜在顾客的所有需求。这些需求多半是由人口、经济、地理、心理等因素影响和决定的。

（3）企业将所列出的各种需求，交由各种不同类型的顾客挑选他们最迫切的需求，然后集中起来，选出两三个作为市场细分的标准。

（4）检验每一细分市场的需求，抽掉各细分市场中的共同需求，尽管它们是细分市场重要的共同标准，但可省略，而寻求具有特征的需求作为细分标准。

（5）根据不同消费者的特征，划分为相应的市场群。

（6）进一步分析每一个细分市场的不同需求与购买行为，并了解影响细分市场的新因素，以不断适应市场变化。

（7）决定市场细分的大小及市场群的潜力，从中选择有企业机会的目标市场。

5.1.3 市场细分的标准

市场细分不能过细，否则就没有市场；也不能过粗，否则就找不到市场。市场细分是根据一定的标准来进行的。市场细分的标准就是以消费者本身的特点来细分市场的项目。由于消费者市场与生产者市场具有不同的特点，因此，市场细分的标准也有所区别。

1. 消费者市场的细分标准

消费者市场细分标准很多，因企业不同而各具特色，一般常用的有人口状况、购买行为、地理环境与心理因素（见表5－1）。

表5－1 消费者市场细分的一般标准

细分标准	细分变量因素
人口状况	性别、年龄、文化程度、职业、民族、宗教、家庭构成等
购买行为	购买动机、购买状况、使用习惯、对市场营销因素的感受程度等
地理环境	区域、地理特点、气候特点、人口密度、城镇规模等
心理因素	生活方式、社交、态度、自主能力、服从能力、领导能力、成就感等

（1）人口状况。人口是构成消费者市场的基本要素之一，哪里有人，哪里就有衣、食、住、用、行等各种消费需求。人口因素的具体细分项目有性别、年龄、文化程度、职业、民族、宗教、家庭构成等。以消费者年龄为例，由于消费者年龄的不同，使之在生理、心理、社交、兴趣、爱好等方面呈现出明显差异，从而构成各具特色的不同年龄结构的消费者市场，如婴儿市场、儿童市场、少年市场、青年市场、老年市场。工商企业应深入细致地调查了解人口因素的发展变化，从而确定出适合本企业特点的细分市场。

（2）购买行为。购买行为包括消费者的购买动机、购买状况、使用习惯、对市场营销因素的感受程度等。如根据消费者的购买动机细分市场就可以发现，有的消费者追求物美价廉，有的追求社会声誉，有的则追求商品使用的方便。而且，这方面主要制约因素还是消费者的家庭收入与个人收入水平，因为市场上的消费需求是以消费者的货币支付能力为前提的。人们的消费需求会随收入的高低呈等级型差异。

（3）地理环境。按照消费者所处的区域以及地理特点、气候特点、人口密度、城镇规模等项目来细分市场。这既是一种比较传统的市场细分方法，又是相对稳定的细分标准。处在不同地理位置上的消费者，在购买习惯、购买力水平、购买方式等方面都有很大的差异性。以气候为例，我国北方气温较低，消费者对棉衣、毛衣等需求较大，而南方气温较高，单衣需求量大。

（4）心理因素。消费者心理包括消费者的生活方式、社交、态度、自主能力、服从能力、领导能力、成就感等。如以生活方式为标准，可以把市场细分为时髦市场、朴素市场和随俗市场等。细分市场要考虑消费者心理，是因为消费者需求受个人生活方式及其性格等因素的影响极大。如性格外向的人购买的时尚商品较多，而内向的人则注重实用类商品的购买；独立性较强的人，自己左右货币投向，受外界因素影响较小；而依赖性较强的人，则经常受外界的影响。企业按照心理因素标准细分市场，并根据各个子市场的需求和偏好，选择对路的商品和制订适合的营销策略，更能取得营销的成功。

2. 生产者市场细分标准

由于生产者市场细分的对象是企业，因此，它有不同于消费者市场的特点。生产者市场细分的主要标准有产品的最终用途、购买者的地理位置、购买组织的特点以及购买者追求的利益等。

（1）产品的最终用途。产品的最终用途，是生产者市场细分最常用的标准。不同的使用者购买同一种商品的使用目的往往是不同的，因而对商品的规格、型号、品质、功能、价格等方面提出不同的要求，追求不同的利益。

（2）购买者的地理位置。每个国家或地区，大都根据物产、气候和历史传统形成若干工业地区，因此，生产者市场往往比消费者市场更为集中。按购买者的地理位置来细分市场，使企业的目标市场放在用户集中的地区，有利于节省推销人员往返于不同客户之间的时间，更加充分地利用销售力量，同时，也有利于有效规划运输路线，节省运输费用。

（3）购买组织的特点。这主要是指企业规模的大小，具体包括资金的多少和购买力大小。一般地说，大企业数量少、资金多、购买力强、购买集中，但购买次数少。相反，小企业数量多、资金少、购买力小、购买较分散，但购买次数多。可见，购买组织的特点也是细分市场的一个重要标准。

（4）购买者追求的利益。生产者市场购买者在购买商品时，所追求的利益往往不同，有的强调产品价格低廉，有的强调售后维修服务，有的强调产品质量，因此，对生产者市场可按购买者追求的利益进行细分。

案例 5-2

宝洁公司品牌的市场细分及定位

宝洁公司至少已找到 11 个重要的洗衣粉细分市场，以及无数的亚细分市场，并且已经开发了满足每个细分市场特殊需要的不同品牌。11 种宝洁品牌针对不同的细分市场分别进行市场定位，通过细分市场和采用多种洗衣粉品牌，宝洁公司吸引了所有重要偏好群体中的消费者。其品牌总和在 32 亿美元的美国洗衣粉市场中取得了 53% 的市场份额，大大超过了仅凭一种品牌所能得到的市场份额。

3. 企业在选择市场细分标准时应注意的问题

（1）企业在选择市场细分标准时，必须从本企业的生产经营的具体情况出发，对于不同的商品和劳务要有不同的细分标准。而且，细分标准必须是有效可行的，如果将牛奶市场按肤色人种进行细分，就不会有什么效果。

（2）企业在选用市场细分标准时，必须认识到细分标准之间是有机组合的，在运用时要考虑变数交叉的原理。

（3）市场细分标准中的很多细分变数是动态性的，是经常变动的，这就要求企业经常调查研究和预测所用变数的变化情况和变动趋向，据以调整细分市场。

（4）市场细分不是越细越好，在运用市场细分标准时，必须考虑到使细分出的市场具有一定规模，而且有相当的发展潜力，使企业有利可图。企业可以将若干过于细小的细分市场组合起来，有效地降低生产和营销成本，以较低的价格满足市场需求。

任务 5.2　确定目标市场

任务提示

随着市场经济的发展和买方市场的全面形成，市场竞争日趋激烈，有利可图的市场机会越来越少，这种情况下，企业必须进行目标市场营销，目标市场的选择关系着企业整个营销战略的方向性问题。通过本任务的学习，读者将会了解到什么是企业的目标市场、企业该如何确定目标市场。

任务情境

汇源果蔬饮料的市场开发

在碳酸饮料横行的 20 世纪 90 年代初期，汇源公司就开始专注于各种果蔬汁饮料市场的开发。虽然当时国内已经有一些小型企业开始零星生产和销售果汁饮料，但大部分由于起点低、规模小而难有起色；而汇源是国内第一家大规模进入果汁饮料行业的企业，其先进的生产设备和工艺是其他小作坊式的果汁饮料厂所无法比拟的。"汇源"果汁充分满足了人们当时对于营养健康的需求，凭借其 100% 纯果汁专业化的"大品牌"战略和令人眼花缭乱的"新产品"开发速度，在短短几年时间就跃升为中国饮料工业十强企业，其销售收入、市场占有率、利润率等均在同行业中名列前茅，从而成为果汁饮料市场当之无愧的引领者。其产品线也先后从鲜桃汁、鲜橙汁、猕猴桃汁、苹果汁扩展到野酸枣汁、野山楂汁、果肉型鲜桃汁、葡萄汁、木瓜汁、蓝莓汁、酸梅汤等，并推出了多种形式的包装。应该说汇源选择了一个良好的目标市场，并且这种对果汁饮料行业进行广度市场细分和全面进入的选择模式是汇源公司能得以在果汁饮料市场竞争初期取得领导地位的关键要素。

5.2.1　目标市场的含义

目标市场是指工商企业在细分市场的基础上，经过评价和筛选确定企业经营目标而开拓的特定市场，也就是说企业通过市场细分，会发现不同欲望的消费者群，发现市场上未得到满足的需求。目标市场选择是指企业从可望成为自己的几个目标市场中,根据一定的要求和标准,选择其中某个或某几个目标市场作为可行的经营目标的决策过程和决策。在任何经济制度下,在任何市场上,都存在一些"未满足的需求",这种"未满足的需求"就是市场的机会。但并不是所有的市场机会都能成为企业机会。一种市场机会是否成为企业机会,不仅取决于这种市场机会是否与该企业的任务和目标相一致,而且还取决于该企业是否具备利用这种市场机会的条件,取决于该企业在利用这种市场机会时具有比其他竞争者有更大的优势。一般来说,只有与企业的任务、目标、资源条件相一致并且比竞争者有更大优势的市场机会才是企业机会。企业机会事实上是对满足市场上哪一类消费者需求所做的选择,确定了企业机会,也就基本上确定了企业的目标市场。

目标市场与市场细分是两个既有区别又有联系的概念。市场细分是发现市场上未满足的需求与按不同的购买欲望和需求划分消费者群的过程,而确定目标市场则是企业根据自身条件和特点选择某一个或几个细分市场作为营销对象的过程。因此,市场细分是选择目标市场的前提和条件,而目标市场的选择则是市场细分的目的和归宿。

5.2.2 选择目标市场的条件

企业面对若干个细分市场,如何确定哪个或哪几个为目标市场呢?这里就存在目标市场的评价问题,即一个良好的目标市场应当具备的条件是什么?

1. 有足够的市场需求

选择的目标市场一定要有尚未满足的现实需求和潜在需求。理想的目标市场应该是有利可图的市场,没有需求而不能获利的市场谁也不会去选择。

2. 市场上有一定的购买力、要有足够的销售额

市场仅存在未满足的需求,不等于有购买力和销售额。如果没有购买力或购买力很低,就不可能构成现实市场。因此,选择目标市场必须对目标市场的人口、购买力、购买欲望进行分析和评价。

3. 市场要有一定的赢利潜力

市场有规模、前景看好,但是,企业选择这一市场并不意味着能够长期赢利。每个市场都会有竞争者、新加入者和来自新产品的威胁。市场的进入壁垒低,会导致竞争对手的增多,激化市场竞争,降低赢利水平。新的替代产品上市,会影响本企业产品的市场需求。此外,消费者和原材料供应商的议价能力,也会影响市场的未来赢利水平。

4. 市场要与企业的目标、资源和优势相适合

有吸引力的细分市场并不一定是最好的,只有符合企业长远发展目标的、能充分利用企业资源条件并能发挥企业优势的细分市场才是良好的目标市场。只要企业能在这一市场占有相当优势,就能挖掘出市场的赢利潜力。

任务 5.3 选择目标市场

任务提示

针对目标市场推出恰当的营销策略是现代企业市场营销中的一项重要工作,它直接关系到企业营销工作的有效性。那么目标市场的主要策略有哪些，该如何正确选择目标市场策略？本任务的学习将会带给你启示。

任务情境

麦当劳的目标市场策略

麦当劳有美国本土和国际市场，而不管是在国内还是国外，都有各自不同的饮食习惯和文化背景。麦当劳进行地理细分，主要是分析各区域的差异。如美国东西部的人喝的咖啡口味是不一样的。通过把市场细分为不同的地理单位进行经营活动，从而做到因地制宜。每年，麦当劳都要花费大量的资金进行认真、严格的市场调研，研究各地的人群组合、文化习俗等，再书写详细的细分报告，以使每个国家甚至每个地区都有一种适合当地生活方式的市场策略。

例如，麦当劳刚进入中国市场时大量传播美国文化和生活理念，并以美国式产品牛肉汉堡来征服中国人。但中国人爱吃鸡，与其他洋快餐相比，鸡肉产品也更符合中国人的口味，更加容易被中国人所接受。针对这一情况，麦当劳改变了原来的策略，推出了鸡肉产品。在全世界从来只卖牛肉产品的麦当劳也开始卖鸡了。这一营销策略的改变正是针对地理要素所做的，也加快了麦当劳在中国市场的发展步伐。

5.3.1 目标市场的主要策略

企业选择的目标市场不同，提供的商品和劳务就不同，进入目标市场的营销策略也就不一样。概括起来，企业进入目标市场的主要营销策略有以下几种。

1. 无差异性目标市场策略

所谓无差异性目标市场策略，就是企业只推出一种产品，运用一种营销组合策略，试图吸引尽可能多的顾客。采取这种策略时，企业把整个市场看作是一个大的目标市场，不进行细分。采取这种策略的优点，在于能大批量生产、储运和销售，平均成本比较低。同时，由于不需要细分市场，也可以大量节约市场调研、开发和广告宣传等费用。这种策略只适用于消费者具有共同需求特征的同质性产品市场，而对大多数消费者需求具有差异性的异质产品市场就不适用。

2. 差异性目标市场策略

所谓差异性目标市场策略，就是企业同时针对不同的细分市场，设计生产或经营不同的产品，并且根据每种产品分别制订独立的营销策略。采取这种目标市场策略的优点是：小批量、多品种生产，机动灵活，能更好地满足各类消费者的不同需求；企业生产经营针对性强，风险分散，有利于提高市场占有率，增强企业的竞争能力。但采取有差别的目标市场策略也有很大的制约性。由于采取这种策略势必增加企业的生产品种，要求具有多种销售渠道和推销方法，广告宣传也要多样化。这样，生产成本和销售费用必然大量增加。因此，在决定采取差异性目标市场策略以前，要对细分的市场进行认真评价，以确保每一细分市场有一定容量。最好是力图发展少量品种，但又能满足较大范围的消费者需求。

3. 集中性目标市场策略

所谓集中性目标市场策略，就是以一个或少数几个细分市场或市场部分为目标市场，集中企业营销力量，实行专门化的生产和销售。采取这种目标市场策略的企业，追求的不是在较大市场上占较小份额，而是在较小的市场上占有相对较大的份额。企业面对若干细分市场，无不希望尽量网罗市场的大部以至全部，但如企业资源条件有限，过高的希望将成为不切实际的空想。明智的企业家宁可集中全力去争取一个或少数几个细分市场，而不将有限的人力、物力、财力分散用在广大的市场上，在部分市场如能拥有较高的占有率，远胜于在所有市场上都获得微不足道的占额。采取这种策略的优点，在于营销对象集中，企业能充分发挥优势，降低成本，提高赢利水平。集中性目标市场策略同样有一定的风险，由于目标市场比较狭窄，一旦市场发生突然变化，如价格的猛涨或猛跌、消费者的兴趣转移，或出现强有力的竞争对手，企业就可能陷入困境。因此，企业在选用这种策略时，要谨慎从事，应留有回旋余地。

5.3.2 如何选择目标市场策略

上述三种目标市场策略各有优点和缺点。企业选择哪一种策略，必须从本企业的特点和条件出发，并充分考虑以下因素。

1. 产品条件

在选择目标市场策略时，首先要看企业生产经营的是同质产品还是异质产品。对某些产品，所有的消费者具有大体相同的需求特征，这些产品尽管有质量上的差别，但消费者并不过分挑选，竞争焦点一般集中在价格上，对这种产品适合采取无差异性目标市场策略。而对服装、化妆品、家用电器等消费者需求差异较大的产品，则适合采取差异性目标市场策略。

2. 产品的生命周期

一般来说，企业的新产品在初次投入市场或处于成长期时，宜采取无差异性目标市场策略，以探测市场需求与潜在顾客情况，也有利于节约市场开发费用；当产品进入成熟期时，宜采用差异性目标市场策略，以开拓新的市场；当产品进入衰退期时，宜考虑采取集中性目标市场策略，以集中力量于少数尚有利可图的目标市场。

3. 市场竞争状况

竞争对手是多还是少，是强还是弱，是集中还是分散。如竞争对手较弱，企业可以考虑采取无差异性目标市场策略。此外，还应尽量避免同竞争对手采取相同的策略，以防止加剧竞争，两败俱伤。

4. 企业资源情况

如果企业资源条件好，可以采取差异性目标市场策略或无差异性目标市场策略。如果企业资源有限，就应考虑采取集中性目标市场策略，以取得在小市场上的优势地位。

案例 5-3

汇源果汁领导地位被动摇

1999年统一集团涉足橙汁产品，国内果汁饮品的市场格局就发生了巨大变化，在2001年统一仅"鲜橙多"一项产品销售收入就近10亿元，在第四季度，其销量已超过"汇源"。巨大的潜力和统一"鲜橙多"的成功先例吸引了众多国际和国内饮料企业的加入，可口可乐、百事可乐、康师傅、娃哈哈、农夫山泉、健力宝等纷纷杀入果汁饮料市场，一时间群雄并起、硝烟弥漫。根据中华全国商业信息中心2002年第一季度的最新统计显示，"汇源"的销量同样排在鲜橙多之后，除了西北区外，华东、华南、华中等六大区都被鲜橙多和康师傅的"每日C"抢得领先地位，可口可乐的"酷儿"也表现优异，显然"汇源"的处境已是大大不利。尽管汇源公司把这种失利归咎于是由于"PET包装线的缺失"和"广告投入的不足"等原因造成，但在随后花费巨资引入数条PET生产线并在广告方面投入重金加以市场反击后，其市场份额仍在下滑。显然，问题的症结并非如此简单。

"汇源"是从企业自身的角度出发，以静态的广度市场细分方法来看待和经营果汁饮料市场；而统一、可口可乐等公司却是从消费者的角度出发，以动态目标市场策略的原则来切入和经营市场。可见目标市场策略在市场的导入期、成长期、成熟期和衰退期，不同的生命周期却有不同的表现和结果。

任务5.4　明确市场定位

任务提示

怎样使自己生产或销售的产品获得稳定的销路，如何为自己的产品培养一定的特色，怎样树立一定的市场形象，以求在顾客心目中形成一种特殊的偏爱市场呢？本任务的完成回答了以上问题，告诉读者怎样使本企业与其他企业严格区分开来，使顾客明显感觉和认识到这种差别，从而在顾客心目中占有特殊的位置。

任务情境

"六神"沐浴露的市场定位

在20世纪90年代初期的国内洗化品市场中，其沐浴露产品市场被国际知名品牌占据主导地位，它们的品牌形象都有了自己的独到之处，如"力士"的形象是高贵的国际影星，"舒肤佳"是健康卫士，"强生"则是婴儿护理专家。但它们也有共性，那就是它们是全年使用的滋润型沐浴露，价格也比较高。上海家化有限公司经过市场调查推出更适合夏季洗澡的"六神"沐浴露，占据了顾客的心理位置，赢得了市场。"六神"沐浴露的成功在于市场的选择和定位的准确。

5.4.1　市场定位的含义

所谓目标市场定位，是指企业决定把自己放在目标市场的什么位置上，也就是在消费者心目中企业选择一个希望占据的位置。这种定位并非能随心所欲，必须对竞争者所处的市场位置、消费者的实际需求和本企业经营商品的特性做出正确的评估，然后确定出适合自己的市场位置。

工商企业进行目标市场定位，是通过创造鲜明的商品营销特色和个性，从而塑造出独特的市场形象来实现的。这种特色可表现在商品范围上和商品价格上，也可表现在营销方式等其他方面。科学而准确的市场定位是建立在对竞争对手所经营的商品具有何种特色、顾客对该商品各种属性重视程度等进行全面分析的基础上的。为此，需掌握以下几种信息：① 目标市场上的竞争者提供何种商品给顾客？② 顾客确实需要什么？③ 目标市场上的新顾客是谁？企业根据所掌握的信息，结合本企业的条件，适应顾客一定的需求和偏好，在目标顾客的心目中为本企业的营销商品创造一定的特色，赋予一定的形象，从而建立一种竞争优势，以便在该细分市场吸引更多的顾客。

通过市场定位向目标顾客说明：自己的产品与竞争对手的产品有什么区别？本企业产品为什么更值得被购买？

5.4.2 市场定位策略

不同产品可以通过不同的定位策略来实现与目标市场的沟通。市场组合的要素通常也是市场定位的要素，因此，市场定位策略分为以下五种。

（1）根据产品特色定位，突出强调不同于其他产品的方面，如来自地球之巅的高山农作物、不含铅的某种汽油等。此外，还可以就产品档次、价格等方面展开定位，如世界上档次最高的某品牌服装、本地区最便宜的电脑等。

（2）根据使用场合和用途定位，通常是用以强调产品在使用场合和用途方面的新发展。海尔新推出的滚筒洗衣机就定位于把滚筒洗衣机带回家，做通常洗衣机不能做的工作——干洗。

（3）根据产品提供的利益定位，通常是强调产品提供的某一具有优势的利益。当同类产品提供的利益趋于一致，且市场定位都集中在这一利益上时，企业可以尝试多重利益的定位策略。

（4）根据使用者类型定位，用以引导该类型的使用者注意，并使用本企业产品。

（5）根据竞争的需要定位，通常是定位于与竞争直接有关的不同属性或利益。

此外，企业还可以综合运用上述策略来实现市场定位。企业及其品牌形象是多维度的，是一个多侧面的立体，所以，多种策略的结合定位恰恰丰富了企业及品牌形象。需要注意的是，各种策略之间应当协调运作，不能发生矛盾。如根据产品特色定位于最便宜的电脑，就不适于根据用途定位在满足各种需要，因为人们通常会认为便宜产品是以牺牲某项性能为代价的，最便宜的电脑怎么会有完善的各项性能呢？

5.4.3 市场定位的方法

企业依据自身具有的相对优势选择目标市场之后，市场定位的主要任务就是集中企业的若干竞争优势，将自己与竞争对手区别开。市场定位是企业明确潜在的竞争优势，选择相对竞争优势并显示独特竞争优势的过程。

1. 明确潜在的竞争优势

就是要求从目标顾客、竞争对手、自身三方面进行分析，从客观分析中找到自身的潜在竞争优势。

（1）对目标市场进行详尽的市场调查，明确目标顾客的需求、这些需求各方面满足的程度，以及目标顾客期待这些需求以什么方式得到满足等。

（2）对市场的竞争环境分析，这里主要侧重于对竞争对手的分析。竞争对手的产品特性、产品定位、营销手段及其生产经营状况等都应被列入考察范围。

（3）客观评价企业自身，包括企业所具有的优势和劣势。

2. 选择相对竞争优势

企业通过对以上三方面的分析，会发现自身有若干潜在竞争优势。但是，并非所有的潜在竞争优势都能成为市场上的竞争优势。如有的潜在竞争优势过于细小，展示成本过高，或与企业形象不大一致等,因此,就存在一个选择问题,即选择优于对手的或较经济的相对竞争优势。

此外,相对竞争优势的选择必须注意,这一优势能够得到市场认可。例如,新加坡的瓦斯汀·斯坦福旅馆拥有世界上最高的宾馆建筑,较其他宾馆而言,楼高是相对竞争优势,但是,定位于世界上最高的宾馆,并未带来显著的收益。因为,这一优势不为市场所认可,旅游者看中的是宾馆所提供的方便、舒适的住宿环境,而并非宾馆的楼有多高。

针对相对竞争优势的选择,经常会出现三类市场定位方面的错误。第一种错误是过低定位,并不是指将产品定位于较低的层次,而是市场定位不到位,购买者对企业或产品只有一个模糊的概念,或是说他们根本不知道企业或产品的特殊之处。第二种错误是过高定位,这是相对第一种错误而言的,主要是指企业传递给购买者的定位概念过于狭窄。对于同一目标市场,过高定位使购买者对企业或产品的认识较为有限。如海尔原先的定位,就很难让人想到该企业还涉足生物制药、化工材料、网络工程等行业。第三种错误是混乱定位,即企业向市场传递的定位信息混乱,没有统一性,购买者对企业或产品缺乏一致的认识。这种错误主要是缘于企业对自身的相对竞争优势缺乏全面了解,总在不断地试探市场对企业定位于不同的相对竞争优势时的反应,其结果可想而知。

3. 显示独特的竞争优势

企业选定的竞争优势需要通过各种营销手段将其显化并植入目标顾客的脑海中,如何达到这一目标,这就需要企业做好三方面的工作:

(1) 建立与市场定位一致的形象。通过积极、主动的联系沟通,将市场定位传递给目标顾客。目标顾客只有对市场定位的认同、喜欢甚至偏爱,才能实现对企业产品的有效识别。只有对产品的市场定位认同,才能逐渐接受,并内化为一种观念,从而产生偏爱。产品、品牌及企业的形象是市场定位的外在表现,目标顾客可直接接触到的就是这三类形象。因此,企业需要通过各种营销手段建立产品、品牌及企业形象,并保证它们能充分体现所要传递的市场定位。

(2) 巩固与市场定位一致的形象。目标顾客对企业的市场定位及形象的认识,是一个持续的过程,即不断地由浅入深、由表及里和由偏到全的深化过程,具有明显的阶段性。所以,企业应当通过大量重复的信息冲击,在目标顾客脑海中为自己的市场定位谋得一席之地,并使之牢牢扎根;加强与目标顾客的信息沟通,不断地提供新观点、新论据,以支持本企业的市场定位,防止目标顾客的态度向中间甚至反向转化;加强与目标顾客的感情交流,引导其感情倾向于对市场定位的认同甚至偏爱。

(3) 矫正与市场定位不一致的形象。有时,营销组合的运用由于某方面不协调可能会导致市场定位传递的失真,造成目标顾客对市场定位的理解出现偏差。因此,企业应当注意对与市场定位不一致的形象进行矫正。如高档时装店经常打折,就会影响其高档化的定位。

课程小结

总结以上内容,本任务重点向读者介绍了目标市场营销的三个步骤:市场细分、选择目标市场、市场定位。市场细分要依据一定的细分变量来进行。企业在选择目标市场策略时需要考虑五方面的主要因素,即企业资源、产品同质性、市场同质性、产品所在生命周期阶段、竞争对手的目标市场选择策略等。企业市场定位的全过程可以用三大步骤完成,即确认本企业的潜在优势、准确地选择相对竞争优势和明确其独特的竞争优势。总之企业须将自身的优势与社会需要更好地结合起来，才能有效地制订营销策略。

课后自测

一、判断题
1. 消费者需求和购买行为的差异性和同类性，是市场细分的主要依据。（　　）
2. 市场细分是选择目标市场的最终目的。（　　）
3. 市场细分本质上说是对产品进行分类。（　　）
4. 目标市场定位是企业决定把消费者放在目标市场的什么位置上。（　　）
5. 目标市场是企业可望能以某相应的商品和服务去满足其需求，为其服务的那几个消费者群体。（　　）

二、选择题
1. 将许多过于狭小的市场组合起来，以便利用较低的价格去满足这一市场较大的需求。这种市场细分战略叫做（　　）战略。
   A. 地理细分　　　B. 组合细分　　　C. 超细分　　　D. 反市场细分
2. 市场细分的条件之一是（　　）。
   A. 效益性　　　B. 竞争性　　　C. 可衡量性　　　D. 适应性
3. 生产资料市场细分标准，除使用生活资料市场细分标准外，还要根据生产资料的特点，补充标准之一是（　　）。
   A. 消费者心理　　　B. 用户地点　　　C. 人口密度　　　D. 生活方式
4. 消费者市场细分的一般标准主要有地理环境、人口状况、消费者心理、购买行为四类，其中自主能力属于（　　）。
   A. 购买行为　　　B. 地理环境　　　C. 消费者心理　　　D. 人口状况

三、填空题
1. 市场细分这个概念是由美国市场营销学家_____于20世纪_____年代中期提出来的。
2. 目标市场的选择模式包括单一市场集中化、_____、_____、_____及选择性专业化。
3. 市场细分的作用有利于分析、发掘新的市场机会，制订_____战略。
4. 消费者有各自的_____和需求特点，这样企业可根据消费者的需求进行市场细分，以较准确地选择_____作为自己的经营服务对象，谋求最佳的经济效益。
5. 有效的市场细分必须具备可衡量性、_____、_____、稳定性。

四、概念题
市场细分　目标市场　同质市场　异质市场　目标市场定位

五、简答题
1. 假如你是一家企业的经理，你如何确定企业的目标市场？
2. 一个理想的目标市场应具备哪些条件？
3. 举例说明市场细分对一个企业的必要性。

[拓展学习]

汇丰银行——全球的本土银行

汇丰银行致力于打造为全世界的本土银行,作为一家利润主导型的商业银行,汇丰银行根据不同的经营环境,及时调整自己的业务重点,积极采取本土化战略,将竞争性经营与防守性经营结合起来,努力开拓各种对华业务,以各种方式进入中国的金融市场,快速扩大在华市场份额。

尽管在86个国家开设了9 500个分支,服务超过了1亿客户,汇丰银行仍然努力在每一个地区保留吸收当地的特色和文化知识。它的基本运营理念就是与客户保持密切的联系。

汇丰银行通过前期的市场调研充分展现了在不同市场都具备了充分的当地文化和知识。在2005年的时候,汇丰向纽约市民证明了这家总部在伦敦的金融巨头是一家深知纽约文化的当地银行。汇丰举办了一个名为"纽约最有文化的出租车司机大赛",获胜者可以有偿驾驶汇丰银行牌出租车一年。汇丰的客户也可以从中获得优惠,只要客户出示汇丰的银行卡、支票簿或者银行账单都可以免费搭乘汇丰出租车。汇丰银行还开展了一系列综合宣传活动,突出了纽约人生活的多样性,使得这个活动贯穿全城。

问题:1. 汇丰银行采用了什么市场细分策略?
      2. 简单描述汇丰银行的营销战略。

[技能实训]

实训目标:通过实训使学生掌握市场细分的概念、标准和原则,能根据项目的市场状况描述细分市场;在此基础上,掌握目标市场选择战略,学习评估目标市场。

实训内容:成立营销团队,展开对华为手机市场的调查与讨论:描述细分市场;选择目标市场。

实训地点:教室。

实训设计:以小组为单位做PPT,进行演示和讲解。

[学习资源]

线上学习资源:

1. 视频:东田纳西州立大学公开课:市场细分
2. 视频:【中央电台】财富故事会:给成年人做玩具
3. 视频:"绿瘦"能瘦吗——"绿瘦"营销:一个消费者资料多部门深挖潜力

线下学习资源:

1. [美] 里斯·特劳特. 定位. 王恩冕,等,译. 北京:中国财政经济出版社,2002.
2. [美] 科特勒,阿姆斯特朗. 市场营销原理. 郭国庆,等,译. 北京:清华大学出版社,2007.
3. [美] 昆奇,等. 市场营销管理:教程和案例. 吕一林,等,译. 北京:北京大学出版社,2004.
4. [美] 贝瑞,莱诺夫. 数据挖掘技术:市场营销、销售与客户关系管理领域应用. 别荣芳,尹静,邓六爱,译. 北京:机械工业出版社,2006.

任务六

掌握产品与服务策略

任务目标

完成以下任务，你应该能够：
1. 掌握产品与整体产品、产品组合、商标、产品市场生命周期、包装、新产品、服务的概念。
2. 能理解商标的作用和企业商标策略、理解包装的作用和企业包装策略。
3. 了解服务的作用和企业服务策略，把握产品组合基本内容及产品组合策略。
4. 能分析产品市场生命周期各阶段特征及其相应的营销策略。
5. 了解新产品开发的意义、方式和步骤。

任务导入

永远络绎不绝的"迪士尼乐园"

迪士尼乐园，是一个由华特迪士尼公司所创立与营运的一系列主题乐园与度假区，目前全世界已经建成的迪士尼乐园共有6座，分别是洛杉矶迪士尼乐园、奥兰多迪士尼乐园、东京迪士尼乐园、巴黎迪士尼乐园、香港迪士尼乐园和上海迪士尼乐园。在迪士尼乐园四大主要业务领域中，主题公园一直是其最大盈利部分，平均每年都是公司总获利的一半，迪士尼获益之高，可以说是依靠积累数十年经营经验后所制备的庞大、严谨的经营计划了，而且还可以说这个经营计划是面面俱到的。

首先是它的品牌经营策略：品牌经营指企业针对市场需求的基本态势，以企业理念为核心，以品牌为手段，通过品牌营销、品牌推广、品牌资产管理等各种经营方式以实现企业利益最大化的最终目标。迪士尼乐园通过实施品牌经营策略获得了巨大的收益。

第二是其服务制胜策略：迪士尼乐园高质量的服务水准有口皆碑，它的服务理念与水准已成为各类企业争先效仿的榜样。在任何情况下，保障游客安全是迪士尼乐园首要的价值诉求。每逢节假日由于客流量增加导致拥挤混乱时，工作人员为了保证游客享受到应有的服务标准以及出于安全考虑，会采取诸如限制入园人数以及游客的移动途径等措施以保障游客安全。对于员工礼貌方面的要求，迪士尼乐园可谓做到了细致入微。它要求员工们要热情、真诚、礼貌、周到地为客人服务。总之，一切细节的服务都被迪士尼做到了完美。

第三是产品创新策略：迪士尼的一个著名的口号是"永远建不完的迪士尼"，它多年长期坚持采用"三三制"，即每年都要淘汰1/3的硬件设备，新建1/3的新概念项目，每年补充更新娱乐内容和设施，不断给游客新鲜感。"满足顾客需要"是迪士尼乐园创新产品的原动力。

第四是灵活定价策略：主题公园的价格策略一般包括单一票价、优质高价、低门票多服务和廉价策略。

最后是营销管理策略：迪士尼乐园在营销管理方面独具特色，它首先强调企业对员工的"内部营销"，然后才是企业对消费者的"外部营销"。迪士尼以内部营销管理为员工营造"享受工作、快乐工作"的工作氛围，以激励员工为顾客提供高质量的服务。在外部营销方面，迪士尼乐园在花费大量资金用于电视、广播、报纸、橱窗等传统宣传媒介的同时，辅之以多样化的营销手段。

（案例来源：东方财富网）

任务6.1　熟悉产品策略

任务提示

市场营销的目标是以企业所生产的产品来满足顾客的需求与欲望的，产品策略是市场营销的基础与核心。产品是市场营销组合中最重要也是最基本的因素。产品策略的内容包括产品整体概念、产品生命周期策略、产品组合策略、新产品策略、品牌与包装策略。

在现代市场上，企业之间的竞争是以产品为中心的，企业其他营销因素也是围绕产品策略进行的。因此，产品策略直接影响和决定着企业其他市场营销组合因素的决策制订，进而对企业的生存和发展起着决定性的作用。从这个意义上说，产品策略是整个营销组合策略的基石。

6.1.1　整体产品的概念、构成、意义

1. 整体产品的概念

在现代市场营销学中，产品的概念是产品整体概念，有别于传统的产品概念。传统的产品概念的解释通常局限在产品的物质形态和具体的用途上，产品一般被表述为：由劳动者创造、具有使用价值和价值，能满足人类需求的有形物品。现代产品概念则是整体产品。产品整体概念具有极其宽广外延和深刻而丰富的内涵。整体产品概念被表述为：向市场提供的、能满足消费者某种需求和利益的有形物品和无形服务的总称。这就是说，市场营销学的产品的概念具有两方面的含义：首先，产品不仅包括传统意义上的产品——有形的物质实体，而且包括满足人们某种需要的服务——无形要素。其次，对企业而言，其产品不仅是具有物质实体的实物本身，而且也包括随同实物出售时所提供的一系列服务和保障。总之，凡是能够满足消费者需求，使其需求获得满足的一切有形的、无形的、物质的、精神的各种要素都属于产品的范畴，这就是现代市场营销学中的整体产品概念。

2. 整体产品的构成

从产品的整体概念出发，整体产品可分为核心产品、形式产品、附加产品三个层次

（图6-1）。

(1) 核心产品。核心产品是指产品能够提供给消费者的基本效用或利益。这是产品在使用价值方面的最基本功能，是消费者需求的中心内容。从根本上说，每一种产品实质上都是为了满足消费者欲望而提供的服务。核心产品体现了产品的实质，企业营销要想取得成功，必须使产品具有反映消费者核心需求的基本效用和利益。然而，核心产品是一个抽象概念，必须通过产品的具体形式才能让消费者接受。顾客愿意支付一定的费用来购买产品，首先就在于购买它的基本效用，并不是从中获得利益。

(2) 形式产品。形式产品是指核心产品借以实现其功能的载体或目标市场对某一需求的特定满足形式。任何产品都有特定的外观形式，因为核心产品需要表现为具体的形式产品。形式产品由五个特征构成，即品质、式样、特征、商标及包装。产品的基本效用就是通过形式产品的这些特征具体体现的，为顾客识别、选择。因此，企业营销在着眼于向消费者提供核心产品的基础上，还应考虑顾客的需求。

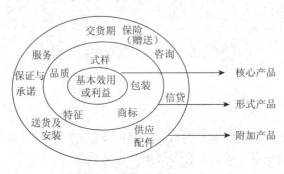

图 6-1 整体产品的构成

(3) 附加产品。附加产品是指顾客购买产品时，随同产品所获得的全部附加服务与利益。不同企业提供的同类产品在核心和形式产品层次上越来越接近。企业要想赢得竞争优势，应着眼于比竞争对手提供更多的附加利益。现代市场营销强调，企业销售的不只是特定的使用价值，还必须是反映产品整体概念的一个系统。在竞争激烈的市场上，产品能否给顾客带来附加利益和服务，已成为企业经营成败的关键。即便是核心效用和外在形式完全相同的两个产品，只要随同物质实体提供的服务有差异，那么在顾客眼中，就是两个完全不同的产品，因此，企业营销必须重视对附加产品的研究，为顾客提供更完善的服务，在竞争中赢得主动。

3. 整体产品概念的意义

产品整体概念是市场营销思想的重大发展。对于企业的经营具有重大意义。必须指出，整体产品概念是以顾客为中心的，也就是说，衡量一个产品的价值，是由顾客决定的，而不是生产者决定的。没有产品整体概念，不以顾客为中心，就不可能真正贯彻营销的理念。随着科学技术的不断发展进步，人们的需求日益多样化，产品整体概念也在不断扩大，企业生产和销售产品必须提供相应的附加价值，才能适应市场的需要。美国市场学家曾提出："未来竞争的关键，不在于工厂能生产什么产品，而在于其产品所提供的附加价值，如包装、服务、广告、用户咨询、购买信贷、及时交货和人们以价值衡量的一切东西。"

6.1.2 产品的分类

在产品的导向下，企业市场营销人员只是根据产品的不同特征对产品进行分类。在现代营销理念中，产品分类的思维方式是：每一个产品类型都有与之相适应的市场营销组合策略。

1. 产品可以根据耐用性分类

（1）非耐用品。非耐用品一般是有一种或多种消费用途的低值易耗品，例如啤酒、肥皂、盐和烟酒等。经营非耐用品，要求销售网点设置在接近居民区，以便消费者购买，同时坚持薄利多销，加强广告宣传，吸引消费者喜爱与购买。

（2）耐用品。耐用品一般指使用年限较长、价值较高的有形产品。经营耐用品要求企业有较雄厚的资金，能够提供更多的销售服务和销售保证，毛利也要定得高些。

（3）服务。服务是为出售而提供的活动、利益和满意。服务的特点是无形、不可分、易变和不可储存。一般来说，它需要更多的质量控制、供应商信用以及实用性。

2. 消费品可以根据消费特点分类

（1）便利品。指顾客频繁购买或随时购买的产品，例如烟草制品、洗涤用品和报纸等。便利品可以进一步分成常用品、冲动品以及急救品。

（2）选购品。指顾客对适用性、质量、价格和式样等基本方面要做认真权衡比较的产品，例如家具、服装、汽车和大的机械等。选购品可以分为同质品和异质品。

（3）特殊品。指具有独有特征和（或）品牌标记购买者愿意做出特殊购买努力的产品，例如特殊品牌和特殊式样的商品、小汽车、立体声音响、摄影器材以及男式西服。

（4）非渴求品。指消费者不了解或即便了解也不想购买的产品。

任务6.2 掌握产品组合策略

任务提示

现代企业为了满足目标市场的需求，扩大销售，分散风险，往往生产或经营多种产品。那么，究竟生产经营多少种产品才算合理，这些产品应当如何搭配，才能做到既满足不同消费者的需求，又使企业获得稳定的经济效益。所以，企业需要对产品结构进行研究和选择，根据企业自身能力条件，确定最佳的产品组合。因此，必须明确产品组合的概念，采取相应的产品组合策略。

任务情境

现在市场竞争激烈，对于任何一个企业都不可能只生产一种产品，而是拥有多种产品，如何将这些产品统筹安排好，就是产品组合所要解决的事情。

宝洁公司，是一家美国消费日用品生产商，也是目前全球最大的日用品公司之一。宝洁在日用化学品市场上知名度相当高，其产品包括洗发、护发、护肤用品、化妆品、婴儿护理产品、妇女卫生用品、医药、食品、饮料、织物、家居护理、个人清洁用品及电池等。公司口号："宝洁公司，优质出品。"

6.2.1 产品组合及其相关概念

产品是一个复合的、多维的、整体的概念。企业营销要设计一个优化的产品组合方案,首先要明确产品组合及其有关的几个概念。

1. 明确产品组合、产品线和产品项目

(1) 产品组合。产品组合是指一个企业生产经营的所有产品线和产品品种的组合方式,即全部产品的结构。产品组合通常由若干条产品线组成,也就是企业的业务经营范围。

产品组合也叫产品搭配,是一个企业提供给市场的全部产品的大类项目组合。它反映了一个企业的全部产品项目和产品线系列的构成,也是一个企业生产经营的所有产品在品种、规格、经营范围上的构成。

(2) 产品线。也称产品系列或产品大类,是指在功能上、结构上密切相关,能满足同类需求的一组产品。每一条产品线包含若干个产品项目。例如以类似的方式发挥功能;售给同类顾客群;通过同一类的销售渠道出售;属于同一价格波动范畴。

(3) 产品项目。是指产品线中各种不同品种、规格、型号、质量和价格的特定产品。产品项目是构成产品线的基本元素。

2. 明确产品组合的广度(宽度)、长度、深度

(1) 产品组合的宽度。是指一个企业生产经营的产品系列的多少,即拥有产品线的数目的多少。产品线多,则产品组合广度宽,少则窄。一般情况下,大型企业产品线较多,产品组合较宽;小型企业或专业化企业产品线较少,产品组合的广度就较窄。

(2) 产品组合的长度。产品组合的长度是指企业每一条产品线产品项目的数量之和。企业某一产品线中产品的项目较多,就意味着其组合较长;相反,则意味着产品组合较短。产品组合较长,能在市场细分的基础上扩大目标市场,提高市场占有率,就可能实现小批量、多品种生产,资金周转快,有利于提高经济效益;反之,产品组合较短,便于集中力量发挥企业专长,创名牌产品,吸引顾客,增加销量,也可以实现大批量、少品种生产,降低成本,增加效益。

(3) 产品组合深度。是指一个企业产品线中的每一个产品项目有多少个品种,如大小、口味、花色等。

(4) 产品组合的相关性。是指各条产品线在最终用途、生产条件、分配渠道或其他方面相互关联程度。

上述产品组合的四种尺度,为企业选择产品组合决策提供了依据,企业可以据此采取四种方法发展其业务组合:加大产品组合的宽度,可以扩展企业的经营领域,实行多样化经营,分散企业投资风险;增加产品组合的长度,使产品线丰富充裕,可以成为更全面的产品线公司;加强产品组合的深度,可以占领同类产品的更多细分市场,满足更广泛的市场需求,同时可增强行业竞争力;加强产品组合的一致性,则可以使企业在某一特定的市场领域内加强竞争和赢得良好的声誉。因此,对产品组合决策,就是企业根据市场需求,竞争形势和企业自身能力对产品组合的广度、长度、深度和相关性方面做出的决策。

6.2.2 优化产品组合的分析

优化产品组合的过程，通常就是分析、评价和调整现行产品组合的过程。由于产品组合状况直接关系到企业销售额和利润水平，企业必须对现行产品组合的未来销售额和利润水平的发展和影响作出系统地分析和评价，并对是否加强和剔除某些产品线或产品项目做出决策。

优化产品组合包括两个重要步骤。

第一，分析、评估现行产品线上不同产品项目所提供的销售额和销售利润水平，即产品线销售额和利润分析。如图6-2所示是一条拥有五个产品项目的产品线。

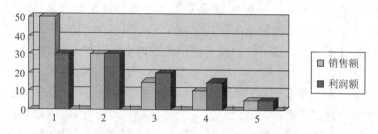

图6-2 包含5个产品项目产品线的销售额和利润额

根据图6-2所示，第一个产品项目的销售额和利润分别占整个产品线销售额和利润的50%、30%；第二个产品项目的销售额和利润占整个产品线销售额和利润的30%。如果这两个项目突然受到竞争者的打击或市场前景疲软，产品线的销售额和利润就会迅速下降。因此，在一条产品线上，如果销售额和利润高度集中在少数产品项目上，则意味着产品线比较薄弱。为此，公司必须仔细地加以保护，并努力发展有良好前景的产品项目。最后一个产品项目的销售额和利润只占整个产品线销售额与利润的5%，如无发展前景，可以剔除。

第二，分析产品线上的各产品项目与竞争者同类产品的对比状况，即产品线市场轮廓分析。目的是全面衡量各产品项目与竞争产品的市场地位，如图6-3所示。

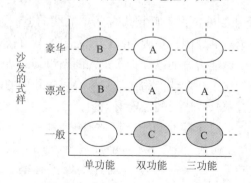

图6-3 关于沙发的竞争状况

从图6-3可以看出，仍有两个市场空白点。各公司没有生产的原因，可能是目前生产这种沙发的费用太高，或者消费者需求不足，经济上暂无可行性等。可见，进行产品项目生产位置的分析，对于企业了解整个产品线不同产品的竞争状况以及发展产品线的生产机会具有重要意义。

6.2.3 产品组合策略的调整

产品组合策略,是指企业根据市场需求和自身能力条件,确定生产经营规模和范围的决策。产品组合决策也就是企业对产品组合的广度、长度、深度和关联性进行选择、调整的决策。

一个企业的产品组合,应当根据市场竞争状况和销售、利润的变动进行适时调整,从而使产品组合保持动态优化。在对现有产品组合的未来发展趋势进行分析和评价的基础上,要对其进行调整。其主要策略如下:

(1) 扩大产品组合。是指拓宽产品组合的广度和加强产品组合的深度。前者是在原产品组合中增加一个或几个产品线,扩大经营范围;后者是在原有产品线内增加新的产品项目。当企业预测现有产品线的销售额和赢利率在未来一两年内可能下降时,就须考虑增加新的产品线;当企业打算增加产品特色,或为更多的细分市场提供产品时,则可选择在原产品线内增加新的产品项目。

(2) 缩减产品组合。是指缩减产品线或产品项目。随着企业产品组合在广度和深度上的扩展,用于市场的调查研究、产品设计、促销、仓储、运输等方面的费用也随之上升。当市场不景气或能源、原材料供应紧张时,从产品组合中剔除那些获利很小,甚至不获利的产品线或产品项目,可使企业集中资源,发展那些获利多的产品线或产品项目,获利水平就会提高。

(3) 产品延伸。是指全部或部分地改变公司原有产品的市场定位。每一个企业的产品都有其特定的市场定位。具体做法有以下三种:

① 向下延伸。是指企业原来定位于高档市场的产品线向下延伸,在高档产品线中增加中低档产品项目。采取这种策略,可以使企业利用高档名牌产品的声誉,吸引不同层次的顾客,从而增加产品销售,扩大市场份额,充分利用原有的物质技术力量。但这种策略也会给企业带来一定的风险,如果处理不当,低档产品会对企业原有产品的市场形象和声誉造成不利的影响。

② 向上延伸。是指企业原来定位于低档市场的产品线向上延伸,在原有产品线内增加高档产品项目。采取这一策略的原因,是因为高档产品市场具有较大的市场潜力和较高的利润率,企业在技术设备和营销能力方面已经具备进入高档市场的条件,需要对产品线进行重新定位等。这一策略的风险在于,低档产品在消费者心目中地位的改变比较困难。因而需要通过大量的营销努力,经过很长一段时间才能奏效。

③ 双向延伸。是指企业原来定位于中档市场的产品线掌握了一定的市场优势后,决定向产品线的上下两个方向延伸:一方面增加高档产品,提升产品形象;另一方面增加低档产品,力求全方位占领某一市场,提升市场占有率。采取这一策略的主要问题是,随着产品项目的增加,企业的营销费用和管理费用会相应增加,因此,要求企业对高、低档产品的市场需要有准确的预测,以使企业产品的销售在抵补费用的增加后有利可图。

任务6.3　掌握产品市场生命周期策略

任务提示

企业产品在市场上的销售情况及获利能力是随着时间的推移发生变化的，并非一成不变。这种变化的规律就像人和其他生物的生命一样，产品在市场上也经历了从诞生到成熟、最终衰亡的过程。在产品市场生命周期的每一个阶段，有它不同的特点。因此，企业要根据产品生命的不同阶段制订相应的营销策略。

任务情境

小米手机的产品生命周期

在现如今的智能手机的大时代背景下，小米手机不单单凭借其简约的外观和自己开发研制的深度基于安卓系统的 MIUI 系统赢得了消费者的青睐，而且还有小米科技的管理者对营销策略的完美运用，这才创造了手机行业的销售奇迹。

小米公司于 2010 年 4 月 6 日成立；2011 年 7 月 12 日，整体团队正式亮相宣布进军手机市场；2011 年 8 月 16 日发布小米 M1，在此期间，小米发布了 MIUI 内测版、米聊 Android 内测版。这几次活动的进行无疑是为小米 M1 进入市场做准备。小米 M1 在进入市场前，小米公司动用了大量的广告对小米 M1 进行了宣传造势。

在发布小米 2 前，小米公司为一些"核心用户"提供了 600 台工程机收集用户体验并进行改进，通过这些改进后小米公司才让米 2 正式进入市场，而且小米通过对目标群体市场细分并研发出售了米 1S、青春版这些产品，从此之后小米手机便从产品的介绍期过渡到产品的成长期了。

现在随着消费者对智能手机的要求逐步提高，并且小米公司通过不断地创新，研发的小米 2 代、3 代、4 代，已经逐渐取代了之前产品的市场，完成了之前产品的生命周期轮回。即使是现在的米 3、米 4、红米 Note 的出现也只不过是为了延长本有的产品生命周期。通过不断地创新，新产品的不断出现让消费者对小米手机的产品越来越熟悉了，而且通过小米手机的销量越来越大，产品的批量化生产降低了产品的成本，从而使利润稳步地提高起来了。虽然小米手机已经取得较大的市场占有率，但是现在的智能手机市场竞争依然十分激烈，这就导致了小米手机在产品不断创新的同时，要保持有自己特色的营销策略。

（案例来源：搜狐新闻）

6.3.1　产品市场生命周期的概念

所谓产品市场生命周期，是指产品从投入市场开始，到退出市场为止所经历的全部时间。产品退出市场，并非其本身质量或其他方面的原因，而是由于市场上出现了同种类型、同种用途的新产品，使老产品逐渐失去了竞争力，最终被市场淘汰。

产品的市场生命与产品的自然生命是两个不同的概念。产品的自然生命及产品的使用寿命，是一种产品从开始使用到其使用价值完全丧失的过程。产品自然生命的长短，取决于消费过程的方式（如使用频率、使用强度、维修保养状况等）和实践以及自然力的作用等因素。产品的市场生命是指产品在市场上的延续时间。产品市场生命的长短,取决于产品的性质和用途、消费习惯和民族特点、科技进步速度、市场竞争情况、国民收入水平等。产品的市场生命与自然生命之间没有必然的、直接的联系。由于产品的具体情况不同,其生命周期的长短也不一样,有的跨世纪,有的昙花一现。从总的趋势看,随着科学技术的不断进步发展,产品生命周期日益缩短。

产品市场生命周期既可指某一种产品生命周期,也可指某一品种或某一品牌的产品周期。产品种类的市场生命周期最长,由于受人口、经济因素的影响,其周期变化难以预测,有些产品种类几乎可以无限期地延续下去,研究其生命周期意义不大。而产品品种的市场生命周期往往与企业的决策因素及品牌知名度有关,通常不太规则。只有产品的具体品种的市场生命周期比较典型,发展变化也有一定规律。因此,我们主要研究产品品种的市场生命周期。

6.3.2 产品市场生命周期各阶段的特征和营销策略

产品市场生命周期具有多种多样的形态,人们在长期的实践中总结了各种不同产品在市场上的活动规律后,根据产品在市场总的变化趋势,以时间为横坐标,以销售为纵坐标,把产品生命周期的变化过程绘制成一条曲线,并将其划分为引入期、成长期、成熟期、衰退期四个阶段(图6-4)。

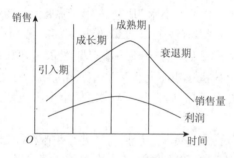

图6-4 产品寿命周期曲线

企业营销要求在产品市场生命周期不同阶段,了解其阶段特征,采取相应的营销策略,有利于企业适应市场的变化,增强企业的市场竞争力。

1. 引入期的特征和营销策略

引入期是指新产品试制成功,进入市场试销售的阶段。这一阶段的主要特征是:① 只有少数企业生产,市场上经营者较少;② 消费者对新产品尚未接受,销售量增长缓慢;③ 需做大量的广告宣传,推销费用大;④ 企业生产批量小,试制费用大,产品成本高;⑤ 产品获利较少或无利可图,甚至亏损。

根据上述特征,企业营销策略的重点,主要突出一个"快"字,应使其产品尽快地为消费者所接受,缩短产品的市场投放时间,扩大产品销售,迅速占领市场,促使其向成长期过渡。

企业营销的主要手段是广告和促销:① 千方百计使人们熟悉了解新产品,扩大对产品的宣传,建立产品信誉。这一阶段企业要承担较大的广告费用。② 运用现有的产品辅助发展方法,用名牌产品提携新产品。如荣事达公司利用荣事达洗衣机已形成的品牌效应推出荣事达冰箱。③ 采取使用的方法,如试用、试听、试穿、试尝,这些方法在国外比较普遍。

最近，在我国生产资料市场上开始采用这种方法，有些设备可先试用，再结算，不满意可以退货。不少企业由此而取得营销成功。④ 刺激中间商积极推销新产品，给经营产品的批发商、零售商家折扣。

企业营销在具体运用广告和促销手段中可以考虑以下营销策略。

（1）快速取脂策略（高价高促销）。即企业以高价格配合大规模的促销活动将新产品投放市场。其目的是为了使消费者尽快了解产品，先声夺人，迅速打开销路，占领市场，在竞争者尚未作出反应前，就收回投资，并获取较高利润。这种策略适用的市场环境是：产品品质优势明显，性能功效特殊，具有较大的潜在需求量；大多数消费者对该产品还缺乏了解，一旦了解后愿意出高价购买；市场上很少有其他替代品，但企业面临着潜在的竞争对手，希望尽快在消费者中提高产品的知名度。

（2）缓慢取脂策略（高价低促销）。即企业为早日收回投资，仍以高价格推出新产品，但是为了降低销售成本，只进行适度的促销活动。目的是以较少的支出，获取较多的利润。这种策略使用的市场环境是：产品的销售面较窄，市场容量有限；大多数消费者已对该产品有所了解，对价格的反应不太敏感；产品工艺和技术复杂，潜在竞争对手较少。

（3）快速渗透策略（低价高促销）。即企业以低价格推出新产品，使尽可能多的消费者认可和接受，同时，通过大规模的促销活动，刺激更多人的购买欲望。目的是为了获得最高的市场份额。这是新产品进入市场最快、效果最好的一种策略。适用的市场环境是：市场容量大，企业有望通过大批量生产和销售，实现规模经济，降低成本，提高效益；消费者对该产品不甚了解，对价格反映比较敏感；潜在竞争对手多且竞争激烈。

（4）缓慢渗透策略（低价低促销）。即企业以低价格和有限的促销活动方式推出新产品。低价是为了促使消费者迅速地接受该产品，低促销则可以节省费用，降低成本，弥补低价格造成的低利润或亏损。这种策略使用的市场环境是：产品销售面广，市场容量大；消费者对该产品易于了解或已经了解，并且对其价格十分敏感。存在着相当多的潜在竞争者。

2. 成长期的特征和营销策略

成长期是指产品经过试销取得成功后，转入批量生产和扩大销售的阶段。这一阶段的特征是：① 消费者对产品已经熟悉并接受，销售量迅速上升，一般来讲，销售增长率超过10%；② 产品已基本定型，生产规模扩大，产品成本下降，企业利润不断增加；③ 同行业竞争者纷纷介入，竞争趋向激烈。

产品进入成长期后，企业营销策略的重点，主要突出一个"好"字，强化产品的市场地位，尽可能提高销售增长率和扩大市场占有率。具体可采取以下几种营销策略。

（1）提高产品质量，扩充目标市场。在产品成长期，企业应把保持和提高产品质量放在首要位置，因为这是影响产品生命周期长短的关键所在。有些企业的产品刚上市时质量不错，一旦大批量销售后质量明显下降。这种自断产品前程的做法，已被无数实践证明，遭受损害的终究是企业自身的利益。随着产品销售量的上升，企业还应及时提供各种有效的服务，尽可能地满足消费者的要求，以巩固和扩大市场。

企业还应增加花色品种，扩充目标市场。要研究市场，进行市场细分，推出多种包装、不同性能和款式的产品适应目标市场的需求，增加市场吸引力。

（2）适当降价，吸引更多消费者购买。在批量生产、成本下降的基础上，根据市场竞争情况，选择适当时机降低产品价格，既能吸引更多顾客购买，又能防止大批竞争者介入。

（3）加强分销渠道建设。加强与中间商的合作，巩固原有的分销渠道。根据市场扩充需要，增加新的分销渠道，进入有利的新市场，扩大产品销售网络，做到保证供应，方便购买。

（4）突出产品宣传重点。广告宣传的重点应从产品的知晓度转入产品知名度、美誉度的宣传。重点介绍产品的独特性能和相对优点，树立企业和产品的良好形象，争取创立名牌，培养消费者对产品的信任感和偏爱性。

3. 成熟期的特征和营销策略

成熟期的产品经过成长期，销售量增长速度明显减缓，到达峰巅后转入缓慢下降的阶段。这一阶段的主要特征是：① 产品的工艺、性能较为完善，质量相对稳定，产品被大多数消费者所接受；② 市场需求趋于饱和，销售量增幅缓慢，并呈下降趋势，一般来讲，销售增长率小于10%；③ 企业利润达到最高点，随着销售量的下降，利润也开始逐渐减少；④ 市场上同类产品之间的竞争加剧。

在产品成熟期，企业营销策略的重点，主要突出一个"改"字，要采取各种措施，千方百计延长产品生命周期。具体可采取以下营销策略。

（1）开发新的目标市场。企业要为老产品积极寻求尚未满足的需求，开发国内外新的目标市场。应对新的目标市场来转移产品新的发展方向，增加产品新的用途，创造产品新的消费方式，从而延长产品的成熟期。

（2）改革产品，扩大产品销量。企业通过对产品的性能、品质、花色、造型等方面的改革，满足老顾客的新需求，并能吸引新顾客购买，从而扩大销售量延长成熟期，甚至打开销售停滞的局面，使销售量重新上升。

4. 加强产品促销力度

成长期要加强促销活动，刺激消费者购买。主要是通过降低价格扩大销售渠道，增加服务项目和采取新的促销形式等方法，赢得更多顾客购买，延长产品生命周期。

5. 衰退期的特征和营销策略

衰退期是指产品经过成熟期，逐渐被同类新产品所替代，销售量出现急剧下降趋势的阶段。这一阶段的主要特征是：① 产品销量由缓慢下降变为迅速下降，销售出现了负增长；② 消费者对产品的兴趣已完全转移到新产品上；③ 产品价格已降到最低点，多数企业无利可图，竞争者纷纷退出市场。

产品一旦进入衰退期，从战略上看已经没有流连的余地。营销策略的重点，主要突出一个"专"字，应积极开发新产品。同时，还要根据市场的需求情况，保持适当的生产量以维持一部分市场占有率，并做好撤退准备。具体采取以下策略。

（1）维持策略。即继续沿用过去的营销策略，仍保持原有的细分市场，使用相同的分销渠道、定价及促销方式，将销售量维持在一定水平上，待到时机合适，再退出市场。这种策略适用于市场上对产品还有一定的需求量，生产成本较低和竞争力较强的企业。

（2）收缩策略。即大幅度缩减促销费用，把企业产品销售集中在最有利的细分市场和在销售的品种、款式上，以获取尽可能的利润。

（3）放弃策略。对于大多数企业来说，当产品进入衰退期已无利可图时，应当果断地停止生产，致力于新产品的开发。但企业在淘汰产品到底采取立即放弃、完全放弃还是转让放弃，应慎重选择，妥善处理，力争将企业损失减少到最低限度。

任务6.4　了解新产品开发策略

任务提示

随着科学技术和社会经济的迅速发展，产品更新换代越来越快，产品生命周期越来越短，市场竞争也越来越激烈。这种现实迫使企业不断开发新产品，以创新求发展。从短期看新产品的开发和研究是一项耗资巨大且风险极大的活动。但从长远看，新产品的推出能使企业开拓新的市场、扩大产品销量、带来丰厚利润和增强市场竞争力。因此，有远见的企业经营者把新产品开发看作企业营销的一项具有战略性的重要策略。

任务情境

8848钛金手机是珠穆朗玛移动通信有限公司于2015年7月28日正式在京发布的一款新型手机，由企业家王石代言，机身采用钛合金作为边框材质，使其具有质感出众、强度大、质量轻和耐腐蚀的特性。

8848钛金手机所呈现的实用奢华，是高档材质、创新设计与精致工艺和内在功能的完美统一，是近乎完美的品质苛求，以满足精英阶层对材质、工艺、数据、通信、安全方面极致的要求。

2016年7月19日，8848钛金手机在北京发布了最新一代产品M3，同时央视各大频道黄金时段的宣传也让国人开始关注国产第一高端品牌！同期，8848钛金手机开启了高端私人订制服务！

2016年12月19日，8848钛金手机联合故宫文化，特邀范冰冰龙袍设计师劳伦斯·许，推出8848故宫贺岁版限量手机，也被市场称为龙版8848。

2017年2月8日，8848钛金手机跨界国际高端珠宝品牌TTF推出鸡年生肖贺岁版手机，并成为被选定的手机品牌亮相在中法文化交流展。

2017年3月23日，8848钛金手机参加瑞士巴塞尔国际钟表珠宝展。

（案例来源：www.shangfenghang.com）

6.4.1　新产品的概念

市场营销学中的新产品含义与科技开发中的新产品含义并不完全相同，其内容要广泛得多。市场营销理论是从"产品整体概念"角度出发，强调消费者的观点，对新产品的定义是：凡是消费者认为是新的，能从中获得新的满足、可以接受的产品都属于新产品。根据这一理解，新产品可以分为以下几种。

1. 全新产品

即科技型新发明的产品，是指采用新原理、新技术及新材料研制成功的前所未有的产品。这种产品往往代表了科学技术发展史上的一个新突破，甚至将改变人们的生活习惯和生活方式。例如，打字机、电话、汽车、飞机、尼龙、电视机、复印机、计算机等，就是19世纪60年代到20世纪60年代之间世界公认的最重要的新产品。每个新产品的诞生，都是科学技术的一项重大发明创造，因而极为难得，这不是一般企业能胜任的。因为一个完全创新产品的出现,从理论到应用,从实验试制到组织大批量生产,不仅时间过程漫长,而且投资代价巨大。

2. 换代产品

即在原有产品的基础上,利用现代科学技术支撑的具有新的结构和性能的产品。例如,黑白电视机革新为彩色电视机;电子计算机从最初的电子管,经历了晶体管、集成电路、大规模集成电路几个阶段,发展到现在的人工智能电脑。开发换代新产品较开发全新产品,技术上难度降低,效果好而且风险小。

3. 改进产品

面对原有产品在品质、性能、结构、材料、花色、造型或包装等方面做出改进而形成的产品。这种新产品与原有产品差别不大,往往是在原有产品的基础上派生出来的变形产品。例如,自行车由单速改进为多速,牙膏由普通型改进为药物型。这是企业较容易开发的新产品,因此,发挥余地大,竞争也相对激烈。

4. 仿制产品

针对市场上已有的产品进行模仿或稍作改变,而使用一种新牌号的产品。这种产品对较大范围的市场而言,已不是新产品,但对本地区来说,则可能是新产品。我国企业引进先进技术和设备,生产国外市场已经存在,而国内市场还没有出现的产品或者模仿生产从国外进口的产品和国内其他企业生产的产品,就属于仿制新产品。由于市场上有现成的样品和技术可借鉴,为仿制产品的生产提供了有利的客观条件。企业根据市场需求和自身条件,模仿生产某些有竞争力的新产品,能节省时间,节省研制费用,提高产品质量。但是要注意,仿制产品不能完全照搬照抄,应对产品尽可能有所改进,突出某些方面的特点,以提高产品的竞争能力。另外,要妥善处理好产品的专利权和技术转让问题,防止发生违法行为。

以上四种新产品尽管"新"的角度和程度不同,科技含量相差悬殊,但都有一个共同特点,那就是消费者在使用时,认可它与同类产品相比具有特色,能带来新的利益,获得更多满足。

6.4.2 新产品开发的意义

新产品开发是企业优化产品结构和增强竞争能力的重要途径。新产品的开发体现了一个企业的创新能力,使企业核心竞争力的展示,也是贯彻现代营销理念的核心思想——满足消费者不断变化需求的具体体现。在科学技术迅猛发展,市场竞争日益激烈的今天,新产品开发对于社会进步、企业发展和满足消费者需求,都有着重要意义。

1. 新产品开发是企业推动社会进步,促进生产力发展的重要条件

新产品开发,尤其是全新型新产品的出现,是科学技术进步和社会生产力发展的结果。新产品的出现又可以进一步促进科学技术和社会生产力发展,推动社会不断向前进步。因为有些新产品本身就是先进生产力的要素,人们利用这些要素可以取得科学技术的更大进步、生产效率的更快提高。

2. 新产品开发是企业满足消费需求,提高企业效益的根本途径

市场消费需求是变化的,不断产生新的消费需求,这位企业提供了新的市场、新的获利机会。随着社会经济的发展,消费者的购买力水平不断提高,生活质量不断改善,消费需求的个性越来越突出,消费需求的变化周期越来越短。这些市场变化,都要求企业不断地开发新产品，来适应消费需求新的变化，从而来扩大企业市场销售，提高企业赢利水平。

3. 新产品开发是企业巩固市场，保证市场占有率的主要手段

新产品开发和研制，虽然是一项耗资巨大的支出，但从长远来看，这种支出是可以使企业取得较为巩固的市场地位。当一种产品在市场上滞销时，可以立即转产另一种新产品，就不会因老产品的淘汰停产而导致企业发生经营困难。因此，有战略眼光的企业经营者都不惜一切代价，不断研制开发新产品，使企业同时拥有多种产品，做到生产一代，掌握一代，研制一代，构思一代，由新产品不断补充老产品退出市场的位置。新产品开发的持续进行，能使企业的市场销售量和利润始终保持上升势头，或至少保持平稳，避免生产经营的大起大落。

4. 新产品开发是企业应对竞争，减少风险的有力武器

企业产品的竞争能力很大程度上取决于企业能否及时向市场提供适销对路的新产品。在现代营销中，产品的更新换代往往是企业竞争的需要，更是应对竞争、减少风险的有力武器。一个企业如果不能经常不断地向市场推出先进的新产品，就无法与竞争对手较量，就会败下阵来。为此，要使企业在激烈的市场竞争中立于不败之地，就必须把新产品开发作为最基本、最重要的竞争策略。一个有竞争能力的企业必须能够持续地开发新产品，使企业在某些产品面临衰退之前，第二代产品已进入其成长期；当第二代产品处在成熟期时，第三代产品已进入引入期；而第四代、第五代产品又在构思酝酿之中。这样，新产品一代接一代，源源不断地推向市场，就会使企业充满活力，长盛不衰。

6.4.3　新产品开发的方式

由于新产品形势较广泛，企业的能力和条件存在差异，因此，新产品开发的方式也有所不同。常用的有以下几种。

1. 独立研制

所谓独立研制，就是企业依靠自己的科研技术力量研究开发新产品这种方式能够结合企业的特点，形成自己的产品系列使企业在某一方面具有领先地位。但独立研制要求企业有较强劲力量和较多的资金投入，所以一般适用于拥有较强力量的大中型企业或企业集团。

2. 协作开发

协作开发是指企业与科研机构、高等院校、社会上有关专家或其他单位联合进行新产品开发。这种方式可使科技人员迅速将科技成果运用到实际中，也可从设计和技术等方面得到指导和帮助，既充分发挥各自特长，又使双方都受益。技术力量来自各个不同单位，各方有效协调是至关重要的，但在实际操作中往往有难度。

3. 技术引进

技术引进是指企业引进国外或地区以外的成熟技术进行新产品开发，或直接引进设备生产新产品。采用这种方式，企业可以节省研究费用，缩短开发时间，能够较快地掌握产品制造技术，及时生产出新产品并投放市场，成功率较高。但也应注意，企业引进的技术或设备，通常是别人正在使用或已经使用过的，引进前必须认真进行市场容量分析和产品发展前景分析，充分重视技术和设备的先进性和适用性，避免盲目引进而造成不良后果。

4. 研制与引进相结合

这是指企业在引进别人先进技术的基础上，结合自身专长研制新产品。这种方式可以是独立研制和技术引进相互补充，有机结合，加快消化吸收别人的先进技术又能不断创新，不仅时间省、投资少、风险小，而且可使产品更具特色和吸引力，有利于促进企业的技术水平和经济效益的提高。

6.4.4 新产品开发的程序

新产品开发是一项艰巨而又复杂的工作，它不仅需要投入大量的资金，而且其最终是否能被消费者所接受，存在很大的不确定性。因此，新产品开发具有一定的风险性。为了把风险降到最低程度，新产品开发应按科学的程序进行。一般需要经过以下几个阶段。

1. 新产品构思

新产品构思是指提出新产品的设想方案。一个成功的新产品，首先来自于一个有创见性的构思。企业应该集思广益，从多方面寻找和收集好的产品构思。新产品构思来源有：消费者和用户、科研机构、竞争对手、商业部门、企业职工和管理人员、大专院校、营销咨询公司、工业顾问、专利机构、国内外情报资料等。其中，调查和收集消费者和用户对新产品的要求，是新产品构思的主要来源。实践证明，在此基础上发展起来的新产品，成功率最高。据有关调查显示，除军用品外，美国成功的技术革新和新产品有60%～80%来自用户的建议，或用户在使用中提出的改进意见。

2. 新产品构思方案筛选

新产品构思方案筛选是指所有新产品构思方案，按一定评价标准进行审核分析、去粗取精的过程。企业收集的新产品构思不可能全部付诸实施，因而需通过筛选，淘汰那些不可行或可行性较低的构思，使企业有限的力量能集中用于少数几个成功机会较大的新产品开发。

新产品构思方案选优的具体标准是因企业而有差异的。企业一般都要靠综合各方面因素：一是构思方案是否符合企业目标，包括利润目标、销售目标、销售增长目标以及企业形象目标等；二是构思方案是否适应企业的能力，包括开发新产品所需的资金、技术和设备等。在筛选过程中，还特别注意避免"误舍"和"误取"。误舍是指企业由于未能充分认识某一构思方案的潜力和作用，而将其舍弃，使企业痛失良机；误取是指企业错误估计一个没有前途的产品构思方案，而付诸实施，使企业蒙受损失。因此，企业要对评审的构思方案作全面、正确地分析，选择市场有需求、资源有保证、投资有效益的新产品开发最优方案。

3. 新产品概念的形成

新产品构思经过筛选，还进一步形成比较具体、明确的产品概念。产品概念是指已经成型的产品构思。在将产品构思以文字、图案或模型描绘出明确的设计方案之后，再经由设计鉴定工作对各方面条件作综合分析，并听取顾客对有关方案的意见，最后选定一种最佳的设计方案是企业获得一个较为清晰的产品概念。

4. 新产品设计试制

新产品设计试制是指选定的产品构思付诸实施，使之转变为物质产品的过程。经过筛选和可行性分析，具有开发价值的新产品构思方案则进入产品形体的设计试制阶段，包括产品设计、样品试制、产品鉴定等步骤。

（1）产品设计。必须以满足消费者的需要为出发点，在对新产品的原理、结构进行分析的基础上，具体规定产品的基本特征、主要用途、适用范围、技术规格、结构形式、主要参数、费用预算、目标成本以及产品牌名和包装，确定制造产品的材料、工艺等，并制订各种相应的技术文件。新产品的设计，符合国情民意，贯彻国家有关政策法令，适应消费要求，做到技术先进、结构合理、使用方便、经济安全。

（2）样品试制。由研制部门按设计方案制作出新产品的实体样品，并对其功能、结构、型号、尺度、颜色、包装、价格等内涵和外观进行多种组合，制成不同的样品模型，再提供给科研部门或消费者作实地试验和使用，全面考核了解产品的质量、性能、结构、工艺和消费者的偏好，广泛征求意见，要根据多种渠道所反馈的信息，使之不断完善、合理，然后，挑选技术上、经济上都有切实可行的样品作为定型产品。

（3）产品鉴定。检验新产品是否达到设计要求，各项技术经济指标是否符合有关规定标准，通常由专业机构或企业自身对产品作出总体评价，已确定是否正式投产。对于医疗卫生、食品饮料和电工电气等产品，还必须经有关部门检验，批准许可后才能生产销售。

5. 拟定新产品营销规划

拟定新产品营销规划是指企业在选定新产品开发方案后，拟定该产品进入市场的基本营销计划。一般包括三个方面的内容：① 确定将来新产品目标市场的规模、特点、消费者购买行为、新产品市场定位、可能的销售量、市场占有率和利润率等；② 确定新产品的价格、分销渠道和市场营销费用；③ 新产品中长期的销售额和目标利润，以及产品不同生命周期的市场营销组合策略。

6. 商业分析

商业分析，即新产品的经济效益分析，也就是根据企业的利润目标，对新产品进行财务上的评价。主要包括以下几种内容：① 预测新产品的市场销售额和可能的生命周期；② 预测新产品的市场价格和开发新产品总的投资费用及其风险程度；③ 对产品预期的经济效益作出综合的分析和评价。

7. 新产品试销

新产品试销是指新产品基本固定后，投放到经过挑选的有代表性的一定市场范围内进行销售试验。其目的是检验在正式销售条件下，市场对新产品的反应，以便了解消费者的喜爱程度、购买力状况和不同意见要求，为日后批量生产提供参考依据。通过试销，一方面可进一步改进产品的品质，另一方面能帮助企业制订出有效的营销组合方案。

根据新产品试销的不同结果，企业可以做出不同的决策。试销结果良好，可全面上市；试销结果一般，则应根据顾客意见修改后再上市；试销结果不佳，应修改后再试销，或停止上市。当然，并非所有的新产品都要经过试销，成功把握较大的新产品就不必试销，以免失去市场机会。价格昂贵的特殊品、高档消费品和少量的工业品，通常也不必经过试销而直接推向市场。

8. 新产品正式上市

新产品正式上市是指经过试销获得成功的新产品，进行大批量生产和销售。这是新产品开发的最后一个程序。至此，新产品也就进入了商业化阶段。

为了使新产品顺利上市，企业应对其入市时机和地点进行慎重选择。在入市时机上，如果新产品是替代本企业老产品的，应在原有的产品较少时上市，以避免对原有产品销路产生影响；如果新产品的需求具有较强的季节性，应在需求旺季上市，以争取最大销量；如果新产品需要改进，则应等到其进一步完善后再上市，切忌仓促上市。在入市地点上，一般采取"由点到面，由小到大"的原则。先在某一地区市场上集中搞好新产品的促销活动，逐步扩大市场份额，取得消费者信任，然后再向更广的市场扩展。但实力雄厚并拥有庞大销售网络的大企业，也可将新产品直接推向国内外市场。

任务 6.5　了解商标、包装及服务策略

任务提示

在现代市场营销中，产品的商标、包装、服务是研究的重点。当企业把自己的产品推向消费者时，商标就是产品的"脸面"，包装就是产品的"外衣"，服务就是"情感"。为此，企业营销必须注重对商标策略、包装策略及服务策略的研究。

商标：在西方国家，商标是一个专门的法律术语，品牌或品牌的一部分在政府有关部门依法注册并取得专用权后，称为商标。商标受到法律的保护。国际市场上的驰名商标，往往在许多国家注册。在商品经济发达的国家，商标依其知名度的高低和声誉的好坏，具有不同价值，是企业的一项无形资产，其产权或使用权可买卖。但是，在我国商标的概念有所不同。我国习惯上对一切品牌（包括名称和标志）不论其注册与否，统称商标，而另有"注册商标"与"非注册商标"之别。注册商标即受法律保护、所有者有专用权的商标；非注册商标即未办理注册手续的商标，不受法律保护。在我国有些著作中认为商标仅指品牌标志，而不包含品牌名称，这是一种误解。商标同品牌都是集合概念，既包含名称又包含特定标志。例如，"金利来"这个名称和它的特定标志，都是商标。没有名称的商标是不能注册的。

任务情境

王老吉商标之争案例分析

价值 1 080 亿元的"王老吉"商标合同争议案在历时 380 多日后最后以广药胜诉告终，鸿道将被停用"王老吉"商标。

品牌起源

咸丰二年（1851 年），王泽邦将解暑之用的药方制成凉茶，称之为王老吉，防病保健。之后，因配方合乎药理，价钱公道，因而远近闻名。王老吉凉茶畅销两广、湖南、湖北、江西、上海等地。后来，王老吉第三代传人于香港设店，又在澳门开设分店，并将王老吉的商标注册，成为第一个注册的华商商标。1956 年国家实行工商业社会主义改造，王老吉凉茶归入国有企业——广州羊城药厂，隶属广药集团。

问题产生

1995 年，作为王老吉商标的持有者，广药集团将红罐王老吉的生产销售权租给了加多宝，而广药集团自己则生产绿色包装的王老吉凉茶，也就是绿盒王老吉。

1997 年，广药集团又与加多宝的母公司香港鸿道集团签订了商标许可使用合同。2000 年双方第二次签署合同，约定鸿道集团对王老吉商标的租赁期限至 2010 年 5 月 2 日。

2001 年至 2003 年期间，时任广药集团副董事长、总经理李益民先后收受鸿道集团董事长陈鸿道共计 300 万元港币。鸿道集团得到了两份宝贵的"协议"：广药集团允许鸿道集团将"红罐王老吉"的生产经营权续延到 2020 年，每年收取商标使用费约 500 万元。

2004年广药集团下属企业王老吉药业推出了绿盒装王老吉，2011年11月，广药集团开始将王老吉的其他品类授权给其他企业。对此，加多宝发表声明，双方的矛盾开始公开化，并在2011年年底诉诸中国国际经济贸易仲裁委员会。

事件结果

2012年5月10日晚间，广州药业在香港联合交易发布公告称，根据中国国际经济贸易仲裁委员会2012年5月9日的裁决书，广药集团与鸿道（集团）签订的《"王老吉"商标许可补充协议》和《关于"王老吉"商标使用许可合同的补充协议》无效，鸿道（集团）有限公司停止使用"王老吉"商标。2012年5月15日，广药集团赢得王老吉商标。

（案例来源：百度文库）

6.5.1 商标策略及相关内容

商标是构成产品实体的重要组成部分，是整体产品策略研究的重点，商标管理也是企业营销管理的重要内容。

1. 商标概述

（1）什么是商标。商标是代表产品一定质量的标志，一般用图形、文字、符号注明在产品、产品包装及各种形式的宣传品上面。企业必须遵守商标法的规定，正确使用商标，商标注册人应严格按照核准注册的文字和图形使用注册商标，一般注册标志的写法有"注册商标"四个字，或标明"注"或"R"标记。

（2）商标的属性。在我国，人们习惯上对一切品牌不论其注册与否，统称为商标，而另有"注册商标"与"非注册商标"之别。

但作为商标，是有严格界定的。商标是一个专门的法律术语。当企业品牌在政府有关部门依法注册并取得专用权后，成为商标。因此，商标不同于一般的营销术语，是企业产品名称的法律界定。商标必须经过国家权威机构，以法定程序审核后才能获取。商标是国家依法授予企业，并受到法律保护的一项重要的知识产权。

商标和品牌是密切相关的，都以消费者为主导，由企业创造和培育的，是产品功能属性、情感诉求、商誉和企业形象的综合反映和体现。一个企业可以使用品牌，也可以使用商标，目的都是作为显示企业产品的特性，以区别于其他同类产品，这是共同点。

但是，商标并不等于品牌，商标是品牌的法律用语，商标必须进行注册，防止他人仿效，也就是说，商标是受法律保护的品牌，而没有进行注册的品牌不具有这一属性。商标属于企业的知识产权，商标又是企业的一种财产权，构成企业的无形资产的一部分。在激烈的市场竞争中，商标不仅是消费购物的导向，它已经成为企业走向市场的"护照"，是企业参与市场竞争的重要手段。

（3）商标的基本形成。按商标的构成，可将商标分为四种基本形式。

① 文字商标。
② 图形商标。
③ 符号商标。
④ 组合商标。

2. 商标的作用

美国品牌价值协会主席拉里·莱特说过：拥有市场比拥有工厂更为重要，而拥有市场的唯一途径就是拥有占统治地位的品牌。在当代，拥有一个具有优势的品牌商标已成为市场竞争的核心内容。商标的重要性表现在对消费者的作用和对生产者的作用。

（1）商标对消费者的作用。商标在现代社会人们日常生活中的地位和作用越来越重要。商标对消费者的作用具体表现在：

① 商标的市场旗帜作用。企业产品是以商标来区别不同竞争者的产品，表明产品的归属。商标凝聚了企业产品的质量、性能、风格与服务的特点，是企业经营管理理念、管理水平、科技水平、人员素质的高度概括和集中反映。商标特别是名牌商标能为大众识别和认同，商标的市场导向是非常鲜明的，索尼、丰田、可口可乐、宝洁、麦当劳、宝马等都是高举著名商标大旗迈进中国市场，赢得消费者忠诚的。

② 商标是质量和信誉的保证。不同的商标代表着不同的产品和不同的利益，体现企业的目标市场定位和自身的追求。因此，消费者可以根据自己的需要选择自己喜好的商标的产品或服务，都应获得质量和信誉保证。

③ 商标的文化导向作用。商标具有不同于物质形态产品的情感表达、价值认同、社会识别等文化品位的内涵，企业在设计自己产品商标时，极力寻找商标的情感诉求焦点，塑造自己品牌的文化品位，从而潜移默化地引导人们的消费。而消费者的认牌选购也是以选择商标来显示身份或为某一社会群体认同。随着社会经济的发展，商标的文化导向对人们的生活方式和消费理念的影响将越来越大。

（2）商标对生产者的作用。商标不仅对一般消费者有如此重要的作用，对企业来说也同样具有重要的意义。

① 商标是维护企业权益的法律武器。

② 商标是企业有力的竞争手段。

③ 商标是企业重要的无形资产。

④ 商标具有超值的创利能力。

3. 商标设计的要求

商标的设计虽属标志艺术范围，但对企业产品的营销关系重大。因此，企业营销必须明确对商标设计的基本要求。

① 设计新颖，不落俗套。

② 突出重点，主次分明。

③ 简洁明快，易于识别。

（1）适应性。商标的适应性主要包含以下几方面的含意。

① 便于在多种场合、多种传播媒体使用，有利于企业开展促销活动。设计商标时，要考虑使商标制作在报纸杂志、电视电影、橱窗路牌、产品包装以及灯箱、霓虹灯等宣传工具上操作起来都不困难。

② 适应国内外对象的爱好，避免禁忌。商标的文字、图形、颜色要注意到在营销所在国家和地区无不良含义和造成错觉之处。

③ 适应国内外的商标法规，便于注册。各国都有各自的商标法和有关规定，都有各自的特殊要求。

（2）艺术性。商标作为艺术品一种，应给人们以美感，并吸引人们的注意。在商标的设计中，要运用艺术手法，讲究形式美。商标画面设计要注意现象的提炼，构图的精巧、色彩和空间的利用、黑白对比。商标的名称要响亮，要有深刻的含义。从艺术角度对商标设计的要求有：

① 针对消费者心理，启发联想。要求商标的设计寓意深刻，只有突出情感、文化等内涵的诉求，才能吸引受众。

② 思想内容健康，无不良意义。

③ 设计专有名称。现代企业中流行不含意义的字母组合作商标，往往会给人留下深刻的印象。

4. 商标策略

商标策略是决策企业如何合理、有效地使用商标，即企业依据产品及内部、外部的影响因素，决定适当的商标策略。常用的商标策略有以下几种。

（1）商标有无策略。商标有无策略就是决定是否使用商标？一般有两种选择，即商标策略和无商标策略。在市场经济条件下，一般产品都应使用商标，以利于增强产品成本的竞争力，培养商标的忠诚度和树立企业形象。但是，为节省商标的设计、广告和包装费用，降低产品的营销成本的销售价格，在下列情况下可以不用商标：① 同质性强的产品，如原油、钢材、棉花等；② 生产工艺简单的产品；③ 消费者习惯上不认牌选购的产品；④ 企业临时或不打算长期经营的产品。

（2）商标归属策略。如果企业采用商标策略，紧接着就应决策使用谁的商标？商标归属使用可以选择以下策略。

① 使用制造商的商标。即制造商使用自己的商标，这是一种普遍使用的策略，因为产品的性能、质量是由制造商确定的，随着广告费用的投入和产品销售的扩大，牌子一旦打响，就会吸引更多的顾客购买，中间商也乐于销售，因而绝大多数有能力的生产者都应尽可能使用自己的品牌。

② 使用中间商的商标，即由生产者将产品大批量地卖给中间商，再由中间商以自己的商标转售出去。对于生产者来说，采用这种策略主要是因为资金少、营销经验不足，无力经营品牌商标的产品；或是作一种权宜之计借助中间的品牌声誉为产品打开销路，进入新的市场。对于中间商来说，采用这种策略可以控制供应商和产品的质量和价格；可以进一步培养顾客对中间商的品牌偏好，稳定和提高市场占有率。当然，中间商选择这种策略也需承担各种费用和风险，因此只有那些实力雄厚、控制能力强的大批发商、大零售商才能使用这种策略。

③ 使用混合商标。即生产者将部分产品用自己的商标，部分产品用中间商的商标；或在产品上同时挂上属于自己的商标和中间商的商标（联用）。这种策略比较灵活，可以适应不同的营销条件，也可作为过渡性策略运用。

（3）商标统分策略。运用企业自己的商标，需要决策产品是统一使用一种商标呢，还是按品种、类别分别使用不同商标？其主要策略有四种：

① 统一商标。

② 个别商标。

③ 分类商标。

④ 统一商标加个别商标。

（4）商标延伸策略。就是利用成功的品牌商标声誉和潜在价值来推出新产品和新的产品系列,如"娃哈哈"从儿童专用营养液延伸到 AD 钙奶、八宝粥、纯净水等。商标延伸可以加快新产品的推广,节省宣传促销费用,也有利于扩大原品牌商标的影响力。

6.5.2 包装策略及相关内容

案例 6—1

沉默的推销员

早些年我国出口英国十八头莲花茶具,原包装是瓦楞纸盒,既不美观,又使人不知道里面装的是什么,结果无人问津。但伦敦一家百货商店出售这些茶具时加制了一个精美的包装,上面印有茶具彩色图案,套在原包装外面,销价一下由我国出口价的 1.7 英镑提高到 8.99 英镑,购者纷纷。可见,良好的包装是一个"沉默的推销员"。

【试析】

为什么说良好的包装是一个"沉默的推销员"?

【分析】

(1) 俗话说:"货卖一张皮",这个"皮"就是商品的包装或外观。人靠衣装,佛靠金装,商品靠包装,"丑姑娘巧打扮,要找婆家也不难",商品也要有漂亮的包装才能吸引顾客。包装是商品的第一门面,一个完整的商品,首先进入消费者视觉的,往往不是商品本身,而是商品的包装。所以,能否引起消费者的购买欲望,进而产生购买行为,在一定程度上取决于包装的好坏。古代的郑国人买椟还珠,是因装珠的椟(亦即包装)比珠具有更大的吸引力。换句话说商品的包装由于漂亮美观而比商品主体更有诱惑力,更能刺激消费者的购买欲望,产生购买行为。可见,包装具有推销的作用。

(2) 推销员进行推销,一般要用谈话的方式向可能购买的顾客作口头宣传,以达到推销商品、满足需求的目的。良好的包装虽不能用"谈话"的方式推销,但包装却能达到推销的目的。

由此可见,良好的包装是一个"沉默的推销员"。

随着现代流通的发展,作为产品实体重要组成部分的包装在营销中占有重要的地位。大多数企业把包装视为产品策略中的重要内容。

1. 包装及其作用

(1) 包装的概念。包装是指将产品盛放在某种容器或包扎物内。包装是产品生产的延续,产品只有经过包装才能进入流通领域实现交易。

包装通常分为两个层次:第一层次是内包装,也称销售包装,即直接与产品接触的盒、瓶、罐、袋等包装。主要是为便于陈列、销售、携带和使用。第二层次是外包装,也称运输包装,即加在内包装外面的箱、桶、筐、袋等包装。主要是为了保护产品和方便储存及运输。

此外,标签也是包装的一部分,它可以单独附在包装物上,也可以与包装融为一体,用以标记产品的商标标志、质量等级、生产日期、使用方法,食品、药品等产品还要标明生产日期保质期、有效期,有些标签还印有彩色图案或实物照片等信息,以促进产品的销售。

(2) 包装的作用。随着市场经济的发展和科学技术的进步,特别是现代零售业的迅速发展,包装对产品销售的重要性与日俱增。在现代市场营销活动中,包装的作用主要表现在以下几个方面。

① 保护产品，便于储运。这是包装最基本的作用。在产品从生产者转移到消费者手中，被消费者消耗的过程中，良好的包装可以防止产品的毁坏、变质、散落、被窃等。不包装的产品是难以进行储存和运输的，有些产品则有一定的危险性，如易燃、易爆、有毒等，必须要有严密良好的包装才能储运。此外，整齐的包装方便储运时的点检等管理工作。

② 美化产品，促进销售。在现代市场营销中，包装已经被越来越多的企业作为产品增光添彩，宣传企业形象，促进和扩大销售的重要因素之一。因为在销售过程中，首先进入消费者视觉的往往不是产品本身，而是产品的包装。新颖美观的包装更能引起消费者的注意，因而成为"沉默的推销员"。一个优质产品如果没有一个精致的包装相配，就会降低"身价"，削弱竞争能力，企业也就难以提高经济效益。

③ 方便使用，指导消费。根据不同消费者的习惯和要求，对不同的产品进行合适的包装，能方便消费者使用。同时，对有关产品的构成成分、性能特点、用途功效、用法用量、注意事项、体积重量、质量等级、保存方法、生产日期和厂名地址等，在包装上用文字、图形作介绍说明，给指导消费者正确地操作和使用带来方便。另外，包装上的条形码是产品的"身份证"，它不仅能方便产品的管理和销售，而且能防止消费者误购假冒伪劣商品。

2. 包装的设计原则

包装是产品的"外衣"，具有宣传产品、促进销售的功能。不同的产品，有不同的包装设计要求，但都应遵循一定的基本原则。

（1）安全原则。安全是包装设计最基本的原则，在包装过程中，所选择的包装材料以及包装物的制用，都必须适合被包装产品的物理、化学、生物性能，以保证产品不损坏、不变质、不变形、不渗漏、不串味，还要保护环境安全。

（2）印象原则。产品包装要充分显示产品的特色和风格，造型新颖别致，图案生动形象，在众多的产品中具有强烈的标志感受和艺术性，给人留下深刻、美好的印象。高档商品和艺术品的包装要烘托出其高贵典雅的气氛，一般的低价商品也要精心设计，巧妙打扮，使人感到其价廉物美，与众不同。

（3）沟通原则。包装要准确、鲜明、直观地传递产品的信息，并能显示含义，引起联想。包装的文字与图案说明要全面反映产品的各项属性，便于顾客了解、比较和选择。

（4）经济原则。包装材料的选择务求安全、牢固、价低，内部结构科学合理，外观形状美观大方，既能保护产品，又无副作用，也不致造成成本过高，加重消费者不必要的负担。尤其要防止出现小商品大包装和低价商品豪华包装的浪费现象。

（5）信誉原则。企业应从维护消费利益出发，尽量采用新材料、新技术，为消费者着想，给消费者方便，树立企业良好的信誉。杜绝在包装上弄虚作假、欺骗蒙蔽等损害消费者利益的不道德行为。

（6）尊重宗教信仰和风俗习惯。在包装设计中，必须尊重各国和各地区本土文化对包装的要求。包装的颜色、图案和文字不能有损消费者宗教情感和本地的风俗习惯。

3. 包装策略

一个好的包装，不仅有赖于独特创新的设计，还要使用正确的策略方法，才能有效地促进销售。常用的包装策略主要有以下几种。

（1）类似包装。亦称统一包装，指企业所有产品的包装，采用共同或相似的图案、标志和色彩等。这种策略的优点是可以壮大企业的声势，扩大影响，促进销售。同时，可以节省包装成本。这种策略一般只适用于质量水平大致相当的产品,如果企业产品之间的差异过分悬殊,则不宜采用这种策略。

(2) 组合包装。指按人们消费的习惯,将多种有关联的产品组合装置在同一包装物中,如化妆品、节日礼品盒、工具包等。这种策略既有利于顾客配套购买,方便使用,满足消费者的多种需要,也有利于企业扩大销售。如果新老产品装在一起,还可以以老带新,减少新产品的推广费用。但不能把毫不相干的产品搭配在一起,更不能趁机搭售积压或变质产品,坑害消费者。

(3) 再使用包装。亦称双重用途包装,指原包装内的商品用完后,包装物还能移作其他用途。如盛装产品的包装袋可以作为手提袋。这种策略能引起顾客的购买兴趣,使顾客得到额外使用价值。同时,包装物在再使用过程中,还能起到广告宣传作用。但这种包装成本较高,实施时需权衡利弊,防止本末倒置。

(4) 附赠品包装。指在包装物内附赠品或奖券。这种策略是利用顾客好奇和获取额外利益的心理,吸引其购买和重复购买,以扩大销量。对儿童用品、玩具及食品等较为适宜。

(5) 改变包装。这是指对原产品包装进行某些相应的改进或改换。包装与产品本身一样,也需不断创新。在消费者眼中,不同的包装意味着不同的产品,更新包装可以起到促销的作用,当原产品声誉受损,销售量下降时,通过变更包装,既可以以新形象吸引消费者的注意力,又可以改变产品在消费者心目中的不良形象,制止销量下降,保持市场占有率。但也要注意轻易改变顾客习惯识别的优质名牌产品的包装,只会对企业带来不利影响,故需慎重选择。

6.5.3 服务策略及相关内容

案例6-2

"雨伞袋"带来的温馨

韩国有一家商店,每逢雨天便派一名店员专门守候在店门旁边,若有顾客带着雨伞光顾,店员就会递上一个塑料袋,让顾客用此塑料袋把湿淋淋的雨伞套在塑料袋里,等顾客出门时,则再将塑料袋收回去,供其他顾客使用。

【试析】
该商店此种做法的高明之处何在?

【分析】
该商店在雨天为光顾商店的顾客提供雨伞袋,是把"服务"这一概念的含义扩大与延伸了。在激烈的市场竞争之中,服务行业的服务措施、服务内容、服务质量等,已成为商家兴衰成败的重要因素。经营者不仅要为顾客提供优质服务,而且还在服务内容上多角度,全方位地充分满足顾客的要求,想顾客之所想,急顾客及所急,为顾客提供尽可能多的方便。这也正是该商店经营的高明之处。

顾客在雨天逛商店,拿着滴着水珠的雨伞购物非常不方便,湿漉漉的雨伞稍不留意就会弄湿衣服,而雨伞袋最"动人"的地方,就在于它在不经意中给顾客带来了方便,带来了温馨的感受。

俗话说:"细微之处见真情。"商店通过为顾客提供一点一滴的服务,博得顾客的好感与信任,树立了良好的形象,有利于提高其竞争能力。

随着科学技术的不断向前发展,产品的科技含量越来越高,技术性能日益复杂化,产品在其销售前后,或被消费者使用的过程,需要厂商提供相应的服务。因此,服务是消费者购买决策中考虑的一个重要因素,为此,众多工商企业都纷纷打出服务品牌以取悦顾客,把服务视作实施差别化战略提高企业竞争力的武器。

1. 服务的概念

(1) 服务定义。所谓服务,是指一种特殊的无形活动,它向顾客和用户提供所需的满足感。随着服务经济的兴起和市场环境的剧变,服务的内涵和外延也在不断扩大。服务应理解为:① 服务是一个过程或一项活动;② 服务是为目标顾客或工业用户解决问题的,是对它们提供利益的保证和追加;③ 服务的核心是让服务都感到满足和愉悦;④ 服务领域需要不断开拓和创新。

(2) 服务特征。根据现代市场营销对服务的研究,服务具有四个最基本的特征:① 无形性。服务在很大程度上是无形的和抽象的,特别是产品延伸服务,它是依附于产品实体的,顾客(客户)在享受服务之前无法看见、听见或触摸到它的。② 不可分离性。服务活动的过程与被服务者的接受同时进行,服务产生的同时,也是被服务者消费的开始,服务结束,消费亦即结束,二者无法分离。③ 可变性。服务的构成及其质量水平经常变化,差异性很大,很难有统一的固定标准。服务可变性原因很多,既有服务者自身的因素,又有被服务者的因素,还有社会环境因素以及服务时间、地点等变动因素的影响。④ 不可储存性。服务不可能被储存留作下次再使用。

(3) 服务类型。从广义角度来研究,服务可以划分为两大基本类型:一类是服务产品,以这些服务本身来满足目标顾客需求的活动,如餐饮业、电信业、教育产业、医疗卫生、旅游业等;另一类是服务功能,是产品的延伸性服务,如销售计算机时附带安装、培训等服务。

服务功能又称产品支持服务,它是专指为支持实物产品的销售而向顾客提供的附加服务。产品支持服务的内容非常广泛,如果以提供服务的时间来分类,可分为以下三种:① 售前服务。指产品销售之前向顾客提供的服务,如设计、咨询、产品介绍等。② 售中服务。指销售过程中提供的服务,包括顾客接待、帮助顾客挑选产品、产品操作使用的示范表演等。③ 售后服务。指产品售出后向顾客提供的服务,包括送货上门、安装、调试、维修、培训等。

2. 服务功能的作用

随着科学技术的不断向前发展,服务功能在现代营销中的地位和作用日趋重要。企业在市场营销活动中,注重服务功能的研究和决策服务策略的理由就在此。服务功能的具体作用表现为:

(1) 适应产品技术性能复杂化的要求。科学技术的不断进步,使得产品技术含量不断提高,对产品的服务功能提出了更高的要求。高科技产品的使用日趋复杂化,需要厂商对目标顾客提供相关安装、调试、及时培训指导消费等现代服务。产品的安装、维护也需要能够掌握专门的知识和使用专门的工具,实施现代服务。

(2) 维护消费者利益,争取重复购买。企业为了赢得顾客忠诚,为了争取重复购买也竞相推出各项服务。比如顾客购买某种化妆品后,企业指派专人向顾客详细介绍产品的使用方法,并立即为顾客提供免费美容服务,这就不仅对顾客提供了利益保证,而且进行了利益追加，取悦于顾客，诱导顾客下次光顾。

（3）提高企业竞争能力。在产品品种、规格、性能、价格等方面越来越接近的形势下，服务作为一种非价格竞争手段。在增强企业竞争力方面发挥着日益重要的作用。在当代社会，服务深入到每一个角落，哪个厂商提供的服务与同行相比略有领先，就能赢得消费者的心。

3. 服务策略

日本松下公司已故领导人松下幸之助认为，不论多么好的商品，如果服务不完善，顾客就无法得到真正的满足。有时在服务方面的缺憾，会引起顾客的强烈不满，从而影响产品的信誉。从某种意义上来讲，产品的服务比产品的生产和销售更为重要。营销服务策略可以从以下三个方面进行决策。

（1）服务领域的开拓。在现代营销中，企业要通过市场调研，了解顾客的服务需求，开拓服务领域，制订相应的服务策略。① 服务项目的开拓。根据产品自身特性和顾客要求，开拓相应的服务项目。如免费送货和上门维修这两个服务项目对家具、家用电器等选购品来说，显得十分重要；购买日用品，方便、省时、便捷、热情周到的服务，则更受到消费者欢迎。② 服务形式的开拓。企业应根据顾客要求和竞争者的策略决定现代服务的两个重要问题：一是服务费用的支付，可选择有偿或免费；二是服务提供的形式，可由企业直接负责，也可委托他人提供或由经销商提供。但是，不管采取什么样的服务方式，都应该以顾客满意为原则。

（2）服务水平的提高。服务水平越高，顾客满意度也越高，从而可赢得较高的顾客忠诚，就有可能实现较高的重复购买。服务水平的提高，要求企业作出一定的人力、物力、财力的投入，因而会增加销售费用。因此，企业要根据实际情况，在服务水平、销售量和销量费用之间找到一个最佳结合点。

服务水平提高表现在以下几方面。① 时间上的迅速性。为顾客的客户节约时间成本，对顾客反映的问题能迅速及时给予解决，顾客和客户就会满意。② 技术标准化和全面性。提供服务的质量标准，如服务网络的设置、服务技能和设备、服务程序、服务方法等都适应和方便顾客和客户的需要，切实帮助顾客，为客户排忧解难。③ 服务过程亲和性。服务人员的仪表要端庄，精神要热情饱满，态度要和蔼可亲，使被服务者感受到亲切安全。④ 语言和行为的规范性。服务语言文明礼貌，行为举止要规范，让顾客和客户感受到服务人员的高素质，加深对企业的良好印象，从而提高企业的美誉度。

（3）服务方式的创新。在现代营销活动中，服务方式在不断创新。目前，企业营销中关注实施的服务形式有：

① 服务承诺。即在商品售出前或售出时，对将来必须给目标顾客提供的服务用书面的形式加以确定。企业承诺的服务，一定要兑现。同时，企业承诺服务一定要实事求是，暂时无条件达到的标准，不要轻易允诺。

② 电话服务。通过向广大用户开通 24 小时热线电话，收集客户投诉信息并转交有关部门，对客户所需服务进行分类。然后根据不同情况，采取上门服务或请专家电话指导用户排除相关故障。

③ 网上服务。随着 Internet 技术的深入发展，网上服务以其快捷、方便、及时而得到了广泛应用。如企业通过开设电子信箱，收集顾客投诉；设立专门的服务网站，向用户提供各

种支持和咨询。

(4) 注册服务品牌。随着服务竞争的不断加剧，为了进一步规范服务，对顾客提供统一标准的服务，出现了服务品牌。主要形式表现为：企业服务品牌和个人服务品牌。

案例 6-3

"奔驰"的产品观

德国"奔驰"汽车在国内外的买主中一直享有良好的声誉，奔驰是世界许多国家元首和知名人士的重要交通工具及接待用的专车。

即使在经济危机的年代，奔驰车仍能"吉星高照"，在激烈的国际竞争中求得生存和发展，成为世界汽车工业中的佼佼者。在大量日本车冲击西欧市场的情况下，奔驰车不仅顶住了日本车的压力，而且还增加了对日本的出口。尽管一辆奔驰车的价钱可以买两辆普通车，但奔驰车却始终能在日本市场保住一块地盘。

奔驰公司之所以能取得这样的成就，重要的一点在它充分认识到公司提供顾客的产品，不只是一个交通工具——汽车本身，还应包括汽车的质量、造型、服务等，即要以自己的产品整体来满足顾客的全面要求。

于是，公司千方百计地使产品质量首屈一指，并以此作为取胜的首要方式，为此建立了一支技术熟练的员工队伍及对产品和配件进行严格的质量检查制度。从产品的构想、设计、研制、生产直至维修都突出质量标准。

奔驰汽车公司还能大胆而科学地创新，车型不断变换，新的工艺技要不断应用到生产上，现在在该公司的车辆从一般小轿车到大型载重汽车共 160 种，计 3 700 个型号，"以创新求发展"已成为公司上下的一句流行口号。

奔驰汽车还有一个完整而方便的服务网。

奔驰的销售人员都经过良好的训练，接待顾客时，穿着整齐，出落大方，对顾客态度客气、服务愉快迅速；同时在销售活动中，尊重顾客的社会风俗习惯，努力打造满足顾客要求的形象。

质量、创新、服务等虽然并不是什么秘密，但在生产经营的产品与质量、创新、服务等有机结合上，各企业却有所差异。奔驰公司正是杰出地树立贯彻整体的观念，使自己成了世界汽车工业中的一颗明星。

思考题

1. 奔驰是如何理解产品概念的？奔驰取胜的秘诀是什么？
2. 我国企业在"产品观"上存在哪些主要问题？该如何解决？

课程小结

产品是指能提供给市场，用于满足人们某种欲望和需要的任何事物，包括实物、服务、场所、组织、思想、主意或计策等。

产品市场生命周期是指产品从投放市场到最终被淘汰的全过程。它一般经历四个发展阶段：导入期、成长期、成熟期和衰退期。其划分一般以产品销售量和利润额的变化为依据。

新产品开发程序一般可分为构思、筛选、产品概念、制订市场营销计划、效益分析、产品研发、市场试销、商业性投放八个阶段。

在现代市场营销学中，新产品是一个内涵很广泛的概念，它与科技领域对新产品的解释并不完全相同。新产品可以分为全新产品、换代新产品、改进新产品和仿制新产品四种类型。

产品组合策略是企业根据自己的目标和市场的需要，对产品组合的宽度、长度和关联度进行最佳组合的决策。产品组合策略通常可以分为扩展策略、缩减策略、产品延伸策略和产品线现代化策略四种。

在现代市场营销中，产品的商标、包装、服务是研究的重点。当企业把自己的产品推向消费者时，商标就是产品的"脸面"，包装就是产品的"外衣"，服务就是"情感"。

课后自测

一、判断题

1. 即便内在质量符合标准的产品，倘若没有完善的服务，实际上是不合格的产品。（ ）
2. 产品整体概念的最基本和最实质的层次是形式产品。（ ）
3. 企业高层领导人员，如果没有产品整体概念，就不可能有现代市场营销观念。（ ）
4. 人员推销技巧，常常在推销非渴求商品的竞争过程中得到不断提高。（ ）
5. 因为农产品、构成材料和构成部件都属于材料和部件这一类型，所以，其销售方式和销售措施是相同的。（ ）
6. 产品项目是指产品线中不同的品种、规格、品牌、价格的特定产品，如某商品经营的服装、食品、化妆品等。（ ）
7. 实行多角化经营的企业，其产品组合中各条产品线在最终用途、生产条件、分配渠道或其他方面相互关联的程度高。（ ）
8. 在买方市场条件下，能源供应紧张，缩减产品线对企业有利。（ ）
9. 产品生命周期的长短，主要取决于企业的人才、资金、技术等实力。（ ）
10. 不同的产品种类，其产品生命周期曲线的形态亦不相同。（ ）
11. 产品品牌的生命周期比产品种类的生命周期长。（ ）
12. 新产品处于导入期，竞争形势并不严峻，而企业承担的市场风险却最大。（ ）
13. 产品生命周期不同阶段的市场特点与新产品的市场扩散过程密切相关。（ ）
14. 继续生产已处于衰退期的产品，企业无利可图。（ ）

二、选择题

1. 企业在考虑营销组合策略时，首先需要确定生产经营什么产品来满足（ ）的需要。
   A. 消费者　　　　B. 顾客　　　　C. 社会　　　　D. 目标市场
2. 顾客购买产品实质上是为了（ ）。
   A. 满足某种需要　B. 获得产品　　C. 获得功能　　D. 提高生活水平
3. 影响购买材料和部件的最重要因素是（ ）和供应商的可信度。
   A. 质量　　　　　B. 品种　　　　C. 规格　　　　D. 价格

4. 由于供应品的标准化，顾客无强烈的品牌追求，因此，影响顾客购买的主要因素是价格和（　　）。
   A. 质量　　　　　B. 品种　　　　　C. 服务　　　　　D. 功能
5. 产品组合的宽度是指产品组合中所拥有（　　）的数目。
   A. 产品项目　　　B. 产品线　　　　C. 产品种类　　　D. 产品品牌
6. 产品组合的长度是指（　　）的总数。
   A. 产品项目　　　B. 产品品种　　　C. 产品规格　　　D. 产品品牌
7. 产品组合的（　　）是指一个产品线中所含产品项目的多少。
   A. 宽度　　　　　B. 长度　　　　　C. 关联度　　　　D. 深度
8. 产品生命周期由（　　）的生命周期决定。
   A. 企业与市场　　B. 需求与技术　　C. 质量与服务　　D. 促销与服务
9. 导入期选择快速撇脂策略是针对目标顾客的（　　）。
   A. 求名心理　　　B. 求实心理　　　C. 求新心理　　　D. 求美心理
10. 成长期营销人员促销策略的主要目标是在消费者心目中建立（　　）争取新的顾客。
    A. 产品外观　　　B. 产品质量　　　C. 产品信誉　　　D. 品牌偏好
11. 大多数企业开发新产品是改进现有产品而非创造（　　）。
    A. 换代产品　　　B. 全新产品　　　C. 仿制产品　　　D. 产品信誉
12. 新产品开发的产品构思阶段，营销部门的主要责任是（　　）、激励及提高新产品构思。
    A. 控制　　　　　B. 调查　　　　　C. 寻找　　　　　D. 评价
13. 处于市场不景气或原料、能源供应紧张时期，（　　）产品线反而能使总利润上升。
    A. 增加　　　　　B. 扩充　　　　　C. 延伸　　　　　D. 用途
14. 期望产品是指购买者在购买产品时，期望得到与（　　）密切相关的一整套属性和条件。
    A. 服务　　　　　B. 质量　　　　　C. 产品　　　　　D. 用途
15. 非渴求商品，指消费者不了解或即便了解也（　　）的产品。
    A. 很想购买　　　B. 不想购买　　　C. 渴求购买　　　D. 即刻购买
16. 随着社会经济的发展和人民收入水平的提高，顾客对产品（　　）利益越来越重视。
    A. 功能性　　　　B. 非功能性
17. 宝洁公司为洗发水设计了三个品牌：飘柔、潘婷、海飞丝，这属于（　　）策略。
    A. 个别品牌　　　B. 分类品牌　　　C. 多品牌
18. 将一个现有的品牌名称使用到一个新类别的产品上，这是（　　）策略。
    A. 统一品牌　　　B. 品牌延伸
19. 在包装容器内除目标产品外另附有赠品，这属于（　　）。
    A. 配套包装策略　B. 附赠品包装策略　C. 类似包装策略　D. 等级包装策略
20. 下面（　　）说法是正确的。
    A. 某一产品在不同市场中所处的生命周期阶段是相同的

B. 产品生命周期是指产品的使用寿命
C. 每个产品都必然经历引入期、成长期、成熟期和衰退期四个阶段
D. 不同产品有着完全不同的生命周期

21. 一汽集团在原有奥迪和捷达的基础上，又引进生产宝来轿车，这说明产品组合的（　　）。
　　A. 宽度普宽　　　B. 深度更深　　　C. 长度缩短　　　D. 宽度变窄

22. TCL 集团成功推出 TCL 电视机后，又利用该品牌及图样特征，推出手机、电脑等新产品，这种决策称为（　　）。
　　A. 品牌扩展决策　　　　　　　　　B. 统一品牌决策
　　C. 品牌化决策　　　　　　　　　　D. 多品牌决策

23. 产品整体概念中最重要的部分是（　　）。
　　A. 形式产品　　B. 核心产品　　C. 附加产品　　D. 服务性产品

24. 企业产品组合的衡量指标，通常使用（　　）。
　　A. 宽度、深度和相关性　　　　　　B. 产品数量和质量
　　C. 企业拥有的产品线　　　　　　　D. 企业拥有的产品项目

25. 某服装厂原来只生产高档服装，后规模扩大，开始增加生产中档和低档服装，这种产品组合策略属于（　　）。
　　A. 向下延伸　　B. 向上延伸　　C. 双向延伸　　D. 缩减策略

三、概念题
1. 整体产品概念　2. 核心产品　3. 形式产品　4. 延伸产品　5. 产品生命周期　6. 产品组合　7. 产品组合的宽度　8. 产品组合的长度　9. 产品组合的深度　10. 产品组合决策

四、简答题
1. 什么是商标？商标策略包括哪些主要内容？
2. 什么是包装？包装策略包括哪些主要内容？
3. 什么是服务？企业服务策略有哪些主要内容？
4. 什么是产品组合？分析产品组合一般应考虑哪些因素？
5. 什么是新产品？分析新产品开发的意义和方式。

五、论述题
1. 联系企业实际，试论整体产品的含义及其对企业营销工作的重点作用。
2. 根据产品生命周期各个阶段的特征，试论企业相应的市场营销策略。

[拓展学习]

宝洁也有疏忽之时？

对于中国本土日化公司，宝洁是个不可战胜的公司，即使有昙花一现受宠的产品出现，宝洁的战略和实力总是叫本土企业无可奈何。实际上早在20世纪末"标王"出现以前，中国媒体最大的纳税户一直是宝洁，2005年宝洁成为中央电视台标王，宝洁成了真正的大家，中国本土日化企业处处在模仿宝洁、研究宝洁，但是就是难以真正地实现品牌超越。但宝洁也并非常胜将军。

"激爽"自2002年6月上市以来，宝洁公司对其寄予厚望，3年来共计投入了10亿元广告，但其市场份额始终在3%偏下徘徊。大广告的背后没有大销售的支撑，"激爽"的地

位也有些尴尬，退市大局已定。

"润妍"的推出主要原因就是国内惯以"植物一派"洗护发产品的兴起，对于飘柔产品形成了较大的压力。"润妍"是作为一个竞争性产品出现的，目的就是通过宝洁的一贯的高空和策略优势挤压"奥妮"和"夏士莲黑芝麻"的市场空间，在终端和海报上，"黑发更黑更有生命力"的主题的确给人强烈的视觉冲击。但是过于看重了广告的唯美，没有把握好中国消费者的心理，使得顾客的尝试性购买始终不高，这是润妍操作上最大的一个败笔。

"润妍"的出现背离了宝洁一贯做一线品牌的初衷，是标准的跟随性（跟随黑发市场、跟随国内的植物洗护市场）产品，而跟随性产品和冠军产品的思路应该是截然不同的。而当"激爽"上市的时候，正是润妍作为宝洁在国内第一个创意品牌失败不久，激爽当时在香港表现一般，进军内地的目的就是针对更年轻更时尚更富有激情的群体，广告表现在职业一族，意即通过沐浴找回激情和自信，从策略层面和表现方式上看，其实没有问题，可是真的没有问题吗？

问题：请根据本章节所学的知识点，分析在该案例中出现的两个品牌营销失败的原因，并给出你的建议。

[技能实训]

请结合产品生命周期各个阶段的特征，试找出苹果公司目前所推出面向市场的所有在售手机的市场状态及应该采取的营销策略，给出你的观点。

实训目标：掌握产品生命周期各阶段特点及应对措施。

实训内容：结合苹果公司的手机产品进行分析。

实训地点：教室。

实训设计：（1）视班级人数来确定小组，每个组人数以5~8人为宜；

（2）小组分工要合理，每个人要有不同的责任分工；

（3）以小组为单位进行讨论分析和意见发表，小组组长负责整个小组的资料统计和整理；

（4）小组间进行互评以及教师做最后点评。

[学习资源]

线上学习资源：

网易公开课　https://open.163.com

线下学习资源：

武永梅. 顾客行为心理学. 苏州：古吴轩出版社，2016.

任务七

研究价格制订与价格策略

任务目标

通过本任务学习,你应该能够:
1. 理解营销定价的内涵,掌握定价的主要影响因素。
2. 了解定价的目标与程序。
3. 掌握成本导向定价、需求导向定价和竞争导向定价等一般定价方法和基本策略。
4. 了解价格调整的依据;能够在分析影响价格因素的基础上进行定价,适时调整价格。

任务导入

一个产品应该定什么样的价格,是根据产品成本,还是根据消费者对产品的认识?首先明确的是:价格不是影响消费者的唯一要素。

据记载,陶朱公很有经商的头脑。他来到了齐国首都后,经过考察,发现有一条街上有几家饭馆生意红火,于是他也在那个地段开了家饭馆。始料未及的是,他的店和其他饭馆价格相当,却无人问津。陶朱公经过仔细观察,发现光顾这条街的食客大多是为人挑货的脚夫,而那些生意红火的饭馆已经和脚夫形成了相对固定的惠顾关系,以回头客居多。于是,陶朱公把小号碗换成大号碗,增加了饭菜的分量,但价格不变。这一招产生了立竿见影的效果,一个月下来,相对固定的顾客就达到 50 多个。陶朱公再接再厉,改变了饭馆的采购时间,尽量避开早上和中午的高峰期(此时价格高),并将采购节省下来的开支用来改善饭菜的质量,加入更多的鸡蛋和蘑菇,而价格依然不变。结果,新面孔接踵而至,饭馆顾客盈门。陶朱公以小小的饭馆发家,三年间就在当地开了几十家分店。

在市场上,价格是一个敏感的话题,降价也未必是一应百变的策略,如果搞不清楚状况而盲目降价,有时反而会弄巧成拙。

任务 7.1　了解价格

> **任务提示**

市场营销由四个基本要素组成,即产品、促销、分销和定价。企业通过前三个要素在市场中创造价值,通过定价从创造的价值中获取收益。在营销组合中,价格是唯一能产生收入的因素,其他因素均表现为成本。价格也是营销组合中最灵活的因素,它与产品特征和承诺渠道不同,它的变化是异常迅速的。因此,价格策略是企业营销组合的重要因素之一,它直接地决定着企业市场份额的大小和赢利率高低。随着营销环境的日益复杂,制订价格策略的难度越来越大,不仅要考虑成本补偿问题,还要考虑消费者接受能力和竞争状况等其他因素。

7.1.1　价格的含义

对于产品的价格,以经济学和市场营销学的观点看,其含义是不同的。

从经济学的观点看:价格是严肃的,是商品价值的货币表现形式,是不可随意变动的。价格总是与利润的实现紧密联系在一起,即价格等于总成本与利润之和。因此,从经济学角度说,定价是一门科学。

从市场营销学的观点看:价格一般指顾客为得到一单位产品或服务而必须支付的货币数量单位,或指产品和服务的提供者提供某一单位产品或服务所收取的费用。这里的价格是灵活的,是可以随时随地根据需要而变动的。定价对整个市场的变化可以也应当做出灵活的反应,可变也可不变。价格必须依据消费者能否接受为出发点。价格是决定企业赢利的重要因素,但绝不是唯一的决定性因素。市场营销学研究的价格是在产品理论价格的基础上,从企业角度,结合不断变化的市场情况,着重研究产品进入市场、占领市场、开拓市场的一种具体应变价格。因此,定价不仅是一门科学,而且是一门艺术,企业应研究定价的技巧和策略,发挥市场价格的杠杆作用。

7.1.2　影响定价的主要因素

影响产品定价的因素很多,有企业内部因素,也有企业外部因素;有主观的因素,也有客观的因素。概括起来,大体上可以有定价目标、企业状况、产品成本、市场需求、竞争因素、产品特点和其他相关因素七个方面。

1. 确定定价目标

在定价之前,企业必须对产品总战略做出决策。如果企业已经审慎地选择好目标市场和市场定位,那么确定营销组合战略,包括价格,便是一件相当容易的事了。例如,某企业管理人员经过慎重考虑,决定为收入水平高的消费者设计生产一种高质量的豪华家具,这就意味着该企业应该制订一个较高的价格。此外,企业管理人员还要制订一些具体的营销目标,如利润额、销售额、市场占有率等,这些都对企业定价具有重要影响。企业定价目标主要有以下几种。

(1) 维持生存目标。维持生存是企业处于不利环境中实行的一种特殊的过渡性目标。当企业遇到产品供过于求、成本提高、竞争加剧、价格下跌的冲击时,为避免倒闭、渡过难关,往往以保本价格,甚至亏本价格销售产品。在这种情况下,生存比利润更重要。只要价格能够补偿可变成本和一些固定成本,企业就能继续留在行业中。

(2) 利润最大化目标。追求最大利润,几乎是所有企业的共同目标。但利润最大化并不等于制订最高价格。定价偏高,消费者不能接受,产品销售不畅,反而难以实现利润目标。同时,高价刺激竞争者介入和仿冒品增加,更有损于市场地位。一般做法是,企业估计不同价格所对应的需求和成本,然后选择能够产生最大利润、现金流动和投资回报的价格。

(3) 市场占有率最大化目标。市场占有率是衡量企业营销绩效和市场竞争态势的重要指标,因为,赢得最高的市场占有率之后,企业将享有最低的成本和最高的长期利润。为了成为市场份额的领导者,企业把价格尽可能地定低。

案例 7-1

奥克斯的母公司——浙江宁波三星集团成立于 1986 年,靠做电能表起家,1994 年进入空调业,当时他们的市场定位是国内市场缺乏的高档空调,然而,由于此类产品的市场尚未成熟,奥克斯迟迟未能在市场上站稳脚跟。2000 年后,奥克斯以优质平价的"急先锋"面孔在空调市场频频亮相。根据奥克斯方面提供的数据,2003 年全年,奥克斯空调总出货量 250 万台,销售额近 50 亿元,进入行业三甲之列。

也许是进军高档空调的失利使奥克斯大彻大悟,公布空调"成本白皮书",树立平价形象;公布空调"技术白皮书",粉碎竞争对手技术突围的企图;提供用户每年的免费检查,将空调业的服务战也拖入价格战围栏。凭借资金实力,奥克斯打了一场血淋淋、彻底的价格战,令人心惊胆颤,也不免有些疑问——奥克斯价格战的底线是什么?奥克斯吸引住了什么样的消费者?在低价格的笼罩下,消费者脑海中的奥克斯能否树立"优质"的品牌形象?奥克斯能否将已盘踞多年的空调巨头拖垮,从而实现对空调业的洗牌?如果中国的空调业果真被奥克斯困囿于价格战,行业的未来又会怎样?

(案例来源:搜狐新闻)

(4) 产品质量最优化目标。企业也可以考虑产品质量领先这样的目标,并在产品和市场营销过程中始终贯彻产品质量最优化的指导思想。这就要求用高价格来弥补高质量和研究开发的高成本。产品优质优价的同时,还应辅以相应的优质服务。

(5) 获取投资收益率目标。投资收益率是指投资收益与投资总额的比率,它反映了企业的投资效益。获取一定的投资收益率是众多企业尤其是垄断企业、在同行业中具有雄厚实力企业、产品生命周期较长或者生产较为稳定企业的定价目标。以获取一定的投资收益率作为定价目标,要求企业在产品成本的基础上加上预期的投资收益定出产品售价。一般来说,确定投资收益率高低应综合考虑五个因素:

① 资金来源——投入资金来自于银行贷款,投资收益率应高于银行贷款利率,投入资金为企业自有资金,投资收益率应高于银行存款利率。

② 投资回收期限——投资回收期限较短,投资收益率应较高;投资回收期限较长,投资收益率应较低。

③ 产品生命周期——产品生命周期较短,投资收益率应较高;产品生命周期较长,投资收益率应较低。

④ 需求弹性——顾客需求弹性小，投资收益率可较高；顾客需求弹性大，投资收益率应较低。

⑤ 市场竞争状况——市场竞争较弱，投资收益率可较高；市场竞争激烈，投资收益率应较低。

(6) 应付竞争目标。应付竞争目标是指企业为了击败竞争对手或抢夺竞争对手的市场份额而作为定价基本目标。一般来说，一个行业中的领袖企业为了打压中小企业或者阻止其他企业的进入，往往以应付竞争作为定价目标；一些中小企业为了抢夺大企业的市场份额和扩大自己的影响力，也往往以此作为自己的定价目标。以应付竞争作为定价目标，要求企业在定价时应低于竞争对手的产品价格，以便获得明显的价格竞争优势和利用价格手段击败竞争对手。但需要说明的是，在以应付竞争作为定价目标时，应避免将产品价格定得过低，以免发生价格战，从而导致两败俱伤；并且实行降价倾销也是法律所不允许的，从而必然招致政府的惩罚。

(7) 维护企业形象目标。企业形象是企业成功运用市场营销组合开展营销活动和取得公众信赖的长期结果。同时，市场营销组合各因素也是对企业形象的反映，如果企业改变或调整自己的市场营销组合因素，就有可能改变既有的企业形象，从而导致顾客减少、放弃或转移购买等。

维护企业形象目标是指以维护企业的既有形象或保持社会公众对企业的既定看法作为企业定价的基本目标。以维护企业形象作为定价目标，要求企业产品的定价水平必须与公众对企业的印象相符，即如果企业形象是优质高档、服务优良，就应为产品制订一个较高的价格；如果企业形象是价廉实惠，就应为产品制订一个较低的价格。

(8) 履行社会责任目标。履行社会责任目标是指以履行社会责任和满足社会公众利益最大化作为企业定价的基本目标。现实生活中采用履行社会责任作为定价目标的企业通常有两类：一是公共事业型企业，如公交公司、自来水公司、电力公司、煤气公司等，它们通常都要以较低廉的价格向顾客提供产品和服务；二是执行社会市场观念的企业，以履行社会责任作为定价目标，要求企业必须放弃追逐高额利润，将产品价格定得较低，以获得有限甚至低微的利润。当然，企业也不能将产品价格定得过低，如果没有利润，企业就难以生存。

2. 了解企业状况

企业状况主要指企业的生产经营能力和企业经营管理水平对制订价格的影响。不同的企业由于规模和实力的不同、销售渠道和信息沟通方式不同以及企业营销人员的素质和能力的高低，对价格的制订和调整应采取不同的策略。

(1) 企业的规模与实力。规模大、实力强的企业在价格制订上余地大，企业如认为必要时，有条件大范围地选用薄利多销和价格正面竞争策略。而规模小、实力弱的企业生产成本一般高于大企业，价格的制订上往往比较被动。

(2) 企业的销售渠道。渠道成员有力、控制程度高的企业在价格决策中可以有较大的灵活性；反之，则应相对固定。

(3) 企业的信息沟通。包括企业的信息控制和与消费者的关系两个方面。信息通畅、与消费者保持良好的关系可适时调整价格并得到消费者的理解和认可。

(4) 企业营销人员的素质和能力。拥有熟悉生产经营环节、掌握市场销售、供求变化等情况并具备价格理论知识和一定的实践能力的营销人员，是企业制订最有利价格和选择最适当时机调整价格的必要条件。

3. 熟悉产品成本

商品的价值是构成价格的基础。显然，对企业的定价来说，成本是一个关键因素。企业产品定价以成本为最低界限，产品价格只有高于成本，企业才能补偿生产上的耗费，从而获得一定赢利。但这并不排斥在一段时期内个别产品上，价格低于成本。

在实际工作中，产品的价格是按成本、利润和税金三部分来制订的。成本又可分解为固定成本和变动成本。产品的价格有时是由总成本决定的，有时又仅由变动成本决定。成本有时又分为社会平均成本和企业个别成本。

4. 了解市场需求

产品价格除受成本影响外，还受市场需求的影响，即受商品供给与需求的相互关系的影响。当商品的市场需求大于供给时，价格应高一些；当商品的市场需求小于供给时，价格应低一些。反过来，价格变动影响市场需求总量，从而影响销售量，进而影响企业目标的实现。因此，企业制订价格就必须了解价格变动对市场需求的影响程度。反映这种影响程度的一个指标就是商品的价格需求弹性系数。所谓价格需求弹性系数，是指由于价格的相对变动，而引起的需求相对变动的程度。通常可用下式表示：

$$需求弹性系数 = 需求量变动百分比 \div 价格变动百分比$$

营销人员估测需求价格弹性，其目的是为了确定市场可以接受的价格最高限，以便合理地制订价格。

（1）需求价格弹性系数大于1。这种情况表示需求降低的幅度大于价格上涨的幅度，在这种情况下，企业的总销售收入会有所减少。对其定价时，应通过降低价格、薄利多销达到增加赢利的目的；提价则务必谨慎，以防需求量发生锐减，影响企业收入。

（2）需求价格弹性系数等于1。这种情况表示商品价格提高的幅度与需求量降低的幅度相同，价格变化对销售收入影响不大，在这种情况下，企业的总销售收入基本不变。对其定价时，可选择实现预期利润为目标价格，同时将其他市场营销措施作为提高赢利的重要手段。

（3）需求价格弹性系数小于1。这种情况表示需求量降低的幅度小于价格上涨的幅度，在这种情况下，企业的总销售收入会有所增加。对其定价时，较高水平的价格往往会增加赢利，低价对需求量刺激效果不强，薄利并不能多销。

营销人员应该通过运用消费者调查、市场观察、试销等手段，测试了解需求的价格弹性，认识市场需求对价格变动的反应趋向与反应程度，从而确定产品的价格水平与价格对策。

5. 明确竞争因素

市场竞争也是影响价格制订的重要因素。根据竞争的程度不同，企业定价策略会有所不同。按照市场竞争程度，可以分为完全竞争、不完全竞争与完全垄断三种情况。

（1）完全竞争。所谓完全竞争也称自由竞争，它是一种理想化了的极端情况。在完全竞争条件下，买者和卖者都大量存在，产品都是同质的，不存在质量与功能上的差异，企业自由地选择产品生产，买卖双方能充分地获得市场情报。在这种情况下，无论是买方还是卖方都不能对产品价格进行影响，只能在市场既定价格下从事生产和交易。

（2）不完全竞争。它介于完全竞争与完全垄断之间，它是现实中存在的典型的市场竞争状况。不完全竞争条件下，最少有两个以上买者或卖者，少数买者或卖者对价格和交易数量起着较大的影响作用，买卖各方获得的市场信息是不充分的，它们的活动受到一定的限制，而且它们提供的同类商品有差异，因此，它们之间存在着一定程度的竞争。在不完全竞争情况下，企业的定价策略有比较大的回旋余地，它既要考虑竞争对象的价格策略，也要考虑本企业定价策略对竞争态势的影响。

（3）完全垄断。它是完全竞争的反面，是指一种商品的供应完全由独家控制，形成独占市场。在完全垄断竞争情况下，交易的数量与价格由垄断者单方面决定。完全垄断在现实中也很少见。

企业的价格策略，要受到竞争状况的影响。完全竞争与完全垄断是竞争的两个极端，中间状况是不完全竞争。在不完全竞争条件下，竞争的强度对企业的价格策略有重要影响。所以，企业首先要了解竞争的强度。竞争的强度主要取决于产品制作技术的难易，是否有专利保护，供求形势以及具体的竞争格局。其次，要了解竞争对手的价格策略，以及竞争对手的实力。再次，还要了解、分析本企业在竞争中的地位。例如，一个正在考虑买一台佳能照相机的消费者，会把佳能的价格和质量与其他竞争产品进行比较。所以，企业必须采取适当方式，了解竞争者所提供的产品质量和价格，与竞争产品比质比价，更准确地制订本企业产品价格。例如假使佳能的照相机类似于尼康照相机，那么佳能将不得不把价格定得接近于尼康，否则就会销售不出去。如果本企业产品质量较高，如佳能比尼康好，则价格也以定得较高；如果本企业产品质量较低，如佳能相机不如尼康好，那么，价格就应定得低一些。

6. 明确产品特点

产品的自身属性、特征等因素，在企业制订价格时也必须考虑。

（1）产品的种类。企业应分析自己生产或经营的产品种类是日用必需品、选购品、特殊品，是威望与地位性产品，还是功能性产品，不同的产品种类对价格有不同的要求。如日用必需品的价格必然要顾及大众消费的水平，特殊品的价格则侧重特殊消费者。

（2）标准化程度。产品标准化的程度直接影响产品的价格决策。标准化程度高的产品价格变动的可能性一般低于非标准化或标准化程度低的产品。标准化程度高的产品的价格变动如过大，很可能引发行业内的价格竞争。

（3）产品的易腐、易毁和季节性。一般情况下容易腐烂、变质并不宜保管的产品，价格变动的可能性比较高。常年生产、季节性消费的产品与季节性生产常年消费的产品，在利用价格的作用促进持续平衡生产和提高效益方面有较大的主动性。

（4）时尚性时尚。性强的产品价格变化较显著。一般新潮的高峰阶段，价格要定高一些。新潮高峰过后，应及时采取适当的调整策略。

（5）生命周期阶段。处在产品生命周期不同阶段对价格策略的影响可以从两个方面考虑：第一，产品生命周期的长短对定价的作用。有些生命周期短的产品，如时装等时尚产品，由于市场变化快，需求增长较快，消退也快，其需求量的高峰一般出现于生命周期的前期，所以，企业应抓住时机，尽快收回成本和利润。第二，不同周期阶段的影响。处在不同周期阶段的产品的变化有一定规律，是企业选择价格策略和定价方法的客观依据。

7. 了解其他相关因素

企业的定价策略除受定价目标、企业状况、产品成本、市场需求、竞争状况以及产品特点的影响外，还受到其他多种因素的影响。这些因素包括政府或行业组织的干预、消费者心理、企业或产品的形象等。

（1）政府或行业组织干预。政府为了维护经济秩序，或为了其他目的，可能通过立法或者其他途径对企业的价格策略进行干预。政府的干预包括规定毛利率，规定最高、最低限价，限制价格的浮动幅度或者规定价格变动的审批手续，实行价格补贴等。例如，美国某些州政府通过租金控制法将房租控制在较低的水平上，将牛奶价格控制在较高的水平上；法国政府将宝石的价格控制在低水平，将面包价格控制在高水平；我国某些地方为反暴利对商业毛利率的限制等。一些贸易协会或行业性垄断组织也会对企业的价格策略进行影响。

（2）消费者心理因素。消费者的价格心理影响到消费者的购买行为和消费行为，企业定价必须考虑到消费者的心理因素。

① 预期心理。消费者预期心理是反映消费者对未来一段时间内市场商品供求及价格变化趋势的一种预测。当预测商品是一种涨价趋势，消费者争相购买；相反，持币待购。

② 认知价值和其他消费心理。认知价值指消费者心理上对商品价值的一种估计和认同，它以消费者的商品知识、后天学习和积累的购物经验以及对市场行情的了解为基础，同时也取决于消费者个人的兴趣和爱好。消费者在购买商品时常常把商品的价格与内心形成的认知价值相比较，将一种商品的价值同另一种商品的认知价值相比较以后，当确认价格合理、物有所值时才会做出购买决策，产生购买行为。同时，消费者还存在求新、求异、求名、求便等心理，这些心理又影响到认知价值。因此，企业定价时必须深入调查研究，把握消费者认知价值和其他心理，据此制订价格，促进销售。

（3）企业或产品的形象。有时企业根据企业理念和企业形象设计的要求，需要对产品价格做出限制。例如，企业为了树立热心公益事业的形象，会将某些有关公益事业的产品价格定得较低；为了形成高贵的企业形象，将某些产品价格定得较高等。

7.1.3 价格决策过程

企业制订价格是一项很复杂的工作，为了做出有效的价格决策，决策者必须综合考虑各种影响定价的因素，采取一系列的步骤。

1. 分析定价环境

在制订价格前决策层必须全面分析成本、顾客、竞争因素等是如何影响产品的定价环境的。我们经常看到这样的情景，在一些公司中，当一项价格决策已迫在眉睫，经理们才匆匆碰头，草率地做出决策。他们并不研究公司的成本如何受销售额的影响；也不与潜在顾客沟通，以便了解价格在他们的购买决策中所起的作用；更不去分析竞争对手以往的定价特点以及对本公司的定价可能做出的反应。在制订有关定价的战略之前，决策层必须全面分析环境因素。

2. 选择定价目标

企业的定价目标首先要从企业的营销目标出发，对市场商品供求状况、市场竞争状况以及定价策略和市场营销的其他因素综合考虑加以确定。企业的营销目标不同，定价目标也就不同。不同的企业可以有不同的定价目标，同一企业在不同时期、不同条件下也有不同的定价目标。因此，企业在选择定价目标时，应权衡各种定价目标的因素和利弊，慎重选择和确定。

3. 确定需求水平

明确定价目标之后，我们开始考察具体的需求水平，市场需求和企业定价之间有着密切的关系。

一方面，需求水平会影响价格的高低。当商品的市场需求大于供给时，价格可以高一些；当商品的市场需求小于供给时，价格应低一些。另一方面，需求又受价格变动的影响。公司制订的每一种可能的价格都将导致一个不同水平的需求以及由此对它的营销目标产生的不同效果。在正常情况下，需求和价格是反向关系，也就是说，价格越高，需求越低（反之亦然）。但是，对于某些高档产品，需求曲线有时是呈正斜率的。如一家香水公司通过提高它的产品价格而销售了更多的香水，因为消费者认为昂贵的价格是高品质和高质量的表现。所以，企业在制订产品价格前要了解市场需求水平。

4. 评估商品成本

根据企业的生产和销售能力，计算成本费用和销售界限。企业生产经营商品的成本费用，是制订商品价格的基础。商品价格高于成本，企业能赢利，因此，企业必须评估商品成本。依照企业的商品成本与销售量的关系，可分为变动成本和固定成本两种。

变动成本是指在一定范围内随商品销量变化而成正比例变化的成本，如进货费用、储存费用、销售费用等。变动成本包括变动成本总额和单位变动成本。变动成本总额是指单位变动成本与销量的乘积；单位变动成本是指单位商品所包含的变动成本平均分摊额，即总变动成本与销量之比。

固定成本还分为固定成本总额和单位固定成本。前者指在一定范围内不随商品销量变化而变化的成本，如固定资产折旧费、管理费等；后者指单位商品所包含的固定成本的平均分摊额，即固定成本总额与总销量之比，它随销量的增加而减少。

总成本即全部变动成本和固定成本之和。当销量为零时，总成本等于未营业时发生的固定成本。企业获利的前提条件是销售收入不能低于总成本。

5. 了解国家有关物价的政策法规

工商企业了解和执行国家有关物价的政策法规，不仅可以明确定价的指导思想，利用其为企业服务，还可以避免不必要的损失。

6. 分析竞争者产品及价格

现实或潜在的竞争，对企业的商品定价有着重大影响。一般情况下，企业某种商品的最高价格取决于这种商品的市场需求量，最低价格取决于这种商品的单位成本费用。在这最高和最低价格幅度内，企业能把这种商品的价格水平定得多高，又取决于竞争者的同种商品价格水平的高低。企业的市场营销人员应通过对市场竞争状况进行广泛细致的调查分析，尽可能清楚地掌握影响竞争者定价的全部情况，并估计其对本企业营销商品定价的影响，预测竞争者对企业营销商品定价的反应，从而为企业营销的商品确定一个适当的市场地位。

7. 选择定价的方法和定价策略

在分析测定以上各种因素之后，就应选择适当的定价方法和策略以实现企业的定价目标。企业营销的商品价格要受成本费用、市场状况、竞争状况等因素的影响。企业制订商品价格时，要考虑这些影响因素，结合本企业营销商品的实际情况，选择适当的定价方法和策略。

8. 确定最终价格

最后制订的商品的价格是面向顾客的价格。在确定了商品的基本价格后，有时需要使用一些定价策略和技巧来使商品的价格更具有吸引力。

以上八个步骤，比较明确地界定了企业在定价时的有关参考因素。此外，还应考虑其他方面的要求、意见和情况，以便使企业商品定价既能为顾客接受，又能为企业带来利益，有利于企业营销战略的实现。

任务7.2 掌握定价的一般方法

任务提示

定价方法,是企业在特定的定价目标指导下,依据对成本、需求及竞争等状况的研究,运用价格决策理论,对产品价格进行计算的具体方法。定价方法主要包括成本导向、需求导向、竞争导向等几种主要方法。

任务情境

醉翁之意

珠海九洲城里有只3 000元港币的打火机。许多观光客听到这个消息,无不为之咋舌。如此昂贵的打火机,该是什么样子呢?于是,九洲城又凭空增加了许多慕名前来一睹打火机"风采"的顾客。

这只名曰"星球大战"的打火机看上去极为普通,它真值这个价钱吗?站在柜台前的观光者人人都表示怀疑,就连售货员对此亦未知可否地一笑了之。它被搁置在柜台里很长时间无人问津,但它旁边的3元港币一只的打火机却是购者踊跃。许多走出九洲城的游客坦诚相告:我原是来看那只"星球大战"的,不想却买了这么多东西。

无独有偶,日本东京都滨松町的一家咖啡屋,竟然推出了5 000日元一杯的咖啡,就连一掷千金的豪客也大惊失色。然而消息传开,抱着好奇心理的顾客蜂拥而至,使往常冷冷清清的店堂一下子热闹了,果汁、汽水、大众咖啡等饮料格外畅销。

【试析】

珠海九洲城和日本东京都滨松町咖啡屋运用的是一种什么定价方法?它的适用条件是什么?

【分析】

他们运用的是一种"高价招徕法"。适合一些"新、奇、特"等市场中还没有大幅推广开来的商品或服务。

7.2.1 成本导向定价法

成本导向定价法是企业定价首先需要考虑的方法。成本是企业生产经营过程中所发生的实际耗费,客观上要求通过商品的销售而得到补偿,并且要获得大于其支出的收入,超出的部分表现为企业利润。以产品单位成本为基本依据,再加上预期利润来确定价格的成本导向定价法,是中外企业最常用、最基本的定价方法。成本导向定价法又衍生出了总成本加成定价法、售价加成定价法、目标收益定价法、边际成本定价法、盈亏平衡定价法、收益比较定价法几种具体的定价方法。

1. 总成本加成定价法

在这种定价方法下,把所有为生产某种产品而发生的耗费均计入成本的范围,计算单位产品的变动成本,合理分摊相应的固定成本,再按一定的目标利润率来决定价格。其计算公

式为

$$单位产品价格 = 单位产品总成本 \times (1 + 目标利润率)$$
$$单位产品总成本 = 单位产品固定成本 + 单位产品变动成本$$

例如：某产品的销售量为 10 000 件，总成本为 1 000 000 元，预期的目标利润率为 20%。采用总成本加成定价法确定价格的过程如下：

单位产品总成本 = 1 000 000 ÷ 10 000 = 100（元）
单位产品价格 = 100 × (1 + 20%) = 120（元/件）

例如：某电视机厂生产 2 000 台彩色电视机，总固定成本 600 万元，每台彩电的变动成本为 1 000 元，确定目标利润率为 25%。采用总成本加成定价法确定价格的过程如下：

单位产品固定成本 = 6 000 000 ÷ 2 000 = 3 000（元）
单位产品变动成本 = 1 000（元）
单位产品总成本 = 3 000 + 1 000 = 4 000（元）
单位产品价格 = 4 000 × (1 + 25%) = 5 000（元）

采用成本加成定价法，确定合理的成本利润率是一个关键问题，而成本利润率的确定，必须考虑市场环境、行业特点等多种因素。某一行业的某一产品在特定市场以相同的价格出售时，成本低的企业能够获得较高的利润率，并且在进行价格竞争时可以拥有更大的回旋空间。

在用成本加成方式计算价格时，对成本的确定是在假设销售量达到某一水平的基础上进行的。因此，若产品销售出现困难，则预期利润很难实现，甚至成本补偿也变得不现实。但是，这种方法也有一些优点：首先，这种方法简化了定价工作，便于企业开展经济核算。其次，若某个行业的所有企业都使用这种定价方法，它们的价格就会趋于相似，因而价格竞争就会减到最少。再次，在成本加成的基础上制订出来的价格对买方和卖方来说都比较公平，卖方能得到正常的利润，买方也不会觉得受到了额外的剥削。成本加成定价法一般在租赁业、建筑业、服务业、科研项目投资以及批发零售企业中得到广泛的应用。即使不用这种方法定价，许多企业也多把用此法制订的价格作为参考价格。

2. 售价加成定价法

售价加成定价是零售商以售价为基础，按加成百分率计算售价。相同的加成百分率，以成本为基础，则售价较低，以售价为基础则价格较高。计算方法如下：

以售价为基础计算零售价，则

$$价格 = 进价 ÷ (1 - 加成率)$$

以成本为基础计算零售价，则

$$价格 = 进价 \times (1 + 加成率)$$

例如：假设某地一零售商店，经营各种小家电，进货成本每件 30 元，加成百分率为 25%。

以售价为基础，计算零售价，则
每件零售价格 = 30 ÷ (1 - 25%) = 40（元/件）
以成本为基础，计算零售价，则
每件零售价格 = 30 × (1 + 25%) = 37.5（元/件）

可见，以售价为基础与以成本为基础，是不同的定价方法。在制订零售价时，两种方法都可以采用。某些大、中型企业零售价格的计算,习惯上是以售价为基础的加成。

两种方法的加成率一般是根据不同产品的性质、营销费用、竞争程度和市场需求等情况分别制订的。

3. 目标收益定价法

目标收益定价法又称投资收益率定价法,是根据企业的投资总额、预期销量和投资回收期等因素来确定价格的。其计算公式为

$$单位产品价格 = (总成本 + 目标利润额) \div 预期销量$$

或

$$单位产品价格 = 单位产品总成本 + 单位产品目标利润额$$

$$目标收益率 = 1 \div 投资回收期 \times 100\%$$

$$目标利润额 = 总投资额 \times 目标收益率$$

$$单位产品目标利润额 = 目标利润额 \div 预期销量$$

例如:假定某产品的预测销售量为 10 万件,总成本是 30 万元,该产品的总投资额是 50 万元,投资收益率为 20%。采用目标收益定价法确定价格的过程如下:

目标利润额 = 50 × 20% = 10(万元)

单位产品的价格 = (30 + 10) ÷ 10 = 4(元/件)

例如:某电视机厂生产 2 000 台彩色电视机,总固定成本 600 万元,每台彩电的变动成本为 1 000 元,总投资额为 800 万元,投资回收期为 5 年。采用目标收益定价法确定价格的过程如下:

目标收益率 = 1 ÷ 5 × 100% = 20%

单位产品目标利润额 = 8 000 000 × 20% ÷ 2 000 = 800(元)

单位产品价格 = 6 000 000 ÷ 2 000 + 1 000 + 800 = 4 800(元)

与总成本加成定价法相类似,目标收益定价法也是一种生产者导向的产物,很少考虑到市场竞争和需求的实际情况,只是从保证生产者的利益出发制订价格。另外,先确定产品销量,再计算产品价格的做法完全颠倒了价格与销量的因果关系,把销量看成是价格的决定因素,在实际上很难行得通。尤其是对于那些价格弹性较大的产品,用这种方法制订出来的价格,无法保证销量的必然实现,那么,预期的投资回收期、目标收益等也就只能成为一句空话。不过,对于需求比较稳定的大型制造业、供不应求且价格弹性小的商品、市场占有率高、具有垄断性的商品,以及大型的公用事业、劳务工程和服务项目等,在科学预测价格、销量、成本和利润四要素的基础上,目标收益定价法仍不失为一种有效的定价方法。

4. 边际成本定价法

边际成本是指每增加或减少单位产品所引起的总成本的变化量。由于边际成本与变动成本比较接近,而变动成本的计算更容易一些,所以在定价实务中多用变动成本代替边际成本,而将边际成本定价法称为变动成本定价法。

采用边际成本定价法时是以单位产品变动成本作为定价依据和可接受价格的最低界限。在价格高于变动成本的情况下,企业出售产品的收入除完全补偿变动成本外,还可用来补偿一部分固定成本,甚至可能提供利润,这样的价格就是企业可以接受的。

其计算公式为

$$单位变动成本 = 产品单价 - 固定成本 \div 产品数量$$

当产品单价＞单位变动成本时，此价格可以接受；
当产品单价＜单位变动成本时，此价格不可以接受。

例如：假设某厂生产甲产品 10 000 台，固定成本为 120 万元，国内只接到订货 8 000 台，售价 1 000 元，经核算只够保本。现有一外商洽谈订货 2 000 台，要求把价格降到 920 元。试确定该项订货是否可以接受？如果接受，利润有何变化？分析过程如下：

单位变动成本 = 1 000 − 1 200 000 ÷ 8 000 = 850（元）

第二次订货时价格为 920 元，大于单位变动成本 850 元，所以该价格可以接受，即第二次订货可以接受。

利润总额 = 总销售收入 − 固定成本总额 − 变动成本总额
　　　　 = （1 000 × 8 000 + 920 × 2 000）− 1 200 000 − 850 × 10 000
　　　　 = 140 000（元）

所以第二次订货可以接受，接受后利润总额变为 140 000 元。

例如：某制鞋厂在一定时期内发生固定成本 80 000 元，单位变动成本 0.7 元，预计销量为 100 000 双。在当时市场条件下，同类产品的价格为 1 元/双。那么，企业是否应该继续生产呢？其决策过程应该是这样的：

固定成本 = 80 000（元）
变动成本 = 0.7 × 100 000 = 70 000（元）
销售收入 = 1 × 10 0000 = 100 000（元）
企业盈亏 = 100 000 − 70 000 − 80 000 = − 50 000（元）

按照变动成本定价，企业出现了 50 000 元的亏损，但是作为已经发生的固定成本，在不生产的情况下，已支出了 80 000 元，这说明按变动成本定价时可减少 30 000 元固定成本的损失，并补偿了全部变动成本 70 000 元。若低于变动成本定价，如市场价格降为 0.7 元/双以下，则企业应该停产，因为此时的销售收入不仅不能补偿固定成本，连变动成本也不能补偿，生产得越多，亏损便越多，企业的生产活动便变得毫无意义。

边际成本定价法改变了售价低于总成本便拒绝交易的传统做法，在竞争激烈的市场条件下具有极大的定价灵活性，对于有效地对付竞争者，对于开拓新市场，调节需求的季节差异，形成最优产品组合可以发挥巨大的作用。但是，过低的成本有可能被指控为从事不正当竞争，并招致竞争者的报复，在国际市场则易被进口国认定为"倾销"，产品价格会因"反倾销税"的征收而畸形上升，失去其最初的意义。

5. 盈亏平衡定价法

在销量既定的条件下，企业产品的价格必须达到一定的水平才能做到盈亏平衡、收支相抵。既定的销量就称为盈亏平衡点，这种制订价格的方法就称为盈亏平衡定价法。科学地预测销量和已知固定成本、变动成本是盈亏平衡定价的前提。

在此方法下，为了确定价格可利用如下公式：

盈亏平衡点价格 = 固定成本总额 ÷ 销量 + 单位变动成本
盈亏平衡点销量 = 固定成本总额 ÷（盈亏平衡点价格 − 单位变动成本）

如果产品价格 = 盈亏平衡点价格，则企业利润 = 0；
如果产品价格 ＞ 盈亏平衡点价格，则企业利润 ＞ 0；
如果产品价格 ＜ 盈亏平衡点价格，则企业利润 ＜ 0。

例如：某企业年固定成本为100 000元，单位产品变动成本为30元/件，年产量为2 000件，则该企业盈亏平衡点价格为

盈亏平衡点价格 = 100 000 ÷ 2 000 + 30 = 80（元）

所以，当产品定价高于80元/件时，企业是有赢利的，则这样的价格是可以接受的。

例如：某产品的年固定成本总额为16万元，每件产品的变动成本为45元，如果订货量分别为4 000件和5 000件时，其盈亏平衡点价格各为

订货量为4 000件时，价格 = 160 000 ÷ 4 000 + 45 = 85（元）

订货量为5 000件时，价格 = 160 000 ÷ 5 000 + 45 = 77（元）

所以，当订货量为4 000件时，高于85元的价格是可以接受的；当订货为5 000件时，高于77元的价格是可以接受的。

以盈亏平衡点确定价格只能使企业的生产耗费得以补偿，而不能得到收益。因此，在实际中均将盈亏平衡点价格作为价格的最低限度，通常在加上单位产品目标利润后才作为最终市场价格。有时，为了开展价格竞争或应付供过于求的市场格局，企业采用这种定价方式以取得市场竞争的主动权。

6. 收益比较定价法

收益比较定价法是在定低价与定高价之间进行比较，选择一个最佳的价格水准，以便使企业得到最多的利润。消费者对价格的接受程度，可以通过试销和预测来确定。其计算公式为

收益 = 产品销量 ×（产品价格 − 单位变动成本）− 变动成本总额

例如：某产品的生产能力为3万件，固定成本总额为16万元，单位变动成本为22元。经市场预测分析，当单位产品定价为25元时，其需求量为3万件；定价为30元时，需求量为2万件；定价为35元时，需求量为1.8万件；定价为40元时，需求量为1万件。试问应采用哪个价格？分析过程如下：

定价为25元时，收益 = 30 000 ×（25 − 22）− 160 000 = 70 000（元）

定价为30元时，收益 = 20 000 ×（30 − 22）− 160 000 = 0（元）

定价为35元时，收益 = 18 000 ×（35 − 22）− 160 000 = 74 000（元）

定价为40元时，收益 = 10 000 ×（40 − 22）− 160 000 = 2 000（元）

经过计算得知，当定价为35元时，需求量为18000件，此时收益最大，所以企业产品的最佳定价应为35元。

7.2.2 需求导向定价法

需求导向定价法是以市场需求强度作为定价基础，根据消费者对产品价值的认识和需求的程度来决定价格，而不是根据成本来制订价格。成本导向定价法的逻辑关系为

成本 + 税金 + 利润 = 价格

需求导向定价法的逻辑关系为

价格 − 税金 − 利润 = 成本

需求导向定价法在具体运用中有以下几种具体方法。

1. 认知价值定价法

认知价值定价法是以顾客对本企业产品的认知价值，而不是以该产品的成本作为定价的基础的定价方法。换句话讲，是指企业以消费者对商品价值的理解度为定价依据，运用各种

营销策略和手段，影响消费者对商品价值的认知，形成对企业有利的价值观念，再根据商品在消费者心目中的价值来制订价格。

采用认知价值定价法的关键是对买主心目中的认知价值有正确的估计和判断，故企业必须进行市场调查和研究，找到消费者准确的认知价值，以此为根据来制订价格，并且企业有能力通过沟通让消费者感受到这样的价格合乎情理；否则，就会发生定价过高或过低的失误。

2. 反向定价法

反向定价法也称为逆向定价法。企业先确定一个消费者能够接受的最终销售价格，再推算自己从事经营的成本和利润，然后逆向算出中间商的批发价和生产企业的出厂价格。这种定价方法不以实际成本为主要依据，而是以市场需求作为定价的出发点，力求使价格为消费者所接受。

这种方法的优点是：价格能反映市场需求状况，有利于加强与中间商的良好关系，定价比较灵活。

7.2.3 竞争导向定价法

在竞争十分激烈的市场上，企业以竞争者的同类产品的价格通过研究竞争对手的生产条件、服务状况、价格水平等因素，依据自身的竞争实力，参考成本和供求状况来确定商品价格。这种定价方法就是通常所说的竞争导向定价法。其特点是：价格与商品成本和需求不发生直接关系；商品成本或市场需求变化了，但竞争者的价格未变，就应维持原价；反之，虽然成本或需求都没有变动，但竞争者的价格变动了，则相应地调整其商品价格。当然，为实现企业的定价目标和总体经营战略目标，谋求企业的生存或发展，企业可以在其他营销手段的配合下，将价格定得高于或低于竞争者的价格，并不一定要求和竞争对手的产品价格完全保持一致。竞争导向定价主要包括：

1. 随行就市定价法

随行就市定价法是指企业按照行业的平均现行价格水平来定价，利用这样的价格获取平均报酬。在垄断竞争和完全竞争的市场结构条件下，任何一家企业都无法凭借自己的实力而在市场上取得绝对的优势，为了避免竞争特别是价格竞争带来的损失，大多数企业都采用随行就市定价法。此外，采用随行就市定价法，企业就不必去全面了解消费者对不同价差的反应，从而为营销、定价人员节约了很多时间。

该方法是竞争导向定价方法中广为流行的一种，适用于竞争激烈的均质产品，在完全竞争和寡头垄断市场条件下最为普遍。在完全竞争市场上，销售同类产品的各个企业在定价时实际上没有多少选择的余地，只能按照行业的现行价格来定价。在纯粹的寡头垄断市场下，企业也倾向于和竞争对手出价相同。因为在这种条件下市场上只有少数几家大公司，彼此十分了解，顾客对市场行情也很熟悉，因此如果各公司的价格有些差异，顾客就会转向价格较低的企业。

2. 产品差别定价法

从根本上来说，随行就市定价法是一种防御性的定价方法，它在避免价格竞争的同时，也抛弃了价格这一竞争的"利器"。产品差别定价法则反其道而行之，它是指企业通过不同的营销努力，使同种同质的产品在消费者心目中树立起不同的产品形象，进而根据自身特点，选取低于或高于竞争者的价格作为本企业产品价格。因此，产品差别定价法是一种进攻性的定价方法。

产品差别定价法的运用,首先要求企业必须具备一定的实力,在某一行业或某一区域市场占有较高的市场份额,消费者能够将企业产品与企业本身联系起来。其次,在质量大体相同的条件下实行差别定价是有限的,尤其对于定位为"质优价高"形象的企业来说,必须支付较高的广告、包装和售后服务方面的费用。因此,从长远来看,企业只有通过提高产品质量,才能真正赢得消费者的信任,才能在竞争中立于不败之地。

3. 投标定价法

在国内外,许多大宗商品、原材料、成套设备和建筑工程项目的买卖和承包、征招生产经营协作单位、出租出售小型企业等,往往采用投标定价法。所谓投标价格是指企业以竞争者可能的报价为基础,兼顾本身应有的利润所确定的价格。一般说来,招标方只有一个,处于相对垄断地位,而投标方有多个,处于相互竞争地位。标的物的价格由参与投标的各个企业在相互独立的条件下来确定。企业经常通过计算期望利润的办法来确定投标价格。所谓期望利润,即某一投标价格所能取得的利润与估计中标可能性的乘积,期望利润最大的投标价格,即为企业最佳的投标报价。

在确定企业的投标价格时,首先,企业根据自身的成本,确定几个备选的投标价格方案,并依据成本利润率计算出企业可能赢利的各个价格水平。其次,分析竞争对手的实力和可能报价,确定本企业各个备选方案的中标机会。竞争对手的实力包括产销量、市场占有率、信誉、声望、质量、服务水平等项目,其可能报价则在分析历史资料的基础上得出。最后,根据每个方案可能的赢利水平和中标机会,计算每个方案的期望利润:

期望利润 = 每个方案可能的赢利水平 × 中标概率(%)

最后,根据企业的投标目的来选择投标方案。

例如:现有一投标项目,某企业根据自身情况及对其他对手的了解和对客户招标文件的细致研究,推算出在各种投标价格时的企业利润和中标概率。经计算,得出不同方案的期望利润,见表7-1。

表7-1 不同投标价格的期望利润

单位:万元

被选投标方案	投标价格(a)	企业利润(b)	估计的中标概率(c)	期望利润 $(d) = (b) \times (c)$
1	950	10	0.81	8.1
2	1 000	60	0.36	21.6
3	1 050	110	0.09	9.9
4	1 100	160	0.01	1.6

很显然,表中期望利润最高为21.6万元,所以企业应报的投标价格为1 000万元。

4. 低于竞争者产品价格定价

所谓低于竞争者产品价格定价,是指实力雄厚的大企业为了在短期内渗入乃至夺取其他企业的市场,扩大自己的市场占有率,常常以低于市场价格的价格(甚至低于成本价格的价格)进行倾销,以此战胜竞争对手后,再提高价格来弥补倾销时蒙受的损失。

5. 高于竞争者产品价格定价

高于竞争者产品价格定价指能制造特种产品和高质量产品的企业，凭借其产品本身的独具的特点和很高的声誉，以及能为消费者提供较别的企业更高水平的质量和服务，而与同行竞争的一种方法。这些按较高价格出售的产品，一般是受专利保护的产品，或有良好企业形象影响的产品。

任务 7.3　了解定价的基本策略

任务提示

在了解产品定价影响因素和方法的基础上，企业往往会根据营销目标和产品特点，在新产品、产品组合定价，以及利用心理因素、地理因素定价时运用一些策略。与此同时，还必须随时关注消费者、竞争者对价格政策的反应，以便及时做出调整。

定价策略是企业为了实现预期的经营目标，根据企业的内部条件和外部环境，对某种商品或劳务选择最优定价目标所采取的应变谋略和措施。

任务情境

"一元水果"顾客爱买

近两年来，郑州的冷饮摊上增加了一类"一元货"，即切削后分块零卖的水果。商人们把哈密瓜、菠萝、西瓜等削好，切成一块一块的，插上一根木条，每块卖一元。"一元水果"的生意非常红火。虽然"一元水果"相比整卖的水果要贵一些，但顾客还很喜欢买。

【试析】

"一元水果"比整卖的水果要贵一些，为什么顾客还很爱买呢？

【分析】

"一元水果"的定价迎合了顾客的消费心理，且满足了特定消费者的消费需求，故而虽然"一元水果"比整卖水果贵，顾客还很乐意买。具体分析如下：

首先，价格定得恰到好处。郑州市一个大城市，仅每天流动人口吞吐量就在上百万人，因而客源相对稳定。目前由于通货膨胀，一元钱已成为最为流行的货币单位，角、分在市场流通相对较少。一元钱一块西瓜、一块哈密瓜、一块菠萝，价格并不贵，对于行色匆匆的顾客也免去了找零钱的麻烦。另外，市场上的冷饮价格，少的一般单价也在一元左右，贵的要几元甚至更多。相比之下，一元钱一块水果实惠得多。

其次这类产品满足了消费者特定的消费需求。夏天行人口渴，若买一个西瓜一个人又吃不完，白白浪费，而此时精明的商人推出一元钱一块西瓜，既满足了行人的特定需要，又很快卖出了大量西瓜，比卖整瓜又多赚了钱。在冰棍、汽水充斥的市场，特别是目前冷饮色素含量过高的情况下，行人换换口味，吃上营养丰富又可口的天然水果，也花不了几个钱，何乐而不为呢？

随着消费者心理上的基本货币单位的上升，角、分的货币单位概念逐步退化，以角、分为尾数的定价策略渐渐成为累赘，失去价格魅力。而一元、十元作为顾客心理上的基本货币单位在工薪阶层中的地位正在上升。"一元水果"的出现正是由于商人们琢磨透了小消费者的心理。

7.3.1 新产品定价策略

新产品定价的难点在于无法确定消费者对于新产品的认知价值。如果价格定高了，难以被消费者接受，影响新产品顺利进入市场；如果定价低了，则会影响企业效益。常见的新产品定价策略，有三种截然不同的形式：即撇脂定价、渗透定价和适中定价。

1. 撇脂定价

新产品上市之初，将新产品价格定得较高，在短期内获取厚利，尽快收回投资。这一定价策略就像从牛奶中撇取其中所含的奶油一样，取其精华，所以称为"撇脂定价"策略。一般而言，对于全新产品、受专利保护的产品、需求的价格弹性小的产品、流行产品、未来市场形势难以测定的产品等，可以采用撇脂定价策略。

利用高价产生的厚利，使企业能够在新产品上市之初，即能迅速收回投资，减少了投资风险，这是使用撇脂策略的根本好处。此外，撇脂定价还有以下几个优点：

（1）在全新产品或换代新产品上市之初，顾客对其尚无理性的认识，此时的购买动机多属于求新求奇。利用这一心理，企业通过制订较高的价格，以提高产品身份，创造高价、优质、名牌的印象。

（2）先制订较高的价格，在其新产品进入成熟期后可以拥有较大的调价余地，不仅可以通过逐步降价保持企业的竞争力，而且可以从现有的目标市场上吸引潜在需求者，甚至可以争取到低收入阶层和对价格比较敏感的顾客。

（3）在新产品开发之初，由于资金、技术、资源、人力等条件的限制，企业很难以现有的规模满足所有的需求，利用高价可以限制需求的过快增长，缓解产品供不应求的状况，并且可以利用高价获取的高额利润进行投资，逐步扩大生产规模，使之与需求状况相适应。

当然，撇脂定价策略也存在着某些缺点：

（1）高价产品的需求规模毕竟有限，过高的价格不利于市场开拓、增加销量，也不利于占领和稳定市场，容易导致新产品开发失败。

（2）高价高利会导致竞争者的大量涌入，仿制品、替代品迅速出现，从而迫使价格急剧下降。此时若无其他有效策略相配合，则企业苦心营造的高价优质形象可能会受到损害，失去一部分消费者。

（3）价格远远高于价值，在某种程度上损害了消费者利益，容易招致公众的反对和消费者抵制，甚至会被当作暴利来加以取缔，诱发公共关系问题。

阶段性撇脂定价是撇脂定价的一种变形，它是在新产品一上市就定高价，首先吸引对价格最不敏感的购买者，随着市场的萎缩，随着产品进入成长期和成熟期，产品的产销量逐渐增加，企业逐步降低产品价格，吸引对价格较为敏感的消费者。这种策略主要适用于那些长期耐用品和一次性购买的产品。

从根本上看，撇脂定价策略是一种追求短期利润最大化的定价策略，若处置不当，则会影响企业的长期发展。因此，在实践当中，特别是在消费者日益成熟、购买行为日趋理性的今天，采用这一定价策略必须谨慎。

2. 渗透定价

渗透定价是与撇脂定价相反的一种定价策略，即在新产品上市之初将价格定得较低，吸引大量的购买者，扩大市场占有率。采用这种策略应具备以下条件：

（1）新产品的市场潜力大、需求价格弹性高，低价可以有效地刺激消费需求。

（2）新产品采用低价可以阻止竞争者介入，从而保持较高的市场占有率。

（3）新产品的生产成本与销售费用可随销售的扩大而大幅度降低。

采用渗透价格的企业无疑只能获取微利，这是渗透定价的薄弱处。但是，由低价产生的两个好处是：首先，低价可以使产品尽快为市场所接受，并借助大批量销售来降低成本，获得长期稳定的市场地位；其次，微利阻止了竞争者的进入，增强了自身的市场竞争力。

对于企业来说，撇脂策略和渗透策略何者为优，不能一概而论，需要综合考虑市场需求、竞争、供给、市场潜力、价格弹性、产品特性、企业发展战略等因素才能确定。在定价实务中，往往要突破许多理论上的限制，通过对选定的目标市场进行大量调研和科学分析来制订价格。

3. 适中定价

适中定价策略尽量降低价格在营销手段中的地位，重视其他在产品市场上更有力或有成本效率的手段。当不存在适合于撇脂定价或渗透定价的环境时，公司一般采取适中定价。例如，一个管理者可能无法采用撇脂定价法，因为产品被市场看作是极其普通的产品，没有哪一个细分市场愿意为此支付高价，同样，它也无法采用渗透定价法，因为产品刚刚进入市场，顾客在购买之前无法确定产品的质量，会认为低价代表低质量；或者是因为，如果破坏已有的价格结构，竞争者会做出强烈反应。当消费者对价值及其敏感，不能采取撇脂定价，同时竞争者对市场份额及其敏感，不能采用渗透定价的时候，一般采用适中定价策略。

采用适中定价策略还有另外一个原因，就是为了保持产品线定价策略的一致性。

虽然与撇脂定价或渗透定价相比，适中定价法缺乏主动进攻性，但并不是说正确执行它就非常容易或一点也不重要。适中定价没有必要将价格制订的与竞争者一样或者接近平均水平。从原则上，它甚至可以是市场上最高的或最低的价格。与撇脂价格和渗透价格类似，适中价格也是参考产品的经济价值决定的。当大多数潜在的购买者认为产品的价值与价格相当时，即使价格很高也属适中价格。

关于撇脂定价、渗透定价和适中定价，我们不应该分割开来看，其实它们是相互联系的。下面我们从产品生命周期，即产品的开发期、成长期、成熟期和衰退期的角度来看一看三种定价的使用：

（1）处在开发期的产品，也就是新产品，它具有新的功能或用途，顾客对产品缺乏了解，所以价格敏感度较低，没有或很少有竞争者，不构成威胁，所以一般可以采用撇脂定价法，以获取最大化的利润。

（2）处于成长期的产品，同类产品逐渐出现并参与竞争，顾客对产品的了解加深，有了更多的选择，价格敏感性提高，此时宜采用适中定价法。

（3）对于成熟期的产品，很多顾客是熟悉产品的重复购买者，竞争品牌很多，产品差异性减少，趋于同质，顾客可以充分比较竞争品牌，这一阶段的定价敏感性最高，商家必须从竞争者那里争夺市场份额才能生存发展，因此采用渗透定价法比较合适。

（4）至于衰退期的产品，其功能效用相对陈旧，而且马上会被新一代产品所替代，作为经营者来讲，可以通过削价来打击小的竞争者，或通过组合包装买一送一，获得最大的现金收入，然后退出市场。

7.3.2 细分定价策略

细分定价又叫差别定价，其要点是对某种产品根据其需求强度的不同定出不同的价格。细分定价的形式有很多种，主要有以下几种：

1. 根据购买者的类型细分

企业对同一项产品根据顾客的需求强度不同、购买动机不同和对产品的熟悉程度的不同而定出不同的价格。例如，美国轮胎工业卖给汽车厂的产品价格便宜，而卖给一般客户的价格贵。

2. 根据购买地点细分

如果同一种商品在不同地理位置的市场上存在不同的需求强度，那么就应该定出不同的价格。但定价的差别并不和运费成比例。

3. 根据购买时间细分

当商品的需求随着时间的变化而有变化时，对同一种产品在不同时间应该定出不同的价格。需求随时间的变化而出现显著变化的情况是很多的。例如：不同季节的应季商品的需求量有很大变化，夏季对电扇、冷饮、凉鞋的需求量增大，冬季就大减；电视广告在晚餐前后所谓黄金时刻播出收费最高，其余时间收费较低。

4. 根据产品功能细分

这种定价策略就是对不同型号即具有不同功能的一项产品确定不同的价格，但是价格上的差别并不和成本成比例。例如，洗衣机厂生产3种型号的洗衣机：A型是普及型的单筒洗衣机，成本为150元，售价为180元；B型是带有甩干装置的双筒洗衣机，成本为200元，售价为400元；C型是带有甩干筒的全自动洗衣机，成本为400元，售价为850元。这3种型号的洗衣机，因为成本不同，当然售价要有不同，但是后面两种型号，较高的售价不仅反映了更多的生产成本，而且反映了更大的顾客需求强度。但是有时候，这种差别价格也可以反过来，越是成本高的高档型号的产品，售价只比成本高出较小的百分数，而简易型的售价却比成本要高出一个较大的百分数，以扩大销路，增加总收入。

值得注意的是，企业采取细分定价是有前提的，它必须具备以下条件：市场必须是可以细分的，而且各个市场部分必须表现出不同的需求程度；以较低价格购买某种产品的顾客没有可能以较高价格把这种产品倒卖给别人；竞争者没有可能在企业以较高价格销售产品的市场上以低价竞销；细分市场和控制市场的成本费用不得超过因实行价格歧视而得到的额外收入；价格歧视不会引起顾客反感而放弃购买，影响销售；采取的价格歧视形式不能违法。

7.3.3 产品生命周期定价策略

产品概念就像人一样，一般要经历几个发展阶段。当然也有例外，有些产品很快被淘汰，甚至胎死腹中；有些产品生命力很强，发展迅猛，让人产生错觉，认为它们能永远生存下去。典型的产品生命周期模式为我们提供了这样的机会，使我们能够正视现在、预测未来，为尽量利用好每个阶段作好准备。这种认识、预测和准备包含着企业的长期战略规划。有效定价是使规划获得成功的一个最基本的手段。

生命周期概念应用于产品品牌（如福特汽车）和产品形式（如敞篷车、微型货车和跑车）。不过，最有效的还是应用在界定一个市场的更一般化的产品概念上（如汽车）。无论产品的品牌、样式风格如何千变万化，市场总是逐渐演变的。一个产品概念从产生开始，逐渐被顾客接受，然后被所有顾客接受，最后被更能满足顾客的新产品代替而步入死亡。由这种产品概念所界定的市场的发展经历了四个阶段：开发期、成长期、成熟期和衰退期。

（1）市场开发期创新产品定价。在市场开发期，产品定价采用与新产品的定价策略相同的策略。

（2）市场成长期产品定价。产品进入成长期，其价格一般宜保持平稳。只有在市场竞争激烈或经济形势不佳时，可适当降低产品价格，这样，既可增加竞争对手投入市场的困难，又可吸引更多用户，迅速扩大产品销售量。

（3）市场成熟期产品定价。产品进入成熟期，是产品竞争最激烈的阶段，运用价格手段提高产品竞争能力是不可忽视的策略。这时产品具有性能好、价廉物美等特点。因此，企业在降低成本的基础上，适当调低价格，可增强产品竞争能力，扩大市场占有率。

（4）市场衰退期产品定价。产品进入衰退期，说明该商品已没有什么希望，应采取大幅度的降价措施，迅速把已生产出的产品销售出去。

7.3.4 心理定价策略

每一件产品都能满足消费者某一方面的需求，其价值与消费者的心理感受有着很大的关系。这就为心理定价策略的运用提供了基础，使得企业在定价时可以利用消费者心理因素，有意识地将产品价格定得高些或低些，以满足消费者生理的和心理的、物质的和精神的多方面需求，通过消费者对企业产品的偏爱或忠诚，扩大市场销售，获得最大效益。常用的心理定价策略有小数定价、整数定价、吉利数字定价、声望定价和招徕定价。

1. 小数定价策略

小数定价策略又称"奇数定价""非整数定价""尾数定价"，指企业利用消费者求廉的心理，制订非整数价格，而且常常以奇数作尾数，尽可能在价格上不进位。比如，把一种毛巾的价格定为2.97元，而不定3元；将台灯价格定为19.90元，而不定为20元，可以在直观上给消费者一种便宜的感觉，从而激起消费者的购买欲望，促进产品销售量的增加。

使用尾数为小数的定价，可以使价格在消费者心中产生以下特殊的效应：① 便宜。标价99.97元的商品和100.07元的商品，虽仅相差0.1元，但前者给购买者的感觉是还不到"100元"，后者却使人认为"100多元"，因此前者可以给消费者一种价格偏低、商品便宜的感觉，使之易于接受。② 精确。带有尾数的定价可以使消费者认为商品定价是非常认真、精确的，连几角几分都算得清清楚楚，进而会产生一种信任感。这样就达到促进顾客购买、企业增加销售的目的。

2. 整数定价策略

对于那些无法明确显示其内在质量的商品，消费者往往通过其价格的高低来判断其质量的好坏。但是，在整数定价方法下，价格的高并不是绝对的高，而只是凭借整数价格来给消费者造成高价的印象。整数定价常常以偶数，特别是"0"作尾数。例如，精品店的服装可以定价为1 000元，而不必定为998元。这样定价的好处有：可以满足购买者炫耀富有、显示地位、崇尚名牌、购买精品的虚荣心；省却了找零钱的麻烦，方便企业和顾客的价格结算；花色品种繁多、价格总体水平较高的商品，利用产品的高价效应，在消费者心目中树立高档、高价、优质的产品形象。

整数定价策略适用于需求的价格弹性小、价格高低不会对需求产生较大影响的商品，如流行品、时尚品、奢侈品、礼品、星级宾馆、高级文化娱乐城等，由于其消费者都属于高收入阶层，也甘愿接受较高的价格，所以，整数定价得以大行其道。

3. 吉利数字定价策略

由于民族习惯、社会风俗、文化传统和价值观念的影响，某些数字常常会被赋予一些独特的涵义，企业在定价时如能加以巧用，则对商品的促销能起到神奇的效果。

当然，企业要想真正地打开销路，占有市场，还是得以优质的产品作为后盾，过分看重数字的心理功能，或流于一种纯粹的数字游戏，只能哗众取宠于一时，从长远来看却于事无补。

4. 声望定价策略

声望定价策略是依照人们的虚荣心理来确定商品价格的一种策略。声望定价可以满足某些消费者的特殊欲望，如地位、身份、财富、名望和自我形象等，还可以通过高价格显示名贵优质，因此，这一策略适用于一些传统的名优产品、具有历史地位的民族特色产品，以及知名度高、有较大的市场影响、深受市场欢迎的驰名商标。

5. 招徕定价策略

招徕定价是指将某几种商品的价格定得非常之高，或者非常之低，在引起消费者的好奇心理和观望行为之后，带动其他商品的销售。这一定价策略常为综合性百货商店、超级市场、甚至高档商品的专卖店所采用。

招徕定价运用得较多的是将少数产品价格定得较低，吸引顾客在购买"便宜货"的同时，购买其他价格比较正常的商品。美国有家"99美分商店"，不仅一般商品以99美分标价，甚至每天还以99美分出售10台彩电，极大地刺激了消费者的购买欲望，商店每天门庭若市。一个月下来，每天按每台99美分出售10台彩电的损失不仅完全补回，企业还有不少的利润。

将某种产品的价格定得较低，甚至亏本销售，而将其相关产品的价格定得较高，也属于招徕定价的一种运用。

值得企业注意的是，用于招徕的降价品，应该与低劣、过时商品明显地区别开来。招徕定价的降价品，必须是品种新、质量优的适销产品，而不能是处理品。否则，不仅达不到招徕顾客的目的，反而可能使企业声誉受到影响。

7.3.5 折扣定价策略

所谓折扣定价是指企业为了鼓励顾客及早付清货款、大量购买、淡季购买等而酌情降低其基本价格。常见的折扣有以下几种。

1. 数量折扣

即根据顾客购买货物数量或金额的多少，按其达到的标准，给予一定的折扣。购买数量愈多，金额愈大，给予的折扣愈高。数量折扣可以分为累计与非累计数量折扣。

累计数量折扣是规定在一定时期内顾客购买商品达到或超过一定数量或金额时，按其总量的多少，给予不同的折扣。这种策略鼓励顾客长期向本企业采购，与顾客建立长期的稳定的关系，因而有助于企业掌握销售规律，预测销售量。它还适宜于推销过时的和易腐易坏产品。

非累计数量折扣是顾客一次购买的数量或金额达到一定标准时，给予一定的折扣优待。采用这种策略不仅对顾客有利，企业也可以节省销售费用。典型的数量折扣条件如"购买 100 单位以下者，每单位售价 9.95 元，购买 100 单位及以上者单价 8.95 元"。数量折扣的幅度一般不宜超过因大量采购而节省的成本，包括销售费用、存货成本及运输成本。

2. 现金折扣

现金折扣是对在规定的时间内提前付款或用现金付款者所给予的一种价格折扣，其目的是鼓励顾客尽早付款，加速资金周转，降低销售费用，减少财务风险。采用现金折扣一般要考虑三个因素：折扣比例，给予折扣的时间限制，付清全部货款的期限。

由于现金折扣的前提是商品的销售方式为赊销或分期付款，因此，有些企业采用附加风险费用、管理费用的方式，以避免可能发生的经营风险。同时，为了扩大销售，分期付款条件下买者支付的货款总额不宜高于现款交易价太多，否则就起不到"折扣"促销的效果。

提供现金折扣等于降低价格，所以，企业在运用这种手段时要考虑商品是否有足够的需求弹性，保证通过需求量的增加使企业获得足够利润。此外，由于我国的许多企业和消费者对现金折扣还不熟悉，运用这种手段的企业必须结合宣传手段，使买者更清楚自己将得到的好处。

3. 季节折扣

有些商品的生产是连续的，而其消费却具有明显的季节性。为了调节供需矛盾，这些商品的生产企业便采用季节折扣的方式，对在淡季购买商品的顾客给予一定的优惠，使企业的生产和销售在一年四季能保持相对稳定。例如，啤酒生产厂家对在冬季进货的商业单位给予大幅度让利，羽绒服生产企业则为夏季购买其产品的客户提供折扣。

季节折扣比例的确定，应考虑成本、储存费用、基价和资金利息等因素。季节折扣有利于减轻库存，加速商品流通，迅速收回资金，促进企业均衡生产，充分发挥生产和销售潜力，避免因季节需求变化所带来的市场风险。

4. 功能折扣

中间商在产品分销过程中所处的环节不同，其所承担的功能、责任和风险也不同，企业据此给予不同的折扣称为功能折扣，也叫中间商折扣。对生产性用户的价格折扣也属于一种功能折扣。功能折扣的比例，主要考虑中间商在分销渠道中的地位、对生产企业产品销售的重要性、购买批量、完成的促销功能、承担的风险、服务水平、履行的商业责任以及产品在分销中所经历的层次和在市场上的最终售价等。功能折扣的结果是形成购销差价和批零差价。

鼓励中间商大批量订货，扩大销售，争取顾客，并与生产企业建立长期、稳定、良好的合作关系是实行功能折扣的一个主要目标。功能折扣的另一个目的是对中间商经营的有关产品的成本和费用进行补偿，并让中间商有一定的赢利。

5. 回扣和津贴

回扣是间接折扣的一种形式，它是指购买者在按价格目录将货款全部付给销售者以后，销售者再按一定比例将货款的一部分返还给购买者。津贴是企业为特殊目的、对特殊顾客以特定形式所给予的价格补贴或其他补贴。比如，当中间商为企业产品提供了包括刊登地方性广告、设置样品陈列窗等在内的各种促销活动时，生产企业给予中间商一定数额的资助或补贴。又如，对于进入成熟期的消费者，开展以旧换新业务，将旧货折算成一定的价格，在新产品的价格中扣除，顾客只支付余额，以刺激消费需求，促进产品的更新换代，扩大新一代产品的销售。这也是一种津贴的形式。

上述各种折扣价格策略增强了企业定价的灵活性,对于提高厂商收益和利润具有重要作用。但在使用折扣定价策略时,必须注意国家的法律限制,保证对所有顾客使用同一标准。

任务 7.4　掌握价格变动反应及价格调整方法

任务情境

低价不好销,高价反抢手

美国亚利桑那州的一家珠宝店,采购到一批漂亮的绿宝石。由于数量较大,店主担心短时间销售不出去,影响资金周转,便决心只求微利,以低价销售。本以为会一抢而光,结果却事与愿违。几天过去,仅销出很少一部分。后来店老板急着要去外地谈生意,便在临走前匆匆留下一纸手令:我走后若仍销售不了,可按 1/2 的价格卖掉。几天后老板返回,见绿宝石销售一空,一问价格,却喜出望外。原来店员把店老板的指令误读成"按 1~2 倍的价格出售",顾客开始还犹豫不决,店员就又提价一倍,这才使绿宝石一售而空。

【试析】
这个案例说明了什么?该珠宝店销售成功客观上用的是一种什么价格策略?

【分析】
这个案例说明:商品价低未必好销,有时高价反而更有利于销售。

从消费心理看,人们购买商品时要求物美价廉,这只是一种理想心态,优质优价是常规心态。在日常购买行为中,物美价廉有时会引起人们的疑虑。另外,对于本身应该昂贵的商品,购买者在购买时不将价格作为主要的因素来加以考虑,而是放在次要的位置上。对于绿宝石这类商品,本身理应价高。人们买它希望通过一定的价格来实现自己的心理需求,显示自己的社会地位满足自己的求美心理和求荣心理,因此价格要高,价低反而销售不畅。

在生产经营过程中,企业和竞争者都会面对不断变化的环境而调整产品价格,并可能由此引发一系列的价格竞争。企业到底应该在什么时候调整产品价格;顾客和竞争者会做出什么反应;竞争者为什么会调整价格;企业应该采取什么对策等,都是企业经常要考虑的问题。

7.4.1　企业降价与提价策略

企业为某种产品制订出价格以后,并不意味着大功告成。随着市场营销环境的变化,企业必须对现行价格予以适当的调整。

调整价格,可采用降价及提价策略。企业产品价格调整的动力既可能来自于内部,也可能来自于外部。倘若企业利用自身的产品或成本优势,主动地对价格予以调整,将价格作为竞争的利器,这称为主动调整价格。有时,价格的调整出于应付竞争的需要,即竞争对手主动调整价格,而企业也相应地被动调整价格。无论是主动调整,还是被动调整,其形式不外乎是降价和提价两种。

1. 降价策略

降价是定价者面临的最严峻且具有持续威胁力量的问题。企业降价的原因很多,有企业外部需求及竞争等因素的变化，也有企业内部的战略转变、成本变化等，还有国家政策、法令的制约和干预等。这些原因具体表现在以下几个方面：

（1）企业急需回笼大量现金。对现金产生迫切需求的原因既可能是其他产品销售不畅，也可能是为了筹集资金进行某些新活动，而资金借贷来源中断。此时，企业可以通过对某些需求的价格弹性大的产品予以大幅度降价，从而增加销售额，获取现金。

（2）企业通过降价来开拓新市场。一种产品的潜在顾客往往由于其消费水平的限制而阻碍了其转向现实顾客的可行性。在降价不会对原顾客产生影响的前提下，企业可以通过降价方式来扩大市场份额。不过，为了保证这一策略的成功，有时需要以产品改进策略相配合。

（3）企业决策者决定排斥现有市场的边际生产者。对于某些产品来说，各个企业的生产条件、生产成本不同，最低价格也会有所差异。那些以目前价格销售产品仅能保本的企业，在别的企业主动降价以后，会因为价格的被迫降低而得不到利润，只好停止生产。这无疑有利于主动降价的企业。

（4）企业生产能力过剩，产品供过于求，但是企业又无法通过产品改进和加强促销等工作来扩大销售。在这种情况下，企业必须考虑降价。

（5）企业决策者预期降价会扩大销售，由此可望获得更大的生产规模。特别是进入成熟期的产品，降价可以大幅度增进销售，从而在价格和生产规模之间形成良性循环，为企业获取更多的市场份额奠定基础。

（6）由于成本降低，费用减少，使企业降价成为可能。随着科学技术的进步和企业经营管理水平的提高，许多产品的单位产品成本和费用在不断下降，因此，企业拥有条件适当降价。

（7）企业决策者出于对中间商要求的考虑。以较低的价格购进货物不仅可以减少中间商的资金占用，而且为产品大量销售提供了一定的条件。因此，企业降价有利于同中间商建立较良好的关系。

（8）政治、法律环境及经济形势的变化，迫使企业降价。政府为了实现物价总水平的下调，保护需求，鼓励消费，遏制垄断利润，往往通过政策和法令，采用规定毛利率和最高价格、限制价格变化方式、参与市场竞争等形式，使企业的价格水平下调。在紧缩通货的经济形势下或者在市场疲软、经济萧条时期，由于币值上升，价格总水平下降，企业产品价格也应随之降低，以适应消费者的购买力水平。

此外，消费者运动的兴起也往往迫使产品价格下调。降价最直截了当的方式是将企业产品的目录价格或标价绝对下降，但企业更多的是采用各种折扣形式来降低价格。如数量折扣、现金折扣、回扣和津贴等形式。此外，变相的降价形式有：赠送样品和优惠券；实行有奖销售；给中间商提取推销奖金；允许顾客分期付款；赊销；免费或优惠送货上门、技术培训、维修咨询；提高产品质量，改进产品性能，增加产品用途。由于这些方式具有较强的灵活性，在市场环境变化的时候，即使取消也不会引起消费者太大的反感，同时又是一种促销策略，因此在现代经营活动中运用越来越广泛。确定何时降价是调价策略的一个难点，通常要综合考虑企业实力、产品在市场生命周期所处的阶段、销售季节、消费者对产品的态度等因素。比如，进入衰退期的产品，由于消费者失去了消费兴趣，需求弹性变大、产品逐渐被市场淘汰，为了吸引对价格比较敏感的购买者和低收入需求者，维持一定的销量，降价就可能是唯一的选择。由于影响降价的因素较多，企业决策者必须审慎分析和判断，并根据降价的原因选择适当的方式和时机，制订最优的降价策略。

2. 提价策略

在有些情况下，企业必须考虑提价。提价一般会引起竞争力下降、消费者不满、经销商抱怨，甚至还会受到政府的干预和同行的指责，从而对企业产生不利影响，但成功的提价策略会增加企业的利润。所以，在实际中存在着较多的提价现象。其主要原因是：

（1）企业应付产品成本增加，减少成本压力。这是所有产品价格上涨的主要原因。成本的增加或者是由于原材料价格上涨，或者是由于生产或管理费用提高而引起的。企业为了保证利润率不致因此而降低，便采取提价策略。

（2）为了适应通货膨胀，减少企业损失。在通货膨胀条件下，即使企业仍能维持原价，但随着时间的推移，其利润的实际价值也呈下降趋势。为了减少损失，企业只好提价，将通货膨胀的压力转嫁给中间商和消费者。

（3）产品供不应求，遏制过度消费。对于某些产品来说，在需求旺盛但生产规模又不能及时扩大而出现供不应求的情况下，可以通过提价来遏制需求，同时又可以取得高额利润，在缓解市场压力、使供求趋于平衡的同时，为扩大生产准备了条件。

（4）利用顾客心理，创造优质效应。作为一种策略，企业可以利用涨价营造名牌形象，使消费者产生价高质优的心理定式，以提高企业知名度和产品声望。对于那些革新产品、贵重商品、生产规模受到限制而难以扩大的产品，这种效应表现得尤为明显。

为了保证提价策略的顺利实现，提价时机可选择在这样几种情况下：① 产品在市场上处于优势地位；② 产品进入成长期；③ 季节性商品达到销售旺季；④ 竞争对手产品提价。

提价的方法有：① 推迟报价，即企业在产品制成或交货时才提出最后价格，生产周期较长的行业如工业建筑和重型设备制造业一般采用这种策略；② 在合同中使用价格自动调整条款，规定在合同期内根据选定的某个价格指数来计算调整价格；③ 保持产品价格不变，但将原来提供的附加产品从产品整体中分解出来，另行定价；④ 减少价格折扣；⑤ 保持价格不变，而采用更便宜的材料或配件作替代品，或采用廉价的包装材料，或减少产品的功能、服务和分量等。总之，在方法的选择上，企业应尽可能多采用间接提价，把提价的不利因素减到最低程度，使提价不影响销量和利润，而且能被潜在消费者普遍接受。同时，企业提价时应采取各种渠道向顾客说明提价的原因，配之以产品策略和促销策略，并帮助顾客寻找节约途径，以减少顾客不满，维护企业形象，提高消费者信心，刺激消费者的需求和购买行为。

至于价格调整的幅度，最重要的考虑因素是消费者的反应。因为调整产品价格是为了促进销售，实质上是要促使消费者购买产品。忽视了消费者反应，销售就会受挫，只有根据消费者的反应调价，才能收到好的效果。

7.4.2 掌握价格变动的反应

1. 消费者对企业变价的反应

不同市场的消费者对价格变动的反应是不同的，即使处在同一市场的消费者对价格变动的反应也可能不同。从理论上来说，可以通过需求的价格弹性来分析消费者对价格变动的反应，弹性大表明反应强烈，弹性小表明反应微弱。但在实践中，价格弹性的统计和测定非常困难,其状况和准确度常常取决于消费者预期价格、价格原有水平、价格变化趋势、需求期限、竞争格局以及产品生命周期等多种复杂因素,并且会随着时间和地点的改变而处于不断的变化之中,企业难以分析、计算和把握。所以,研究消费者对调价的反应,多是注重分析消费者的价格意识。

价格意识是指消费者对商品价格高低强弱的感觉程度,直接表现为顾客对价格敏感性的强弱,包括知觉速度、清晰度、准确度和知觉内容的充实程度。它是掌握消费者态度的主要方面和重要依据,也是解释市场需求对价格变动反应的关键变量。

价格意识强弱的测定,往往以购买者对商品价格回忆的准确度为指标。研究表明,价格意识和收入呈负相关关系,即收入越低,价格意识越强,价格的变化直接影响购买量;收入越高,价格意识越弱,价格的一般调整不会对需求产生较大的影响。此外,由于广告常使消费者更加注意价格的合理性,同时也给价格对比提供了方便,因而广告对消费者的价格意识也起着促进作用,使他们对价格高低更为敏感。

消费者可接受的产品价格界限是由价格意识决定的。这一界限也就规定了企业可以调价的上下限度。在一定条件下,价格界限是相对稳定的,若条件发生变化,则价格心理界限也会相应改变,因而会影响企业的调价幅度。

依据上面介绍的基本原理,可以将消费者对价格变动的反应归纳如下:

(1) 在一定范围内的价格变动是可以被消费者接受的;提价幅度超过可接受价格的上限,则会引起消费者不满,产生抵触情绪,而不愿购买企业产品;降价幅度低于下限,会导致消费者的种种疑虑,也对实际购买行为产生抑制作用。

(2) 在产品知名度因广告而提高、收入增加、通货膨胀等条件下,消费者可接受价格上限会提高;在消费者对产品质量有明确认识、收入减少、价格连续下跌等条件下,下限会降低。

(3) 消费者对某种产品降价的可能反应是:产品将马上因式样陈旧、质量低劣而被淘汰;企业遇到财务困难,很快将会停产或转产;价格还要进一步下降;产品成本降低了。而对于某种产品的提价则可能这样理解:很多人购买这种产品,我也应赶快购买,以免价格继续上涨;提价意味着产品质量的改进;企业将高价作为一种策略,以树立名牌形象;卖主想尽量取得更多利润;各种商品价格都在上涨,提价很正常。

正是因为消费者对企业价格变动有不同的反应,因此,企业在进行调价前必须慎重研究可能出现的消费者对价格变动的反应,特别是不利的反应,以便在进行价格调整的同时,加强与消费者的沟通,争取获得消费者的理解与支持。

2. 竞争者对企业变价的反应

在竞争的市场上,企业调整价格的效果还取决于竞争者的反应。虽然透彻地了解竞争者对价格变动的反应几乎不可能,但为了保证调价策略的成功,主动调价的企业又必须考虑竞争者的价格反应。没有估计竞争者反应的调价,往往难以成功,至少不会取得预期效果。

如果所有的竞争者行为相似,只要对一个典型竞争者做出分析就可以了。如果竞争者在规模、市场份额或政策及经营风格方面有关键性的差异,则各个竞争者将会做出不同的反应,这时,就应该对各个竞争者分别予以分析。分析的方法是尽可能地获得竞争者的决策程序及反应形式等重要情报,模仿竞争者的立场、观点、方法思考问题。最关键的问题是要弄清楚竞争者的营销目标：如果竞争者的目标是实现企业的长期最大利润，那么，本企业降低，它往往不会在价格上作出相应反应，而在其他方面进行努力，如加强广告宣传、提高产品质量和服务水平等；如果竞争者的目标是提高市场占有率，它就可能跟随本企业的价格变动，而相应调整价格。

在实践中，为了减少因无法确知竞争者对价格变化的反应而带来的风险，企业在主动调价之前必须明确回答以下问题：

（1）本行业产品有何特点？本企业在行业中处于何种地位？

（2）主要竞争者是谁？竞争对手会怎样理解我方的价格调整？

（3）针对本企业的价格调整，竞争者会采取什么对策？这些对策是价格性的还是非价格性的？它们是否会联合做出反应？

（4）针对竞争者可能的反应，企业的对策又是什么？有无几种可行的应对方案？

在细致分析的基础上，企业方可确定价格调整的幅度和时机。

3. 企业对竞争者变价的反应

竞争者在实施价格调整策略之前，一般都要经过长时间的深思熟虑，仔细权衡调价的利害，但是，一旦调价成为现实，则这个过程相当迅速，并且在调价之前大多要采取保密措施，以保证发动价格竞争的突然性。企业在这种情况下，贸然跟进或无动于衷都是不对的，正确的做法是尽快迅速地对以下问题进行调查研究：① 竞争者调价的目的是什么？② 竞争者调价是长期的还是短期的？③ 竞争者调价将对本企业的市场占有率、销售量、利润、声誉等方面有何影响？④ 同行业的其他企业对竞争者调价行动有何反应？⑤ 企业有几种反应方案？竞争者对企业每一个可能的反应又会有何反应？

在回答以上问题的基础上，企业还必须结合所经营的产品特性确定对策。一般说来，在同质产品市场上，如果竞争者降价，企业必须随之降价，否则大部分顾客将转向价格较低的竞争者；但是，面对竞争者的提价，本企业既可以跟进，也可以暂且观望。如果大多数企业都维持原价，最终迫使竞争者把价格降低，使竞争者涨价失败。

在异质产品市场上，由于每个企业的产品在质量、品牌、服务、包装、消费者偏好等方面有着明显的不同，所以面对竞争者的调价策略，企业有着较大的选择余地：第一，价格不变，顺其自然，任消费者随价格变化而变化，靠消费者对产品的偏爱和忠诚度来抵御竞争者的价格进攻，待市场环境发生变化或出现某种有利时机，企业再做行动。第二，价格不变，加强非价格竞争。比如，企业加强广告攻势，增加销售网点，强化售后服务，提高产品质量，或者在包装、功能、用途等方面对产品进行改进。第三，部分或完全跟随竞争者的价格变动，采取较稳妥的策略，维持原来的市场格局，巩固取得的市场地位，在价格上与竞争对手一较高低。第四，以优越于竞争者的价格跟进，并结合非价格手段进行反击。比竞争者更大的幅度降价，比竞争者小的幅度提价，强化非价格竞争，形成产品差异，利用较强的经济实力或优越的市场地位，居高临下，给竞争者以毁灭性的打击。

此外，企业不论是降价还是提价，都必须考虑到降价或提价是否符合国家的政策或法律。

课程小结

所有营利性组织和许多非营利性组织都必须为自己的产品或服务定价。在营销组合中，价格是营销组合中唯一能创造收益的因素；其他因素都表现为成本。价格是最容易调节的营销组合因素，同时也是企业或产品或品牌的意愿价格同市场交流的纽带。价格通常是营销产品销售的关键因素，是营销成功与否的决定性因素之一。本章集中讨论定价问题。首先来看一下企业必须考虑的定价因素、定价目标以及一般定价方法，然后再讨论新产品定价、产品组合定价与价格变化的战略，以及针对购买者和形势变化所做出的价格调整。

课后自测

一、判断题

1. 价格是由产品价值决定的。（　　）
2. 因为价格是商品价值的表现形式，因此决定商品价格的唯一因素是价值。（　　）
3. 产品成本是影响产品价格的基本因素。（　　）
4. 企业定价的目标是追求利润最大化。（　　）
5. 定价是一门科学，也是一门艺术。（　　）
6. 为鼓励顾客购买更多物品，企业给那些大量购买产品的顾客的一种减价称为数量折扣。（　　）
7. 企业因竞争对手率先降价而做出跟随竞争对手相应降价的策略主要适用于同质产品市场。（　　）
8. 面对激烈的竞争，企业为了生存和发展，在任何时候都应始终坚持只降价不提价的原则。（　　）

二、填空题

1. 总成本加成定价是在_____的基础上加一定百分比来制订产品的销售价格的。
2. 在_____市场结构中，卖主和买主只能是价格的接受者。
3. 成本导向定价法包括_____、_____、_____、_____、_____和_____。
4. 认知价值定价属于_____定价法。
5. 竞争导向定价法包括_____、_____、_____、_____和_____。
6. 在商业企业，很多商品的定价都不进位成整数，而保留零头，这种心理定价策略称为_____策略。
7. 价格调整的主要形式有_____和_____两种。
8. 对某些商品实行低价策略，以"放长线，钓大鱼"，这属于_____为定价目标。

三、概念题

1. 价格 2. 定价目标 3. 认知价值 4. 成本导向定价法 5. 变动成本 6. 价格需求弹性 7. 盈亏平衡定价法 8. 需求导向定价法 9. 竞争导向定价法 10. 产品定价策略

四、思考题

1. 影响企业产品定价的主要因素有哪些？
2. 企业定价的一般方法是什么？具体包括哪些内容？
3. 什么叫差别定价法？实行差别定价法需要具备哪些条件？

4. 企业的定价策略有哪些？

5. 新产品定价策略有哪些？各有什么优缺点？

6. 心理定价策略有哪些形式？

7. 企业降价和提价的原因有哪些？

[拓展学习]

如何为隐形鞋架制订价格？

梅娅是远创金属丝制品公司新任的消费品部市场经理，她现在最重要的任务是为"隐形鞋架"——一种用金属丝绕成的、可以挂在门后以节省空间的鞋架——制订价格。

远创金属丝制品公司是上海一家老牌金属制品公司，专门制造用金属丝缠绕成的工业品或消费品，包括最后的镀彩或镀金手续。创业13年以来，远创公司逐渐发展成一家年销售额达1 200万元的稳定企业。一年以前，梅娅被任命为公司消费品部的市场经理。公司有两个主要部门：消费品部和工业品部。工业品部主要承接顾客的订单，生产别人牌子的产品；而消费品部则是设计和制造远创公司自己品牌的产品。梅娅的职责就是开发"自己"的产品并在市场上推广它们。

一年来，梅娅主持开发了几个新产品，如CD架、磁带架、碟子架、可拆卸书夹等。但是她负责的最重要产品就是"隐形鞋架"，这种产品特别适合于面积狭小的住房，它挂在门后的隐蔽处，一个鞋架可以放八双鞋子。

确切地说，这并不是什么新产品。几年前，工业品部就为别的厂家生产过非常相似的产品。实际上，正是因为看到这种鞋架销售量惊人的大，远创公司才对消费品市场跃跃欲试，并直接导致了独立的消费品部出现。

梅娅已经卖了几千个自己的鞋架给当地的百货商场和杂货店，并且在大型批发商那里试销——但是每次她都是和对方协商价格，而没有一个公司统一的价格策略，现在她觉得是制订明确的价格从而展开全力促销的时候了。同时，梅娅意识到，销售渠道策略和价格策略密不可分，两样她必须同时做出选择。事实上，在上海地区的试销是令人鼓舞的，这种隐蔽式的鞋架非常适合上海普遍存在的狭小公寓和单元住房，而工业品部以前的经验也预示着这是一个潜力巨大的市场。梅娅还发现，WAL-MART也在销售一种塑料制的同样鞋架，当她小心地和WAL-MART的店长谈到她的产品的时候，那个店长建议她与WAL-MART公司在深圳的总部接触。

梅娅估算了一下，在合理的产量下，每个鞋架的成本是5.60元（镀黑色）或6.80元（镀彩色），同类产品的零售价在19~39元之间。销售和管理费用大概每年30万元，这已经包括了梅娅的工资和其他办公支出。她预计在未来可以陆续推出其他产品，但是在将要来临的一年，她希望这种鞋架可以为消费品部带来大约一半的销售量。

1. 通过以上情形的描述，你认为应该如何为这种鞋架定价？

2. 由于越来越多的人开始关注生活质量和生活品位，于是各种千姿百态的家用小商品出现在人们的视野中，对于这样的商品该怎样选择定价策略呢？

[技能实训]

一年一度的运动会就要到来了，请同学们之间举办进行一场销售竞赛。

实训目标：销售矿泉水。

实训内容：以 30 瓶水作为目标，看看哪个组卖的最快并且获利最为丰厚。

实训地点：操场。

实训设计：(1) 视班级人数来确定小组，每个组人数以 5~8 人为宜；

(2) 小组分工要合理，每个人要有不同的责任分工；

(3) 以小组为单位进行讨论分析和意见发表，小组组长负责整个小组的资料统计和整理；

(4) 小组间进行互评以及教师做最后点评。

[学习资源]

线上学习资源：

网易公开课 https：//open.163.com

线下学习资源：

孙海燕. 如何进行产品定价. 北京：北京大学出版社，2004.

任务八

分析分销渠道策略

任务目标

完成以下任务,你应该能够:
1. 理解分销渠道的内容、分销渠道流程,认识分销渠道的模式及层次。
2. 识别分销渠道的类型、掌握分销渠道基本策略、分销渠道选择及管理。
3. 了解中间商的概念及分类。
4. 理解实体分配的概念及内容等。

任务导入

吉利汽车深化"3.0"标准渠道建设

2017年9月9日,吉利汽车在贵阳举办了西南地区18家经销商联合开业仪式,本次联合开业预示着吉利汽车在渠道扩张层面的发力。吉利汽车采取的渠道下沉战略不仅带来了企业的良性发展,也保证了经销商整体实力和盈利能力的提升。

截至2017年8月底,吉利汽车的销售网络覆盖了全国31个省和直辖市、自治区,共有765家销售网点;呈现出中、东部经销商网点密集,西部网点较少的特点。

此次参与吉利汽车西南地区经销商联合开业的18家店,包括贵州省9家店、四川省7家店和云南省2家店,这18家店都将按照吉利"3.0"标准建设。

伴随着汽车产品线的丰富和品质的提升,吉利汽车渠道和服务建设的工作也同步发展。到2017年年底,吉利汽车经销商网络将达到850家,未来三年内经销商总量将超过1 000家。值得一提的是,目前有超过150家经销商正在按照吉利"3.0"标准进行建设和升级,未来两到三年内所有吉利汽车经销商都将按照"3.0"标准进行渠道体系建设。

(资料来源:http://www.iautodaily.com/index.php? c = article&id = 3123)

任务 8.1　分析分销渠道

任务提示

当前分销渠道的作用变得越来越重要，分销渠道决策也是企业面临的重要的战略决策之一。从业人员开展分销活动，如何选择渠道？这就要对分销渠道的含义及功能、分销渠道流程、模式及层次有所理解。

任务情境

康师傅在中国大陆的业务主要有几大版块：以方便面产品为主业的顶益、以水、饮料产品为主的顶津和以饼干类产品为主的顶园，此外，还有德克士炸鸡和百脑汇电脑等，在中国的食品饮料界堪称一艘航空母舰。几年来，康师傅方便面产品销量一直遥遥领先于同类产品，一度成为方便面的代名词；冰红茶、冰绿茶也牢牢占据着茶饮料第一品牌，以"3+2"夹心饼干为主打的糕饼类产品则保持着第二名的市场占有率。为何康师傅能在竞争激烈的快消品市场取得这么不俗的业绩呢？

探究康师傅在中国市场取得的成功有多方面原因，如市场定位准确明晰、大手笔的广告策划、产品领先策略、星星般密布的渠道……最受营销界人士关注的是其庞大而规范的销售渠道网络，康师傅营销网点不仅数量大，而且网点的质量比较高，正是遍布城乡的密集网点有效保证了其产品良好的市场占有率。

8.1.1　分销渠道

1. 分销渠道的含义

分销渠道也称销售渠道或通路，是指产品或服务在从生产者转移给消费者或用户消费使用中所经历的过程。它的起点是生产者，终点是消费者或用户，中间环节是中间商，中间商在分销渠道中起到连接企业与消费者或用户桥梁的作用，如图 8-1 所示。

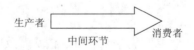

图 8-1　分销渠道

2. 渠道成员的概念

参与了商品或劳务所有权谈判的组织和个人叫做渠道成员。渠道成员包括四类。

（1）制造商。制造商是指创造产品的企业。作为品牌产品的创造者，制造商广为人知并被认为是渠道的源头和中心。像通用电气、通用汽车、索尼、飞利浦这样成功的制造商在各自的分销渠道中占据着举足轻重的位置。但事实是：许多服务于工业领域的制造商并不广为人知，并不是所有的制造商在各自的销售渠道中都占据着主导地位。

（2）批发商。批发商在分销渠道中的作用并不像制造商和零售商那样明显可见。批发商曾经是渠道的主导，它们通过设计和发展渠道将许多零售商和制造商的活动连接起来。但最近几年，由于许多零售商和制造商之间的纵向一体化，批发商的作用似乎在减弱，批发商被认为是在分销渠道中不必要的一环。但实际上,批发商远没有被排除在分销渠道之外,许多著名的批发商仍主导着其各自的分销渠道。

(3) 零售商。与制造商直接相对的是零售商,它们是分销渠道中最靠近消费者的一环。零售商利用各种购物环境把不同制造商的产品提供给消费者。在许多渠道中,零售商是主导力量,就像沃尔玛那样,它们决定了如何组织和运作整个分销过程。实际上,信息技术的高速发展已经使得零售商在分销渠道中的作用越来越重要。

(4) 消费者。消费者是整个分销渠道的终点。制造商、批发商、零售商的诸多努力都是为了满足消费者的需要,实现商品的销售,从而最终实现各自的赢利。因此,消费者的类型、购买行为、购买特征都是它们关注的焦点。

3. 分销渠道的职能

(1) 产品所有权转移。分销渠道承担的最本质职能就是完成产品所有权从生产者转移到消费者,即生产者出售产品获得销售收入,消费者付出货币取得产品。

(2) 接洽沟通。寻找可能的消费者(现有的和潜在的购买者),并与之进行相关信息的沟通。

(3) 促进销售。通过人员推销、广告、公关活动及其他方式吸引消费者,并对消费者进行有关所供产品的说服性沟通。

(4) 谈判或洽谈。为了转移所供物品的所有权,就其价格、售后服务等相关条件达成协议。

(5) 资金融通。为补偿渠道工作的成本费用而对资金的取得与支出。如中间商购进产品并保持存货需要投入资金以保证厂商的再生产活动,而这部分资金在产品实际到达消费者之前就是投入,只有在产品到达消费者手中才能取得收益。所以中间商购进产品的行为实际是融资。

(6) 物流。分销渠道除了商流还要有物流,即要对产品实体进行运输、储存、装卸搬运、包装配送等。

(7) 风险承担。渠道成员要承担与其渠道工作有关的全部风险,即产品从生产者到最终消费者过程中的风险是由渠道成员分别承担的。

8.1.2 分销渠道流程

商品从生产者到消费者手上,同时满足生产者、消费者及中间商的需求。为了有效地完成这个过程,在分销渠道中,通常有五大流程发生,即所有权流程(商流)、实体流程(物流)、付款流程(货币流)、信息流程及促销流程,如图 8-2 所示。

所有权流程是指货物所有权从一个市场营销机构到另一个市场营销机构的转移过程。在前例中,原材料及零部件的所有权由供应商转移给制造商,汽车所有权则由制造商转移到代理商,而后到顾客。

实体流程是指实体原料及成品从制造商转移到最终顾客的过程。例如,在汽车市场营销渠道中,原材料、零部件、发动机等从供应商运送到仓储企业,然后被运送到制造商的工厂制成汽车。制成成品后也须经过仓储,然后根据代理商订单而运交代理商,再运交顾客。

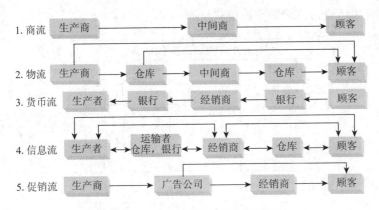

图 8-2 分销渠道的五大流程示意图

付款流程是指货款在各市场营销中间机构之间的流动过程。例如，顾客通过银行或其他金融机构向代理商支付账单，代理商扣除佣金后再付给制造商，再由制造商付给各供应商，还须付给运输企业及独立仓库。

信息流程是指在市场营销渠道中，各市场营销中间机构相互传递信息的过程。通常，渠道中每一相邻机构间会进行双向的信息交流，而互不相邻的机构间也会有各自的信息流程。

促销流程是指广告、人员推销、宣传报道、促销等活动由一单位对另一单位施加影响的过程。供应商向制造商推销其品牌及产品，还可能向最终顾客推销自己的名称及产品以便影响制造商购买其零部件或原材料来装配产品。促销流程也可能从制造商流向代理商（称之贸易促销）或最终顾客（最终使用者促销）。

8.1.3 分销渠道的模式及层次

任何一个分销渠道都包括生产者与消费。本书用中介机构的级数代表渠道的长短。图 8-3 分析了若干具有不同长度的消费品分销渠道，图 8-4 分析了若干具有不同长度的工业品（生产资料）分销渠道。

1. 消费品分销渠道模式

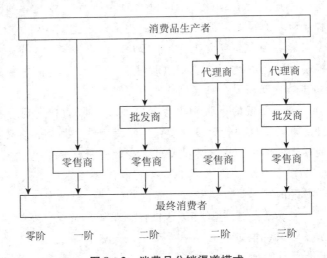

图 8-3 消费品分销渠道模式

2. 工业品（生产资料）分销渠道模式

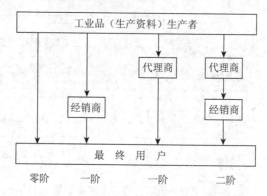

图8-4 工业品（生产资料）分销渠道模式

3. 分销渠道层次

（1）零阶渠道：也叫两站式渠道，生产者的产品直接销给消费者，没有中间商的参与。

（2）一阶渠道：也叫三站式渠道，在生产者与消费者之间有零售商的参与。

（3）二阶渠道：也叫四站式渠道，在生产者与消费者之间有批发商或代理商和零售商参与。

（4）三阶渠道：也叫五站式渠道，在生产者与消费者之间有代理商、批发商和零售商参与。

案例 8-1

加多宝扁平化分销渠道

（1）刘颖供应着加多宝在北京大院附近约200家以川菜、湘菜、火锅和烧烤为主的餐饮渠道。她及其团队正是加多宝庞大渠道网络中经销商和邮差商的一个缩影。加多宝之所以给人一种无处不在的感觉，正有赖于这些"邮差"、经销商和加多宝销售团队编织成的无缝营销渠道。

品牌切换通常是一件充满风险的事情，但像刘颖一样的"邮差"和经销商大都没有因这种风险感到焦虑和躁动。刘颖说，那段时间她的生意几乎没有受到影响。她认为，有两方面的原因：一是加多宝较早在产品包装上印有"加多宝"字样；二是商战期间，活跃的加多宝业务员经常到终端拜访，通过广告张贴和促销让利等活动稳住了餐馆等销售终端。当2012年6月1日加多宝推出新品时，刘颖回忆说：一切如常。

（2）与刘颖不同，年过五旬的老张看上去像个快要掉队的批发商。在北京东南最大的北京盛华宏林粮油批发市场，他的货大多数卖给了"串串"，也就是依靠倒卖差价生存的小批发商。在加多宝的渠道网络中，这样的批发商是少数分子，既不受重视，也不受欢迎。

（3）相比之下，加多宝更喜欢北京事必达科贸有限公司这样的饮料批发商。它位于北京市崇文门一个并不显眼的院落里，但却有可靠的物流，也有稳定的客户，但最让加多宝看重的是其"送货上门"能力，也就是直接送达机关、团体、餐饮、高校、医院等的能力。

实际上，在把加多宝凉茶推向终端这一行动中，老张和事必达并没有本质区别，不过，两者背后却暗含着巨大的管理问题。像老张那样的经销商，并不能保证加多宝的产品尽快进入终端，产品一直在市场上流通就不好控制价格和信息。因为渠道层级太多，无法准确、及时获得一线市场变化情况。在这个渠道网络上，像老张一样的批发商其实拉长了整个渠道链条，削弱了加多宝对渠道的控制力。也因此，加多宝特别重视扶持像事必达这样的二级批发商，让二级批发商直接对接加多宝与终端市场。这就是为外界所称道的加多宝渠道扁平化。

渠道扁平化的结果，就是在加多宝的渠道体制中实现总经销制。即一个地区有一个总经销商，往下只发展多个"邮差"和二级经销商。总经销制的特点是：一个渠道中总共只有两级经销商，压缩了渠道费用，加强了信息与价格控制。

（资料来源：http：//www.docin.com/p-1255503798.html）

任务8.2　了解分销渠道的分类与策略

任务提示

生产者选择了最佳渠道能使顾客满意度提高，能给生产者带来较多的利润。因此，必须分析影响分销渠道选择的因素，有助于企业正确选择分销渠道。

任务情境

经过十几年的拓展，到目前为止，海尔集团已建立国内营销网点近万个、海外营销网点近万个。在国内市场，海尔将全国的城市按规模分为五个等级。一级：省会城市；二级：一般城市；三级：县级市、地区；四、五级：乡镇、农村地区。

其中在一、二级市场上以店中店、海尔产品专柜为主，原则上不建立专卖店；在三级市场和部分二级市场建专卖店。目前海尔已在全国建有近1 000个专卖店，并计划全国乡、县城都要建立海尔专卖店。四、五级网络主要面向农村，是一种二、三级销售渠道的延伸。海尔鼓励各种零售商主动开拓网点。

8.2.1　分销渠道的类型

1. 直接渠道与间接渠道

按产品在流通过程中是否有中间环节可将分销渠道划分为直接渠道与间接渠道。

（1）直接渠道。产品从生产者流向最终消费者或用户的过程中不经过任何中间商转手，直接把产品销售给消费者，即零阶渠道。是消费品和工业品（生产资料）销售的一种类型，尤其是大型机器、成套设备、专用工具以及技术复杂、需提供专门服务的工业品（生产资料），几乎都采用直接渠道。

具体形式：生产者直接销售产品、派人员上门推销、邮寄、电话销售、电视销售和网络销售。

优点：产品销售及时；直接了解市场便于沟通；提供售后服务；节省流通费用；有利于控制商品价格。

不足：生产者要在营销方面增加物力、人力和财力上投入，销售范围有限制，从而影响销量。

（2）间接渠道。产品从生产者流向最终消费者或用户要经过若干中间商的分销渠道，即多阶渠道,是消费品和工业品(生产资料)销售的一种类型,尤其是消费品的主要类型。

优点:降低生产者销售费用;生产者不用承担流通的商业职能,专心进行产品生产;销售范围扩大。

不足:生产者与消费者不能直接进行信息沟通,生产者不易把握市场需求变化;流通费用增加,不利减轻消费者或用户的价格负担。

2. 长渠道与短渠道

按产品在流通过程经过中间环节或层次多少可划分为长渠道与短渠道。

(1) 长渠道。产品从生产者流向最终消费者或用户的过程中需经过两个或两个以上中间商转手的分销渠道,即二阶以上渠道。通常销售量较大,销售范围广的产品宜采用长渠道。

优缺点同间接渠道一样。

(2) 短渠道。产品从生产者流向最终消费者或用户的过程中只经过一个任何中间商转手的分销渠道,即一阶渠道。通常销售批量大,市场比较集中或产品本身技术复杂,价格较高的适用短渠道。

优缺点同直接渠道相似。

(3) 最短渠道。产品从生产者流向最终消费者或用户的过程中不经过任何中间商转手由生产者自己销售的分销渠道,即零阶渠道。

3. 宽渠道与窄渠道

按生产者在某一区域目标市场分销渠道的某一层次所选择同类中间商的数目可划分为宽渠道与窄渠道。

(1) 宽渠道。生产者在某一区域目标市场的分销渠道的某一层次尽可能多地利用中间商来销售自己的产品。如该区域目标市场中有若干个代理商,或若干个批发商。

优点:产品能广泛而迅速进入流通;促使中间商展开竞争,提高销售效率;生产者有了选择淘汰中间商的余地。

不足:中间商不专一,不尽心;生产者与中间商关系松散、易僵化,不利于协作。

(2) 窄渠道。生产者在某一区域目标市场的分销渠道的某一层次只选择少数几个中间商来销售自己的产品。要求中间商在当地市场有一定的地位和声誉。

优点:生产者与中间商关系密切,有利于协作;生产者借助中间商的信誉和形象提高产品的销售。

不足:中间商要求折扣较大;市场开拓费用较高。

(3) 最窄渠道。也叫独家分销,生产者在某一区域目标市场的某一层次只选择一家中间商销售自己的产品。要求中间商在当地市场极有声望,并居于市场领先地位。采用独家分销要有独家经销合同,明确双方权利义务。规定中间商不得经营竞争者同类产品。

优点:通过中间商的良好形象,迅速提高产品知名度;生产者与中间商关系紧密,物流手续简化,便于产品上市,信息反馈迅速。

不足:生产者对中间商依赖性强;产品销售市场范围窄、市场占有率低。

8.2.2 分销渠道策略的分析

分销渠道策略的核心是分销渠道的设计。企业在进行分销渠道设计过程中要确定的内容包括四个方面。

1. 确定渠道目标与限制

渠道目标是指企业预期达到的顾客服务水平以及中间商执行的职能等。选择分销渠道决策的核心是确定到达目标市场的最佳途径，企业在综合分析影响渠道选择因素的基础上，确定渠道目标，选择渠道长度。

2. 确定分销策略

确定分销策略就是确定企业使用中间商的数目，选择渠道宽度。根据产品在市场上的地位和市场覆盖密度，企业的分销策略有三种选择：密集性分销、选择性分销、独家分销。

（1）密集性分销。密集性分销也称广泛性分销，是指企业在选择尽可能多的中间商销售产品。其目的是扩大市场覆盖面，快速进入新市场，使消费者随时随地购买到本企业产品。密集性分销适用于消费品中的便利品、产业用品中的供应品分销。

（2）选择性分销。选择性分销是指企业在某一地区从所有愿意推销本企业产品的中间商中精心挑选若干最适合的中间商推销产品。其目的是树立良好企业形象，建立稳固的市场竞争地位，与中间商建立良好协作关系。选择性分销适用于所有产品销售，尤其是消费品中的选购品、特殊品。

（3）独家分销。独家分销是指企业在某一地区仅选择一个中间商推销产品。其目的是控制市场和货源，控制市场价格取得竞争优势。通常购销双方要签订合同，规定经销商不得经营竞争者产品。独家分销中间商的命运与企业紧密连接在一起，对企业和中间商各有利弊。独家分销适用于贵重、高价产品销售。

3. 明确渠道成员的条件与责任

企业在决定渠道长度和宽度之后，必须明确各渠道成员参与交易的条件和应负的责任。在交易关系组合中，这种责任条件主要包括：

（1）价格政策。价格政策是指企业制订的价格目录和折扣标准，要公平合理，得到中间商的认可。

（2）销售条件。销售条件是指付款条件与制造商的保证，解除分销商的后顾之忧，促使其大量购买。

（3）明确经销商的区域权利。

（4）各方应承担的责任通过制订相互服务和责任条款，明确各自的责任。

4. 评估分销渠道方案

评估分销渠道方案的标准有三个：经济性、控制性和适应性。

（1）经济性标准。首先评估每个分销渠道方案的销售额，其次是评估各种分销渠道方案实现某一销售额所需的成本费用，最后选择经济效益最好的分销渠道方案。在一般情况下，小企业及在较小市场从事营销的大企业最好利用代理商推销产品。

（2）控制性标准。使用代理商会增加分销渠道控制上的问题。因为代理商作为独立企业所关心的是自己如何能获取最大利润，所以它的一切工作都是为自己获取最大利润这个目标服务。

（3）适应性标准。由于每个分销渠道方案都会因某些固定期限的承诺而失去弹性，因此在评估分销渠道方案时，要考虑制造商应变能力，对于一个涉及长期承诺的分销渠道方案，只有在经济性和控制性都很优越的条件下才能考虑。

以上这三项标准中，经济性标准最重要。因为企业追求的是利润而不是分销渠道的控制性与适应性，所以设计一个分销渠道方案好坏的标准是其能否获取最大利润。

传统分销渠道系统中渠道成员之间是独立的经营者，他们各自为政，各行其道，追求自身利益以获取最大利润。它们之间或是短期合作，或是彼此展开激烈竞争，即便牺牲整个渠道系统全面长远利益也在所不惜，没有一个成员能完全或基本控制其他成员，增加分销过程的不确定性。随着市场经济的发展和企业在竞争中逐步成熟，新的分销组织形式不断出现，逐步形成了现代分销渠道系统。

案例 8-2

可口可乐渠道策略

可口可乐公司为了对市场的全面覆盖，总体上采取直控终端的渠道模式，实现密集分销，可口可乐公司作为一个大型的跨国消费品公司，其渠道结构无疑也是一个复杂的结合体。总的来说，它是以间接渠道和宽渠道为主要形式，多级渠道并存的多渠道分销模式。可口可乐的渠道模式也有从区域精耕到渠道精耕的重要变化，同时可口可乐公司也将市场渠道划分为22种之多。

所谓区域精耕，就是把中国市场划分成很多各个不同的局部区域，在这个区域内实施直控终端的模式。而直控终端，说的通俗一点，就是企业直接对终端的销售、管理的干预与控制，从而省略了中间一些不必要的渠道流通环节，通过强化对终端的掌控力度，加强对终端的管理，来达到销售最大化的最终目的。

因此可以说，相比其他更多的借力于中间商的渠道模式而言，直控终端需要企业更大的投入和付出，包括人力上的、财力上的、物力上的投入。但是尽管如此，可口可乐还是采取了这种投入更大的渠道模式。

所谓渠道精耕，也叫通路精耕，简单而言就是将渠道细化，并由不同的业务员负责不同的渠道，即将大卖场以外的渠道细分为小店、批发、小超市、餐饮、网吧、工厂、学校等类型，由不同的业务员负责，一个业务负责一两种渠道，工作范围不是按区域划分而是按渠道类型划分。

无论是区域精耕，还是渠道精耕，可口可乐都始终强调对终端的控制。一是，强调铺市率的最大化，占据一切可能的终端网点。二是，在终端产品陈列以及宣传上，可口可乐在整个饮料行业也是有口皆碑的。

可口可乐公司在中国的发展取得了巨大的成功，其中所选择的分销渠道策略无疑起到了很大的功能。

其一，便利了消费者的寻找。

其二，调节了可口可乐品种及数量的差异（分装和分集）。

其三，让中间商与分销商提供相应的服务。

可口可乐公司也正是因为渠道的成功才使可口可乐在中国市场迅速发展，成为知名度最高、也是最受欢迎的饮料。

（资料来源：https://wenku.baidu.com/view/355e1b8ad15abe23492f4d34.html）

8.2.3 影响分销渠道选择的因素的分析

影响分销渠道选择的因素很多。生产企业在选择分销渠道时，必须对下列几方面的因素进行系统的分析和判断,才能作出合理的选择。

1. 产品因素

不同的产品采用不同的分销渠道,这是企业选择分销渠道时必须首先考虑的因素。

(1) 产品价格。一般来说,产品单价越高,越应注意减少流通环节,否则会造成销售价格的提高,从而影响销路,这对生产企业和消费者都不利。单价较低、市场较广的产品,则通常采用多环节的间接分销渠道。

(2) 商品的理化属性。产品的体积大小和轻重,直接影响运输和储存等销售费用,过重的或体积大的产品,应尽可能选择最短的分销渠道。对于那些按运输部门规定的起限(超高、超宽、超长、集重)的产品,尤应组织直达供应。小而轻且数量大的产品,则可考虑采取间接分销渠道。产品的易毁性或易腐性,产品有效期短,储存条件要求高或不易多次搬运者,应采取较短的分销途径,尽快送到消费者手中,如鲜活品、危险品。

(3) 产品的技术性。有些产品具有很高的技术性,或需要经常的技术服务与维修,应以生产企业直接销售给用户为好,这样,可以保证向用户提供及时良好的销售技术服务。

(4) 定制品和标准品。定制品一般由产需双方直接商讨规格、质量、式样等技术条件,不宜经由中间商销售。标准品具有明确的质量标准、规格和式样,分销渠道可长可短,有的用户分散,宜由中间商间接销售;有的则可按样本或产品目录直接销售。

(5) 新产品。为尽快地把新产品投入市场,扩大销路,生产企业一般重视组织自己的推销队伍,直接与消费者见面,推介新产品和收集用户意见。如能取得中间商的良好合作,也可考虑采用间接销售形式。

2. 市场因素

市场的状况直接影响产品销售,它是影响分销渠道选择的又一重要因素。

(1) 购买批量大小。购买批量大,多采用直接销售;购买批量小,除通过自设门市部出售外,多采用间接销售。

(2) 消费者的分布。某些商品消费地区分布比较集中,适合直接销售。反之,适合间接销售。工业品销售中,本地用户产需联系方便,因而适合直接销售。外地用户较为分散,通过间接销售较为合适。

(3) 潜在顾客的数量。若消费者的潜在需求多,市场范围大,需要中间商提供服务来满足消费者的需求,宜选择间接分销渠道。若潜在需求少,市场范围小,生产企业可直接销售。

(4) 消费者的购买习惯。有的消费者喜欢到企业买商品,有的消费者喜欢到商店买商品。所以,生产企业应既直接销售,也间接销售,满足不同消费者的需求,也增加了产品的销售量。

3. 生产企业本身的因素

(1) 资金能力。企业本身资金雄厚,则可自由选择分销渠道,可建立自己的销售网点,采用产销合一的经营方式,也可以选择间接分销渠道。企业资金薄弱则必须依赖中间商进行销售和提供服务,只能选择间接分销渠道。

(2) 销售能力。生产企业在销售力量、储存能力和销售经验等方面具备较好的条件,则应选择直接分销渠道;反之,则必须借助中间商,选择间接分销渠道。另外,企业如能和中间商进行良好的合作,或对中间商能进行有效地控制,则可选择间接分销渠道。若中间商不能很好地合作或不可靠，将影响产品的市场开拓和经济效益，则不如进行直接销售。

（3）可能提供的服务水平。中间商通常希望生产企业能尽多地提供广告、展览、修理、培训等服务项目，为销售产品创造条件。若生产企业无意或无力满足这方面的要求，就难以达成协议，迫使生产企业自行销售；反之，提供的服务水平高，中间商则乐于销售该产品，生产企业则选择间接分销渠道。

（4）发货限额。生产企业为了合理安排生产，会对某些产品规定发货限额。发货限额高，有利于直接销售；发货限额低，有利于间接销售。

4. 政策规定

企业选择分销渠道必须符合国家有关政策和法令的规定。某些按国家政策应严格管理的商品或计划分配的商品，企业无权自销和自行委托销售；某些商品在完成国家指令性计划任务后，企业可按规定比例自销，如专卖制度（如烟）、专控商品（控制社会集团购买力的少数商品）。另外，如税收政策、价格政策、出口法、商品检验规定等，也都影响分销途径的选择。

5. 经济收益

不同分销途径经济收益的大小也是影响选择分销渠道的一个重要因素。

（1）销售费用。销售费用是指产品在销售过程中发生的费用。它包括包装费、运输费、广告宣传费、陈列展览费、销售机构经费、代销网点和代销人员手续费、产品销售后的服务支出等。一般情况下，减少流通环节可降低销售费用，但减少流通环节的程度要综合考虑，做到既节约销售费用，又要有利于生产发展和体现经济合理的要求。

（2）价格分析。在价格相同条件下，进行经济效益的比较。目前，许多生产企业都以同一价格将产品销售给中间商或最终消费者，若直接销售量等于或小于间接销售量时，由于生产企业直接销售时要多占用资金，增加销售费用，所以，间接销售的经济收益高，对企业有利；若直接销售量大于间接销售量，而且所增加的销售利润大于所增加的销售费用，则选择直接销售有利。当价格不同时，进行经济收益的比较。主要考虑销售量的影响，若销售量相等，直接销售多采用零售价格，价格高，但支付的销售费用也多。间接销售采用出厂价，价格低，但支付的销售费用也少。究竟选择什么样的分销渠道？可以通过计算两种分销渠道的盈亏临界点作为选择的依据。当销售量大于盈亏临界点的数量，选择直接分销渠道；反之，则选择间接分销渠道。在销售量不同时，则要分别计算直接分销渠道和间接分销渠道的利润，并进行比较，一般选择获利的分销渠道。

6. 中间商特性

各类各家中间商实力、特点不同，如广告、运输、储存、信用、训练人员、送货频率方面具有不同的特点，从而影响生产企业对分销渠道的选择。

8.2.4 分销渠道管理策略的研究

生产者和中间商都是独立经营体，有着各自的利益目标，但又是命运共同体的成员。所以，矛盾和冲突是不可避免的，生产者只有实施有效策略，及时化解矛盾，协调关系，充分调动中间商的积极性，以双赢为目标，才能实现营销目标。

1. 明确渠道成员的权利和义务

（1）商品价格。价格直接涉及渠道成员的经济利益。生产者应制订出价格表和折扣计划。该价格和折扣应是公平合理的，也是得到中间商认可的。

（2）销售条件。生产者应对支付条件及销货保证作出明确的规定并严格履行。如对提前付款的中间商给予现金折扣。对商品质量的保证，生产者设定降价承诺，明确哪些原因造成的降价损失，由生产者承担，以解中间商的后顾之忧，促使其大量购买。

（3）给予地域权利。中间商都关心生产者准备在何地给其他何种中间商以经营特许权。总希望自己销售地的所有销售实绩都得到生产商的承认。所以生产者应给予中间商一定的地域权利。

（4）其他。除以上方面，渠道成员在产品供货方面、情报互通方面、资金方面、经营收益方面、销售服务方面以及办理销售手续方面，都应考虑对方的利益和方便。

2. 督促与鼓励中间商

生产者不仅要选择中间商，而且还要经常督促与激励中间商，使之尽职。促使中间商进入生产者的分销渠道的因素和条件就是一种激励因素，但生产者仍需在其他方面不断监督、指导与鼓励。

生产者要站在中间商的立场，设身处地地为中间商着想，而不应只从自己的观点出发看问题，必须从了解中间商的心理状态与行为特征入手。

（1）中间商是独立的营销机构。中间商有实现自己目标服务的一套行之有效的方法，并能自由制订政策而不受他人干涉。

（2）中间商职能的主次。中间商主要执行顾客购买代理的职能，其次才是执行生产者销售代理的职能。他卖得起劲的都是顾客愿意买的商品，不一定是生产者叫他卖的商品。

（3）中间商的销售目标。中间商总是努力将它卖的所有商品进行货色搭配，然后卖给顾客。其销售目标是取得一整套各种商品搭配的订单，而不是单一商品的订单。

（4）中间商对销售记录的态度。没有特别奖励中间商一般不会对各品牌分别作销售记录，那些有关产品开发、定价、包装和激励规划的有用信息，常常保留在其很不系统、很不标准、很不准确的记录中，有时甚至故意对生产者隐瞒不报。

3. 适度激励

必须避免激励过分与激励不足，对中间商的基本激励水平应以交易关系组合为基础。常用方式有：

（1）提供促销费用。特别在新品刚上市之初，为了激励中间商多进货、多销售，生产者在促销上要大力扶植中间商，包括提供广告费用、公关礼品、营销推广费用。

（2）价格扣率运用。在制订价格时，充分考虑中间商的利益，满足其要求，并根据市场竞争需要，将价格制订在一个合理的浮动范围，主动让利于中间商。

（3）年终返利。对中间商完成销售指标后的超额部分按照一定的比例返还。

（4）实施奖励。对销售业绩好，真诚合作的中间商给予奖励。

（5）陈列津贴。商品在陈列和展示时期，给中间商经济补偿，降低其经销风险。

如果以上五种方式仍激励不足，生产者还可采取两种措施：一是提高中间商可得的毛利率，放宽信用条件，或改变交易关系组合，使之更有利于中间商；二是用人为的方法刺激中间商，使之付出更大努力。

4. 与中间商关系

（1）合作。不少生产者认为，激励的目的是设法争取独立中间商、不忠诚的中间商或懒惰的中间商的合作。因此多利用高利润、特殊优惠待遇、额外奖金、广告津贴等积极手段来激励中间商。如不奏效则采取消极的惩罚手段，如降低利润、减少服务，甚至终止关系。这些方法是不了解、不关心中间商，仅依"刺激—反应"式的思考草率行事，效果自然不理想。此外生产者可以借助胁迫力、付酬力、法定力、专家力、声誉力来赢得中间商的合作。

（2）合伙。也有一些生产者试图与中间商建立长期合伙关系。这就要求生产者在商品供应、市场开发、技术指导、售后服务、销售折扣等方面为中间商提供有利政策；同时要求中间商在市场覆盖面、市场潜量以及应提供的咨询服务和市场信息等方面做出业绩，双方就上述内容达成协议，并根据中间商执行协议的不同程度确定付酬办法。

（3）分销规划。建立一个有计划的、实行专业化管理的垂直营销系统，把生产者与中间商的需要结合起来。生产者在其营销部中专设一分销关系规划处，负责确认中间商的需要，制订交易计划及其他方案，帮助中间商以最佳方式经营，如与中间商共同确定商品销售目标、存货水平、商品陈列计划、销售培训计划、广告与促销计划等。

分销规划能使生产者与中间商进一步建立和发展更密切的关系。借助分销规划的各项活动可转变中间商的某些看法，如中间商过去老认为自己之所以能赚钱，是因为他与购买者站在一起，共同对抗生产者的结果；现在则认为自己之所以赚钱，是与生产者站在一起，作为垂直营销系统上的一个组成部分而赚钱。

5. 正确评价渠道成员的销售绩效

渠道建立后，应定期考核渠道成员的绩效，以此对分销渠道实施有效控制。其中一定时期内各中间商达到的销售额是一项重要的评价指标，但因中间商的环境、营销条件的不同也有例外，为此对中间商的销售业绩应采取科学方法进行客观评价。具体方法有：

（1）纵向比较测量。把各个中间商的销售绩效与上期绩效比较，并以整个群体的升降百分比作为评价标准。对低于平均水平的中间商，加强督促与激励，帮助整改。

（2）横向比较测量。把各中间商的绩效与该地区基于销售潜量分析设立的配额比较。即在销售期过后，根据中间商的实际销售额与其潜在的销售额的比率进行对比，对中间商进行排名。这样生产者的调整与激励措施可集中用在那些比率极低的中间商。

6. 分销渠道的及时调整

（1）增减渠道成员。调整时，既要考虑对商品分销和赢利的直接影响，也要考虑可能引起的间接反映，即渠道成员销售量、成本和情绪等带来的影响。

（2）增减销售渠道。当变动渠道成员不解决问题时，可考虑增减销售渠道。同样调整时要对可能带来的直接影响、间接反映及效益作广泛的分析。

（3）变动分销系统。对现有的分销体系、制度作通盘调整。这种调整难度很大，因为是要改变生产者的整个分销渠道，而不是在原有的基础上修修补补。

7. 渠道窜货管理

窜货是分销渠道成员为牟利超越经销权限跨地区降价销售。

内因：分销渠道设计有缺陷；销售任务的压力使销售人员窜货；不规范的销售管理使区域间窜货。

外因：利益驱使；分销任务压力；分销系统紊乱及终端缺乏控制。

预防措施：① 各相关方签订不窜货乱价协议；② 外包装区域差异化；③ 发货车统一备案，统一签发控制运单；④ 建立科学的地区内部分区业务管理。

任务 8.3　熟悉中间商

任务提示

中间商是生产者与消费者之间，参与产品交换，促进买卖行为发生和实现的经济组织或个人，主要有代理商、经纪商、批发商和零售商。它们是生产者的客户和合作伙伴，一般与生产者的营销力量构成产品的分销网络，具有简化流通过程、完成营销和信息沟通的职能。

任务情境

20世纪90年代，我国的零售商进入分化整合的转折期，西方社会历时130余年的5次零售革命（百货店、连锁商店、超级市场、购物中心与无店铺经营）在中国仅仅用五年时间就完成了。"国美"大型专业商店就是集中的一道亮丽的风景线。

"国美"的成功与我国零售业发展的背景是分不开的。在消费者需求日益多样化、购买力日益增强的营销环境趋势下，各种零售业以不同的营销方式满足消费者对购物的不同需求。"国美"的产品线策略和低价格与优质服务策略以及在供应链、顾客公共关系与物流管理技术上的创新为企业带来了在市场营销中的竞争优势。

8.3.1　代理商和经纪商

1. 代理商

接受生产者委托，从事商品交易业务，但不具有商品所有权的中间商。主要作用是只代表卖方寻找买方，代理卖方签订购销合同，获得代理费。

代理商与生产者的关系。首先经生产者授权后才有代理权，其次必须在一定场所或区域内，以生产者名义出卖商品或办理与交易相关的事宜，最后生产者在完成委托后向代理商支付报酬。

代理商依与生产者业务联系的特点可分为：

（1）企业代理商。也叫生产者代表或制造商代表，主要工作是为给他授权委托的生产者推销产品，在生产者分配的销售区域内，按与生产商约定的产品价格，订单处理程序，进行送货服务。类似生产者的推销员，生产者也可委托若干企业代理商，分别在不同地区推销产品，生产者也可同时在某一地区直接销售。大多数企业代理商都是小型企业，雇佣的销售人员虽少，但极为干练。企业代理商在服饰、家具和电气等行业常见。企业代理商适用于生产者开发新的地区市场、潜在购买量有限且市场分散的地区。

（2）销售代理商。也称总代理商，受生产者委托销售其全部产品，无地区限制，有一定的售价权，生产者只能委托一家销售代理商，即销售代理商是生产者的全权独家代理，就是生产者本身也不能再进行直接的销售活动。同样，销售代理商不得经营同类产品。

销售代理商一般规模较大，不仅负责推销，还负责广告促销，参与国内外展览，调查市场需求变化，向生产者提出产品设计、款式、定价等方面的建议。

销售代理商在纺织品、木材、某些金属产品、某些食品等行业常见。

销售代理商适用于需集中全部精力解决生产和技术的生产者、自感分销工作力不从心的企业。

（3）寄售商。也叫信托商、佣金商、佣金行，是受生产者或他人委托，以自己的名义现货代销，并取得报酬的中间商，即对产品实体具有控制力并参与产品销售协商的代理商。

寄售商一般具有法人地位，自备仓库、经营场所，如各种信托公司、寄售商店、贸易货栈、拍卖行等。

寄售商在发掘潜在购买力，开辟新市场，尤其是处理滞销产品方面常见。

2. 经纪商

经纪商也叫经纪人，俗称捐客，是专门从事购买、销售或二者兼备的洽商工作，并不取得产品所有权的机构或个人。主要作用是为买卖双方牵线搭桥，协助谈判，促成交易，委托方支付佣金。经纪商不存货，不卷入财务，而且与买卖双方都没有一个固定的关系。

经纪商在食品和房地产行业，保险和证券经营业务中常见。

经纪商适用于小公司无力建立销售系统，也不值得与代理商签订长期契约；某些生产者要推销新产品，或开辟边远市场的最初阶段。

8.3.2　批发商

批发是把从生产者处购得的商品或服务出售给以转售或加工或其他商业为目的组织和个人的活动。专门从事这类买卖活动的经济组织和个人就是批发商。其内涵不仅排除了生产者，也排除了零售商。

批发商的特点是：吞吐量大；覆盖范围广；专业性强。

1. 批发商职能

（1）区域分销功能。批购批销，有效集散产品；提高整体分销利益，使销售更具效果。

（2）物流功能。商品储存保证；分装配货；流通加工；送货运输保证服务；协助管理。

（3）信息功能。沟通产销信息，提供信息咨询。

（4）风险承担功能。因拥有商品所有权，在接收商品后至出售交付前要承担一切市场风险。

（5）资金融通功能。向生产者预定预付；提供资金保证；准许零售商赊账。

2. 批发商的类型

批发商主要有商人批发商和自营批发机构两大类。

（1）商人批发商。独立购进商品取得所有权，再批量出售的商业企业。由于是独立经营者，所以也称独立批发商。其是批发商最主要的类型。

商人批发商从不同分析角度可有多种划分方法。按照职能和提供的服务是否完全可分为：

① 完全服务批发商。这类批发商执行批发商业的全部职能，提供服务主要有保持存货、雇佣固定的销售人员、提供资金融通、送货和协助管理等。进一步划分为：

- 批发商人，主要向零售商销售，并提供广泛的服务。
- 工业分销商，向制造商销售产品。

② 有限服务批发商。这类批发商为了减少成本费用，降低批发价格，只执行一部分服务。在我国有限服务批发商进一步划分为：

- 现购自运批发商，用低价现金售货，商品由购买者自行运输。即不赊账，不送货。以经营食品杂货为主。
- 承销批发商，根据零售商或用户的订单，从生产者取得商品后直接运送给购买者；更有向生产者进货时通知生产者把商品直运购买者，承销批发商没有仓库，只有营业所，故又叫"写字台批发商"。
- 货车贩运批发商，也叫卡车批发商，是从生产者处把商品装上卡车，立即运送给各零售商、餐馆、旅店等。货车贩运批发商没有仓库，主要执行推销员和送货员的职能。

(2) 自营批发机构。由买方或卖方自行经营批发业务，不通过独立批发商进行。

① 销售分店和销售办事处。生产者设立销售分店和销售办事处的目的，在于改进其存货控制，销售和促销业务。销售分店有存货，形式和商人批发商一样，只是隶属不同；销售办事处不存货，是企业驻外的业务代办机构。

② 采购办事处。许多零售商在一些中心城市设立采购办事处，主要办理本企业的采购业务，作用与经纪人或代理商相似，属于买方组织的一个组成部分。

8.3.3 零售商

零售是所有直接销售商品和服务给用于个人或非商业性用途的活动。凡从事这类活动，不论何种机构（生产者、批发商、零售商），不论如何销售（经由个人、邮寄、电话或自动售货机），也不论在何处销售（在商店、在街上或在消费者家中），都属零售范围。

零售商则是那些销售量主要来自零售的商业企业。

零售商的类型千变万化，新的业态和组织形式层出不穷，与商品一样具有生命周期，一种零售类型在某个历史时期出现，经过迅速发展，日臻成熟，然后衰退。根据美国市场营销学家菲利普·科特勒提出的标准可分为四大类。

1. 经营商品类别不同的各种商店

(1) 专业商店。专门经营某一类商品或某一类商品中的某一品牌的商店。基本特征突出"专"字：一是品种齐全，商品绝对符合顾客的专门需要；二是经营商品和服务标准富有的个性；售货人员具有丰富的专业商品知识，对顾客能起到参谋或顾问的作用。

根据商品线的狭窄程度又分为：

① 单一商品线商店，如服装店。

② 有限商店线商店，如女士服装店。

③ 超级专用品商店，如女士定制衬衫店。此类因利用细分市场，目标市场和商品专业化，机会越来越多，发展最为迅速。

案例 8-3

海澜之家专营店遍布全国

随着中国服装市场竞争的日趋激烈，服装的营销已经从产品营销逐步走向了品牌营销。2002 年，海澜之家以男装自选超市最新服装零售业态的创始人姿态亮相中国男装市场。"海澜之家"是海澜集团旗下的一个自创品牌，以"高品质、中价位"定位于大众消费群体。

自创立以来，以全国连锁的统一形象、超市自选的营销模式、品种丰富的货品选择等优势，挺进中国男装零售市场并迅速打开了局面。目前，海澜之家已在全国开设了700多家专门店，形成了稳居华东地区、逐步推向全国市场的局面。

（2）百货店。经营商品范围广，种类多，花色品种，规格全，每一类商品作为一个独立部门，由专门的采购员和营业员管理。由于百货店之间竞争激烈，还有受新兴零售商的挤压，加上交通拥挤、停车困难和中心商业区的衰落，百货店似乎正在逐渐失去往日的魅力。

（3）超级市场，也叫自助商店或自造商店。规模较大，成本低廉，薄利多销，顾客自我服务的经营机构，主要经营各种食品和家庭日常用品。一般商品包装比较讲究，以替代售货员介绍和吸引顾客购买。近年来各国的超级市场为了竞争出现了巨型超级市场，有些设有宽阔的停车场，有些着意突出商场的建筑特色，出售本商场的定牌商品，以树立商誉，吸引顾客。

（4）便利店。设在靠近居民生活区的小型商店。特点是营业时间长（有的24小时营业），以经营方便品、应急品等周转快的商品为主，如饮料、食品、日用杂货等。虽品种有限，且价格较高，但因方便，仍受消费者欢迎。

（5）服务店。提供住宿、就餐、维修、美容、干洗、婚礼等服务的机构。特点是只提供劳务，不出售商品，如洗浴中心、旅行社、电影院、航空票务中心。

（6）购物中心。

2. 不设铺面的零售商

（1）流动售货。走街串巷，推销产品，是一种古老而现代的零售形式，如上门推销，当面介绍商品，或使用大型汽车流动售货，属直销的一种。

（2）自动售货。利用自动售货机经营销售商品。第二次世界大战后兴起，早期销售产品有香烟、饮料、糖果、报纸等。

（3）邮购销售。向特定潜在顾客邮寄信函、折叠广告、商品目录，甚至录像带、软件等宣传品，顾客做出购买决策后，公司派人送货上门或通过邮局汇款邮购。包括样本邮售、邮购推销、电话推销等形式，属直复营销的一种。

（4）电视营销。利用电视作为沟通工具，向顾客传递商品信息，顾客通过电话订购卖方送货上门；整个交易过程简单、迅速、方便。属直复营销的一种。

（5）网店。这是利用互联网开办的虚拟商店，网店发布商品信息，网民下订单并且通过银行划款，网店接到订单后，由物流公司或配送公司送货上门。属直复营销的一种。

（6）购物服务。这种无店铺的零售形式服务于学校、医院、政府机构等大单位特定用户，这些单位可派采购人员参加一个购物组织。该组织与许多零售商订有契约，凡该组织人员向零售商购物，均可享受一定的价格折扣。

3. 着眼于价格竞争的各种商店

（1）折扣商店。是一种以低价、薄利多销的方式销售商品的商店，出售的商品以家庭生活用品为主，同一商品标两种价格：一是牌价；另一是折扣价。偶尔减价或特价的不能称为折扣商店，真正的折扣商店的特定是：一般设在租金便宜但交通繁忙的地段；经营商品品种齐全，多为知名度高的品牌，顾客容易比较其价格比竞争者低多少；设施投入少，尽量降低费用；实行自助式售货，提供服务很少。

（2）仓储商店。是一种不重形式，价格低廉且服务有限的零售形式，出售的商品起初多是大型笨重的家用设备，后来才经营精选正牌畅销日用品。特点是：位于郊区低租金地区；建筑物装修简单，货物堆放就像仓库，面积不低于 1 万平方米，以零售的方式运作批发，批量购买获取折扣，故也叫量贩商店；采用会员制销售来锁定顾客。

4. 管理系统不同的各种零售组织

（1）连锁商店。单一资本运营，由两家或以上统一店名的零售组织形式。各连锁分店实行统一形象，统一经营，统一进货，统一管理。与单店相比，由于总部配送中心统一大量进货，可获得更大的折扣并降低物流费用，所以具有价格优势，而且同一广告和统一的促销手段可使各分店同样受益，降低促销费用。

（2）自愿联合商店。由一家商誉较高的批发商发起，若干家零售商在保持资本独立的前提下自愿组成的零售集团，从事大量采购和共同销售业务，也叫批发联号。

（3）零售商合作社。主要是由若干独立的零售商按照自愿、互利互惠原则成立的，以统一采购和联合促销为目的的联合组织。

（4）消费合作社。由广大消费者参股创办的零售组织，目的是避免中间商的剥削，保护消费者的利益，虽然也经营零售业务，但不以赢利为目的，实行民主管理，成员或按购货额分红；或定低价格只供成员，不对非社员开放。

（5）特许经营组织。由特许人和加盟者以契约形式固定下来的连锁经营，加盟者被允许使用特许人已开发出来的企业象征和经营技术、诀窍及其他工业产权。特许经营是实现资本扩张的一种比较好的形式，特许人和加盟者在保持独立的同时，经特许合作达到双方获利，即特许人可按其经营模式扩大业务，加盟者可减少在一个新领域投资，从而规避了市场风险。

① 商品商标型特许经营。特许人是商品生产者，加盟者是经销商，加盟者的主要任务是全力以赴销售特许人生产的商品。

② 经营模式特许经营。在限定时间和区域内，特许人不仅提供给加盟者商品和商标，而且还给予一整套进行营销的系统。加盟者在特许人系统指导下进行业务经营，严格遵守特许人的操作守则，加盟者经营的业务和提供的服务必须与特许人保持统一质量标准。

③ 转换特许经营。将独立商人现有独立业务转换成特许经营单位，目的是使独立商人享有全国知名度及广告利益，也使特许人能够进入以前未涉足的商业领域。

任务 8.4　进行实体分配

任务提示

实体分配也称物流，是指通过有效地安排商品的仓储、管理和转移，使商品在需要的时间到达需要的地点的经营活动。

任务情境

戴尔公司的亨特，无疑是物流配送时代浪尖上的弄潮者。亨特在分析戴尔成功的诀窍时说:"戴尔总支出的74%用在材料配件购买方面,2000年这方面的总开支高达210亿美元,如果我们能在物流配送方面降低0.1%,就等于我们的生产效率提高了10%。物流配送对企业的影响之大由此可见一斑。"

在提高物流配送效率方面,戴尔和50家材料配件供应商保持着密切、忠实的联系,庞大的跨国集团戴尔所需材料配件的95%都由这50家供应商提供。戴尔与这些供应商每天都要通过网络进行协调沟通:戴尔监控每个零部件的发展情况,并把自己新的要求随时发布在网络上,供所有的供应商参考,提高透明度和信息流通效率,并刺激供应商之间的相互竞争;供应商则随时向戴尔通报自己的产品发展、价格变化、存量等方面信息。

几乎所有工厂都会出现过期、过剩零部件。而高效率的物流配送使戴尔的过期零部件比例保持在材料开支总额的0.05%~0.1%,2000年戴尔全年在这方面的损失为2100万美金。而这一比例在戴尔的对手企业都高达2%~3%,在其他工业部门更是高达4%~5%。即使是面对如此高效的物流配送,戴尔的亨特副总裁仍不满意:有人问5天的库存量是否为戴尔的最佳物流配送极限,我的回答:当然不是,我们能把它缩短到2天。

8.4.1 实体分配的含义与功能

实体分配也称为物流是指企业通过计划、实施和控制产品、服务以及其他相关信息从分销渠道的起点到达消费地的实体流动,以满足消费者的需求并赚取利润。

实体分配的功能主要体现在将商品有效地从生产者转移到消费者手中的活动,从而实现了商品的空间价值和时间价值。所以,物流有时被称为市场营销的另一半,对商品的销售起着重要作用。在某些情况下,物流运作得好坏,是销售成败的关键。

8.4.2 实体分配的内容

实体分配也称为物流,所以它也具备物流的职能,具有包装、运输、仓储、装卸搬运、库存处理和订单处理六方面基本功能。本书主要对企业的运输策略、仓储策略和存货策略给予介绍。

1. 运输策略

运输策略是指企业采取何种运输工具和运输路线把产品准时安全地送达销售地点的策略,它包括运输方式和运输路线两种决策。

(1) 运输方式。运输方式有铁路、公路、水路、管道和空运五种形式,选择何种运输方式,直接影响运输时间、运输成本、产品价格。

① 铁路运输。铁路运输具有运载能力大、速度快、安全准时、运费低的优势,是我国最重要的货运方式之一,适用于大批量、长距离的商品运输,如农产品、煤、木材等。

② 公路运输。公路运输也称卡车运输,具有灵活机动、迅速方便、时间短、环节少、适应性强的优势,但也存在运量小、能耗大、运输成本高、受自然条件限制的劣势。随着我国高速公路运输网络的完善,铁路运力紧张,卡车运输应用的范围日益广泛,特别适用于高价商品的短途运输。随着我国高速公路网的完善,它的发展前景非常广阔。

③ 水运。水运具有载运量大、耗能较少、运费低的优势,但其速度慢,容易受气候条件的影响,适用于体积大、价值低、不易腐烂产品的运输,如矿石、石油、粮食等。

④ 管道运输。管道运输是使用管道运输石油、天然气、煤和化工产品的运输方式。它

具有连续性强、机械化程度高、减少货物在运输途中挥发损耗的优势,其运费比铁路运输便宜,比水运高。大部分管道都由其所有者用来运输自有产品。

⑤ 空运。空运具有交货迅速及时的优势,但是运费昂贵,在运输业中比重较小。它适合体积小、价值高和易腐烂产品的运输。

企业在给仓库、经销商发货时,要充分考虑速度、频率、可靠性、运载能力、可用性和成本等因素。如选择费用最低,可以选择管道运输或水运,如选择快捷,可选择空运或卡车运输,在五种运输方式中,卡车运输被选择的频率最高。

(2) 运输路线。本着"及时、准确、安全、经济"的原则。选择运输路线,保证在最短的时间,用最少的运费,提供尽可能多的服务,并把产品运送到顾客手中。

2. 仓储策略

仓储是利用一定的仓库设备,收藏保管商品的活动,主要解决商品产销在时间上的矛盾。

企业的仓储决策主要有以下几方面的决策。

(1) 仓库地址。首先,应考虑你作为经销商所面对的用户的地址和用户所要求的运输总吨位。由于运输费用是全部运输量、运输里程和单位运价的乘积,所以经销商所选择的仓库位置一般应选接近运输吨公里最大的购货单位。其次,选址时必须考虑用户所需要的服务水平,因为这直接关系到销售量的多少。在运输方式和运输距离既定的条件下,仓库地址应选在能够满足主要用户购货周期要求的范围内。最后,要考虑仓库地址与仓库数量的配合关系,这一点对工业设备经销商的工作便利与否有很大影响。

(2) 仓库类型。这个方面除涉及仓库结构、用途等技术因素外,经销商主要应考虑是采用自营仓库还是租赁专营仓库。二者相比,经销商自建或购置仓库,能够适应本企业的业务特点,完全控制仓库的经营业务。而经销商租赁仓库,则可以免除建库、购买设备的巨额投资,能够根据储存量在高峰与低谷之间的变化来调整租赁的场地面积。

(3) 存货控制。这是经销商储存策略的重要组成部分,它是指对商品储存量进行合理的管理,具有调节销售淡旺季节或采购与销售之间的时间间隔的职能。仅从降低储存费用方面看,则储存量越少越好。但存货量是以满足顾客服务为前提而存在的,只根据费用,无法判断储存量合理与否。显然,存货水平高,就能及时向顾客或下线经销商发运商品,解决应急发货问题,下线经销商也会因此减少自己的库存,从而有助于大代理商提高服务质量和增加销售量。但如果库存过大则会占用资金,导致商品损耗过大与陈旧化;或需要较大的储存面积,增加储存费用。

(4) 储存保管。这是经销商储存策略中的一项重要内容。从商品的物理、化学性质来讲,商品在储存过程中,其本身是在不断变化着的,这种变化往往会受到外界条件的影响,并且有损于商品本身的使用价值。储存保管策略就是指采用科学的技术与方法,进行综合管理,以维护商品的使用价值,降低损耗。

3. 存货策略

企业存货量的多少直接关系到能否满足顾客需求和降低营业成本的问题,因此存货策略要考虑成本与服务两个因素间的平衡。存货策略包括订购点决策和订购量决策。

(1) 订购点决策。订购点决策是指企业管理人员决定在何种剩货水平情况下发出新订单,以避免届时完全缺货的决策。这个剩货水平就是订购点。订购点的高低是由平衡缺货风险和存货过多的成本而决定的,它具体受订购前置时间、使用率、服务水平等因素的影响。

① 订购前置时间。订购前置时间是自订单发出到接到物品之间所需要的时间。订购前置时间越长,订购点就越高,反之则低。

② 使用率。使用率是指在某一段时间内,顾客平均购买数量。使用率越高,订购点越高,反之则低。

③ 服务水平。服务水平是指企业希望从存货中直接用来完成顾客订单的百分比。服务水平越高,订购点越高;反之则低。

(2) 订购量决策。企业订购量决策直接影响到企业订购频率。订购量越大,购买频率越低,但要支付较多的存货费用。因此一个企业订购量多少,主要是由订购成本和储存成本决定的。

① 订购成本。订购成本由采购部门的管理费、采购人员的工资、差旅费和进行订货的业务费(如文具、邮电、登记等费用)所构成。单位订购成本随单位订货量的增加而减少。

② 储存成本。储存成本主要包括货物仓储、搬运、损耗、保险费、货物占用的资金应支付的利息、折旧与报废损失、税金等费用。它随单位存货量的增加而上升。

③ 安全存货。是指高于订购点的存货,其大小取决于顾客服务和成本两个因素。企业必须保持适当的安全存货水平,否则一旦缺货有可能失去市场交易机会。

④ 最佳订购量。最佳订购量可用下面公式求得:

$$Q = \sqrt{\frac{2DS}{IC}}$$

式中　Q——经济订购量;
　　　D——每年需要量;
　　　S——每次订购成本;
　　　I——每年占用成本占单位成本的百分比;
　　　C——单位成本。

案例 8-4

中国的两大物流玩家又开始"打嘴战"了

京东集团 CEO 刘强东评价了京东物流的竞争对手菜鸟网络,他称菜鸟网络本质还是要在几个快递公司之上搭建数据系统,说得好听一点就是提升这几个快递公司的效率,说得难听一点,最后,几家快递公司的大部分利润,都会被菜鸟物流吸走的。

对此,菜鸟网络新闻发言人 18 日回应称,能有这样的想法,只能说明刘强东不懂什么叫平台共享,"一家没有平台共享思维的企业,眼界只能停留在榨取合作伙伴利润养活自己上,不可能理解赋能伙伴、提升行业、繁荣生态的意义。"

菜鸟网络是阿里巴巴旗下的大数据物流协同平台,由阿里巴巴集团、银泰集团联合复星集团、富春集团、申通集团、圆通集团、中通集团、韵达集团等共同组建,几家快递公司各出资 5 000 万元。菜鸟网络向快递公司提供信息、数据支持,以及诸如能够自动分拣快件的智能机器人等智慧物流产品。

在《对话》节目中,刘强东称,其实他们(快递公司)都知道,只是现在没有能力离开了。因为快递公司不这么做，不听它（菜鸟网络）的，菜鸟网络就立马把快递公司踢出去。一旦被菜鸟网络踢出去，快递公司50%的包裹量可能就没有了。

对此，菜鸟网络发言人称，在阿里巴巴和菜鸟网络的生态平台上，快递公司每年营收都呈现了超过30%以上的增速，创造就业超过200万人，今年以来多家快递公司均已申请上市，市值都超过了数百亿元。反观京东，不仅连年亏损，还成为并购绞肉机，对合作伙伴的"吸血和压榨"恰恰是京东的惯常手法，比如之前的易迅和拍拍，被收购后就迅速枯萎、死去。

菜鸟网络对澎湃新闻表示，菜鸟网络和快递公司相互依存，菜鸟网络的平台建设离不开快递公司，快递公司也需要菜鸟提供的服务和数据。

这并非京东和菜鸟首次打口水战。

由于菜鸟网络、京东二者发展路径不一样，菜鸟网络是依靠大数据、物流服务和物流产品研发的平台共享方法，京东是大规模自建物流和争取更多政策支持的发展思路，短期内二者谁也无法撼动谁。

（案例来源：http://money.163.com/16/0718/17/BS9BBR8100253B0H.html）

课程小结

企业生产的产品要想在恰当的时间、恰当的地点，以恰当价格和方式提供给顾客，必须通过一定的市场营销渠道才能实现。对企业来说，分析分销渠道成员，科学地选择分销渠道，是一个非常重要的问题。

课后自测

一、判断题

1. 分销渠道是有由一系列的中间商所组成的。（   ）
2. 中间商的出现是商品经济发展的必然产物。（   ）
3. 宽渠道是指制造商同时选择两个以上的同类中间商销售产品。（   ）
4. 商人中间商是指从事商品交易业务，在商品买卖过程中拥有产品所有权的中间商。（   ）

二、选择题

1. 由生产企业、批发商、零售商根据纵向一体化的原理组成的销售渠道称为（   ）。
   A. 垂直分销系统   B. 水平分销系统
   C. 多渠道系统   D. 集团分销系统
2. 当生产量大且超过企业自销能力的许可时，其渠道策略应为（   ）。
   A. 直接渠道   B. 间接渠道   C. 专营渠道   D. 都不是
3. 根据生产商在某一区域目标市场选择中间商数目的多少来划分渠道，可以分为（   ）。
   A. 长渠道   B. 短渠道   C. 宽渠道
   D. 窄渠道   E. 最短渠道
4. 短渠道的好处是（   ）。
   A. 产品上市速度快   B. 节省流通费用   C. 市场信息反馈快
   D. 产品渗透能力强   E. 有利于杜绝假冒伪劣

5. 下列哪些情况适宜采取广泛性分销策略：（　　）。
   A. 产品潜在消费者分布面广　　　　B. 企业生产量大、营销能力强
   C. 产品技术性强　　　　　　　　　D. 产品体积大
   E. 产品易腐易损，需求时效性强
6. 在消费品市场分销渠道模式中一层渠道模式包括（　　）。
   A. 批发商　　　　B. 代理商　　　　C. 零售商
   D. 专业批发商　　E. 制造商销售机构
7. 按照流通环节或层次的多少，分销渠道可分为（　　）。
   A. 直接渠道和间接渠道　　　　　　B. 长渠道和短渠道
   C. 宽渠道和窄渠道　　　　　　　　D. 单渠道和多渠道
   E. 密集型渠道和选择型渠道
8. 商人中间商包括（　　）。
   A. 批发商　　　　B. 企业代理商　　C. 经纪商
   D. 采购商　　　　E. 零售商

三、填空题

1. 一般来说，生产者市场多采用＿＿＿＿渠道，消费者市场多采用＿＿＿＿渠道。
2. 长短渠道的划分是根据产品从生产者向消费者转移的过程中，所经过的＿＿＿＿多少来确定的。
3. 在确定分销渠道的中间商数目时，可以采用＿＿＿＿策略。

四、简答题

1. 什么是分销渠道？简述分销渠道的特点和作用。
2. 分销渠道的类型有哪些？
3. 零售商渠道成员有哪些特点和形式？
4. 简述选择中间商数目的三种策略。
5. 如何选择和激励渠道成员？

[拓展学习]

2016年有两个国产手机的表现让很多人都出乎意料，这就是网友口中的蓝绿大厂：Oppo和Vivo，据IDC市场调研机构数据显示，2016年Oppo凭借7 840万的手机销量夺得了国产手机的头把交椅，Vivo则以6 920万台的销量排名第三。

Counterpoint Research分析师认为，"Oppo与Vivo的成功主要靠的就是自己密如蛛网的传统线下渠道，门店中售出的手机占到两个品牌总销量的四分之三。"Oppo公关部给出的数据则更加惊人，Oppo的线下出货占到了总出货量的90%以上。

据了解，Oppo在全国有36个线下一级代理，线下销售都是由各地的一级代理商负责，部分较大的区域会有二级代理。据外媒报道，Oppo在中国和亚洲其他国家的线下门店多达32万家。

针对Oppo与Vivo在2016年取得的成果，雷军表示，"Oppo与Vivo是两家非常优秀的公司，但是小米跟它们是完全不一样的模式。"雷军称Oppo与Vivo之所以能在今年爆发，是因为它们遇上了三四五线城市的换机热潮，还有信息不对称——上述地区的消费者不知道产品值多少钱，以及是否有别的选择。

针对雷军这番言论，Oppo 公关总监刘磊表示，换机潮只是一方面，但这种利好其他手机厂商也有，并不只是 Oppo 独享。至于"信息不对称"，刘磊表示不好回应。在他看来，每个人的看法不同，并没有对错之分。刘磊介绍，除了三四线城市，Oppo 在一线城市也一直在扎实做渠道建设，目前已经实现了全区覆盖，对核心商圈有较为完善的规划。

问题：分析 Oppo 和 Vivo 密集布局线下渠道的优势和劣势。

[技能实训]

实训目标：能识别分销渠道的类型；能总结知名企业的分销渠道策略，能评析企业分析渠道策略的成功与不足之处。

实训内容：概括海尔、格力、小米、联想、Oppo、康师傅、可口可乐等知名企业的渠道策略，分析其成功之处和可以优化的地方。

实训地点：教室或者实训室、会议室等。

实训设计：将全部分成若干组，每组 5~6 人，各组分别选定一家企业进行分析，要求小组确定分工，在课下查找资料，总结企业营销策略并进行分析，形成报告，在课上进行汇报。

[学习资源]

线上学习资源：

1. 海尔与格力的市场营销渠道模式述评 http：//www.kanzhun.com/lunwen/584322.html

2. 卖一部 OPPO R9s 提成这么高？OPPO 线下渠道布局危机重重 http：//www.eefocus.com/consumer‐electronics/371578/r0

3. 时势造京东：自建物流战略一剑封喉 http：//www.sohu.com/a/76793599_116457

线下学习资源：

1. 孙健. 海尔的营销策略. 北京：企业管理出版社，2002.

2. 影响力商学院. 渠道为王：销售渠道建设 3 部曲（修订版）. 北京：机械工业出版社，2012.

3. 王亚东. 销售就是做好渠道. 北京：北京联合出版公司，2017.

4. 杜凤林. 新零售：打破渠道的边界. 广州：广东经济出版社，2017.

任务九

实施促销策略

任务目标

完成以下任务，你应该能够：
1. 掌握人员推销的策略和管理。
2. 掌握广告效果的测定方法。
3. 了解营业推广的作用、形式。
4. 熟悉公共关系的作用、分类及活动方式。

任务导入

缎带小猪的促销术

世界著名的利普顿茶叶公司为了使自己的产品迅速打进市场，在开业伊始别出心裁地举办了一次精彩的表演。他们买来几头小猪，用缎带给它们精心打扮，并插上"我要去利普顿市场"字样的小旗，然后赶着它们穿过闹市，引起众人的注意，达到了让商品家喻户晓的目的。

做广告需要花重金，但若匠心独运，也能四两拨千斤，用最少的钱让广告有声有色。茶叶公司与猪，风马牛不相及，经公关人员策划、牵线搭桥，小猪成了促销功臣，企业也借此腾飞。

在当今的市场竞争中，除了商品质量和销售价格的竞争之外，营销策略也是一种竞争手段。如何以较少的投入获得轰动效果，已成为许多商家参与竞争、吸引顾客的又一热点。聪明的经营者不妨从利普顿茶叶公司促销成功的经验中得到一些启迪，针对不同层次消费需求，搞一些别出心裁的促销妙招，从而迅速达到销售目的。

任务 9.1　了解促销与策略组合

任务提示

面对市场激烈的竞争形势，形形色色的促销活动硝烟弥漫，充斥着经济生活各个角落，促销已成为众多企业争抢客源的重要市场营销手段之一。有效的促销活动能使厂家销量急剧上升，品牌一鸣惊人，家喻户晓，成为行业的佼佼者。

任务情境

淘宝商城变"惊城"

2011 年 11 月 11 日，一个原本是献给落寞单身男女的光棍节，却成了全民 24 小时疯狂网购的纪念日。在过去的几年，淘宝商城都在这一天抛出"全场五折"大礼包。

9.1.1 促销的概念

1. 促销的含义

促销即促进销售，是指工商企业通过人员和非人员的方式把企业的产品及提供的服务信息传递给顾客，激发顾客的购买欲望，影响和促成顾客购买行为的全部活动的总称。

促销活动的实质是一种沟通、激发活动。在市场经济条件下，社会化的商品生产和商品流通决定了生产者、经营者与消费者之间客观上存在着信息的分离，企业生产和经营的商品的性能、特点，顾客不一定知晓，从而要求工商企业将有关商品和服务的存在及其性能特征等信息，通过声音、文字、图像或实物传播给顾客，增进顾客对其商品及服务的了解，引起顾客的注意和兴趣，帮助顾客认识商品或服务所能带给他们的利益，激发他们的购买欲望，为顾客最终做出购买决定提供依据。可以这样说，在市场日益广阔、供求关系日益复杂的社会主义市场经济条件下，促销活动体现了企业开拓市场、扩大销售、满足消费者的主动精神、进取精神和创造精神。

促销的主要任务是将商品和服务的信息传递给顾客，以达到扩大销售、增加效益的目的。促销作为一种沟通活动，其帮助和说服消费者所采取的信息传递方式可分为两类：一类是单向传递，指单方面将商品或服务信息传递给消费者的方式，也就是以"卖方→买方"方式传递商品或服务信息。另一类是双向传递，就是双方沟通信息的方式，亦即以"卖方↔买方"方式传递商品或服务信息。这种方式的信息传递，一方面向消费者宣传介绍商品和服务，激发购买欲望；另一方面同时直接获得消费者的反馈信息，从而不断完善商品和服务的适销对路程度，更好地满足消费者的需要。做好促销工作有助于沟通信息，消除生产者和消费者之间由时空和信息分离引起的矛盾；有助于刺激、创造需求，开拓市场；有助于突出企业和产品的特色；有助于稳定和扩大销售。

2. 促销方式

现代市场营销学认为，促销的方式包括人员促销和非人员促销两大类，具体分为人员推销、广告宣传、公共关系、营业推广四种方式。

（1）人员推销。人员推销是一种既传统又现代的促销方式。它是指企业派人员或委托销售人员，亲自向目标顾客对商品或服务进行介绍、推广宣传和销售。人员推销由于直接沟通信息，反馈意见及时，可当面促成交易。因此，它的作用不是仅仅出售现有货物，而是要配合企业的整体营销活动来发现顾客需求、满足顾客需求，把市场动向和顾客需求反馈回来，并据此调整企业生产经营范围、结构，增强企业竞争能力。

（2）广告宣传。广告宣传是指工商企业通过一定的媒介物，公开而广泛地向社会介绍企业的营销形式和产品品种、规格、质量、性能、特点、使用方法以及劳务信息的一种宣传方式。它是商品经济的产物，是随着商品经济的发展而逐渐发展起来的，特别是随着我国经济体制改革的不断深化，市场经济体制的建立，工商企业作为独立的商品生产者和商品经营者,良好地运用广告宣传,对传播信息、促进生产、引导消费、扩大销售、加速商品流通和提高经济效益都有着十分重要的作用。

(3) 公共关系。公共关系是指工商企业通过种种活动使社会各界公众了解本企业,以取得他们的信赖和好感,从而为企业创造一种良好的舆论环境和社会环境。公共关系的核心是信息交流,促进相互了解,宣传企业的经营方针、经营宗旨、经营项目、产品特点和服务内容等,提高企业的知名度和社会声誉,为企业争取一个良好的外部环境,以推动企业不断向前发展。

(4) 营业推广。营业推广是指工商企业在比较大的目标市场中,为刺激早期需求而采取的能够迅速产生鼓励作用、促进商品销售的一种措施。营业推广的形式很多,大致可以分为三类:第一类是直接对消费者的,如展销、现场表演、赊销、消费信贷、现场服务、有奖销售、赠给纪念品或样品等;第二类是属于促成交易的,如举办展览会、供货会、订货会、物资交流会、购货折扣、延期付款、补贴利息、移库代销等;第三类是鼓励推销人员,如推销奖金、红利、接力推销。

9.1.2 促销组合的基本策略

促销组合就是把人员推销、广告宣传、公共关系和营业推广四种推销方式有机结合起来,综合运用,形成一种促销策略或技巧。这四种促销形式,又可归纳为人员推销和非人员推销,而这两类推销的形式和作用又是不同的。

1. 推式策略

即以直接方式,运用人员推销手段,把产品推向销售渠道。其作用过程为,企业的推销员把产品或劳务推荐给批发商,再由批发商推荐给零售商,最后由零售商推荐给最终消费者,该策略适用于以下几种情况:

(1) 企业经营规模小,或无足够资金用以执行完善的广告计划。
(2) 市场较集中,分销渠道短,销售队伍大。
(3) 产品具有很高的单位价值,如特殊品、选购品等。
(4) 产品的使用、维修、保养方法需要进行示范。

2. 拉式策略

非人员推销是采取间接方式,通过广告和公共宣传等措施吸引最终消费者,使消费者对企业的产品或劳务产生兴趣,从而引起需求,主动去购买商品。其作用路线为,企业将消费者引向零售商,将零售商引向批发商,将批发商引向生产企业。这种策略适用于:

(1) 市场广大,产品多属便利品。
(2) 商品信息必须以最快速度告知广大消费者。
(3) 对产品的初始需求已呈现出有利的趋势,市场需求日渐上升。
(4) 产品具有独特性能,与其他产品的区别显而易见。
(5) 能引起消费者某种特殊情感的产品。
(6) 有充分资金用于广告。

3. 推拉结合策略

企业在促进产品销售过程中,究竟是实行"推"式策略,还是实行"拉"式策略,要根据具体情况而定。一般说来,应当二者兼顾,各有侧重。这两种策略、四种促销形式各具特点，在促销中各有作用、相辅相成。工商企业应有计划地将各种促销方式有机地结合起来，适当选择、编配和运用，使之互相配合。人员推销必须借助广告宣传介绍，才能引导更多的潜在消费者；广告宣传最终也要通过人的推销活动，才能实现销售产品的目的。因此，促销组合实质上是综合运用四种促销方式，使之成为一个有机整体，发挥其整体功能。

9.1.3　促销策略的选择

鉴于四种促销方式各有特点，适用于不同对象，企业在进行促销活动时就要根据营销目标和商品特点，有针对性地进行选择。一般来说，工业品和消费品在选择和采用促销方式时，有不同的组合，如图9－1所示。

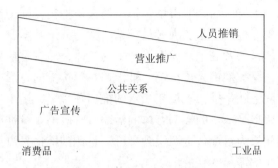

图9－1　不同促销方式的组合

因此，工商企业在制订促销策略时，应综合考虑不同商品的特点、营销目标、企业内部条件、外部市场环境、消费者需求等因素进行选择、编配。

任务9.2　分析人员推销

任务提示

人员推销广泛存在于社会经济生活之中，正如一位西方市场学专家所言：这个世界是一个需要推销的世界，大家都在以不同形式进行推销，人人都是推销员。人员推销是一个由销售员进行面对面沟通的过程。推销人员和推销对象经常接触，相互之间容易结成深厚的友谊，这种友谊的建立，可以为进一步建立贸易合作伙伴关系奠定深厚的基础，这是其他促销形式所不具备的优点。

任务情境

世界上最伟大推销员

乔·吉拉德，1928年11月1日出生于美国底特律市的一个贫民家庭。9岁时，乔·吉拉德开始给人擦鞋、送报，赚钱补贴家用。乔·吉拉德16岁就离开了学校，成为一名锅炉工，并在那里染了严重的气喘病。后来他成为一位建筑师，到1963年1月止，盖了13年房子。35岁以前，乔·吉拉德是个全盘的失败者，他患有相当严重的口吃，换过四十个工作仍一事无成，甚至曾经当过小偷，开过赌场。35岁那年，乔·吉拉德破产了，负债高达6万美元。为了生存下去，他走进了一家汽车经销店，3年之后，乔·吉拉德以年销售1 425

辆汽车的成绩，打破了汽车销售的吉尼斯世界纪录。这个人在15年的汽车推销生涯中总共卖出了13 001辆汽车，平均每天销售6辆，而且全部是一对一销售给个人的。他也因此创造了吉尼斯汽车销售新的世界纪录，同时获得了"世界上最伟大推销员"的称号。

9.2.1 人员推销的含义

所谓人员推销，是指企业的从业人员通过与顾客（或潜在顾客）的人际接触来推动销售的促销方法。从事推销工作的人员通常称为推销员，随着推销活动的发展，目前，多采用推销人员或销售代表等来称呼从事此项工作的人员，有时也称销售顾问、地区代表、代理商、行销代表、厂家代表等。

推销无时不在、无处不有。而企业市场营销中的人员推销，则是对企业生产的产品的推销。推销人员、推销对象、推销品是实现人员推销活动的三个基本要素。其中推销人员和推销对象是推销活动的主体，前者是主动向别人推销的主体，后者是接受推销的主体。推销品是人员推销活动的客体，是被推销人员推销、被推销对象接受的有形或无形商品。市场营销中的人员推销活动，实际上就是推销人员在一定的推销环境里，运用各种推销技术和推销手段，说服一定的推销对象接受一定的推销客体的活动。有效的人员推销以追求推销的长期效果为目标。以追求长期效果为目标包含两层含义：一是达到推销人员推销商品的目的；二是达到满足推销对象对商品的需求的目的。

9.2.2 人员推销的特点

人员推销是一种最古老的传统促销方式，也是现代企业中最重要的促销手段之一。与其他促销手段相比，人员推销具有以下几个特点：

（1）双向的信息沟通。双向的信息沟通是区别于其他促销手段的重要标志。在推销过程中，一方面，推销人员必须向顾客介绍商品本身和与商品有关的信息，如商品的质量、功能、用途、价格、所能提供的服务等，通过向顾客传递信息，招徕顾客，从而促进商品的销售；另一方面，推销人员必须把从顾客那里了解到的有关对所推销的产品及对该企业的有关信息，诸如对商品的态度、意见、要求、市场占有率等反馈给企业，为企业的经营决策提供依据，从而有利于企业取得良好的营销效果。

（2）灵活的促销方式。在人员推销过程中，买卖双方直接联系，现场洽谈，机动灵活。通过面对面地看货、议价、交谈，有利于推销人员根据顾客的态度和反映，及时地发现问题，进行解释和协调，抓住有利时机促成顾客的购买行为。特别是通过直接的接触和交流，可以融洽推销人员与推销对象之间的感情，相互之间建立起良好的人际关系，从而使成交迅速、成功率高。

（3）双重的推销目的。在人员推销活动中，推销人员不仅通过交往、鼓动、讨价还价将商品卖出去，还要通过宣传、交往、说服、微笑、服务等来说服和鼓动顾客购买，使顾客愿意购买、乐于购买，并在购买中得到满意和满足，即在满足顾客需要的同时达到卖出商品的目的。人员推销的双重目的是相辅相成、相互联系的，不可偏于任何一方。

（4）多样地满足需求。在人员推销过程中，不仅是激发顾客的需求，引起顾客的购买欲望的需求引导过程，还是一个了解顾客需求，为顾客提供服务以满足顾客需求的过程。推销人员通过宣传、展示商品来引导顾客，引起顾客的注意和兴趣，激发顾客的需求，从而引起顾客的购买欲望和购买行为；通过销售商品及提供信息服务、技术服务、销售服务（售前、售中、售后的服务），来满足顾客的需求。

然而，由于人员促销的绝对费用较高，在发达国家大致是广告费的 2~3 倍，加之对推销人员的素质要求高，企业难以得到优秀的推销人员，因此，人员促销的运用受到一定限制。在企业的市场营销中，人员促销多用于工业品的销售。

9.2.3 人员推销的职能

人员推销作为一种双向沟通的促销方式，具有以下多种职能：

（1）寻找开拓。在人员推销过程中，只有确定了推销对象，推销人员才能进行推销工作。推销人员不仅要与现有的顾客保持广泛的联系，更重要的是要不断地寻找新顾客，了解行情，开拓新市场。

（2）传递信息。通过人员推销，可以沟通买卖双方的关系，促进商品的销售。

（3）提供服务。通过人员推销，企业向顾客提供各种服务，包括技术指导、安装维修、反馈信息、资金融通、人员培训和各种销售服务等。

（4）销售商品。这是人员促销的中心工作。推销人员通过与顾客的直销接触，介绍商品，引导消费，解答问题，消除顾虑，最后促成交易的实现。

9.2.4 人员推销的基本形式

随着商品经济的发展，市场营销活动的普及，人员推销的形式也日益丰富，其中上门推销、柜台推销和会议推销三种主要形式为大多数企业所采用。

1. 上门推销

所谓上门推销，就是由推销员携带商品的样品或图片、说明书、订货单等走访顾客，推销商品。这种最为古老、最为大家熟悉的推销形式，被大多数人认可和接受。上门推销有两个主要特点：

（1）推销员向顾客靠拢。推销员携带所推销商品的样品，主动地寻找顾客，接近顾客。消费品推销员主要走访住宅楼、居民区、家庭住户等；生产资料产品推销员主要走访工厂、机关、学校、银行、医院等机构和部门。无论上述哪种商品的推销，都是推销员积极主动地上门，向顾客靠拢，是确确实实的推销。

（2）推销员和顾客之间情感联系的纽带。推销员上门推销商品，要唤起顾客的购买欲望，促成他们的购买行为，主要取决于商品本身的特质，除此之外，相互之间的友谊、良好的人际关系也是十分重要的。因此，称职的推销员除了有推销的知识外，还要有高超的技巧，要给对方以良好的印象，使双方形成一种长期的、固定的产销关系。而这种关系的巩固和维持，要以感情为纽带。一些有经验的推销员每逢过节或出外旅行时常给客户寄上贺年卡、节日卡或风景明信片，从而联络感情，增进友谊。

2. 柜台推销

所谓柜台推销，就是商店的营业员向光顾该店的顾客销售商品。这是一种非常普遍的推销形式。在这里，营业员也就是推销员，其职能是与顾客直接接触，面对面交谈，介绍商品，解答疑问，做成生意。柜台推销也有两个主要特点：

（1）顾客向推销员靠拢。柜台推销是顾客上门，寻求要买的商品，向推销员靠拢。这点同上门推销截然相反。

(2) 便于顾客挑选和比较。商店柜台上的商品种类、花样、款式、色泽丰富齐全，并且有铺面、柜台摆放陈列。这一方面能满足顾客多方面的购物要求，同时也便于顾客挑选和比较。特别是光顾商店的顾客大多数都有购物要求，因而态度比较积极主动。尤其是对上门推销抱有成见的顾客，更青睐这种销售方式。

案例 9-1

玛丽·凯的生日礼物

玛丽·凯是美国一位大器晚成的女企业家，她干了25年的直销工作，退休后才创办了自己的玛丽·凯化妆品公司。

有一次，玛丽·凯想买一辆新车，送给自己做生日礼物。当时领导潮流的福特汽车有两种颜色的新车刚刚投入市场，她想要一辆黑白色的。

玛丽·凯带着现金来到一家福特汽车销售代表处的展销厅，但售货员一点也不把她放在眼里，因为她看见玛丽·凯是开着一辆旧车来的，更何况那时候女性不容易得到购物信贷，所以他就轻易地判断玛丽·凯买不起车。由于觉得不是"潜在的买主"，这个代表处的售货员连理都不理她。当时正是中午，售货员干脆为自己找了个借口，说他有约会，已经迟到了，对不起。

玛丽·凯也见不着经理，因为经理出门去了。消磨时间的她走进了另一家出售默库里牌汽车的商行。她只是随便看看，因为她仍然太想买那种黑白福特车。

这边的展示厅中摆放着一种米黄色汽车，玛丽·凯觉得也还可以，但车上标出的售价比原来准备花的钱要多一些。可是这里的售货员对她十分礼貌，当他听说那天是玛丽·凯的生日后，跟她说了声"请原谅"就走开了。几分钟后，他又回来同玛丽·凯接着聊。15分钟后，一位秘书给他送来了12枝玫瑰，这是给玛丽·凯的生日礼物。

"我顿时感到他送给我的好像是几百万美元！"玛丽·凯回忆起来时不禁感慨万分。当然玛丽·凯开走了那辆米黄色默库里牌汽车，而没有买那种福特车。

3. 会议推销

所谓会议推销，是指利用各种会议的形式，如展销会、洽谈会、交易会、订货会、供货会等宣传和介绍商品，开展销售活动。随着商品经济的发展，这种推销形式也越来越被大多数企业所采用。在各种推销会议上，往往是多家企业同时参加商品销售活动，各企业之间、同行之间接触广泛，影响面大，其推销效果比上门推销和柜台推销更为显著。会议推销的主要特点有：

(1) 推销员群体向顾客靠拢。上门推销和柜台推销基本上是推销者同顾客一对一地洽谈推销，而会议推销往往是由推销员、销售经理或有关人员组成小组同客户进行磋商、洽谈，销售商品。

(2) 推销集中，成交额大。各种推销会议的参加者，一般都是目的明确，有备而来，即参加推销会议的企业是为卖而来，参加推销会议的顾客是为买而来。只要双方的意愿、要求相吻合，就容易达成交易，并且常常是大批订货，成交额较大。

9.2.5 推销人员的业务要求

一个合格的推销人员不仅要善于推销商品，而且要善于推销满意。这就要求推销人员要

具备较高的业务水平。一名合格的推销人员在业务上要符合下列要求:

(1) 掌握商品的基本知识。这是推销人员开展工作的最基本的要求。推销人员必须对本企业所生产或经营的商品的特点、工艺过程和本企业的概况有深刻的了解,同时,还必须了解竞争对手的商品的性能、价格、销售等方面的情况。这样和购买者进行洽谈、说服、诱导时将更加灵活和有针对性。作为推销人员,应该深刻地领会到,工作的目的不仅仅是将商品推销出去,而是与此同时获得顾客的认可和满意。

(2) 善于察言观色,具有较强的应变能力。在推销洽谈中,顾客的购买意图往往是若隐若现,成交信号也是稍纵即逝,况且顾客在性格、爱好等方面均有差异,这就需要推销员通过顾客的说话方式、面部表情等的变化,洞察顾客的心态,做出正确的判断,看准火候,牢牢把握成交的时机,促成交易的实现。

(3) 善于言辞,具有较好的语言表达能力。交谈、介绍是推销活动的第一步,融洽的交谈往往意味着推销成功了一半。善于言辞的推销员,能促进推销的顺利进行。善于言辞,不是吹牛说大话,哄骗消费者,而是能掌握语言运用的技巧,谈吐文雅,热情诚恳,彬彬有礼,谈吐、举止深得消费者的信任和喜爱。同时,通过与顾客的寒暄,对商品的介绍、劝导,调动顾客说话的积极性。当顾客说话时,认真地倾听,做出积极的反应,买卖双方通过融洽的交谈,沟通感情,生意自然而然就容易做了。

(4) 精通生意经。推销人员应当熟悉行情,善于捕捉各种有关的市场信息,并能从纷繁的市场信息中识别出对本企业最有价值的部分,加以有效地利用。这就要求推销员应当思维敏捷,具有高度的职业敏感性,时时留心,处处留意,建立十分广泛的信息源,有的放矢地做好推销工作,以提高推销效率。

案例 9-2

基督教训商店

彭奈创设的"基督教训商店"是美国一家知名度很高的零售商店。顾客的等级不一样,所要求的货色也完全不同。彭奈有一次在电视上讲授他的经营术时说:"一个周薪一万元的人和一个周薪只有几十元的人,假如到你店里都是买毛巾,店员一定要以两种截然不同的方式来接待他们,才能把这两个顾客同时拉住。"

关于这一点,彭奈曾举了一个实例:

一天下午,一个中年男人到店里买搅蛋器,这种货品约有七种,价格有高达百元的,也有十几元的。

"先生,"店员很有礼貌地说,"你想要好一点的,还是要次一点的?"

"当然是要好的,"顾客有点不高兴地说,"不好的东西谁要?"

店员受他抢白,有点讪讪的,红着脸把最好的一种多佛牌搅蛋器拿出来。

"这是最好的吗?"顾客问。

"是的,"店员说,"而且是牌子最老的一种。"

"多少钱?"

"110元。"

"什么?"顾客把眼一瞪,"为什么这样贵?我听说,最好的才六十几块钱。"

"六十几块钱的我们也有,"店员说,"但那不是最好的。"

"可是，也不至于差这么多钱呀！"

"差得并不多，还有十几元一个的哩。"

那位顾客一听，面现不悦之色，掉头想离去，彭奈急忙赶了过去。

"先生，"他说，"你想买搅蛋器是不？我来介绍一种好产品给你。"

"什么样的？"

彭奈要店员拿出另外一种牌子来，说："就是这一种，请你看一看，式样还不错吧？"

"多少钱？"

"54元。"

"照你店员刚才的说法，这不是最好的，我不要。"

"我这位店员刚才没有说清楚，"彭奈说，"搅蛋器有好几种牌子，每种牌子都有最好的货色，我刚才拿出的这一种，是同牌货中最好的。"

"可是，为什么比多佛牌差那么多钱？"

"这是制造成本的关系，"彭奈用一种亲切的语气说，"你知道，每种厂牌的机器构造不一样，所用的材料也不同，所以在价格上会有出入。至于多佛牌的价钱高，有两个原因：一是它的牌子老、信誉好；二是它的容量大，适合做糕饼生意用。"

"噢，原来是这样的。"顾客的神色缓和了。

"其实，"彭奈接着说，"有很多人喜欢用新牌子的。就拿我来说吧，我用的就是这种牌子，性能并不怎么差，而且它有个最大的优点，体积小，用起来方便，一般家庭用最为适合。府上有多少人？"

"五个人。"顾客的反抗意识完全消除了。

"那再适合不过了，"彭奈说，他的表情就像跟老朋友谈天一样，"我看你就拿这样的一把回去用吧，保证不会使你失望。"

这笔生意就这样成交了，而从中我们不能不佩服彭奈善于把握顾客的心理，又有较强应对能力的高超推销技巧。这虽然是一件小事，但是"大顾客与小顾客之间的差别，几乎等于零"，彭奈最终步向了成功。

（资料来源：李航. 有效管理者——营销企划. 北京：中国对外经济贸易出版社，1998.）

9.2.6 人员推销的策略

推销人员能力的高低，除了推销人员自身素质的差别之外，能否掌握和成功地运用推销策略，是一个十分重要的因素。人员推销的策略主要有以下三种：

（1）试探性策略。试探性策略即"刺激—反应"策略，是推销人员利用刺激性的方法引发顾客的购买行为。通过事先设计好的能够引起顾客兴趣、刺激顾客购买欲望的推销语言，投石问路地对顾客进行试探，观察反应，然后采取相应的措施。因此，运用试探性策略的关键是要能引起顾客的积极反应。

（2）针对性策略。针对性策略即"配方—成交"策略，是通过推销人员利用针对性较强的说服方法，促成顾客购买行为的发生。运用针对性策略的关键是要使顾客产生强烈的信任感。因此，推销人员在已经基本了解顾客某些方面需求的前提下，要言辞恳切、实事求是，有目的地宣传、展示和介绍商品，说服顾客购买，使顾客感到推销人员的确是真心为自己服务，从而愉快地实现其购买行为。

(3) 诱导性策略。诱导性策略即"诱发—满足"策略，是推销人员通过运用能激起顾客某种欲望的说服方法，诱导顾客采取购买行为。运用诱导性策略的关键是推销人员要具有较高的推销艺术，能够诱发顾客产生某方面的要求，然后抓住时机，运用鼓动、诱惑性强的语言，介绍商品的效用，说明所推销的商品正好能满足顾客的要求，从而诱导顾客购买。

任务9.3 了解广告

任务提示

随着现代物流的高速发展，具有同一属性、同一用途的商品有数种或数百种之多，人们对它们的最初认识主要来自于广告宣传，广告这一传媒工具已经架起了商品与用户之间的需求桥梁，在一定程度上也可以说是已经成为我们每个人的信息之窗。企业仅有优质的产品和服务也是不够的，只有配以良好的广告宣传，才能形成自己的品牌并使其丰满起来，从而使企业在激烈的竞争中永立潮头。

任务情境

京东商城成功的广告宣传

《男人帮》在全国五大卫视同时热播，除了幽默的台词和出色的演技引人关注，演员们在剧中的服装鞋帽也迅速成了都市白领们追捧的热门商品。顾小白的长款围巾、罗书全的羽绒马甲……一夜之间成了网络热搜的明星产品，而这些热门商品指向了一个方向——京东商城。京东商城第一次尝试在电视剧中植入广告，并迎来了意想不到的巨大商机。

除了在剧中植入广告，京东商城在剧外也下足了工夫。京东商城在《男人帮》热播的5个卫视台投放了广告，孙红雷为京东商城代言的广告词红遍全国。"不想Out？教你一个词：Fashion。《男人帮》全剧潮服在京东商城都能找到，便宜你了。"《男人帮》中赤裸而直接的京东商城广告，虽然引起了争议，但是电视剧开播以来京东商城的销售数字却证明了这是一次娱乐营销的成功范例。

9.3.1 广告的定义

广告是广告主有偿地使用特定的媒体向大众传播商品或劳务的信息，以促销商品或服务为目的的一种信息传播手段。之所以这样定义广告，是因为它涵盖了现代广告的基本特征，即广告的手段，是通过特定的媒体来进行，而对媒体的使用是有偿的；广告的对象是广大消费者，是大众传播，而非个人传播行为，这有别于人员促销；广告的内容是传播商品或劳务的信息；广告的目的是为了促销商品或劳务，取得利润。

9.3.2 广告的作用

广告作为市场促销的一种主要手段，其作用是多方面的，归纳起来主要有：

（1）传递信息，促进销售。传递信息是广告最基本的作用。广告能够帮助消费者了解商品的特点，诱导顾客的需求，影响他们的心理，刺激他们的购买行为，创造销售的机会。

通过广告，企业还可以沟通企业、中间商、消费者三者的关系，帮助商业部门的销售活动。

（2）介绍商品，引导消费。商品经济的高速发展，使得商品的种类繁多，新产品层出不穷，顾客不易认识和分辨。面对这种情况，企业可以通过广告介绍商品的功能和用途，根据消费者需求和习惯加以引导，指导他们的消费。对于社会大众来说，优秀的广告也是一种文化消费。

（3）树立产品形象，提高企业知名度。消费者在商品繁多、以买方市场为主的市场上，购买弹性较大、选择性较强，在自觉与不自觉当中，常有参考广告来选购商品的习惯。企业为了加强顾客对产品的记忆和好感，巩固和扩大市场占有率，就要充分发挥广告的竞争力量，在广告宣传上先声夺人，在消费者中树立深刻的商品形象和企业声誉，以巩固和扩大市场占有率。此外，大型广告可以在一定程度上展示企业的规模、知名度和成功形象。

（4）为业务联系提供方便和支持。广告是商品顺利进入市场的开路先锋，通过广告，企业可以沟通与客户的联系，促进交易的达成，为业务联系提供方便，而且广告宣传提高了企业及产品的知名度，支持了其他促销活动的开展。

9.3.3 广告的种类

广告从不同的角度来划分，可以有不同的种类。

1. 按广告的内容分类

按广告的内容分类，可分为：

（1）开拓性广告。开拓性广告主要用于对刚投入市场或正准备上市的商品进行正面的宣传和介绍，向消费者传递有关商品的用途、性能、构造、质量、价格和服务等各种信息，使购买者注意并了解本企业的产品，为销售创造条件。

（2）竞争性广告。竞争性广告主要用于宣传商品的用途、特色、生产厂家等，以说服顾客购买本企业的产品，一般多用于处在成长期和成熟期的产品宣传，力争培养顾客对企业或企业产品的偏好。竞争性广告着重强调本企业产品的独到之处和企业的竞争优势，使顾客感到购买本企业的产品能带来更多的利益和优越性。

（3）引导性广告。引导性广告主要用于新产品的销售过程，以诱导、培养和创造新的消费需求为目的。通过广告，引导人们改变传统的生活习惯，为新产品创造新需求，从而打开销路。

（4）强化性广告。强化性广告是以不断提醒人们注意、强化记忆、加深印象为目的的广告，一般适用于习惯性日常生活用品的销售宣传，为商品大批量进入市场奠定基础。

（5）声势性广告。声势性广告是以树立企业信誉和产品形象为目的，运用各种广告宣传手段，在大庭广众之中造成强大舆论。声势性广告需要一定的规模和较高的成本。

2. 按广告的范围分类

按广告的范围分类，可分为：

（1）全国性广告。采用全国性广告的多是一些规模大、产品服务遍及全国的企业。其产品也多数是通用性强、选择余地小、销售量较大或是一些专业性强、使用地区分散的产品。通过全国性的报纸、杂志、电视、电台等媒体做广告，以激发消费者对产品的需求。

（2）区域性广告。中小企业多选用区域性广告。广告的产品也多数是一些地方性产品、季节性产品、销量有限而选择性较强的产品。通过选用省报、省电台、省市电视台等区域性的媒体做广告，在一定区域范围内宣传销售产品。

（3）地方性广告。地方性广告多为商业零售企业、地方性工业、服务性行业等。此类广告所选择的媒体如地方报纸、地方电台、路牌、霓虹灯等的传播范围较之区域性广告的传播范围要窄，广告宣传的重点是促使人们使用地方性产品或认店购买。

3. 按广告的媒体分类

按广告媒体分类，样式繁多，让人眼花缭乱，几乎所有能作为宣传载体的媒介，都被商家所利用。广告按其媒体进行划分，可以分为：

（1）印刷品广告，包括报纸广告、杂志广告、电话簿广告、画册广告、火车时刻表广告等。

（2）电子媒体广告，包括电视广告、电台和广播广告、电影广告、互联网络广告、电子显示屏幕广告以及幻灯机、扩音机、影碟录像广告等。

（3）户外广告，主要有路牌广告、交通广告、招贴广告、灯光广告、旗帜广告、气球广告等。

（4）邮寄广告，即采用邮寄的方式向消费者传达产品信息，推销商品，宣传企业。它主要有宣传画册、商品目录和说明书、明信片、挂历等邮寄小礼品广告。

（5）POP 广告，即售点广告，如柜台广告、货架陈列广告、模特广告、圆柱广告以及在购物场所内的传单、彩旗、招贴画等。POP 广告是专设在售货点现场的广告，目的是为了弥补一般媒体广告的不足，以强化零售终端对消费者的影响力。

（6）其他广告，如馈赠广告、赞助广告、体育广告、购物袋和手提包广告、火柴盒广告、雨伞广告等。

9.3.4 四大媒体广告的特性及选择

目前，在众多的媒体广告中，报纸、杂志、广播、电视等四类广告，使用最为经常，影响广泛，统称为四大媒体广告。

1. 广告媒体的特性

（1）报纸。报纸是最早发布广告、应用最广泛的媒体。其优点在于宣传面广、读者众多、传播速度快、时效性较强。同时费用低廉、制作方便、便于剪贴存查，在一定程度上可以借助于报纸本身的威信。其不足之处是印刷不够精致及略显呆板单调，登载内容多，分散了对广告的注意力，广告接触时间相对较短，要连续刊登广告才有效力。

（2）杂志。杂志是仅次于报纸而较早出现的广告媒体。杂志广告发行面广，宣传区域大，并且可以留存翻阅，与读者反复接触机会多；印刷精度，广告内容集中单一，易引人注目。特别是一些针对性强的广告，更宜在专业性杂志上刊登。杂志广告的不足之处是发行周期长、时效性差、篇幅少、广告运用受限制。专业性杂志由于专业性强，因此，广告接触对象不广泛。

（3）广播。广播是以无线电波发播广告，因此，传播速度极快，传播覆盖面最广，人人可以接收，而且制作简便，通俗易懂。广播广告媒体的局限性有：有声无形，转瞬即逝，广告内容难以记忆，无法存查。

（4）电视。电视是一种集声、形、色于一体的广告媒体，形象逼真，感染力强，表现手法丰富，艺术性较高，对观众有很强烈的吸引力。电视广告媒体的局限性有：费用较大，播放时间短促,印象不深,穿插在节目中播出,容易分散对广告的注意力。

案例 9—3

泰国潘婷广告

该广告讲诉的是一个聋哑女孩在小时候无意中看到街头拉小提琴的流浪艺人,于是乎小女孩励志成为一名优秀的小提琴手,然而对一个聋哑小孩来说,在学校学习拉小提琴期间,无疑遭到同学们的冷嘲热讽。女孩更受到一个家庭优越的女生的排挤,处处为难她。

"鸭子也想飞?"

"聋子也想拉小提琴?"

"你脑子有水啊?"

"你就不能学点儿别的?"

"你在浪费所有人的时间!"

就在小女孩心灰意冷、无助的时候,小女孩又碰到了那个街头拉小提琴的流浪艺人,流浪汉鼓励小女孩不要太在意别人的看法,要在乎自己内心的感觉!

他用手语问:"你还在拉小提琴吗?"

她说:"为什么我和其他人不一样?"

"为什么,你一定要和别人一样?

音乐,是有生命的。轻轻闭上你的眼睛去感受,你就能看见音乐。"

从此女孩重新领悟到了音乐的真谛,也在音乐中找到了自己。她与流浪艺人都是聋哑人,无声的世界里,用音乐温暖彼此,显现出一种心灵上的契合。

在最后参加古典音乐比赛中,小女孩轻轻闭上眼睛,认真投入地演奏着,舞动着长发,用破旧的小提琴拉出了让全场震撼的曲子。

片尾,出现了潘婷的广告语"You can shine"(你也可以很闪耀)。

《卡农》作为整个广告的主题音乐,也使得这支广告被赋予了一种《卡农》所表达出来的精神。这是一个很感人、富有深意的广告,它所体现出来的价值观远远超过了它对潘婷洗发水的宣传作用,我们在感受它的精神时,也深深地记住了"潘婷"这个名字。

2. 广告媒体的选择

广告媒体选择得恰当与否,直接关系到广告的效果。正确地选择广告媒体一般要考虑以下因素:

(1) 广告商品特性。由于每种商品的性质、性能、特点不同,因而需要选择不同的广告媒体。如对一般日用消费品,可用电视或广播做广告,以便深入家庭进行宣传;对一些高技术性能的工业品,可选择一些专业性杂志或采用邮寄广告的形式进行宣传,以便详细地说明产品性能和使用方法。

(2) 媒体的性质。不同的广告媒体,传播范围有大有小,对消费者所产生的影响力有强有弱,如畅销全国的商品适宜在全国性的报纸、杂志、电台或电视上做广告;在一定范围内适销的商品可选用区域性或地方性的报纸、杂志、广播或电视等媒体做广告。

(3) 广告对象与媒体的关系。不同的媒体,其视听者阶层和人数等是不同的,能够达到目标市场者乃是最有效的媒体,即广告对象越与媒体对象接近或一致,广告的针对性效果越强。如妇女用品广告,刊登在妇女杂志上较好;对学龄前儿童,最好的广告媒体是电视或橱窗广告等。

(4) 广告费用支出。不同的广告媒体，费用是不同的，同一类型的广告媒体，也因登广告的时间和位置不同，有不同的收费标准。因此，企业发布广告要依据自身的财力来合理地选择广告媒体。在选择广告媒体时要求在一定的预算条件下，达到一定的覆盖面和影响力，要分析相对价格，即以广告费用支出与预算效果相比较。广告的相对价格计算公式如下：

$$报纸广告百万字发行费 = 发行价格 \times 1\,000\,000 \div 发行量$$
$$杂志千字页发行费 = 每页价格 \times 1\,000 \div 发行量$$
$$电视每秒万人价格 = 每次每秒价格 \times 10\,000 \div 预计收看人数$$
$$广播每秒万人价格 = 每次每秒价格 \times 10\,000 \div 预计收听人数$$

案例 9-4

可口可乐在中国的广告策略

20世纪调查显示，全球最流行的三个词分别是上帝（God）、她（her）和可口可乐（CocaCola）。可口可乐还是中国改革开放后第一个进入中国的外企，也是第一个在中国做广告的。1984年英女王访华，英国电视台BBC拍了一个纪录片给中国中央电视台播放。作为外交礼节，中央电视台必须播放，但苦于没钱给BBC，于是找到可口可乐要赞助。可口可乐提出了一个赞助条件：在纪录片播放之前加播一个可口可乐的广告片。这成了新中国电视广告历史上的开篇之笔。

撇开可口可乐荣耀不论，可口可乐的广告策略在全世界也是首屈一指的。从历史上看，可口可乐公司是以广告投入巨大而取胜的。如今可口可乐在全球每年广告费超过6亿美元。中国市场也不例外，可口可乐在中国每年广告投入高达几千万元。起初，可口可乐是以国际化形象出现在中国消费者面前的，凭最典型化的美国风格和美国个性来打动消费者，所用广告也是美国亚特兰大版本。临近20世纪末时，可口可乐意识到，要当中国饮料市场的领导者，品牌融合中国文化才是长久之路。可口可乐开始大踏步实施广告本土化的策略。

可口可乐广告本土化策略，首先体现在其广告与中国文化的结合。可口可乐俨然成了中国本地产品，而这种乡土形象，确实达到了与中国消费者沟通的效果。

其次，可口可乐积极选择华人新生代偶像做形象代言人。可口可乐一贯采用无差异市场涵盖策略，目标客户显得比较广泛。近来，可口可乐广告策略把受众集中到年轻人身上，广告画面以活力充沛的健康青年形象为主体。

可口可乐不愧为世界第一品牌，具有长期的战略眼光。为了长期保持在中国软饮料市场的霸主地位，它的广告策略可以放弃美国思维，而主动融合中国本土观念。这种本土化策略，受到了每一位中国民众的欢迎。据中央电视台调查咨询中心数据，可口可乐已连续数年在市场占有率、最佳品牌认同比例和品牌知名度上名列第一，中国现在有90%的消费者认识可口可乐。

9.3.5 网络广告

网络广告，就是以互联网络为媒体，广告主以付费方式传播信息、提供新产品销售的一种信息传播活动。它被人们形容为广告界的一株奇葩。其诞生不久，就跻身于主流传媒之列，被称为第"五大"广告媒体。

案例 9-5

冰桶挑战

2014年有一个在国内国外都掀起风潮的活动——冰桶挑战，全称为"ALS 冰桶挑战赛"，要求参与者在网络上发布自己被冰水浇遍全身的视频内容，然后该参与者便可以要求其他人来参与这一活动。活动规定，被邀请者要么在 24 小时内接受挑战，要么就选择为对抗"肌肉萎缩性侧索硬化症"捐出 100 美元。该活动旨在让更多人知道被称为"渐冻人"的罕见疾病，同时也达到募款帮助治疗的目的。

ALS 冰桶挑战可以说是 2014 年夏天的大赢家，它由国外传入，并经国内最大的社交平台微博不断发酵。率先接受挑战的是科技界类似于雷军、李彦宏这样的大佬们。随后，娱乐圈的各路明星也纷纷加入这项活动，使之持续升温。随着社会关注度的提高，政府方面对此的态度也很不错，并且建议活动的组织者更加注重活动的实效，避免娱乐化、商业化的倾向。

1. 网络广告的优势

（1）更加自主、方便，广告发布者可以自由建立网站，手续简单，成本低廉。

（2）采取了"一对一"的模式，使广告受众者处于主动地位，"一对一"的模式可以说是网络媒体给予广告的一个最有价值的馈赠。

（3）网络广告信息量巨大。它依仗非线性结构，不必因为顾忌广告的感染力、吸引力，忍痛割爱地削减信息量，令其他媒体望其项背，难以企及。

2. 网络广告的类型

（1）电子邮件广告。它有三种具体操作形式：① 搜集顾客或潜在顾客的 E-mail 地址，有针对性地将广告通过电子信箱直接发送给他们；② 电子邮件列表，将企业的广告用电子邮件发送过去，就会即时传达给列表上的每一个人；③ 电子刊物广告，即是指广告主在以电子邮件形式发送的电子刊物上刊登广告的一种信息传播方式。

（2）电子公告牌（BBS）广告。BBS 是一种以文本为主的网上讨论组织，目前，越来越多的网络服务机构开设了 BBS 商务讨论区。在 BBS 上，企业最应该利用的一项优势就是与公众进行交流。

（3）Usenet 广告。Usenet 是由众多在线讨论组组成的自成一体的交流，其中一个一个的组分别都有各自不同的主题。而利用 Usenet 做广告，主要就是利用有关商务信息主题的讨论组发布信息。

（4）万维网（Web）广告。在万维网中，是消费者在寻找广告主的主页，而不是广告主寻找消费者。

3. 网络广告的创意制作、效果测评及费用支出

网络广告的创意与一般广告区别不大，但对于它的制作，专业性要求就比较高，需要有足够的电脑知识、美术才能。网络广告的测评可以通过三种形式：

（1）利用服务器端口的访问统计软件监测访问情况，评定广告效果。

（2）考察广告投放后客户反馈量，评定广告效果。

（3）通过广告测评机构来评估。

网络广告的收费方式主要有CPM（以广告图形被载入1 000次为基准）、CPC（以广告图形被点击并连接到相关网址或详细内容页面1 000次为基准）、点击次数、包月方式四种形式，而收费标准因站点不同，各有不同。

9.3.6　广告设计与语言形象

案例9-6

特别的鞋店广告

　　1949年前，南京有家鹤鸣鞋店，牌子虽老，却无人问津。老板发现许多商社和名牌店那时兴登广告推销商品。他也想做广告宣传一下。

　　但怎样的广告才有效果呢？店老板来回走动寻思着。这时，账房先生过来献计说："商业竞争与打仗一样，只要你舍得花钱在市里最大的报社登三天的广告。第一天只登个大问号，下面写一行小字：'欲知详情，请见明日本报栏。'第二天照旧，等到第三天揭开谜底，广告上写'三人行必有我师，三人行必有我鞋，鹤鸣皮鞋'。"

　　老板一听，觉得此计可行，依计行事，广告一登出来果然吸引了广大读者，鹤鸣鞋店顿时家喻户晓，生意红火。老板很感触地意识到：做广告不但要加深读者对广告的印象，还要掌握读者求知的心理。这则特别的商业广告，也显示出赫赫有名的老商号财大气粗的气派。从此，鹤鸣鞋店在京沪鞋帽业便鹤立鸡群。

　　广告的设计与语言是完成广告任务的重要手段，是广告策划中的创意核心。

　　广告设计要求作者把广告主的意图，用艺术的、直观的、形象的方式表现出来。要由突出的主题、独特的构思、简洁的语言和生动的形象组合成一个和谐的整体。广告的设计是一项在广告策划过程中具体实施的系统工程，因此，真实性、针对性、创造性、简明性、艺术性与合法性是广告设计的原则。

　　广告语言是广告的核心，是广告对象认知商品必不可少的。广告语言能起到引起注意、刺激需求、保持印象、促成购买等作用。因此，广告语言的运用要准确、鲜明、生动。

　　当然，广告设计与语言形象还要依靠制作技术的加工和提炼，以升华到感人的程度。广告的制作技术是丰富多彩的，随着媒体的变化而手段各异。但对同一产品的宣传却要保持产品本身统一的商品形象。

9.3.7　广告效果测定

　　广告的传播必然会对销售带来影响，产生一定的经济效果。由于对广告的经济效果有两种不同的看法，广告效果测定的方法相应也有两种。

1. 直接经济效果

　　直接经济效果是以广告对商品促销情况的好坏来直接判定广告效果，是以广告费的支出和销售额的增加这两个指标为主要测量单位。广告主支出广告开支，必然希望能够通过增加产品销售而获得经济效益，因此，直接经济效果比较容易测定，也是广告主最为关心的。但是，直接影响产品销售的因素，除了广告之外还有很多，诸如企业的营销策略与方法、产品的生命周期和市场竞争情况等，都会直接影响产品的销售量。有时在广告发布后，产品销售量下降了，但这并不一定是广告没有发挥作用，也许是其他因素影响的结果。显然，单纯以直接经济效果的多寡来衡量广告效果的大小，是不够全面也不够准确的。

2. 间接经济效果

间接经济效果不是以销售情况好坏作为直接评定广告效果的依据，而是以广告的收视收听率、产品的知名度、记忆度、理解度等广告本身的效果为依据。当然，广告本身效果最终也要反映在产品销售上，但它不以销售额多少作为指标，而是以广告所能产生的心理性因素为依据，即广告做出后，测定广告接受者人数的多少、影响的程度，以及人们从认知到行动的整个心理变化过程。其具体包括以下内容：

（1）对广告注意度的测定，即各种广告媒体吸引人的程度和范围，主要测定视听率。

（2）对广告记忆度的测定，即对消费者对于广告的主要内容，如厂家、品牌、名称等记忆程度的测定，从中可见广告主题是否鲜明、突出、与众不同。

（3）对广告理解度的测定，即指消费者对于广告的内容、形式等理解程度的测定，从中可以检查广告设计与制作的效果如何。

（4）对动机形成的测定，即测定广告对消费者从认知到行动究竟起多大作用。

任务9.4　掌握营业推广

任务提示

在我国，随着市场竞争在更大范围和更深层次上展开，企业为了适应新形势，不断开辟新的目标市场、开发新产品，为了刺激早期的市场需求，能够迅速地产生鼓励作用、促进商品销售，营业推广成为参与市场竞争的有力工具，而且成为主要促销手段。

任务情境

和悦汽车5月促销活动月购车赠送超值大礼包

广东通达汽车贸易有限公司4S店推出在该店内购买和悦全系汽车均有大礼包赠送，礼包内容包括防爆膜、真皮座椅、工时卡等（车主需根据车型进行选择），礼包价值不菲，质保和保养方面，和悦可享受厂家提供的三年或10万千米整车质保。贷款方面，该店有中国银行为车主提供购车贷款服务，车主一般可申请最低首付车价30%，最长贷款期限为3年。保险方面，店内有人保、中华联合保险公司提供直赔保险服务，店内办理会更方便省时。

9.4.1　营业推广的概念和作用

1. 营业推广的概念

营业推广，又称为特种推销，是指能够刺激顾客的需求，吸引消费者购买而采取的特种促销手段。它是与人员推销、广告、公共关系并列的四大基本促销手段之一。由于典型的营业推广一般用于短期的和额外的促销工作，其着眼点往往在于解决一些更为具体的促销问题，因而营业推广是一种不经常的、无规则的促销活动，其短期效益比较明显。

2. 营业推广的作用

（1）通过营业推广，能够刺激购买行为，在短期内达成交易。当消费者对市场上的产品没有足够的了解和做出积极反应时，通过营业推广的一些促销措施，如赠送或发优惠券等，能够引起消费者的兴趣，刺激他们的购买行为，在短期内促成交易。

（2）通过营业推广，企业向顾客提供一些特殊的优惠条件，可以有效地影响、抵御和击败竞争者。当竞争者大规模地发起促销活动时，营业推广往往是在市场竞争中抵御和反击竞争者的有效武器，如减价、试用等方式常常能增强企业经营的同类产品对顾客的吸引力，从而稳定和扩大自己的顾客队伍，抵御竞争者的介入。

（3）通过营业推广，可以有效地影响中间商，促进与中间商的中长期业务关系。生产企业在销售产品中同中间商保持良好关系，取得他们的合作是非常重要的。生产企业常常通过营业推广的一些形式，如折扣、馈赠等劝诱中间商更多地购买并同厂商保持稳定的业务关系，从而有利于双方的中长期合作。

9.4.2 营业推广的形式

营业推广的形式很多，大致可以分为三类：第一类是对消费者的营业推广；第二类是对中间商的营业推广；第三类是对推销人员的营业推广。

1. 对消费者的营业推广形式

对消费者的营业推广常见的有以下几种形式。

（1）赠送样品。赠送样品按发送方式的不同，主要可分为六种形式。

① 直接邮寄。将样品通过邮寄的形式，送至消费者。不过新建小区、边远地区运用此种方式，可能难以及时服务到位，影响效果。

② 逐户分送。将样品以专人方式直接送至消费者门外、信箱内或是应门的消费者。不过为保障居民安全，某些国家的一些高级社区已严禁使用。事实上，这种方式更适用于人口密度较高的地区，大多委托专门的销售服务公司或学生进行分送。

③ 定点分送及展示。在一些人流汇集的公共场所设点，将样品直接送到消费者手中。与此同时，还对产品进行了有效的展示和宣传。

④ 媒体分送。由报纸、杂志等大众媒体将免费样品送给消费者，一般适用于体积小且薄、可附在媒体里发送的产品。

⑤ 联合发送。将具有相关性却非竞争产品的商品集成一个样品袋送到消费者手中。各品牌分摊费用使成本降低，样品袋组合精致，颇能获得消费者的喜爱。

⑥ 选择发送。将样品送到特定的目标消费群体中，比如军人、新娘、学生、母亲或其他一些特定群体。针对特定对象分送样品，可以直接接触目标顾客，又节省人力、物力、财力。

（2）付费赠送。通过赠送便宜商品或免费品，以此介绍产品的性能、特点、功效等，这样既可以使顾客得到实惠，又可刺激顾客的购买行为。馈赠物品主要是一些能向消费者传递企业有关信息的精美小物品，如赠送印有本企业名称、地址、电话号码、企业口号的日历、台历、挂历、打火机、火柴盒、温度计等。馈赠的形式也灵活多样，主要有：

① 随货赠送。购买某一商品则得到相应的赠品。

② 批量购买赠品。顾客购买企业某产品数额达到既定批量，或顾客购买商店商品（不一定是同一品种）的金额达到一定标准，可以免费得到赠品。

③ 随货中彩奖品。并非所有商品都是随货赠送物品，而是其中有少数商品内装有赠品。

（3）赠券或印花。当消费者购买某一商品时，企业给予一定张数的交易赠券或印花，购买者将赠券或印花积累到一定数额时，可到指定地点换取这种商品、赠品或奖金。赠券或印花的实施,可以刺激消费者大量购买本企业的产品,扩大企业的市场占有率。但对小批量购买的消费者来说,吸引力不大。

案例9-7

里力的口香糖

　　口香糖是美国人里力的杰作,它刚出现时运气并不佳,买的人寥寥无几。里力为了推销口香糖,利用了各种宣传手段,可是收效不大。后来,他在试销中发现,为数不多的顾客中,大都是儿童。里力从儿童身上看到了"希望",他决定以儿童作为推销口香糖的"突破口",里力按电话簿上刊登的地址,给每个家庭都免费送上4块口香糖。他一口气送了150万户,共600万块口香糖。这一举动让同行们大感不解:为什么做这样的赔本买卖!谁知几天以后,这一招就奏效了。孩子们吃完里力赠送的口香糖,都吵着还要吃,家长们当然只有再买。从此,口香糖的销路就打开了,聪明的里力后来又想出了一个新招:回收口香糖纸。顾客送回一定数量的糖纸,就能得到一份口香糖。孩子们为了多得糖纸,就吵着要大人也嚼口香糖。就这样大人小孩一起嚼,没多久就把口香糖嚼成了畅销世界的热门货。

　　(4)赠送优惠券。产品推销者事先通过多种方式将优惠券发到消费者手中,有此优惠券的消费者在购买本企业的商品时,可以得到一定的价格折扣。一般来说,优惠券的持有者通常是对企业有直接或间接贡献的消费者,或社会影响较大、与企业业务关系密切的长期客户,也有一部分是企业要争取的新顾客。无论是老顾客还是新顾客,享受折扣都是有吸引力的。

　　(5)退费优待。企业根据顾客提供的购买某种商品的购物凭证,给予一定退费。退费优待有单一商品购买优待、同一商品重复购买优待、同一厂商多种产品购买优待、几种相关商品联合优待等几种形式。退费优待适用于各个行业,效果明显,尤其是在通货膨胀期间,更是颇受欢迎。不过高度个性化、经久耐用的商品比产品差异化小、再购率高的常用品反应要差一点。

　　(6)折价优待,是指企业调低特定时期内商品的售价,减少自身利润以回馈消费者。折价优待可以有效与竞争者商品相抗衡,增加市场份额,而从长期来看,也扩大了利润。像一些公司利用节日、庆典纪念日等,推出折价、优惠的商品促销活动,在这一时期过后,商品价格复原。这样的活动即属折价优待。折价优待一般有四种:

　　① 标签上注明折价,即在商品的正式标签上运用旗形、锯齿形、三角形或其他创意,将折价优待的信息显著告诉消费者。

　　② 软质包装上注明折价,即将折价标示注明在软质包装物上。比如巧手洗衣粉、洗洁精在面市之初很长一段时间,就运用了这种促销方式。

　　③ 套式包装的运用,是把几种商品统一包装在一起,做联合折价促销,将折价金额标示在套装上。

　　④ 买一赠一的运用。免费变换的形式还有在一个单位的商品内附赠一定数量的优惠,在包装物上注明所赠送的数额。

　　(7)展销。通过展销会的形式,使消费者了解商品,增加销售的机会。常用的展销形式有:为适应消费者季节购买的特点而举办的"季节性商品展销",以名优产品为龙头的"名优产品展",为新产品打开销路的"新产品展销"等。

案例 9-8

第五届海南汽车展销会璀璨开幕

第五届海南汽车展销会和海南汽车零部件及相关产品展览会，将分别在海南国际会展中心和海口会展中心揭开面纱，43个汽车品牌、200多款新车名车将在此超炫展示。

展销会主题为"新启程新高度"。展会共规划了42个特装展位，展览总面积3.299 3万平方米。海南汽车零部件及相关产品展览会共规划标准展位68个，展览总面积5 000平方米。两个展会展览总面积为3.799 3万平方米，是历年来海南车展办展面积最大的一次。

在本届秋季车展上，大部分参展车商还将给消费者带来购车优惠，参展车商千万巨惠将联合让利消费者。无论是一线豪华汽车品牌，还是主打市民购车梦的经济型轿车，都将在车展上推出巨大的购车优惠活动，帮助市民找寻他们钟爱的车，同时也使参展厂商获得最大的经济效益。

在确保海南汽车展销会精彩、成功亮相的同时，主办方在本届车展上还精心安排了六大主题活动：顶级豪车名车惊艳展示、展商千万巨惠联合让利、高校靓模巡馆走秀活动、"看车展购门票天天送汽车"大奖、"我最喜爱车型"评选暨颁奖晚会、开通多条观展巴士等。本次车展主题活动内容精彩纷呈，为各界人士构建良好的交流与合作平台。

（8）服务促销。通过周到的服务使顾客得到实惠，在相互信任的基础上长期开展交易。服务促销的形式多种多样，有售前、售中、售后服务，培训服务，维修服务，保险服务，订购服务，邮寄服务等。

（9）消费信贷。通过赊销等方式向消费者推销商品。采用这种方式，消费者不用支付现金即可购买商品。消费信贷的形式有分期付款、信用卡、房屋按揭等。

（10）抽奖与竞赛。这是企业以特定奖品为诱因，吸引消费者积极参与购买以期中奖的一种销售促进活动。

2. 对中间商的营业推广形式

它主要有以下几种：

（1）批量折扣，是指中间商购货达到一定数量时，按计划金额给予一定的折扣。其基本形式有两种：

① 明码标价，即按照购买批量分段标明价格，或者标明折扣率，购买批量越大，折扣率越大。

② 只标明零售价格和靠顾客批量购买可以优惠，在交易谈判中根据实际情况灵活掌握批量与折扣之间比例。

（2）期间补贴。限制在一定期间内，凭发票享受扣抵补贴。此促销优待着重于进货期间，不管数量。凡是在规定期间内，均可凭发票获得补贴。它可以刺激中间商提前进货以控制预期可能的竞争品牌的折价促销。有时供应商还再三说服中间商在折价期间降价优待消费者，但有时也会造成中间商借机囤货，利用折价优待大量进货，以后再按原价销售获取丰厚利润。

（3）现金折扣，是指在商业信用和消费信贷普遍使用的市场上，企业为鼓励顾客用现金购货，对现金购货的顾客给予一定的折扣。在正常的情况下，企业应该预测折扣率与资金周转速度、折扣率与利息支出变动的比例关系，寻找盈亏均衡点，在此基础上确定现金折扣率。

（4）经销津贴，是指为促进中间商增购本企业产品，鼓励其对购进产品开展促销活动，给中间商一定的津贴，主要包括新产品津贴、清货津贴、广告津贴、单独货架津贴、大批展示津贴、降价津贴等。

（5）代销。企业的任何商品都可以代销，其中对新产品、进行市场渗透的产品、企业滞销产品的代销业务对企业利益最大。代销的基本形式有两种：一是企业寻找合适的代理商，促进商品销售，企业付给代理商手续费或佣金；二是企业委托经销商开展本企业产品销售的代理业务，商品销售之后，企业留给经销商一定的手续费。

（6）免费附赠补贴。是指企业为优待中间商进货达到一定数量，而加赠"免费"产品。

此外，对中间商的营业推广形式还有联营促销、特许经销等。

3. 对推销人员的营业推广形式

它的主要形式有：

（1）红利提成。红利提成的做法主要有两种：一是推销人员的固定投资不变，在一定时间内，通常是季末或年度终了，从企业的销售利润中提取一比例的金额作为奖励发给推销人员。二是推销人员没有固定工资，每达成一笔交易，推销人员按销售利润的多少提取一定比例的金额，销售利润愈大，提取的百分比率也愈大。

（2）特别推销金。企业给予推销人员一定的金钱、礼品或本企业的产品，以鼓励其努力推销本企业的产品。

（3）推销竞赛。推销竞赛内容包括推销数额、推销费用、市场渗透、推销服务等，规定奖励的级别、比例与奖金（品）的数额，用以鼓励成绩优异、贡献突出者，给予现金、旅游、奖品、休假、提级晋升、精神奖励等。

9.4.3 企业进行营业推广时应考虑的因素

营业推广的形式多种多样，各有其适用的范围和条件。企业进行营业推广时要考虑的因素主要有：

（1）市场类型。在不同类型的目标市场上，营业推广的目的是各不相同的。比如对消费者来说，营业推广的目的是为鼓励经常和重复购买，吸引新购买者试用，建立品牌知晓和兴趣，树立品牌形象等；对中间商来说，营业推广的目的则是为促使中间商购买新的产品项目和提高购买水平，鼓励非季节性购买；对推销人员来说，营业推广的目的是为鼓励对新的产品或型号的支持，刺激非季节性销售，鼓励更多的销售水平等。因此，企业在选择营业推广时必须适应市场类型的特点和相应的要求。

（2）营业推广的对象。各种营业推广手段的作用是有很大差异的，因此要区分对象，灵活对待。事实证明，营业推广对那些"随意型"的消费者和对价格敏感度高的消费者是起作用的。对于已养成固定习惯的消费者，营业推广的作用不大，企业要在选择时区别对待。

（3）营业推广的媒介。企业必须考虑通过最佳的途径来实施营业推广。比如，拟给顾客一张优惠券，既可以在购买商品时当场分发，也可以放在商品的内包装里赠送，或附在报刊广告中给予。其中，放在包装内只能到达现实的买主手里，但费用较省；附在报刊广告中邮寄可以吸引潜在消费者，但费用较多。这就要求企业根据媒介作用程度和费用支出等情况加以权衡，选择最佳媒介。

(4) 营业推广的期限。营业推广的时间安排必须符合整体策略，选择最佳的市场机会，有恰当的持续时间。如果时间太短，不少有希望的潜在买主，也许恰好在这个阶段没买；如果时间太长，会给消费者造成一种误解，以为这不过是一种变相减价，失去吸引力。营业推广安排，既要有"欲购从速"的吸引力，又要避免草率从事，确定恰当的推广期限。

(5) 营业推广的费用。营业推广固然可以使销售增加，但同时也加大了费用。企业要权衡费用与经营效益的得失，确定营业推广的费用预算。常用的方法有三种：一是参照上期费用来决定当期预算。这种方法简便易行，但必须估计到各种情况的变化。二是比例法，即根据占总促销比例来确定营业推广的费用，再将预算分配到每个推广项目。三是总和法，即先确定营业推广项目的费用，再相加得总预算。其中，各推广项目的费用包括了优惠成本（如样品成本）和实施成本（邮寄费）两个部分。

任务9.5　把握公共关系

任务提示

在商品经济高度发展的条件下，经济关系错综复杂，竞争日益激烈，企业所处的内外环境也在不断地发生变化。公共关系在企业与其环境之间起着重要的作用，它使企业与周围环境协调发展，一个企业做好了外围的公共关系，对企业的成长发展能起到一个快速的倍增效果。

任务情境

巧搭 F1 顺风车

F1 上海站余热未消，除了那些飞驰的赛车，人们可还记得那些激情燃烧的品牌？西门子作为 F1 全球合作伙伴及麦克拉伦车队的主要赞助商，搭上了 F1 中国赛的顺风车，其无绳电话的做法可圈可点。西门子此次 F1 营销最大亮点在于：全球限量推出了有世界级车手签名、F1 版无绳电话，并玩起拍卖噱头和限量销售。

营销是系统作战，需要调动各个资源，整合利用，达到资源利用最大化。西门子无绳电话延续了与 F1 的合作成果，以 F1 版电话融入 F1 精神，力图折射出西门子形象，还搞了网上拍卖和所谓的全球限量销售，可谓噱头恰当，声势浩大，配合严密，淋漓尽致。

9.5.1　公共关系的含义

公共关系源自英文 Public Relations，意思是与公众的联系，因而也叫公众关系。从市场营销学的角度来谈公共关系，是指企业为了使社会广大公众对本企业商品有好感，在社会上树立企业声誉，选用各种传播手段，向广大公众制造舆论而进行的公开宣传的促销方式。它具有以下几个基本特征：

(1) 公共关系本身是指企业与它相关的社会公众之间的联系，个人之间的所谓人际关系不属于公共关系的范畴。

(2) 公共关系是一种信息沟通活动，它只能运用信息沟通的手段来协调组织与公众的关系，因而公共关系的活动是有限度的。

（3）公共关系的目的主要是树立和保持企业及企业产品的信誉和形象，因此，企业的各项策略和措施要尽可能符合公众和社会利益，坦诚面对社会公众，并以自身良好的实践行动，作为交流的基础，以求得社会公众的理解和支持。

（4）公共关系是管理职能发展的结果，担负着重要的管理职能，是和企业的生产管理、人事管理、财产管理等一样重要的管理职能部分。公共关系活动是企业整体营销活动的重要组成部分。

9.5.2 公共关系的作用

在商品经济高度发展的条件下，经济关系错综复杂，竞争日益激烈，企业所处的内外环境也在不断地发生变化。若没有公共关系在企业与其环境之间沟通信息，使企业与周围环境协调适应，企业要想获得生存和发展是不可能的。但指望利用公共关系解决企业面临的各种问题，处理和协调各种关系，也是不切合实际的。公共关系是有一定限度的，超出这个限度，公共关系也就无能为力了。所以，只有了解公共关系，才能正确地把它运用到企业的经营管理实践中去，发挥它应有的作用。公共关系在企业市场营销活动中的作用主要体现在以下几个方面：

（1）公共关系是建立和维护企业良好信誉和形象的有力武器。在现代社会中，由于商品经济高度发达，企业竞争日趋激烈，这种竞争不仅是技术和经济的竞争，而且还集中表现为企业信誉的竞争。企业信誉不单纯是企业文明经商、职业道德的反映，也是企业经营管理水平、技术水平、工艺设备、人才资源等企业素质的综合反映。信誉和形象是联系在一起的。企业形象就是社会公众和企业职工对企业整体的印象和评价。企业信誉高，企业形象自然就会好。良好的企业形象是企业无形的资产和财富，而形象是用金钱买不到的。公共关系的主要任务就是建立对企业的正确了解基础之上的形象，通过采取恰当的措施，如提供可靠的产品、维持良好的售后服务、保持良好的企业之间的关系等，树立企业的良好形象。

（2）公共关系有利于建立企业与消费者之间双向的信息沟通，信息对现代企业来说是至关重要的。没有信息，企业就寸步难行。企业必须有计划地、长期地向企业公众传递企业的信息，为了使传播取得预期的效果，必须讲究传播技巧。要善于向企业内外公众，通过适当的传播媒介、传播方式，传递适当的信息内容。同时，也要随时监测环境的变化，对外界的信息进行收集和反馈。在反馈中，既要报喜，也要报忧，了解消费者对本企业及其产品的意见及消费需求的变化趋势，及时加以改进和调整，从而生产或销售确实能够满足消费者需求的产品，增强企业及产品的市场竞争力。

（3）公共关系有利于企业改变公众误解，传播正确信息。现代科技的发展，大众传播业的发达，为企业提供了更多的市场信息与机会，同时，不可避免地将不真实的信息也一样迅速传播，引起公众对企业的误解，损害企业的形象。企业被公众误解时，对于企业来说，是一个严峻的时刻，而良好的公共关系工作能消除企业形象危机，使企业比较容易地渡过难关。

（4）公共关系有利于增强企业内在的凝聚力，协调与外界的关系。一个企业要顺利地发展，企业内部要充满生机和活力。而企业活力的源泉，在于企业全体员工的积极性、智慧和创造性。良好的公共关系有利于企业人员积极性、智慧和创造性的发挥。同时，企业还要与外界公众不断联络和协调,为企业创造良好的外部环境。只有这样,企业才能顺利地发展。而良好的公共关系有利于企业取得外界公众的理解与协作,与外界环境平衡发展。

9.5.3 企业常见的公共关系

1. 内部关系

说起企业的公共关系,人们往往首先想到的是企业的外部公众——广大顾客、新闻界等,这是不全面的。企业要建立良好的声誉和形象,首先得从内部说起。也就是说,企业除了有它的外部公众外,而且要有它的内部公众——全体员工。一个企业要获得外部公众的支持与合作,首先必须获得企业内部全体员工的理解、支持。团结全体员工为企业的成功而奋斗,是企业公共关系部门的首要工作。只有把企业自身的工作做好,才能对外界公众开展工作。因此,企业的内部关系,是企业公共关系中的首要关系,也是企业中最重要的公共关系,要注意做好以下几项工作:

(1) 满足全体员工利益要求,包括物质和精神的利益要求,以维系、动员、激励企业的全体员工,充分调动全体人员的积极性。

(2) 创造一种使全体员工都能够茁壮成长、树立自尊心和成为企业与社会的积极参与者的环境,给员工的成长和发展提供充分的机会,让全体员工(特别是基层人员)感到自己的工作有干头,感到自己在事业上有奔头。

(3) 对全体员工工作、生活的各个方面予以积极的关心,使员工感到置身于企业就犹如置身于家庭之中,使他们有安全感、舒适感、归属感。情感需求的满足,必能形成强大的工作动力。

以上三项工作,是企业做好内部公共关系工作的基础,也是企业内部公共关系工作应努力追求的目标。

案例 9-9

奥利奥 100 周年:饼干上的历史

奥利奥的 100 年周年庆活动,不仅有效地利用了社交媒体实现好玩的互动,同时也很好地把产品有机地融入互动和营销活动中。

奥利奥迎来 100 岁生日了。在这一百年里,奥利奥陪伴了许多人度过美好的一天。以此为活动主旨,以年轻消费者和辣妈潮爸为目标对象,品牌创建了一个"Dailytwist"项目,从 Twitter 中摘取每天的热点事件结合奥利奥进行创作。在持续一百天的时间里,每一天为粉丝们进行奥利奥创作,粉丝们可以分享讨论,再从中筛选出最佳创意。

奥利奥 100 周年庆典首先从平面广告开始。和一般品牌只强调自己的品牌历史和文化不同,奥利奥更懂得什么样的内容更容易打动消费者——用一堆奥利奥饼干、牛奶和玻璃杯拼出过去 100 年的历史。而且,奥利奥知道什么样的历史讲述具有让你目光停留 3 秒的魔力。100 年的历史不过是扭一扭、舔一舔和点一点。这组平面广告在平面媒体、户外广告牌和脸书上发布和传播,而核心是吸引大家到官方网站 www.oreo.com/birthday,奥利奥的官方网站也没有落入"送祝福送大奖"的俗套。奥利奥清楚地明白如何把这一品牌的节日变成大众的节日——一起分享你心中的童趣。

2. 外部关系

在现代化大生产中企业与外界公众的联系越来越多，外部关系是企业公共关系中的重要关系。一个企业开展外部公共关系工作的目的，无非就是希望建立起企业的良好声誉与形象，争取尽可能多的支持。企业外部公共关系工作得好坏，直接影响到企业的声誉和形象。为此，企业要针对不同的外部公众对象，进行有效的公关活动，做好以下几项工作：

（1）正确处理企业与顾客的关系。顾客是企业的上帝，每一个企业要想生存和发展，就必须处理好与顾客的关系。忽视与顾客间的关系实质上等于企业自己堵塞了生存和发展的道路。

企业要处理好与顾客间的关系，要注意以下两点：① 企业要宣传竭诚为顾客服务的宗旨，必要时可以适当地公开一些企业的业务，以取得顾客的理解和支持，建立企业良好的信誉。② 企业要进一步深入地了解顾客的需求，将有关信息及时反馈给企业决策机构，以便及时改进企业的产品或工作，更好地满足顾客的需求。这样才能有助于企业巩固和加深与顾客间的良好关系，创造更适应企业生存与发展的市场环境。

（2）正确处理企业与新闻界的关系。记者被称为"无冕之王"，是新闻媒介的代表，是企业的重要公众，处理好同记者的关系，对于发展企业同新闻界的关系，具有不可忽视的作用。它可以在短时间内使企业为公众所信赖和仰慕，也可以在瞬间使一个明星企业声誉扫地。因而企业应积极主动地处理好与新闻界的关系、同记者的关系，对于扩大企业的影响，塑造企业在公众中的良好形象，增加企业的销售都有积极作用。

（3）正确处理企业与竞争者之间的关系。只要商品经济存在，竞争就是避免不了的。因而，协调好与竞争者的关系，对于企业、对于社会都有着重要的意义。

此外，处理好企业与地方政府、企业与金融机构、企业与社区等部门的关系，对于保证企业生产经营活动的正常进行，取得这些公众的支持与合作，建立企业良好的声誉和形象，都有着重要的作用。

9.5.4　企业公关活动的目标

企业的公关活动，有多种活动目标，在通常情况下有以下几种：

（1）新产品上市前，为让消费者和中间商对新产品有足够的了解，提高知名度，扩大声誉。

（2）企业转产时，改变自身形象，以适应新产品，争取得到广大消费者的认可和赞同，促进销售。

（3）提高投资者的投资信心和兴趣，以吸引更多的支持者和投资人。

（4）企业的意图受到误解时，为与消费者沟通，让公众了解企业，常会采用公关活动。

（5）企业的产品或服务经营造成不良后果时，立即向新闻媒体、家属、有关部门解释原因，说明企业的补救措施，对公众表示企业一定会承担责任的诚意。

（6）让政府有关部门和人士了解企业，争取社会各界尤其是政府部门和一些名流人士的支持。

（7）加强同新闻界的沟通，改善与媒体间的关系。

（8）赞助公益事业，宣传已做出的公益贡献，增加公众对企业的了解和好感。

（9）利用企业纪念庆典、扩展、新产品开发等时机，举办得体适宜的公关活动，扩大企业影响,提高企业知名度。

9.5.5 公共关系的活动方式

企业开展公共关系的活动方式有很多种,这与企业的规模、活动范围、产品类别、市场性质等密切相关,常见的主要有以下几种。

1. 利用新闻媒介

新闻媒介一般指以报纸、杂志、广播和电视为主的新闻传播工具。新闻媒介面向社会,涉及范围广、影响大,能够支配社会舆论,引导公众意见,因而具有很强的说服力。因此,企业应当争取一切机会和新闻界建立联系,及时将具有新闻价值的信息提供给这些新闻媒介,扩大企业在消费者中的影响,加深顾客印象。

2. 赞助和支持各项公益活动

作为社会的一员,企业有义务支持各项公益活动,如赞助节日庆典、基金捐献等。这些活动往往为万众瞩目,各种新闻媒介会进行广泛的报道,企业能从中得到特殊的利益,建立一心为大众服务的形象。但在实践中,企业应注意自己的能力限度,以及活动的互惠性。

案例 9-10

澳大利亚旅游局:全球最好的工作(第二波)

"世界上最好的工作"是澳大利亚旅游局面向全球推广工作假期签证计划的主要组成部分。工作假期签证为 18~30 岁的外国公民提供 12 个月的工作旅行机会,让年轻的旅客来澳大利亚度过长假,同时从事短期工作以补充旅行费用(目前该类型签证并不覆盖中国大陆地区)。澳大利亚旅游局董事总经理 AndrewMcEvoy 表示,该活动将打造一个优质平台,吸引全世界的年轻人来到澳大利亚。

该活动已吸引维珍航空(澳大利亚)、宜家、戴尔、花旗银行、在线求职网站 Monster.com、SONY 音乐等品牌成为其合作方,利用各自资源,共同打造面向年轻受众的"求职网络"以宣传该活动。

2009 年,"世界上最好的工作"第一季邀请人们竞聘大堡礁汉密尔顿岛护岛人一职,人们通过博客、照片、视频日记等形式参与竞聘,同时进一步扩散活动影响力。最终,该活动收获超过 8 000 万美元的媒介曝光价值,吸引超过 3.5 万名申请人,成功将澳大利亚昆士兰州带上世界地图,并在当年的戛纳广告节上横扫公关、直效 2 尊全场大奖和 4 尊金狮。

当季活动中,34 岁的英国选手 BenSouthall 最终胜出。而在第二季活动中,他成为宣传片主角,邀请人们竞聘 6 大岗位:在新南威尔士当个玩乐达人、到北领地当个内陆冒险家、去昆士兰当国家公园巡护员、在南澳大利亚看护野生动物、去墨尔本成为生活时尚摄影师以及在西澳大利亚的葡萄园中当个品尝大师。竞聘者需登录活动网站填写相应信息,并以英文拍摄一段时长 30 秒以下竞聘短片上传至活动官网或 Facebook 页面。

据悉,该活动由 DDB 悉尼(创意)、OMD(媒介)、Pixolüt(数字)、Mango 悉尼(公关)共同执行。广告总预算 400 万澳元(约 2 600 万人民币)。

3. 参加各种社会活动

企业通过举办新闻发布会、展销会、看样订货会、博览会等各种社会活动,向公众进行市场宣传,推荐产品,介绍知识,以获得公众的了解和支持,提高他们对企业产品的兴趣和信心。

4. 公关广告

公关广告即企业为形成某种进步的具有积极意义的社会风气或宣传某种新观念而做的广告。如企业对过度吸烟、饮酒危害健康以及勤俭节约、遵守交通秩序等社会风尚的宣传均属此列。公关广告在客观效果上，能够有效地扩大企业的知名度和美誉度，树立企业关心社会公益事业的良好形象。

5. 印制宣传品

编辑介绍企业发展历史，宣传企业宗旨，介绍企业产品以及员工教育、企业经营现状及动态等内容的宣传品，也是企业传播信息，树立形象的重要途径。它们以免费赠送为主，印刷精美，以增加公众兴趣和提高其保留价值，同时注明本企业的地址和电话号码、邮编等，以方便随时联系。

6. 提供特种服务

企业的经营目的是在满足社会需要的基础上获得利润。因此，就应积极满足顾客的各种特殊需要，争取更大的长期利益。

7. 建立健全企业内部的公共关系制度

企业应当关心职工的福利，鼓励他们的工作积极性和创造性。要开展针对职工家属等的公共关系活动，密切与社会各界的联系。

课程小结

步入21世纪的大门，市场竞争更为激烈。这就要求企业不但能生产出适销对路的好产品，还要求企业能通过各种途径进行促销，吸引顾客购买本企业的产品。成功的促销策略，常常会带来令人意想不到的成功，可以说它是市场营销活动中最为丰富多彩的环节之一。本任务阐述了如何使工商企业生产或经营的产品信息迅速传递给消费者，并有效地对消费者进行外部刺激，把潜在消费者转变为自己的现实消费者。

课后自测

一、判断题

1. 促销的实质是一种沟通、激励活动。（   ）
2. 人员推销是一种"拉"式促销策略。（   ）
3. "推"式促销策略要求制造商以中间商为主要的促销对象。（   ）
4. 公共关系的目标是塑造组织形象。（   ）

二、选择题

1. 现代市场营销学认为，促销方式包括（   ）和（   ）两大类。

    A. 人员促销　　　　B. 广告宣传　　　　C. 营业推广

    D. 公共关系　　　　E. 非人员促销

2. 人员推销的策略有（   ）。

    A. "推"式策略　　B. "拉"式策略　　C. "刺激—反应"策略

    D. "启发—配方"策略　　　　E. "需要—满足"策略

三、概念题

1. 促销　2. 人员推销　3. 广告宣传　4. 公共关系　5. 营业推广　6. 促销组合

[拓展学习]

菲亚特汽车公司的记者招待会

1988年1月26日，意大利菲亚特汽车公司为推销其最新产品，举行盛况空前的记者招待会。令人惊叹的是招待会的分会场设在欧洲的六大城市，诸如罗马、巴黎、伦敦、法兰克福及马德里等。应邀参加招待会的20个国家1 100多名记者在各分会场上，通过专门租用的卫星同意大利都灵的菲亚特公司的总部联结起来。董事长吉拉德亲自主持记者招待会，隆重推出他们的新产品"蒂波"。

原来，菲亚特公司投资100亿法郎，研制出了一种灵活性高、噪声低、抗冲力强、仪表盘由电脑控制，还可以自由调节方向盘高度的新车，起名叫"蒂波"。这种车属用户较多的中低档车型，当时在欧洲市场上，只有大众汽车公司在这类车的销量上处于领先地位，所以菲亚特公司研制出"蒂波"后，决心和"大众"一决高低，战胜这个竞争对手，为此才动用卫星举办了这次大规模的记者招待会。

招待会各分会场上都设有大型接收屏幕和同声传译设备。吉拉德先向各国记者介绍了产品的性能，然后由记者提问。吉拉德对记者提出的各种问题对答如流、机敏灵活。人们通过屏幕，一睹其潇洒的风度，加上他那如簧的口舌，恰到好处的产品介绍，为新产品增添了不少色彩。耳听为虚，眼见为实，菲亚特公司为各个分会场送去了40辆"蒂波"，以使各国记者能亲自体会一下新产品的性能。招待会结束后，客人分别登上外形非常漂亮的"蒂波"汽车，一番兜风果然舒适、轻便、噪声小，记者们信服了。招待会结束后，各国记者纷纷撰文报道此次盛会，在文章中大大称赞菲亚特的新产品"蒂波"车优异的性能，这种新闻性报道其影响之广、效果之显著远远超过了广告，菲亚特的新产品迅速从意大利走向了世界各地。

问题：1. 菲亚特公司在案例中采用了哪种促销策略？

2. 这种促销策略的优势和特点是什么？

[技能实训]

实训目标：掌握各种促销技能，灵活实施促销策略。

实训内容：以个人为单位对某一企业商品或服务的节日促销制订促销方案。

实训地点：教室。

实训设计：每人需完成一份Word形式的促销策略报告。

[学习资源]

线上学习资源：

1. 视频：王荣耀：金牌导购员

2. 网易云课堂：销售员心态调整（讲师：江猛）

3. 美国波音公司促销策略案例分析

线下学习资源：

1. 经济观察报编. 营销制胜——中国杰出营销奖案例精选. 青岛：青岛出版社，2010.

2. 李颖生，鲁培康. 营销大变革——开创中国战略营销新范式. 北京：清华大学出版社，2009.

任务十

认识网络营销

任务目标

完成以下任务，你应该能够：
1. 准确理解网络营销的概念及其特征和所面临的问题。
2. 理解网络营销的理论基础，能够分析网络营销的环境。
3. 能够理解并能分析网络营销的战略。

任务导入

网络营销是随着计算机通信技术的发展，尤其是互联网和数据库技术的发展而发展起来的。技术的发展对企业和社会带来了变革性的影响。一方面，互联网把分处在各地的人们连接起来，虚拟空间的网络社会开始出现，许多新的社区和消费群体开始形成并逐步发展和扩大。另一方面，面对新的市场空间、新的消费习惯和消费行为，企业的经营方式也发生了巨大的变化。营销作为企业战略中的一个重要环节，自然需要根据市场的变化进行相应的调整，网络营销也就应运而生。

目前国际市场对调味品需求的潜力很大，我国的很多调味品生产厂家也认识到了，也积极寻求各种营销方式。然而在国内如此多厂家的竞争当中如何才能脱颖而出，占得先机呢？除了传统的如国际会展手段以外，吴江天水味精厂在开拓国际市场的过程中，采用了先进的网络营销手段，最终选择了阿里巴巴网络营销平台，并通过合作，实现了预期的市场效果，为企业创造了可观的经济价值。

任务 10.1 网络营销概述

任务提示

本项任务将引领你认识网络营销，并了解网络营销内涵，把握网络营销内容。

任务情境

美国通用电气公司，在2017年《财富》全球500强中位居第31位。其市值在20世纪末已达到近4 900亿美元；英国《金融时报》于1998年评选它为35家世界声望最佳公司之首，且得票数竟是如日中天的微软公司的2倍。

美国通用电气公司在1996年开通了美国通用电气网站（www.ge.com）。该网站在设计中采用的营销宗旨是基于B2C运作模式，以6~8种主导电器为促销对象；以争取25%的新增家庭为主，同时兼顾其他以替换或添置个别产品为主的顾客。在几经总体结构调整以后，现已发展成为在线销售、在线设计、在线咨询与服务的大型电子商务网站，被安盛、GG等著名研究机构誉为"最成功的电子商务网站"之一。"我们将美好的事物带给生活"体现了GE公司网站的主题。

因发明家爱迪生而给人类带来光明的美国通用电气公司，它将以何种营销理念为主导来组织其网站呢？美国通用电气充分地利用其无形资产优势，用"亲情营销"这一与之形象和产品最贴切相关的法宝来组织其网站的整体结构。

美国通用电气公司最早期的各类产品的主页就是以人间亲情和天伦之乐为主题，吸引顾客对该网站的兴趣，利用人间亲情以缩短公司与顾客间的距离。网站暗示上网的顾客：本公司志在培育与客户的至爱亲情，那么您对我们的产品和企业还会有任何安全感、信任感上的疑虑吗？

在GE公司网站早期的主页中心，是一幅享受天伦之乐的祖孙、祖母对孙辈的呵护的画面，与页面下方孜孜不倦的科学家和紧张繁杂的实验室的画面形成强烈的对比。在它的主页上未推出任何"最新产品"、未展示一项"超级功能"，但页面被烘托出的亲情洋溢，已使上网顾客感到其乐融融。这种未成曲调先有情、在商不言商的手法，体现了公司的营销思路，自然也将通用电气的经营理念升华到了对人类关爱的高度。

"亲情营销"给通用电气网站带来了众多的上网顾客，也带来了巨大的收益。美国通用电气公司几经改版和总体结构的调整，建立了在线销售、在线设计、在线咨询与服务等栏目。

10.1.1 网络营销概念

网络营销可以定义为运用因特网和相关的数字技术来实现营销目标和支持现代营销观念。这些技术包括了互联网媒介和其他数字媒介，如无线移动电话、电缆和卫星媒介。

网络营销是一种新型的直销营销模式，但网络营销不单纯是网上销售，它是企业现有营销体系的有利补充。网络营销更准确地说是由互联网替代了报刊、邮件、电话、电视等中介媒体的新型营销沟通媒介，其实质是利用Internet对产品的售前、售中、售后各环节进行即时、双向的信息沟通和跟踪服务，它自始至终贯穿于企业经营的全过程，包括市场调查、客户分析、产品开发、销售策略、客户服务与管理等方面。

网络营销是电子商务的基础，但它不等同于电子商务，它是电子商务管理企业价值链系统的一种有效手段，是电子商务得以开展的高效而经济的信息载体。因此，我们认为，凡是借助于互联网进行的，利用现代信息工具，通过更好地满足顾客需求（包括精神的和物质的）来实现企业市场营销目标的营销活动，都可称之为网络营销。

网络营销作为一个以现代信息技术为依托的新生事物，在市场营销中发挥了很多传统营销不具备的作用，并受到人们越来越多的关注。随着网络营销的普遍应用，网络营销的实质越来越突显出来。

10.1.2 网络营销内涵

网络营销是企业整体营销战略的一个组成部分，是建立在互联网基础之上，利用现代信息工具，通过更好地满足顾客需求来实现企业市场营销目标的营销活动。对于网络营销概念，我们应该从以下几个方面进行理解。

1. 网络营销并非网上销售

网络营销的效果可能表现在多个方面，例如企业品牌价值的提升、加强与客户之间的沟通、作为一种对外发布信息的工具等，网络营销活动并不一定能实现网上直接销售的增加，但是，很可能有利于增加总的销售。

网上销售的推广手段也不仅仅靠网络营销，往往还要采取许多传统的方式，如传统媒体广告、发布新闻、印发宣传册等。

2. 网络营销离不开现代信息技术

网络营销是借助互联网络、电脑通信和数字交互式媒体进行的营销活动，它主要是随着信息技术、通信卫星技术、电子交易与支付手段的发展，尤其是国际互联网的出现而产生的，并将随着信息技术的发展而进一步发展。

3. 网络营销的实质是顾客需求管理

消费者需求内容与需求方式的变化是网络营销产生的根本动力，网络营销的起点是顾客需求，最终实现的是顾客需求的满足和企业利润最大化，所以说网络营销的实质是顾客需求管理。

4. 网络营销贯穿营销活动的全过程

网络营销贯穿于企业开展网上经营的整个过程，包括信息发布、信息收集、客户服务以及各种网上交易活动，都是网络营销的重要内容。

5. 网络营销是现代企业整体营销的一部分

网络营销作为一种新的营销方式或技术手段，是营销活动中的一个组成部分。如果想用网络手段产生价值，就必须将网络与传统的企业营销方式结合起来，看在多大程度上节省了成本和促成了价值生成，也就是产生了多大的价值。

10.1.3 网络营销特征

网络营销作为新的营销方式和营销手段，其内容非常丰富。一方面，网络营销要为企业提供有关网上虚拟市场的消费者的特征和个性化需求；另一方面，网络营销要在网上开展营销活动以实现企业的目标。市场营销中最重要也最本质的是组织和个人之间进行信息传播和交换，如果没有信息交换，交易也就是无本之源。正因如此，互联网络具有营销所要求的某些特性，网络营销的特征可以概括为以下几点。

1. 跨时空

营销的最终目的是占有市场份额，由于互联网络具有超越时间约束和空间限制进行信息交换，因此使得脱离时空限制达成交易成为可能，企业能有更多时间和更大空间进行营销，可每周 7 天、每天 24 小时随时随地地提供全球性营销服务。

2. 多媒体

互联网络被设计成可以传输多种媒体的信息，如文字、声音、图像等信息，使得为达成交易进行的信息交换可以以多种形式存在和交换，可以充分发挥营销人员的创造性和能动性。

3. 交互式

互联网络可以展示商品型录、联结资料库提供有关商品信息的查询、可以和顾客做互动双向沟通、可以收集市场情报、可以进行产品测试与消费者满意调查等，是产品设计、商品信息提供以及服务的最佳工具。

4. 拟人化

互联网络上的促销是一对一的、理性的、消费者主导的、非强迫性的、循序渐进式的，而且是一种低成本与人性化的促销，避免推销员强势推销的干扰，并通过信息提供与交互式交谈，与消费者建立长期良好的关系。

5. 成长性

互联网络使用者数量快速增长并遍及全球，使用者多属年轻、中产阶级、高教育水准，由于这部分群体购买力强而且具有很强的市场影响力，因此是一项极具开发潜力的市场渠道。

6. 整合性

互联网络上的营销可由商品信息至收款、售后服务一气呵成，因此也是一种全程的营销渠道。另一方面，企业可以借助互联网络将不同的传播营销活动进行统一设计规划和协调实施，以统一的传播资讯向消费者传达信息，避免不同传播中不一致性产生的消极影响。

7. 超前性

互联网络是一种功能强大的营销工具，它同时兼具渠道、促销、电子交易、互动顾客服务、以及市场信息分析与提供的多种功能。它所具备的一对一营销能力，正符合定制营销与直复营销的未来趋势。

8. 高效性

电脑可储存大量的信息，可传送的信息数量与精确度，远超过其他媒体，并能应市场的需求，及时更新产品或调整价格，因此能及时有效地了解并满足顾客的需求。

9. 经济性

通过互联网络进行信息交换，代替以前的实物交换：一方面可以减少印刷与邮递成本，可以无店面销售，免交租金，节约水电与人工成本；另一方面可以减少由于迂回多次交换带来的损耗。

10. 技术性

网络营销是建立在高技术作为支撑的互联网络的基础上的，企业实施网络营销必须有一定的技术投入和技术支持，改变传统的组织形态，提升信息管理部门的功能，引进懂营销与电脑技术的复合型人才，未来才能具备市场的竞争优势。

10.1.4 网络营销内容

网络营销的主要内容可以概括为以下几点。

1. 网上信息发布

这是网络营销最基本的应用方式。网上信息发布主要包括网络公共关系和网络广告及其他可以通过网络发布的企业信息。

2. 网上市场调查

网上市场调研的内容主要包括对消费者、竞争对手以及整个市场情况的及时报道和准确分析。

3. 网上产品和服务策略

在网上进行产品和服务营销，必须结合网络特点重新考虑产品的设计、开发、包装和品牌的传统产品策略，由于互联网技术创造了降低交易成本的机会，低价位和快速反应有可能成为网上产品和服务的营销策略。

4. 网络分销联系

虽然网络营销较传统营销具有非常大的优势，但在当前情况下，它并不能完全取代传统营销。企业传统的分销渠道仍然是非常重要的，互联网所具有的高效及时的双向沟通功能可以大大加强制造商与分销商的联系。利用网络加强分销联系，可以在加速商品和资金流转、减少促销成本、扩大销售的过程中，最大限度地满足客户的需求。

5. 网上直接销售

网上直接销售不仅是面对个体消费者的销售方式（B2C），而且也包括企业间的网上直接交易（B2B）。

6. 网络营销集成

网络营销集成是指企业通过网络，充分实施网络营销的各种内容。

案例 10—1

Dell 公司的网络营销策略

Dell 公司是美国一家著名计算机生产和销售公司。Dell 公司的网页不但提供了各种产品的详细分类和性能介绍，而且还提供了各种各样的服务和购物指南、最佳销售产品和新产品趋势。尤其具有特色的是，该公司提供最后配置结果的硬件和系统性能预测。在最佳网络商店的评选中，Dell 公司在计算机类网络站点中名列前茅。Dell 公司在这方面是怎么做的呢？

1. 产品策略

Dell 公司将其产品分别按照应用进行分类。

2. 定价策略

计算机市场的价格变化无常，总的说来，对于某一种机型，计算机的价格在不断地降低。

3. 促销策略

（1）广告。广告在 Dell 公司的网页中无处不在。Dell 公司的网页中有各种各样的多媒体图片和许多性能比较图表，有的广告甚至做成了幻灯片的形式。这些都能充分激发客户的购买欲望。

（2）公共关系。在 Dell 公司的主页中，也在不少地方体现了公司的公共关系策略。

4. 销售渠道策略

在 Dell 公司的网页中虽然没有明确提出其销售渠道的策略，但是可以看得出，其采用的销售渠道策略是一种直接销售形式，即没有中间商。这是因为 Dell 公司在提供用户自定义设计时就体现出了这种服务的优势。正是由于采用了这种服务，才减少了二次安装和二次货运，减少了中间商的介入，不但大大降低了成本，使计算机可以卖得很便宜，同时也使计算机发生故障的可能性减到最小。Dell 公司这种直接生产、快速交货的直销模式震撼着计算机行业，并取得了巨大的成功。

任务 10.2　理解网络营销的理论

任务提示

本项任务将引领你准确地理解网络营销的理论基础，以便于更好地开展网络营销活动。

任务情境

阿里巴巴是全球企业间电子商务的著名品牌，是全球国际贸易领域内最大的、最活跃的网上交易市场和商人社区，拥有超过 800 万网商的电子商务设备网站，遍布 220 个国家和地区，每日向全世界各地企业及商家提供 88 万条商业供求信息，成为全球商人网络推广的首选网站，被商人们评为"最受欢迎的 B2B 网站"。

在网络环境下，营销的基础发生了很大的变化。首先，网络技术为营销活动的开展奠定了丰富的技术基础，宏观社会环境的变化也为营销活动的开展提供了更为广阔的空间，更重要的是，网络环境下消费者需求理念的变化，使得传统营销理论不能完全胜任对网络营销的指导。因此，需要在传统营销理论的基础上，从网络的特性和消费者需求的演化这两个角度出发，对营销理论进行重新演绎和创新。但不管怎样，网络营销理论仍然属于市场营销理论的范畴，它是市场营销理论的延续和扩展。事实上网络营销在某些方面强化了传统市场营销理论的观念，但在许多地方改写了现代工业化大规模生产时代市场营销理论的一些观点。

20 世纪 90 年代以来，由于营销环境的变化，出现了很多新的营销理论与营销理念。借助于网络营销技术，有的营销理论被赋予了更新的内涵，使得这些理论在实践中的运用成为可能或者使其得以更有效率的实施。

10.2.1　理解直复营销理论

直复营销是经营者使用一种或多种广告媒体的交互作用，以求在一定的地区范围产生积极反应，达到交易的营销体系。网络作为一种交互式的可以双向沟通的渠道和媒体，它可以很方便地为企业与顾客之间架起桥梁，顾客可以直接通过网络订货和付款，企业可以通过网络接受订单、安排生产，直接将产品送给顾客。基于网络的直复营销将更加吻合直复营销的理念。

（1）营销是强调相互作用的营销体系，注重与目标顾客之间的双向信息交流。克服了传统市场营销中的单向信息交流，借助于网络通道，企业与顾客之间可以实现直接的一对一的信息交流和直接沟通，最大限度地满足顾客需求的同时，提高营销决策的效率和效用。

（2）直复营销为每个目标顾客提供直接向营销人员反映的通道，企业可以凭借顾客的反映找出不足，为后期的营销活动作好准备。

（3）直复营销强调在任何时候、任何地点都可以。直复营销主要有五种工具。

① 邮寄商品目录。经销商向选好的顾客邮寄商品目录或备有商品目录随时供顾客索取。

商品目录含有图文并茂的产品和服务信息,每一条信息后都附有直销商的免费电话号码,方便消费者作出购买决定。有些直复营销商还通过制作录像带营销其产品,以求扩展业务,这样,消费者坐在家里观看录像、打免费电话即可选购商品。

② 直邮营销。借助邮件直接向目标顾客传递产品信息,并实现销售目的的营销活动。它的实施有两个条件:一是潜在顾客的名单;二是发达规范的邮政服务系统。在美国,每年直邮营销额高达几百亿美元。

③ 电话营销。利用电话推销或接受订货。其发展与成功,得益于"集中付费"这一电信业务的产生与推广。由于直复营销商集中付费,顾客在接到直复营销商的电话或邮件后,通过打免费电话作出购买、询问的反应。

④ 电视营销。通过无线电视网和有线电视频道传递产品信息促进购买。

⑤ 网络营销。利用计算机网络服务于顾客。网络营销作为一种有效的直复营销策略,源于网络营销的可测试性、可度量性、可评价性和可控制性。因此,利用网络营销这一特性,可以大大改进营销决策的效率和营销执行的效用。

10.2.2 关系营销理论

关系营销是 1990 年受到重视的营销理论,它的基本点是认识到企业与顾客的关系不断变化,市场营销的核心应从过去的简单的一次性交易关系转变到注重保持长期的关系上来。

关系营销的核心是保持顾客,为顾客提供高度满意的产品和服务价值,通过加强与顾客的联系,提供有效的顾客服务,保持与顾客的长期关系,并在与顾客保持长期关系的基础上开展营销活动,实现企业的营销目标,实现双赢发展。

10.2.3 软营销理论

软营销理论是针对工业经济时代的以大规模生产为主要特征的"强式营销"提出的新理论。它强调企业进行市场营销活动的同时必须尊重消费者的感受和体验,让消费者舒服地主动接受企业的营销活动。

1. 网络软营销与传统强势营销的区别

我们先了解一下什么是"强势营销"。在传统的营销活动中最能体现强势营销活动特征的是两种常见的促销手段:传统广告和人员推销。对传统广告,人们常常会用"不断轰炸"这个词来形容,它试图以一种信息灌输的方式在消费者的心目中留下深刻印象,至于消费者是否愿意接受、需不需要这类信息则从不考虑,这就是一种强势。人员推销也是如此,它根本就不考虑被推销对象是否需要,也不征得用户的同意,只是根据推销人员自己的判断,强行展开推销活动。

概括地说,软营销与强势营销的根本区别在于:软营销的主动方是消费者,而强势营销的主动方是企业。消费者在心理上要求自己成为主动方,而网络的互动特性又使他们变为主动方真正成为可能。

2. 网络软营销中两个重要概念

网络社区和网络礼仪是网络营销理论中所特有的两个重要的基本概念,是实施网络软营销的基本出发点。网络社区是指那些具有相同兴趣、目的;经常相互交流,互利互惠;能给每个成员以安全感和身份意识等特征的互联网上的单位或个人所组成的团体。网络社区也是一个互利互惠的组织。在互联网上，今天你为一个陌生人解答了一个问题，明天他也许能为你回答另外一个问题，即使你没有这种功利性的想法，仅怀一腔热情去帮助别人也会得到回报。由于你经常在网上帮助别人解决问题，会逐渐为其他成员所知而成为网上名人，有些企业也许会就此而雇用你。另外，网络社区成员之间的了解是靠他人发送信息的内容，而不同于现实社会中的两人间的交往。在网络上，如果你要想隐藏你自己，就没人会知道你是谁、你在哪里，这就增加了你在网上交流的安全感，因此在网络社区这个公共论坛上，人们会就一些有关个人隐私或他人公司的一些平时难以直接询问的问题而展开讨论。基于网络社区的特点，不少敏锐的营销人员已在利用这种普遍存在的网络社区的紧密关系，使之成为企业利益来源的一部分。

网络礼仪是互联网自诞生以来所逐步形成与不断完善的一套良好、不成文的网络行为规范，如不使用电子公告牌 BBS 张贴私人的电子邮件、不进行喧哗的销售活动、不在网上随意传递带有欺骗性质的邮件等。网络礼仪是网上一切行为都必须遵守的准则。

10.2.4 整合营销理论

整合营销是网络营销理论中的一个新理念，是传统的市场营销理论为适应网络营销的发展而逐步转化形成的。互联网的特征在市场营销中所起到的主要作用在于使顾客这一角色在整个营销过程中的地位得到提升。网络互动的特性使消费者能真正参与到整个营销活动的过程中，消费者不仅增强了参与的主动性，而且其选择的主动性也得到了加强。由于互联网具有信息丰富的特征，因此消费者在网上选择商品的余地也变得很大，在满足用户个性化消费需求的驱动下，企业也在设法探索和寻求一种现代市场营销的思想，以迎合这一消费市场的变化，满足消费者的需求，否则这些企业将逐步失去市场。这就要求企业建立起以服务为主的经营理念，必须以顾客为中心，为顾客提供适时、适地、适情的服务，最大限度地满足顾客的需求。互联网络是跨时空传输的"超导体"媒体，企业利用它可以在顾客所处的地方为其提供最及时的服务，同时利用互联网络的交互性，企业可以不断地了解顾客的需求情况并及时提供针对性的响应，因此可以说互联网络是消费者时代中最具魅力的营销工具。

1. 网络营销的产品和服务以消费者为中心

由于互联网络具有很好的引导性和互动性，消费者便可以通过互联网络，在企业的引导下对产品或服务进行选择或提出具体要求；企业则可以根据消费者的选择或对产品的具体要求，及时组织生产并及时为消费者提供服务，使得消费者能跨时空地得到满足其要求的产品和服务。另一方面，企业也可以及时地了解消费者的需求，并根据消费者提出的具体要求，能及时组织生产和销售，提高企业的生产效率和营销效率。

2. 网络营销的产品销售以方便消费者为主

网络营销是一对一的分销，是跨越时空的销售方法，消费者可以随时随地地利用互联网络进行订货（或预约）和购买商品（或取得服务）。

3. 网络营销以消费者能接受的成本定价

传统的企业以生产成本为基准的定价方式在以市场为导向的营销中必须予以摈弃。新型的价格应是以消费者能并愿意接受的成本来制订，并依据该消费者能并愿意接受的成本来组织生产和销售。企业以消费者为中心进行定价，必须测定市场中消费者的需求以及对价格认同的标准,否则以消费者接受的成本来定价将成为空中楼阁。企业在互联网上则可以很容易地实现这些要求,消费者可以通过互联网络向企业提出自己愿意接受的价格,企业则可以根据消费者愿意接受的价格成本提供柔性的产品设计和生产方案供消费者选择,直到消费者认同确认以后再组织生产或销售。以上所有这些交互的过程都是消费者在企业的服务程序的引导之下完成的,并不需要专门的营销服务人员陪同,因此营销成本也及其低廉。

4. 网络营销使强制式促销转向加强与消费者沟通和联系

传统的促销是以企业为主体,通过一定的媒体或人员对消费者进行强制式的灌输,以加强消费者对其企业和产品的接受度和忠诚度,消费者完全处于被动状态,缺乏企业与消费者之间的沟通和联系,这种促销方式使企业的促销成本逐年上升。而网络营销,则借助于互联网络,其营销成为一对一和交互式的,消费者完全可以参与到企业的营销活动中来。因此,企业借助互联网络更能加强企业与消费者的沟通和联系,企业更能了解消费者的需求,也更易引起消费者的认同。

10.2.5 一对一营销理论

所谓"一对一营销"就是通过对大量统计资料的分析,发现潜在的待定消费群体,并针对其需要进行全面促销,而不是简单地采用降价等促销手段。随着信息处理技术的发展,市场结构中不同角色的力量对比发生了变化,竞争日趋白热化,促使企业的经营观念发生了进一步的变化,迫使其寻找更贴近消费者的销售手段,来形成自己的竞争优势。

1. 一对一营销理论的主要观点

(1) 客户共享。不再仅仅是将高额资金投向市场来增加营销额,而是集中投资于增加每一个客户的回报额。

(2) 老客户的维系和新客户的建立。相同的成本用于维系老客户将比争取新客户带来更多的投资回报,从而获得更高的利润。

(3) 客户重复购买的规律。越是能争取到客户的购买,就越能增加你的长期利润。具体的做法便是与客户的相互交流。

2. 一对一网络营销的挑战

(1) 资金:营销等式中有两个变量,即资金和回报。跟其他营销手段一样,一对一营销是一种长期投资。

(2) 技术:媒体的效应无所不在。

(3) 隐私问题:这是一个极敏感的问题,尤其是当营销商们使用网络技术并鼓励用户在他们的网站注册时,这就将保护用户个人隐私的问题提到了更为迫切的高度。

10.2.6 体验营销理论

体验经济时代的到来,对企业影响深远,其中最主要的方面在于企业的营销观念上。

1. 体验

所谓体验就是人们响应某些刺激的个别事件。

2. 体验营销的特点

(1) 关注顾客的体验。

(2) 以体验为导向设计、制作和销售产品。

(3) 体验消费情景。企业应注重与顾客之间的沟通，发掘他们内心的渴望，站在顾客体验的角度，去审视自己的产品和服务。营销人员不再孤立地去思考一个产品（质量、包装、功能等），要通过各种手段和途径（娱乐、店面、人员等）来创造一种综合的效应以增加消费体验。

(4) 顾客既是理性的又是情感的。一般来说，顾客在消费时经常会进行理性的选择，但也会有对狂想、感情、欢乐的追求。企业不仅要从顾客理性的角度去开展营销活动，也要考虑消费者情感的需要。

(5) 体验要有一个"主题"。体验要先设定一个"主题"，也可以说：体验式营销是从一个主题出发并且所有服务都围绕着主题，或者其至少应设有一个"主题道具"。

(6) 方法和工具有多种来源。体验是五花八门的，体验式营销的方法和工具也是种类繁多，这些方法在定量和定性方面具有很强的可操作性。

案例 10-2

把"被恶搞"的海尔，变成一种潮流

海尔旗下独立高端家电品牌卡萨帝也在不断摸索，增强内部对于事件营销的快速反应机制。但在卡萨帝品牌总监李锦媛看来，"树立品牌的过程中，事件性营销玩不好就变成一把'双刃剑'。"

2014年3月初，海尔公司为海尔兄弟征集新形象，发起"大画海尔兄弟"活动，呼吁网友在指定网站上传作品，在很短的时间内，大量"恶搞"海尔兄弟的作品涌入了网站，如土豪版、好基友版、肌肉美男版等。活动的走向远远超出了海尔原本的预料，因此3月15日，海尔紧急召开了关于这项活动的"吐槽会"，讨论该不该"恶搞"。最后的结论是，不做硬性干预，顺其自然地把握着事件的走向，有意识地向正面方向引导舆论。

最终从整个事件效果关注的各个数据表现来看，这次活动对于海尔兄弟以及海尔品牌年轻化都有非常正面的引导作用。海尔对于互联网思维的营销有自己的理解，在互联网时代，人们被快速膨胀的信息所充斥，对于信息的分辨需要耗费很高的成本，这却迫使品牌重新回归到用户思维和产品思维的原点。

任务10.3 分析网络营销环境

任务提示

本项任务将引领你认识网络营销环境，网络营销环境分为宏观环境、微观环境。

任务情境

企业网络营销开展到一定程度，随着网络营销环境和企业内部环境的变化，网络营销开展已经不再是简单的比如发发信息、做一做搜索引擎广告，已经到了站在企业发展的层面来综合考虑和规划企业的网络营销工作的时候了。

福建晋江的一家五金产品企业成立于1981年，该公司成立24年来从来没有参加过展销会，2000年前的十年是利用各种关系做业务，2000年后，由原来的关系客户维持发展，公

司开始摸索利用网络进行宣传公司，发信息是最主要的手段，到今天仍然是这家公司的主要网络营销手段，同时也购买过搜索引擎的关键词广告。今天的网络环境和几年前的是有区别的，今天网络信息量是海量，今天网络上的竞争对手是以前的上千倍，另一方面网络营销的方法和工具也是琳琅满目，企业的网络营销的目标也已经有所提高。这家公司目前面临的问题就是，企业上了新产品想通过网络去推广，去打开市场，然而很难，这个企业2004年加入了阿里的诚信通，很勤奋地发布信息，信息反复地发送。但是，企业明显觉得网络营销不好做了，效果也不明显了，企业应用网络开展了多年业务，而在今天却找不到更好的方法了。这个企业的营销方式说明了什么？

10.3.1 宏观环境

宏观环境是企业营销活动的大的社会背景，宏观环境制约和影响营销活动的载体平台——市场。环境及其变化造就市场机会，也给营销企业带来各种威胁和压力。

1. 经济环境

企业的网络营销活动要受到一个国家或地区商贸环境状况的制约。在网络经济时代，无论是企业上网的数量和积极性，还是消费者网上购物的频率和金额，都与整个商贸环境状况密切相关。

（1）收入与支出状况。收入方面包括人均国内生产总值、个人收入、个人可支配收入、可任意支配收入四个参考指标。可支配收入在整个收入中所占的比例，以及人们的消费支出结构，都对网络消费的普及存在深刻影响。

（2）经济发展状况：

① 经济发展阶段。经济发展阶段的高低，直接影响着企业网络营销活动。

② 经济形势。各个国家的经济发展前景和竞争环境将决定每个国家的电子商务发展潜力。中国总体经济形势良好，经济发展稳定迅速。

③ WTO对中国网络经济的影响。WTO将对未来中国社会、经济、文化、科技发生结构性冲击和整体性挑战，其中影响最深远、冲击最隐蔽、中外最悬殊的领域之一很可能是电子商务领域。

④ 全球化对经济发展的影响。全球化的趋势可以在一定程度上使一个公司免受地区市场的波动，但无法保护其不受全球经济萧条的影响。管理者也可以在先进国家学习电子商务，以帮助预测他们自己国家电子商务的未来发展趋势。

全球化是指在一个模糊了不同国家之间社会和文化差异的全球单一市场上开展国际贸易的发展趋势。有些人把全球化看作是"西方化"或者甚至是"美国化"。

2. 文化环境

不同的国家有着不同的文化背景，从而造就了特殊的网络使用情况。网络，不仅仅是信息处理、传输的工具，是科技创新的产物，而且其自身也越来越构成一种独特的文化现象。道德问题或者营销的道德是营销人员要考虑的网络文化环境的重要问题。

（1）社会因素。不同的国家有着不同的文化背景，从而造就了特殊的网络使用情况；另一方面，现在还有相当数量的消费者对网络营销的意识淡薄；"缺乏信任"的消费文化亟待改善。

（2）网络文化因素。网络文化的形成与变化深深地影响着这一代网络消费者，因此对网络文化的了解和把握也就成了企业网络营销工作者的一项重要任务。

（3）社会排斥。互联网的社会影响受到了许多评论家的关注，因为互联网对强化生活质量的差异有潜在的影响。尽管我们很容易看到这个问题，但解决起来却困难重重。尽管我们关注的是互联网提供的新商业机会，但这个媒介也被广泛地应用在了与动机相关的营销中。

（4）互联网应用的道德问题。道德问题或者营销的道德是营销人员要考虑的网络商业环境的主要问题。

3. 政治与法律环境

任何一项重大科技成果的问世，都会给人类生活带来巨大的影响，从而导致一种新秩序的出现。Internet 的迅速发展和普及，以致在此基础上形成的全球电子商务构架，在冲击传统的贸易形式的同时，也对工商管理、金融、税收、法律等诸多领域现有的政策和法规提出了挑战。制约和影响互联网发展的最大因素是网络安全，由互联网引起的法律诉讼，也已经引起司法界和网络界的广泛关注。

（1）网络政治/法律环境。制约和影响互联网发展的最大因素是网络安全。由互联网引起的法律诉讼，也已经引起司法界和网络界的广泛关注。在网络营销方面，众多商家和消费者仍然对网上大量进行的商业活动心存疑虑。

（2）网络营销引出的法律问题。

① 问题的引出：在网络营销引出的法律问题中域名与商标、电子单证方面的问题较为突出。

② 域名与商标的法律问题。

③ 电子单证的法律问题。

④ 我国有关标准的发展现状。

我国网络营销的电子商务标准的发展，大致呈现以下几个特点：

（1）政府积极参与主导。

（2）政府重视研究工作。

（3）企业参与性不强。

（4）标准制订工作较薄弱。

4. 网络监管

网络监管描述了引入控制以管理网络的发展和它的作用。监管通常由政府来从事，但网络的全球性本质使得政府控制电脑空间变得不太现实。当然，关于法律条款方面的知识对于电子商务经理来说也很重要，因为当他们开发一个新市场时，他们要遵守当地的法律限制。

10.3.2 微观环境

微观环境是企业营销活动直接相关的外部因素，同样具有不可控的属性。与企业的营销活动直接相关的外部因素，包括以下方面。

1. 企业内部环境

企业进行网络营销要求企业具有较高的信息化水平，基于信息交换的主体不同，分为企业内部的网络化和企业外部的网络化。企业内部的网络化需要企业建立内部网和外联网，建立相应的网站，有些企业建立了管理信息系统、决策支持系统，还有一些企业建立了 ERP（企业资源计划）、CRM（客户关系管理）。网络营销内部环境建设的核心思想是创造网络营销的内部资源，及实现网络营销各种职能的技术环境。只有营造了基本的内部环境，才能有效开展网络营销提供保障。

2. 供应者

供应商是影响企业营销微观环境的重要因素之一。供应商是指为企业提供生产经营所需原料、部件、能源、资金等生产资源的企业或个人。企业与供应商之间既有合作又有竞争，这种关系既受宏观环境影响，又制约着企业的营销活动，企业一定要注意与供应商搞好关系。供应商对企业的营销业务有实质性的影响。

供应商对企业营销活动的影响主要体现在供货的稳定性与及时性、供货的价格变动、供货的质量水平等几个方面。所以企业在选择供应商时，要选择那些质优价低、交货及时、有良好信誉、在质量和效率方面都信得过的供应商。同时为了减少对企业影响和制约，企业要尽可能多地联系供货人，向多个供应商采购，尽量注意避免过于依靠单一的供应商，以免与供应商的关系发生变化时，使企业陷入困境。

供应商可以为企业提供更加显著的效益，因此，要处理好与供应商之间的关系，以达到双方共赢。

3. 商业中介组织

商业中介是协调企业促销和分销其产品给最终用户的组织。由于网络技术的使用，给传统的经济体系带来巨大的冲击，流通领域的经济行为产生了分化和重构。消费者可以通过网上购物和在线销售自由地选购自己需要的商品，生产者、批发商、零售商和网上销售商都可以建立自己的网站并营销商品，所以一部分商品不再按原来的产业和行业分工进行，也不再遵循传统的商品购进、储存、运销业务的流程运转。网上销售一方面使企业、行业间的分工模糊化，形成"产销合一""批零合一"的销售模式；另一方面，随着"凭订单采购""零库存运营"等新业务方式的出现，服务与网络销售的各种中介机构也应运而生。一般情况下，除了拥有完整分销体系的少数大公司外，营销企业与营销中介组织还是有密切合作与联系的。若中介服务能力强、业务分布广泛合理，营销企业对微观环境的实用性和利用能力就强。

4. 顾客或用户

顾客是企业产品销售的市场，是企业直接或最终的营销对象，是企业最重要的环境因素。企业的一切营销活动都是以满足顾客的需要为中心的，顾客是企业服务的对象，也就是企业的目标市场。顾客可以从不同角度以不同的标准进行划分。按照购买动机和类别分类，顾客市场可以分为消费者市场、生产者市场、中间商市场、政府集团市场、国际市场。每一种市场都有其独特的顾客，企业只有认真研究为之服务的不同顾客群，研究其类别、需求特点、购买动机等，使企业的营销活动能针对顾客的需要，符合顾客的愿望。

5. 竞争者

竞争是商品经济的基本特性，也就是商品经济活动的必然规律。只要存在着商品生产和商品交换，就必然存在着竞争。企业在开展营销活动的过程中，不可避免地遇到竞争对手的挑战。掌握竞争对手的各种信息，研究对手，取长补短，是克敌制胜的好方法。

竞争者分为品牌竞争者、行业竞争者、产品形式竞争者、通常竞争者等形式。在虚拟的环境中研究竞争对手,要在对手不知情的情况下,收集他们的原有情况,了解他们的动态,进一步分析他们的营销计划,制订出新的有计划的营销对策,掌握竞争中的先机。网上研究竞争对手,既可借鉴传统市场中的一些做法,也应有自己的独特之处。总之,每个企业都需要掌握、了解目标市场上自己的竞争者及其策略,力求扬长避短,发挥优势,抓住有利时机,开拓新的市场。

6. 社会公众

作为市场管理者的工商行政、质检、技检和卫生管理部门、行业协会、消费者协会以及媒体等相关公众,都是企业微观环境的组成部分之一,它们从不同的角度以不同的方式制约企业的营销活动。

案例 10-3

阿里发布"去啊"竟引发旅游品牌大狂欢

2014年10月,原淘宝旅行举行新闻发布会,推出新独立品牌"去啊",及独立域名 alitrip.com。据阿里的介绍,"去啊"的品牌意义是:"只要决定出发,最困难的部分就已结束。那么,就去啊!"而浓缩成发布会现场的一页PPT,则是:"去哪里不重要,重要的是……去啊!"

不料,这一句并不奇葩的表述,竟然引来了整个中国在线旅游圈的集体致敬。好一场久违的狂欢!

对于这场狂欢,"去啊"和行业里另一主角"去哪儿",无论在字还是音上,都太过于相近。从品牌转播角度上看,这是可以指摘的。

第一只为这场狂欢风暴扇动翅膀的蝴蝶,正是作为"当事方"的去哪儿。

携程当仁不让地接过了下一棒。

有专家指出在业务层面,淘宝旅行改为"去啊",绝不仅是一个品牌更名,也是在战略和资源上的发力。淘宝旅行升格为阿里旅行,阿里航旅事业部升级为事业群,携程、去哪儿都难免为之侧目,甚至暗暗背脊发凉。表面看,这是一场公关大战或营销推广,但是对整个行业而言,还是有推动作用的。在这场狂欢中,受益最多的是小品牌。在旅游行业中,很多团队的知名度不及大企业,不过创业精神却值得钦佩,在这次大战中,很多小品牌也站在公众面前,这无疑是一次最好的推广。

任务10.4 分析网络营销战略

任务提示

本项任务将引领你分析网络营销战略,从而认识到营销活动的方向指引是成功与否的关键。

任务情境

2009年7月,500年一遇的天文事件——日全食牵动了国人的眼球。但是作为普通人,并不了解一些观测日全食相关的专业知识。当大家在寻找如何观测日全食方法时,知名动漫

PP猪的一套生动可爱"PP猪日全食观测傻瓜攻略"成了网络追捧的热点。该套漫画形象地展示了日全食的观测方法,解决了日全食观众的燃眉之急,而最后杰士邦的爆笑包袱更让人忍俊不禁。但在网民们哈哈大笑之时,恰恰中了PP猪和杰士邦的埋伏。这是一次成功的网络整合营销,可以称得上"日全食营销"中,品牌契合度最高,网络营销方式动用最全的案例,也获得了2009年国际最佳网民认知奖。

网络营销战略为组织的营销活动提供了持续的方向指引,这些活动与其他的营销活动整合在一起,共同支持着公司的总体目标。对于许多公司而言,首次进行网络营销并非源自一个经过很好定义和整合的战略;相反,它们是对快速市场发展的必然反应。创建新的网站以及使用交互式沟通工具的决策是一种应对:是对行业中的新公司或已有公司创建网站的反应,或是对顾客需求做出的反应。网站设立一年左右后,公司的营销人员和高级经理们自然会质疑他的效率。对连续的网络营销战略的需求就变得显而易见。

论及网络营销战略时,营销战略所涵盖的内容要远多于仅专注开发一个网站的狭隘战略,尽管它是网络营销战略的一部分,但是我们也使用互联网来分析更广泛的内容,以便重新设计业务流程和用新的方法对诸如供应商、分销商等伙伴进行整合。

网络营销战略与传统的营销战略有许多相似性,因为它会:

(1)为网络营销活动指明未来的方向。
(2)采取组织的外部环境分析与内部资源分析来形成战略。
(3)明确支持营销目标的网络营销目标。
(4)进行战略决策的选择,以完成网络营销的目标以及创造持续别具一格的竞争优势。
(5)引入战略规划,以便将特别的营销战略决策包括进来,如目标市场、定位和营销组合的详细情况。
(6)详细说明如何分配资源和构建组织以实现战略。

10.4.1 网络营销战略

企业战略是指企业为了适应未来环境的变化,寻找长期生存和稳定发展的途径,并为实现这一途径优化配置企业资源、制订总体性和长远性的谋划与方略。

营销战略是企业战略的重点,因为企业战略的实质是实现外部环境、企业实力与企业目标三者的动态平衡。不同的战略思想有不同的市场营销战略。

(1)市场性。先有市场,再开发产品。
(2)长期性。营销战略是其他各项决策的基础。
(3)风险性。市场变幻,决策的局限性,是理性的冒险。

网络营销区别于传统营销的根本原因是网络的本身特点和网络顾客需要的个性化。网络营销必须在传统营销的基础上,结合消费者需求的变化对营销战略进行创新,企业要树立网络整合营销观念和软营销的观念。

互联网络的功能使网络营销可以扩大企业的视野,重新界定市场的范围,缩短与消费者的距离,取代人力沟通与单向媒体的促销功能,改变市场竞争形态。因此,企业网络营销战略的重点也相应体现在以下几个方面:

1. 顾客关系的再造

在网络环境下,企业规模的大小、资金的雄厚实力从某种意义上已不再是企业成功的关键要素，企业都站在一条起跑线上，通过网页走向世界展示自己的产品。消费者较之以往也有了更多的主动性，面对着数以十万计的网址有了更广泛的选择。为此，网络营销能否成功的关键是如何跨越地域、文化、时空差距，再造顾客关系，发掘网络顾客、吸引顾客、留住顾客，了解顾客的愿望以及利用个人互动服务与顾客维持关系，即企业如何建立自己的顾客网络、如何巩固自己的顾客网络。

（1）提供免费服务。提供免费信息服务是吸引顾客最直接与最有效的手段。

（2）组建网络俱乐部。网络俱乐部是以专业爱好和专门兴趣为主题的网络用户中心，对某一问题感兴趣的网络用户可以随时交流信息。

2. 定制化营销

网络环境下，巩固顾客、扩大网上销售的重要战略手段是通过定制化营销，提升顾客满意度。所谓定制化营销是指利用网络优势，一对一地向顾客提供独特化、个人化的产品或服务。在美国，几家电子邮报已推出一种新型报纸——个人化报纸，如《华尔街日报》的个人版，读者每天早晨一打开电脑，即可读到一份专为你自己设计的报纸，其内容基本上是你需要并感兴趣的。这个服务，在美国本土每月只需15美元左右，即可享受全天24小时的新闻剪报。

3. 建立网上营销伙伴

由于网络的自由开放性，网络时代的市场竞争是透明的，谁都能较容易地掌握同业与竞争对手的产品信息与营销行为。因此网络营销争取顾客的关键在于如何适时获取、分析、运用来自网上的信息，如何运用网络组成合作联盟，并以网络合作伙伴所形成的资源规模创造竞争优势，是网上营销的重要战略内容。建立网络联盟或网上伙伴关系，就是将企业自己的网站与他人的网站关联起来，以吸引更多的网络顾客。具体而言主要措施有：

（1）结成内容共享的伙伴关系。内容共享的伙伴关系能增加企业网页的可见度，能向更多的访问者展示企业的网页内容。

（2）交互链接和搜索引擎。交互链接和网络环是应用于相互网站间来推动交易的重要形式。在相关网站间的交互链接有助于吸引在网上浏览的顾客，便于他们一个接一个地按照链接浏览下去，以提高企业网站的可见性。网络环只是一种更为结构化的交互链接形式，在环上，一组相关的伙伴网站连在一起，并建立链接关系，访问者可以通过一条不间断的"链"，看到一整套相关网站，从而给访问者提供更为充实的信息。

10.4.2 网络营销战略模式

企业要引入网络营销，首先要弄清楚网络营销通过何种机制达到何种目的，然后企业可根据自己的特点及目标顾客的需求特性，选择一种合理的网络营销模型（即运作机制可达到的目的），由此模型亦可确定企业的网络营销的总体目标是什么。

目前，人们已归纳了如下几种有效的网络营销战略模式。

（1）留住顾客增加销售。现代营销学认为保留一个老顾客相当于争取五个新的顾客。而网络双向互动、信息量大且可选择地阅读、成本低、联系方便等特点决定了它是一种优越于其他媒体的顾客服务工具。通过网络营销可以达到更好地服务于顾客的目的，从而增强与顾客的关系，建立顾客忠诚度，永远留住顾客。满意而忠诚的顾客总是乐意购买公司的产品，这样就自然而然地提高了公司的销售量。

(2) 提供有用信息刺激消费。本模型尤其适用于通过零售渠道销售的企业，它们可通过网络向顾客连续地提供有用的信息，包括新产品信息、产品的新用途等，而且可根据情况适时地变化，保持网上站点的新鲜感和吸引力。这些有用的新信息能刺激顾客的消费欲望，从而增加购买的可能性。

(3) 简化销售渠道、减少管理费用。使用网络进行销售对企业最直接的效益来源于它的直复营销功能：通过简化销售渠道、降低销售成本、最终达到减少管理费用的目的。本模型适用于将网络用作直复营销工具的企业。

(4) 让顾客参与、提高客户的忠诚度。新闻业已有一些成功运用此模型的例子。报纸和杂志出版商通过它们的网页来促进顾客的参与。它们的网页使顾客能根据自己的兴趣形成一些有共同话题的"网络社区"，同时也提供了比传统的"给编辑的信"参与程度高得多的读者编辑交流机会。这样做的结果是有效地提高了订户的忠诚度。

(5) 提高品牌知名度获取更高利润。企业可以通过网页的设计，突出品牌宣传，树立整体的企业品牌形象，建立顾客忠诚度，实现市场渗透，最终达到提高市场占有率的目的。

10.4.3 实施与控制网络营销战略规划

1. 网络营销战略的规划

公司在确立采取网络营销战略后，要组织战略的规划和执行。网络营销不是一种简单的新营销方法，它是通过采取新技术来改造和改进目前的营销渠道和方法，它涉及公司的组织、文化和管理各个方面。如果不进行有效的规划和执行，该战略可能只是一种附加的营销方法，不能体现出战略的竞争优势，相反，只会增加公司的营销成本和管理复杂性。策略规划分为下面几个阶段：

(1) 目标规划。在确定使用该战略的同时，识别与之相联系的营销渠道和组织，提出改进目标和方法。

(2) 技术规划。网络营销很重要的一点是要有强大的技术投入和支持，因此资金投入和系统购买安装以及人员培训都应统筹安排。

(3) 组织规划。实行数据库营销后，公司的组织需进行调整以配合该策略实施，如增加技术支持部门、数据采集处理部门，同时调整原有的推销部门等。

(4) 管理规划。组织变化后必然要求管理的变化，公司的管理必须适应网络营销的需要，如销售人员在销售产品的同时，还应记录顾客的购买情况，个人推销应严格控制以减少费用等。

2. 网络营销战略实施控制

网络营销战略的实施是一个系统工程，应加强对规划执行情况的评估，评估是否充分发挥该战略的竞争优势，评估是否有改进余地；其次是对执行规划时的问题应及时识别和加以改进；再次是对技术的评估和采用，目前的计算机技术发展迅速，成本不断降低同时功能显著增强，如果不跟上技术发展步伐，很容易丧失网络营销的时效性和竞争优势。采取新技术可能改变原有的组织和管理规划，因此对技术控制也是网络营销中的显著特点。

课程小结

网络营销是借助计算机通信、网络技术和数字交互式媒体实现营销目标的市场行为，它的本质是通过网络引导商品或服务从生产者转移到消费者的过程，它是新经济的必然产物。

（1）熟悉网络营销的概念及内涵，了解网络营销的特征，把握网络营销的主要内容。

（2）网络营销是在传统市场营销理论的基础上发展起来的，理解网络营销的理论基础是实践应用网络营销的一个基本前提。

（3）环境是影响网络营销实施效果的重要因素，分析网路营销的环境是认识网路营销的必经之路，其环境分为宏观环境和微观环境，每一种环境又包含若干子环境。

（4）网络营销战略是指引网络营销的发展方向、发展模式及营销目标的战略纲领，分析网络营销战略有助于成功实施网络营销活动。

课后自测

一、填空题

1. ＿＿＿＿＿＿可以定义为运用因特网和相关的数字技术来实现营销目标和支持现代营销观念。

2. ＿＿＿＿＿＿是经营者使用一种或多种广告媒体的交互作用，以求在一定的地区范围产生积极反应，达到交易的营销体系。

3. 直复营销主要有＿＿＿＿＿＿种工具，分别是＿＿＿＿＿＿、＿＿＿＿＿＿、＿＿＿＿＿＿、＿＿＿＿＿＿。

4. 在"关系营销"概念里，一个企业必须处理好与＿＿＿＿＿＿个子市场的关系：＿＿＿＿＿＿、＿＿＿＿＿＿、＿＿＿＿＿＿、＿＿＿＿＿＿、＿＿＿＿＿＿、＿＿＿＿＿＿。

5. 一对一营销理论的主要观点是＿＿＿＿＿＿、＿＿＿＿＿＿、＿＿＿＿＿＿。

6. 网络营销环境分为＿＿＿＿＿＿、＿＿＿＿＿＿。

二、简答题

1. 什么是网络营销？它的特征是什么？目前存在哪些问题？
2. 网络营销的主要内容有什么？
3. 关系营销理论的特点是什么？
4. 网络软营销与传统强势营销的区别是什么？
5. 整合营销的主要含义是什么？
6. 一对一网络营销的挑战来自哪方面？
7. 体验营销指的是什么？
8. 网络营销的宏观环境和微观环境分别包括什么？

[拓展学习]

商业模式

硅谷奇人 Pierre Omidyar 开发出了一种可陈列多种物品的软件，以满足各阶层人士的需要。有了该软件，人们可以轻松登录同一网站，选购商品，参加拍卖。他使用拍卖的方式来体现商品价值，并提供机会促使买卖双方成交。他摸索着创建了 eBay 公司。该公司位于美国加州的 SanJose，现有员工 400 多名。它已形成了规模优势，并已成为人们买卖收藏品及商品的好去处。

商务模式

满足个人嗜好的收藏活动的全球市场很大。eBay 是全球最大的在线交易社区。它的商业模式就是网上竞卖。这种商务模式改变了人类，因为在网上，人们一样可以有自己的兴趣、爱好。eBay 是网络改变商务的典范。它或许是人们在交换信息与产品、服务与商品的社区周围建立起来的第一个电子商务网站。有了它，各地用户可以汇聚一堂，互通有无。同时，它也为人们发挥特长、做自己感兴趣的事情提供了广阔的空间。

在促销手段的选择上，它一般不用电台及印刷品进行宣传，而是在其他网站上做广告。

在安全问题上，它对一些利用 eBay 进行非法买卖的用户，实行勒令他们退出 eBay 网站的做法，停止销售其商品。

成功因素

它的成功因素有三个：其一，eBay 网站特别容易勾起人们对童年时代美好和特别的回忆。人们可以在 eBay 上买到垒球卡、玩具士兵、Barbie 布娃娃以及布娃娃小屋。其二，则是人们喜欢 eBay 网站上的那种市集气氛。人们喜欢寻找自己喜爱的物品，喜欢货比三家。其三，人们都喜欢参与竞卖，喜欢讨价还价，而且在某种程度上，砍价可以给他们带来乐趣，eBay 给人们提供了这种机会。

（资料来源：《IT 经理世界》）

问题分析：

1. 浏览 eBay 网站，指出其网络营销的特色是什么？
2. 比较指出 eBay 与 Amazon 的区别是什么？

[技能实训]

实训目标：通过网络营销与传统营销的比较，把握企业网上业务的机遇和挑战。

实训内容：春秋航空公司在网上推出的"99"系列机票面临着哪些优势？又要面对哪些劣势？

实训地点：机房。

实训设计：

1. 学生 3~5 人组合，设计需要比较的内容。
2. 各组展示所比较的优势及劣势。
3. 各组互评，教师点评。

[学习资源]

线上学习资源：

1. 网上营销新观察 http：//www. marketingman. net/
2. 网络营销能力秀 http：//www. wm23. cn/
3. 网易公开课 https：//open. 163. com

线下学习资源：

1. 昝辉. 网络营销实战密码：策略、技巧、案例 [M]. 北京：电子工业出版社，2013.
2. [美] 朱迪·斯特劳斯，雷蒙德·弗罗斯特. 网络营销（第7版）[M]. 北京：中国人民大学出版社，2015.

市场营销管理

任务目标

完成以下任务，你应该能够：
1. 了解市场营销活动的内容及市场营销计划的编制。
2. 了解专业组织及结构组织的内容及市场营销人员管理。
3. 学会运用市场营销控制对营销活动中发生的问题进行解决。

任务导入

一个企业成功与否，首先取决于环境提供的机会、目标、战略、组织结构和制度等要素之间的协调。从逻辑上说，环境变动产生了机会。通过分析外部环境，尤其是识别机会和威胁，企业制订出经营目标，并决定实现目标的战略，制订计划。接下来，建立执行战略和计划的组织结构，设计有关制度，保证有效地实施战略与达成目标。但是在实践中，许多企业的情况往往不是这样，以至于妨碍了计划的执行：① 有的企业是在21世纪的环境中经营，但其目标和战略却是20世纪90年代不同时期的，结构和制度则是更早的年代建立的。各要素之间彼此脱节，目标不能适应环境，战略不能适应目标，结构、制度不能适应战略的要求。② 有的企业在经营中采取"反向思维"——从现有的结构、制度出发，选择目标和决定战略，然后分析环境，以找出适应其目标和战略的机会，其结果自然是守株待兔。因此，企业首先要对其组织结构与制度进行检查，以适应执行计划的需要。

任务11.1　了解市场营销计划

任务提示

市场营销活动必须建立在比较完整的活动方案基础之上，根据营销目标，制订市场营销活动方案，建立营销活动执行机构。

任务情境

某电器公司推出一个新产品，决定在 A 地区市场进行销售。该公司在 A 地区的电视、报纸、电台大做广告，可销售并未见长。于是全线撤退，转向 B 地区市场，又投入大量的广告费，销售仍不见长。又转向 C 地区市场……结果，一年时间，该产品销售额出现亏损。

11.1.1 市场营销活动的内容

企业为实现本业务的战略目标，必须开发产品层次的营销计划。产品市场营销计划主要针对企业在此项业务内的产品线、品牌或新的产品编制的计划，它对于业务战略计划而言，也是具体执行的计划。因为该计划一般涉及具体的产品，也被称为"商业计划书"。一个企业的产品经理必须负责编制此计划并在批准后负责组织实施。一个常见的产品营销计划由 8 个标准部分的内容组成。

1. 了解现状

了解现状不仅包括对市场情况、消费者需求进行深入调查，还包括对市场上竞争产品的了解以及对经销商情况的了解，大致有以下几点：

（1）市场形势了解。指对不同地区的销售状况、购买动态以及可能达到的市场空间进行了解。

（2）产品情况了解。指对原来产品资料进行了解，找出其不足和有待加强、改进的地方。

（3）竞争形势了解。对竞争者的情况要有一个全方位的了解，包括其产品的市场占有率等方面。

（4）分销情况了解。对各地经销商的情况及变化趋势要进行适时调查，了解他们的需求。

（5）宏观环境了解。要对整个社会大环境有所了解和把握，从中找出对自己有利的切入点。

以上是整个营销策划的基础，只有充分掌握了企业、产品的情况，才能为后面的策划打下基础。

2. 分析情况

一个好的营销策划必须对市场、竞争对手、行业动态有一个较为客观的分析，主要包括以下三方面内容：

（1）机会与风险的分析。分析市场上该产品可能受到的冲击，寻找市场上的机会和"空档"。

（2）优势与弱点分析。认清该企业的弱项和强项，同时尽可能充分发挥其优势，改正或弱化其不足。

（3）结果总结。通过对整个市场综合情况的全盘考虑和各种分析，为制订应当采用的营销目标、营销战略和措施等打好基础。分析情况是一次去粗取精、去伪存真的过程，是营销策划的前奏。

3. 制订目标

企业要将自己的产品或品牌打出去，必须有自己得力的措施，制订切实可行的计划和目标，这个目标包括两方面：

(1) 企业整体目标。

(2) 营销目标。是指通过营销策划的实施，希望达到的销售收入及预期的利润率和产品在市场上的占有率等。能否制订一个切合实际的目标是营销策划的关键。有的营销策划方案大有"浮夸"之风，脱离实际，制订的目标过高，其结果也必然与实际相差千里；而有的营销策划则显得过于保守，同样也会影响营销组合效力的发挥。总之，制订一个适宜的目标不但是必要的，而且是关键的。

4. 制订营销战略

必须围绕已制订的目标进行统筹安排，结合自身特点制订可行的市场营销战略。营销战略包括以下几个方面：

(1) 目标市场战略。是指采用什么样的方法、手段去进入和占领自己选定的目标市场，也就是说企业将采用何种方式去接近消费者以及确定营销领域。

(2) 营销组合策略。是指对企业产品进行准确的定位，找出其卖点，并确定产品的价格、分销和促销的政策。

(3) 营销预算。是指执行各种市场营销战略、政策所需的最适量的预算以及在各个市场营销环节、各种市场营销手段之间的预算分配。

制订营销战略要特别注意产品的市场定位和资金投入预算分配。

5. 制订行动方案

营销活动的开展需要制订一个统筹兼顾的方案，要求选择合适的产品上市时间，同时要有各种促销活动的协调和照应。有的营销策划忽略对产品上市最佳时机的确定，这会直接影响到营销活动的展开，而各个促销活动在时间和空间上也要做到相互搭配。

6. 预测效益

要编制一个类似损益报告的辅助预算，在预算书的收入栏中列出预计的单位销售数量以及平均净价；在支出栏中列出划成细目的生产成本、储运成本及市场营销费用。收入与支出的差额就是预计的赢利。经企业领导审查同意之后，它就成为有关部门、有关环节安排采购、生产、人力及市场营销工作的依据。

7. 设计控制和应急措施

在这一阶段，营销策划人员的任务是为经过效益预测感到满意的战略和行动方案构思有关的控制和应急措施。设计控制措施的目的是便于操作时对计划的执行过程、进度进行管理。典型的做法是把目标、任务和预算按月或季度分开，使企业及有关部门能够及时了解各个时期的销售业绩，找出未完成任务的部门、环节，并限期做出解释和提出改进意见。设计应急措施的目的是事先充分考虑到可能出现的各种困难，防患于未然。可以扼要地列举出最有可能发生的某些不利情况，指出有关部门、人员应当采取的对策。

8. 撰写市场营销计划书

这是企业营销策划的最后一个步骤，就是将营销策划的最终成果整理成书面材料，即营销策划书，也叫企划案。其主体部分包括现状或背景介绍、分析、目标、战略、战术或行动方案、效益预测、控制和应急措施，各部分的内容可因具体要求不同而详细程度不一。

11.1.2 市场营销计划的编制与执行

市场营销策划的编制，一般按分析现状、确立目标、制订战略与策略、评价与选定战略与策略、综合编制的程序展开编制。分析现状是基础，营销计划必须建立在对市场现状、竞争者情况、分销渠道、促销工作的问题详细周密的调查分析之上，才能可靠有效。确定目标时，既要针对当前情况的客观分析，还要考虑到计划期的执行情况，把二者结合起来，制订出有效又切实可行的营销目标。在制订战略与策略时，各部门应该制订多个可供选择的方案，以便最后编制计划时可以有更多的选择和改进余地。营销计划最后的综合编制，由负责销售的副总经理汇总部门计划，经过协调，基本形成企业的市场营销计划，再由营销总经理审定，最后交由管理当局审批通过后，就可实施了。

在市场营销计划的执行过程中，采用滚动式执行与修订的方法，即在方案执行中都可能出现与现实情况不相适应的地方，必须随时根据市场的反馈及时对方案进行调整。

任务11.2　了解市场营销组织

任务提示

市场营销活动方案需要借助一定的组织和人员来实施。根据市场营销活动方案安排建立相应的营销组织，组织相关人员。

任务情境

某家具企业，对新设计的椅子进行市场推广。由于该企业的领导对市场营销组织有关知识的缺乏，在设计营销组织时，部门设置太多。在营销活动中，各部门沟通不及时，意见不一致，导致决策者对市场的变化难以掌握，使该企业失去了最佳的营销时机。

11.2.1 市场营销组织概述

为了实现企业的营销目标，企业领导必须选择适合的市场营销组织。大体上，市场营销组织可以分为专业化组织和结构性组织两种。

1. 专业化组织

专业化组织包括以下四种类型。

（1）职能型组织。职能型组织是指按照需要完成的工作来组织营销部门，这是最古老也最常见的市场营销组织形式，它强调市场营销的各种职能（如销售、广告和研究等）的重要性。一般来说，企业设立一名营销副总经理管理营销事务，由若干名市场营销专家各执行某一方面的营销职能，他们都对营销副总经理负责，接受营销副总经理的领导。其中营销行政事务经理主管营销日常工作，广告与营业推广经理主管产品的促销工作，销售经理主管推销人员的招募和管理，市场研究经理主管市场调查、分析与预测等工作，新产品经理主管新产品的开发与研制工作。其组织结构如图 11-1 所示。

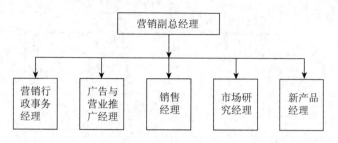

图 11-1　职能型组织

（2）产品型组织。产品型组织是指在企业内部建立产品经理组织制度，以协调职能型组织中的部门冲突。在企业所生产的各产品差异很大，产品品种过多，按职能设置的市场营销组织无法处理的情况下，建立产品型组织制度是适宜的。

这种方法是由专人负责某种具体产品或某一产品线的系列营销工作。负责某一品牌产品的人员称为品牌经理，负责一条或几条产品线的人员称为产品经理。其基本做法是，由一名产品营销经理负责，下设几个产品经理，产品经理之下再设几个品牌经理去具体负责各个产品，如图 11-2 所示。

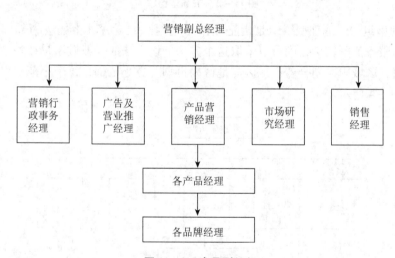

图 11-2　产品型组织

（3）市场型组织。市场型组织是指由不同人员或部门负责不同类型市场营销业务的组织方法。当企业仅有单一的产品线，或具有不同的分销渠道，或市场存在不同偏好的消费群体时，适宜采用这种方法来组建营销部门。例如，钢铁公司的钢铁既可卖给汽车公司，也可卖给建筑公司和公用事业部门，那么，钢铁公司就可设立三个市场经理分别负责上述三个市场。

许多企业都在按照市场类型来安排其市场营销机构，使市场成为企业各职能部门为之服务的中心。这种组织方法一般是设立一名市场主管经理，并由其管理下设市场经理，市场经理有时也称为市场开发经理或市场专家。市场经理开展工作所需要的职能性服务由其他职能性组织提供和保证。市场型组织的基本形态如图 11-3 所示。

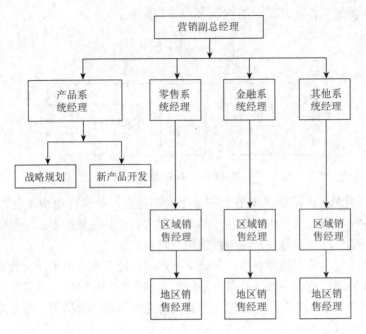

图 11-3 市场型组织

(4) 地理型组织。地理型组织是指企业按照地理区域设置其市场营销部门的方法。如果企业的营销服务范围较广,则可以采取这个方法。该方法的一般做法是在各销售区域分别设立销售部门,区域内再划分若干地区,地区内再划分更小范围,每个小范围也都设立销售部门,如图 11-4 所示。

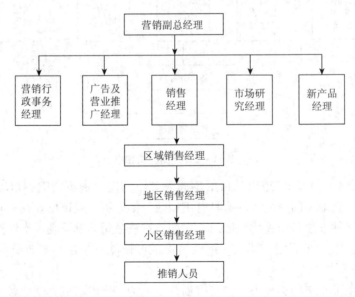

图 11-4 地理型组织

2. 结构性组织

专业化组织只是从不同角度确立了市场营销组织中各个职位的形态,至于如何安排这些职位,还要分析组织结构与职位之间的相互关系。企业设计组织结构不是最终目的,而只是实现市场营销目标的一种手段。既然各个企业有着不同的目标、战略、目标市场、竞争环境和资源条件，企业就可以建立起不同类型的组织结构。

（1）矩阵型组织。矩阵型组织是指同时设立产品经理和市场经理的矩阵式组织。这种方法适合既生产不同类型产品，又向不同类型市场销售的企业。矩阵型组织是职能型组织与产品型组织相结合的产物，它是在原有的按直线指挥体系组成垂直领导系统的基础上，又建立一种横向的领导系统，两者结合起来就组成一个矩阵，如图11－5所示。

	A市场经理	B市场经理	C市场经理	D市场经理
甲产品经理				
乙产品经理				
丙产品经理				
丁产品经理				

图11－5　矩阵型组织

（2）事业部型组织。事业部型组织是指为每一类产品组建一套职能部门和服务部门的方法。它是对产品组织法的一个改进，扩充了产品经理的权力，如图11－6所示。

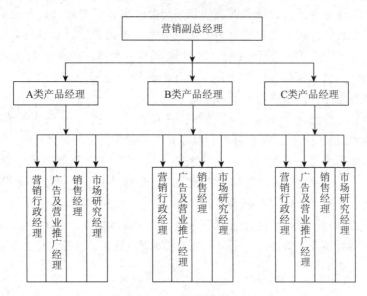

图11－6　事业部型组织

11.2.2　市场营销人员的组织和管理的分析

市场营销人员的组织和管理，是企业管理工作的重要组成部分，主要针对营销人员的选拔与招聘后的管理工作。

1. 市场营销人员的选拔

市场营销人员必须具备的素质主要有：客户了解度、好胜好强、取悦心理、情绪稳定、大方自信、能理解人、能拿出好主意、对人诚实可靠、对客户经常关心帮助、不怕被拒绝。

2. 市场营销人员的培训

一般企业的销售培训只对部分人特别有效，符合马太效应。企业在培训时，需要注意以下几点：① 培训必须在产品投入市场之前进行。② 培训前必须了解销售者特质，固执己见和没有理解欲望的人，以及缺乏自我动力的人很难在培训后取得效果。③ 知道什么是不可以培训的。如人际交往能力、取悦心理、推理判断能力等。④ 培训是针对销售人员的强项还是弱项？实践表明，对强项进行培训，得到的效果更佳。⑤ 根据不同人员的可提升领域，分设单独的培训班。

3. 市场营销人员的考评

严格的考评能强制性提升落后销售人员的业绩，却会给优秀者带来束缚，但是没考评或者考评标准单一化也达不到考评的目的，因此在考评上也应根据员工分类来拟订计划。

案例 11-1

三株公司的市场营销组织

三株公司总裁吴炳新在1998年第一次全公司工作会议上，作了自称是"刮骨疗毒"的报告。而意味深长的是，报告中所历数的营销组织几大病症，竟是典型的"国企病"。

三株集团创建伊始，子公司的定位就是集团的外派职能部门，而非利润中心。管理采用高度中央集权，形同国家的行政和管理。子公司不必自己找市场，不用考虑价格，集团总部统一计划，划拨广告费和产品，这种营销组织的好处是保证了集团公司利益最大化，资金快速周转。但随着集团的急剧发展，子公司内不讲效率、不问效益、盲目投入的现象越来越严重。1997年7月，三株不得不实行转轨，进行组织体制改革，把子公司由执行者变成经营者，进行独立核算。但习惯听命于集团指令性计划的子公司却像"笼中鸟"，被关的时间长了，失去了飞翔的能力，无法适应市场要求。

在组织结构上，已经成为大企业的三株，同时染上了国有大企业那种可怕的"恐龙症"——机构臃肿，部门林立，等级森严，程序复杂，官僚主义，对市场信号反应严重迟钝。

激励机制本来是民营企业的强项，但三株出现了国企"大锅饭"才有的现象——"干的不如坐的，坐的不如躺的，躺的不如睡大觉的"；干部终身制，能上不能下，一个地方干得不好，过几天又到另一个地方任职去了。

认识到营销组织的弊端后，三株自上而下地进行了一系列整顿，砍掉机关中的富余人员，减人增效；把2 000人缩至几百人，或"下岗"或充实到第一线，加强子公司自负盈亏的能力。

思考题

1. 从三株公司市场营销组织存在的问题来看整个公司的未来发展，你有哪些考虑和预见？
2. 企业应如何调整市场营销组织？

（资料来源：湖南工程职业技术学院市场营销院级精品课）

任务 11.3 进行市场营销管理

任务提示

市场营销活动经常会出现一些意外情况，营销管理人员必须针对这些意外情况作出反应，以保证营销方案的顺利实施。

任务情境

每一个企业都是处在动态的营销环境之中，任何完美无缺的营销计划都有可能在实施过程中因环境的变化而降低其效力，而且执行人员的素质差别和对计划理解上的差异也有可能使计划的执行产生偏差，正是由于营销计划在执行过程中总会发生意想不到的事件，所以营销部门必须对营销活动进行控制；否则，前期的市场调查、营销策划等大量工作成效就无法真正得到体现。特别是随着市场竞争的加剧，市场营销控制已显得越来越重要，市场营销控制是企业进行有效经营的基本保证。

市场营销控制是指通过测量和评价营销策略和计划执行的情况，提出改进措施和建议，促进营销目标有效实现的过程。市场营销经理应经常检查市场营销计划的执行情况，检阅实际绩效是否与营销计划一致，如果不一致或没有完成计划，则要找出原因所在，并采取适当的整改措施和行动，以确保市场营销计划的完成。

市场营销控制要回答的问题是"控制什么""谁来控制"和"如何控制"。一般来说，市场营销控制涉及营销工作的某些方面，如计划、顾客、营销成本、营销费用、销售、人员、广告、战略等，因而具有不同的控制过程，也由不同的人员（包括高层管理人员、营销管理人员、营销审计人员）来进行控制；在控制方式上也不同，主要包括年度计划控制、赢利能力控制、效率控制和战略控制。

11.3.1 年度计划控制

年度计划控制是指企业在本年度内采取的控制步骤，以检查实际绩效与计划之间是否有偏差，有偏差时就要采取改进措施，确保市场营销计划的实现与完成。其主要任务是检查企业营销活动是否达到年度计划的要求，并在必要时采取调整和纠正措施。在现实经济生活中，许多企业每年都制订了相当周密的计划，但执行的结果却往往与之有一定的差距，原因在于计划的结果不仅取决于计划制订得是否正确，还有赖于计划执行与控制的效果如何。可见，年度计划制订并付诸执行，是搞好营销工作的一项极其重要的任务。

1. 年度计划控制的主要目的

（1）促使年度计划中所确定的销售、利润和其他目标的实现。
（2）控制的结果可以作为年终绩效评估的依据。
（3）发现企业潜在问题并及时予以妥善解决。
（4）高层管理人员可借此有效地监督各部门的工作。

2. 年度计划控制包括四个主要步骤

（1）制订标准。即确定本年度各个季度（或月）的目标，如销售目标、利润目标等。
（2）测量绩效。即将实际成果与预期成果相比较。
（3）因果分析。即研究发生偏差的原因。
（4）改正行动。即采取最佳的改正措施，努力使成果与计划目标相一致。

3. 五种绩效工具

市场营销人员可运用五种绩效工具以核对年度计划目标的实现程度，即销售分析、市场占有率分析、市场营销费用与销售额比率分析、财务分析、顾客态度追踪分析。

(1) 销售分析。销售分析是用于衡量和评估市场营销人员所制订的计划销售目标与实际销售额之间关系的方法，包括两个具体的方法：

① 销售差异分析法。销售差异分析法是用于分析各个不同的因素对销售绩效的不同作用。

例如，假设年度计划要求第一季度销售 5 000 件产品，每件 1 元，即销售额 5 000 元，但在该季度结束时，只销售了 4 000 件，每件 0.90 元，即实际销售额为 3 600 元，那么，这个销售绩效差异为 -1 400 元。这里的问题是绩效的降低有多少应归因于价格下降？又有多少应归因于销售数量的下降？我们可用如下方法进行计算来回答：

因销售价格下降的差异 = （1 - 0.90）× 4 000 = 400（元）
400 ÷ 1 400 = 28.5%
因销售数量下降的差异 = 1 ×（5 000 - 4 000）= 1 000（元）
1 000 ÷ 1 400 = 71.5%

由此可见，有 2/3 的销售差异应归因于未能实现预期的销售数量。由于销售数量通常较价格容易控制，企业应该仔细检查为什么不能达到预期的销售量。

② 微观销售分析法。微观销售分析法是用来分析哪些产品或地区未能达到预期销售额的方法。假设企业在三个地区销售，其预期销售额分别为 1 500 元、500 元和 2 000 元，总额 4 000 元，但实际销售额分别是 1 400 元、525 元、1 075 元，就预期销售额而言，第一个地区有 7% 的未完成额；第二个地区有 5% 的超出额；第三个地区有 46% 的未完成额。显然，主要问题发生在第三个地区。造成第三个地区不良绩效的原因有如下可能：一是该地区的销售代表工作不努力或有个人问题；二是有主要竞争者进入该地区；三是该地区居民收入下降。

(2) 市场占有率分析。企业的销售绩效并未反映出相对于其竞争者的企业经营状况。如果企业销售额增加了，可能是由于企业所处的整个经济环境的改善，也可能是因为其市场营销工作的努力较之其竞争者有相对的提高。市场占有率正是剔除了一般的环境影响来考察企业本身的经营工作状况。如果企业的市场占有率升高，则表明它较其竞争者的情况更好；如果下降，则说明它相对于竞争者的绩效较差。衡量市场占有率的第一个步骤是清楚地定义使用何种度量方法。一般说，有四种不同的度量方法：

① 全部市场占有率。以企业的销售额占全行业销售额的百分比来表示。使用这种测量方法必须做两项决策：第一，要以单位销售量或以销售额来表示市场占有率；第二，正确认定行业的范围，即明确本行业所应包括的产品、市场等。

② 可达市场占有率。以企业的销售额占企业所服务市场的百分比来表示。所谓可达市场：一是指企业产品适合的市场；二是指企业市场营销努力所及的市场。企业可能有近 100% 的可达市场占有率，却只有相对较小百分比的全部市场占有率。

③ 相对市场占有率（相对于三个最大竞争者）。以企业销售额对最大的三个竞争者的销售额总和的百分比表示。如某企业有 30% 的市场占有率，其最大的三个竞争者的市场占有率分别为 20%、10%、10%，则该企业的相对市场占有率为 30% ÷（20% + 10% + 10%）= 75%。一般来说，企业的相对市场占有率高于 33% 即被认为是强势的。

④ 相对市场占有率（相对于市场领导者）。以企业销售额相对市场领导者的销售额的百分比来表示。相对市场占有率超过 100%，表明该企业是市场领导者；相对市场占有率等于

100%，表明企业与市场领导者同为市场领导者；当相对市场占有率小于100%且增加时，表明企业正接近市场领导者。

在明确市场占有率之后，企业还需要对市场占有率变动（上升或下降）的原因进行正确分析，以便能够采取针对性的措施。企业可从产品大类、顾客类型、地区以及其他方面来考察市场占有率的变动情况。

（3）市场营销费用与销售额比率分析。年度计划控制需要检查与销售有关的市场营销费用，以确定企业在达到销售目标时的费用支出。市场营销费用对销售额的比率是一种主要的检查方法。市场营销人员的工作，就是密切注意这些比率，以发现是否有任何比例失去控制。当一项费用对销售额比率失去控制时，必须认真查找问题的原因。

（4）财务分析。市场营销管理人员应就不同的费用对销售额的比率和其他的比率进行全面的财务分析，以决定企业如何以及在何处展开活动，获得赢利。尤其是利用财务分析来判别影响企业资本净值收益率的各种因素。

（5）顾客态度追踪分析。年度计划控制所采用的衡量标准大多是以财务分析和数量分析为特征的，即基本上是定量分析。定量分析虽然重要但并不充分，因为它们没有对市场营销的发展变化进行定性分析和描述。为此，企业需要建立一套系统来追踪其顾客、经销商以及其他市场营销系统参与者的态度。如果发现顾客对本企业和产品的态度发生了变化，市场营销管理人员就能较早地采取行动，争取主动。

11.3.2 赢利能力控制

赢利能力控制是用来测定不同产品、不同销售区域、不同顾客群体、不同渠道以及不同订货规模赢利能力的方法。由赢利能力控制所获取的信息，有助于管理人员决定各种产品或市场营销活动是扩展、减少还是取消。下面拟就市场营销成本以及赢利能力的考察指标等作一介绍。

1. 市场营销成本

市场营销成本直接影响企业利润，它由如下项目构成：

（1）直接推销费用。包括直销人员的工资、奖金、差旅费、培训费、交际费等。

（2）促销费用。包括广告媒体成本、产品说明书印刷费用、赠奖费用、展览会费用、促销人员工资等。

（3）仓储费用。包括租金、维护费、折旧、保险、包装费、存货成本等。

（4）运输费用。包括托运费用等，如果是自有运输工具，则要计算折旧、维护费、燃料费、牌照税、保险费、司机工资等。

（5）其他市场营销费用。包括市场营销人员的工资、办公费用等。

营销成本和生产成本构成了企业的总成本，直接影响到企业经济效益。其中有些与销售额直接相关，称为直接费用；有些与销售额并无直接关系，称为间接费用；有时二者也很难划分。

2. 赢利能力的考察指标

取得利润是每一个企业最重要的目标之一，正因为如此，企业赢利能力历来为市场营销人员所重视，因而赢利能力控制在市场营销管理中占有十分重要的地位。在对市场营销成本进行分析之后，有必要考察赢利能力指标：

(1) 销售利润率。销售利润率是指利润与销售额之间的比率，表示每销售 100 元使企业获得的利润，它是评估企业获利能力的主要指标之一，其计算公式为

$$销售利润率 = （本期利润 \div 销售额）\times 100\%$$

(2) 资产收益率。资产收益率是指企业所创造的总利润与企业全部资产的比率，其计算公式为

$$资产收益率 = （本期利润 \div 资产平均总额）\times 100\%$$

其分母之所以用资产平均总额，是因为年初和年末余额相差很大，如果仅用年末余额作为总额，显然不合理。

(3) 净资产收益率。净资产收益率是指税后利润与净资产所得的比率。净资产是指总资产减去负债总额后的净值，其计算公式为

$$净资产收益率 = （税后利润 \div 净资产平均余额）\times 100\%$$

(4) 资产管理效率。可通过以下比率来分析：

① 资产周转率。资产周转率是指一个企业以资产平均总额去除产品销售收入净额而得出的比率，其计算公式为

$$资产周转率 = 产品销售收入净额 \div 资产平均占用额$$

资产周转率可以衡量企业全部投资的利用效率，资产周转率高，说明投资的利用效率高。

② 存货周转率。存货周转率是指产品销售成本与产品存货平均余额之比，其计算公式为

$$存货周转率 = 产品销售成本 \div 产品存货平均余额$$

存货周转率是说明某一时期内存货周转的次数，从而考核存货的流动性。存货平均余额一般取年初和年末余额的平均数。一般来说，存货周转率次数越高越好，说明存货水准较低，周转快，资金使用效率较高。

资产管理效率与获利能力密切相关。资产管理效率高，获利能力相应也较高。这可以从资产收益率与资产周转率及销售利润率的关系上表现出来。资产收益率实际上是资产周转率和销售利润率的乘积：

$$资产收益率 = （产品销售收入净额 \div 资产平均占用额）\times （税后息前利润 \div 产品销售收入净额）$$
$$= 资产周转率 \times 销售利润率$$

11.3.3 效率控制

如果赢利能力分析显示出企业关于某一产品、某一地区或市场所得的利润很差，那么就要进一步分析效率，找出高效率的方式来管理销售人员、广告、销售促进及分销工作。

1. 销售人员效率

企业各地的销售经理要记录本地区销售人员效率的几个主要指标，包括：① 每个销售人员每天平均的销售访问次数；② 每次会晤的平均访问时间；③ 每次销售访问的平均收益；④ 每次销售访问的平均成本；⑤ 每次销售访问的招待成本；⑥ 每百次销售访问而订购的百分比；⑦ 每次销售访问期间的新顾客数；⑧ 每次销售访问期间丧失的顾客数；⑨ 销售成本对总销售额的百分比。

企业从以上的分析中可发现一些非常重要的问题。例如，销售代表每天的访问次数是否

太少，每次访问所花时间是否太多，是否在招待上花费超支，在每百次访问中是否签订了足够的订单，是否增加了足够的新顾客并且保留住原有的顾客。当企业开始重视销售人员效率的改善后，通常会取得很多实质性的改进。

2. 广告效率

企业市场营销人员至少应做好如下统计：① 每一媒体类型、每一媒体工具接触每千名购买者所花费的广告成本；② 顾客对每一媒体工具注意、联想和阅读的百分比；③ 顾客对广告内容和效果的意见；④ 广告前后顾客对产品态度的衡量；⑤ 受广告刺激而引起的询问次数。

企业市场营销管理人员可以采取若干步骤来改进广告效率，包括进行更加有效的产品定位、确定广告目标、选择广告媒体、进行广告后效果测定等。

3. 促销效率

为了提高销售促进的效率，企业市场营销管理人员应该以每一销售促进的成本对销售的影响做记录，注意做好如下统计：① 由于优惠而销售的百分比；② 每一销售额的陈列成本；③ 赠券回收的百分比；④ 因示范而引起询问的次数。

企业还应观察不同销售促进手段的效果，并使用最有效果的促销手段。

4. 分销效率

分销效率是指对企业存货水准、仓库位置及运输方式进行分析和改进，以达到最佳配置并寻找最佳运输方式和途径。

效率控制的目的在于提高人员推销、广告、销售促进和分销等市场营销活动的效率，市场营销经理必须重视若干关键比率，这些比率表明上述市场营销组合因素的有效性以及应该如何引进某些资料以改进执行情况。

11.3.4 战略控制

1. 战略控制

由于市场营销环境变化很快，往往会使企业制订的目标、策略、方案失去作用。因此，在企业市场营销战略实施过程中必然会出现战略失控问题。战略控制是指市场营销经理采取一系列行动，使实际市场营销工作与原规划尽可能一致，在控制中通过不断评审和信息反馈，对战略进行不断的修正。其目的是确保企业目标、政策、战略和措施与市场营销环境相适应。

市场营销战略的控制既重要又难以准确。因为企业战略的成功是总体的和全局性的，战略控制注意的是控制未来，是还没有发生的事件。战略控制必须根据最新的情况重新估价计划和进展，因而难度也就比较大。

企业在进行战略控制时，可以运用市场营销审计这一重要工具。各个企业都有财务会计审核，在一定期间客观地对审核的财务会计资料或事项进行考察、询问、检查、分析，最后根据所获得的数据按照专业标准进行判断，作出结论，并提出报告。这种财务会计的控制制度有一套标准的理论、做法，但市场营销审计尚未建立一套规范的控制系统，有些企业往往只是在遇到危急情况时才进行，其目的是为了解决一些临时性的问题。目前，国外越来越多的企业运用市场营销审计进行战略控制。

2. 市场营销审计

市场营销审计是指对一个企业市场营销环境、目标、战略、组织、方法、程序和业务等做综合的、系统的、独立的和定期性的核查,以便确认可能的威胁和各项可能的机会,并提出行动计划的建议,改进市场营销效果。市场营销审计实际上是在一定时期对企业全部市场营销活动进行总的效果评价,其主要特点是不限于评价某些问题,而是对全部活动进行评价。

市场营销审计的基本内容包括市场营销环境审计、市场营销战略审计、市场营销组织审计、市场营销系统审计、市场营销赢利能力审计和市场营销职能审计。

(1) 市场营销环境审计。市场营销必须审时度势,必须对市场营销环境进行分析,并在分析人口、经济、生态、技术、政治、文化等环境因素的基础上,制订企业的市场营销战略。这种分析是否正确,需要经过市场营销审计的检验。由于市场营销环境的不断变化,原来制订的市场营销战略也必须相应地改变,也需要经过市场营销审计来进行修订。目前,我国许多企业重复投资、重复建设、盲目上马,不能适应市场需要,不利于形成适度的市场规模,因而难以取得理想的经济效益,原因就在于缺乏充分的市场营销环境的调查与分析。即使有些企业在这方面做了一些工作,但是,绝大多数企业还远没有进行市场营销环境审计。市场营销环境审计内容应包括市场规模、市场增长率、顾客与潜在顾客对企业的评价、竞争者的目标、战略、优势、劣势、规模、市场占有率、供应商的推销方式、经销商的贸易渠道等。

(2) 市场营销战略审计。企业能否按照市场导向确定自己的任务、目标并设计企业形象,能否选择与企业任务、目标相一致的竞争地位,能否制订与产品生命周期、竞争者战略相适应的市场营销战略,能否进行科学的市场细分并选择最佳的目标市场,能否合理地配置市场营销资源并确定合适的市场营销组合,企业在市场定位、企业形象、公共关系等方面的战略是否卓有成效,所有这些都需要经过市场营销战略审计的检验。

(3) 市场营销组织审计。市场营销组织审计是指评价企业的市场营销组织在执行市场营销战略方面的组织保证程度和对市场营销环境的应变能力,包括企业是否有坚强有力的市场营销主管人员及其明确的职责与权力,是否能按产品、用户、地区等有效地组织各项市场营销活动,是否有一支训练有素的销售队伍,对销售人员是否有健全的激励、监督机制和评价体系,市场营销部门与采购部门、生产部门、研究开发部门、财务部门以及其他部门的沟通情况以及是否有密切的合作关系等。

(4) 市场营销系统审计。企业市场营销系统包括市场营销信息系统、市场营销计划系统、市场营销控制系统和新产品开发系统。对市场营销信息系统的审计,主要是审计企业是否有足够的有关市场发展变化的信息来源、是否有畅通的信息渠道、是否进行了充分的市场营销研究、是否恰当地运用市场营销信息进行科学的市场预测等。对市场营销计划系统的审计,主要是审计企业是否有周密的市场营销计划,计划的可行性、有效性以及执行情况如何,是否进行了销售潜量和市场潜量的科学预测,是否有长期的市场占有率增长计划,是否有适当的销售定额及其完成情况等。对市场营销控制系统的审计,主要是审计企业对年度计划目标、赢利能力、市场营销成本等是否有准确的考核和有效的控制。对新产品开发系统的审计,主要是审计企业开发新产品的系统是否健全,是否组织了新产品创意的收集与筛选,新产品开发的成功率如何,新产品开发的程序是否健全,包括开发前充分的调查研究、开发过程中的测试以及投放市场的准备及效果等。

(5) 市场营销赢利能力审计。市场营销赢利能力审计,是在企业赢利能力分析和成本效益分析的基础上,审核企业的不同产品、不同市场、不同地区以及不同分销渠道的赢利能力,审核进入或退出、扩大或缩小某一具体业务对赢利能力的影响,审核市场营销费用支出情况及其效益,进行市场营销费用的销售分析,包括销售费用与销售额之比、广告费用与销售额之比、促销费用与销售额之比、市场营销研究费用与销售额之比、销售管理费用与销售额之比,以及进行资本净值报酬率分析和资产报酬率分析等。

(6) 市场营销职能审计。市场营销职能审计是指对企业的市场营销组合因素,包括产品、价格、地点、促销的效率审计。主要是审计企业的产品质量、特色、式样、品牌的顾客欢迎程度,企业定价目标和战略的有效性,市场覆盖率,企业分销商、经销商、代理商、供应商等渠道成员的效率,广告预算、媒体选择及广告效果,销售队伍的规模、素质以及能动性等。

值得强调的是,营销审计不能等企业出现危机或重大问题时才进行,那样的话营销审计就已失去了它的功能,因为营销审计的重要作用在于"防患于未然"。此外,企业营销审计最好由企业外部有营销审计经验的机构或人员来进行,这样,一方面可让他们独立、客观地对企业进行审计,另一方面他们具有经验、方法和集中的时间,可提高审计工作的效率。

案例 11-2

TCL 的营销管理哲学

TCL 的经营理念包括两个核心观念和四个支持性观念。

两个核心观念是:

(1) 为顾客创造价值的观念。他们认为,顾客(消费者)就是市场,只有为顾客创造价值,赢得顾客的信赖和拥戴,企业才有生存和发展的空间。为此,公司明确提出"为顾客创造价值,为员工创造机会,为社会创造效益"的宗旨,将顾客利益摆在首位。

(2) 不断变革、创新的观念。他们认为,市场永远在变化,市场面前人人平等,唯有不断变革经营、创新管理、革新技术的企业,才能在竞争中发展壮大。为此,他们根据市场发展变化不断调整企业的发展战略和产品质量与服务标准,改革经营体制,提高管理水平。

在具体的营销管理工作中,集团重点培育和贯彻了四项支持性观念:① 品牌形象观念;② 先进质量观念;③ 捕捉商机贵在神速的观念;④ 低成本扩张观念。

TCL 集团在上述观念指导下,建立了统一协调、集中高效的领导体制,自主经营、权责一致的产权机制,灵活机动、以一当十的资本营运机制,举贤任能、用人所长的用人机制,统筹运作、快速周转的资金调度机制。依据目标市场的要求,TCL 投入上亿元资金,由近千名科技人员建立了三个层次(TCL 中央研究院、数字技术研究开发中心、基层企业生产技术部)的战略与技术创新体系,增强自有核心技术的研究开发能力,以此抢占制高点,拓展新产品领域。

(资料来源:吴健安. 市场营销学(第三版). 北京:高等教育出版社,2007.)

思考题

1. TCL 的经营理念是否适应我国当代市场环境的要求?
2. 近年来 TCL 成长发展的原因是什么?

课程小结

为了更好地完成一次市场营销活动，市场营销管理起着重要的作用。

（1）根据营销目标制订市场营销活动方案。

（2）在营销活动方案基础上，选择营销组织及相关人员。

（3）面对市场营销活动中出现的意外情况时，对问题的解决及控制（年度计划控制、赢利能力控制、效率控制和战略控制）。

课后自测

一、判断题

1. 市场营销组织常常只是一个机构或科室。（　　）
2. 市场营销组织设置不应该都按一种模式设置市场营销机构。（　　）
3. 生产多种产品或拥有多个品牌的企业，通常设置市场型组织。（　　）
4. 市场营销审计是进行市场营销控制的有效工具，其任务是对企业或经营单位的财务状况进行审查。（　　）

二、选择题

1. 企业市场营销部门的组织形式大致经历了（　　）个阶段的演变。
   A. 四　　　　　　B. 五　　　　　　C. 六　　　　　　D. 七
2. 市场营销执行不良的原因有（　　）。（多选）
   A. 计划脱离实际　　　　　　B. 长期目标和短期目标的矛盾
   C. 因循守旧的惰性　　　　　D. 缺乏具体明确的执行方案
3. （　　）是最常见的市场营销组织形式。
   A. 职能型组织　　　　　　　B. 市场型组织
   C. 地理型组织　　　　　　　D. 事业部型组织
4. 战略控制的目的是确保企业的目标、政策、战略和措施与（　　）相适应。
   A. 市场营销计划　　　　　　B. 推销计划
   C. 市场营销环境　　　　　　D. 管理人员任期

三、填空题

1. 企业建立市场营销组织的形式主要有职能型组织、_____、市场型组织、_____、_____、事业部型组织。
2. 市场营销审计主要包括以下几方面的内容：市场营销环境审计、_____、市场营销组织审计、_____、市场营销赢利能力审计、_____。

四、简答题

1. 营销部门的组织形式主要有哪几种基本类型？它们各自的优缺点是什么？
2. 市场营销执行过程的主要步骤有哪些？

[拓展学习]

某企业在甲、乙、丙三个地区的计划销量分别是 2 500 件、3 000 件、4 000 件，共计 9 500 件。但实际销售量分别是 1 500 件、2 500 件、3 800 件，共计 7 800 件。

试分析上述三地区的销售量。

[技能实训]

实训目标：学习制订市场营销活动方案，学会根据市场营销活动方案安排建立相应的营销组织。

实训内容：查询相关资料，制订市场营销活动方案，合理选择营销组织及相关人员。

实训设计：1. 学生5~8人分组合作，利用所学知识制订市场营销活动方案。

2. 在市场营销活动方案的基础上，合理设置营销组织和相关人员。

3. 每组派出学生代表面向全班分享小组方案。

[学习资源]

线上学习资源：

1. http：//v. youku. com/v_ show/id_ XNTY4NjQ2Njky. html（王老吉品牌营销案例分析）

2. http：//v. youku. com/v_ show/id_ XNzAwNDkzMzgw. html？spm = a2h0j. 8191423. module_ basic_ relation. 5~5! 2~5~5! 6~5~5~A#paction（如何把握多屏环境下的市场营销）

3. http：//v. youku. com/v_ show/id_ XNzYwOTU4MTY0. html？spm = a2h0k. 8191407. 0. 0&from = s1. 8 – 1 – 1. 2（如何构建成功的市场营销战略）

4. http：//www. xxw001. com/old/video/？b0fdea5b1b0c7c9b992414. shtml（市场营销学在线学习）

线下学习资源：

1. ［韩］W·钱·金，［美］莫博涅. 蓝海战略. 吉宓，译. 北京：商务印书馆，2005.

2. 黎万强. 参与感. 北京：中信出版社，2014.

3. ［美］奥斯丁·克莱恩. 人人都在晒，凭什么你出彩. 张舜芬，徐立妍，译. 北京：北京联合出版社，2014.

任务十二

学习创业营销

任务目标

通过本次任务,你应该能够:
1. 初步识别创业机会,了解创业项目的孵化。
2. 策划创业项目,制作商业计划书。
3. 推介创业项目,并开展创业项目的路演。

任务导入

马云的创业经历

1982年,18岁的马云第一次高考失败后开始谋生,先后当过秘书、做过搬运工,后来给杂志社蹬三轮送书。1983年,19岁的马云二次高考依然失利。1984年,20岁的马云第三次高考艰难过关,进入杭州师范学院。

1988年,24岁的马云大学毕业后进入杭州电子科技大学当英语老师。1988—1995年在杭州电子科技大学任教期间,业余时间在杭州一家夜校兼职教英语,同时帮助别人从事英语翻译。1995年辞去大学教师工作。

1994年,30岁而立之年的马云开始创业,创立杭州第一家专业翻译社——海博翻译社。马云第一次上了互联网就为他的翻译社做网上广告,上午10点他把广告发送上网,中午12点前他就收到了6个E-mail,分别来自美国、德国和日本。马云当时就意识到互联网是一座金矿。他立即决定和西雅图的朋友合作,一个全球首创的B2B电子商务模式,就这样开始有了创意,并起名中国黄页。

1995年4月,31岁的马云投入7 000元,创建了"海博网络","海博网络"从此成为中国最早的互联网公司之一,产品就是"中国黄页",32岁的马云艰难地推广自己的中国黄页,1996年营业额不可思议地做到了700万!

马云和杭州电信的合作失败,这是马云创业生涯第一次的失败,这年马云33岁。

1997年,马云受邀请加盟外经贸部新成立的公司,中国国际电子商务中心(EDI),由马云组建管理,马云占30%股份,就是现在的阿里巴巴。然而到1999年,这是马云遭逢的人生的第二次创业失败。

1999年3月，阿里巴巴正式推出，逐渐为媒体、风险投资者关注，直至成为全球最大网上贸易市场、全球电子商务第一品牌，并逐步发展壮大为阿里巴巴集团，成就了阿里巴巴帝国。

从1995年接触网络到1999年阿里巴巴问世，马云用了5年的时间，经历了2次失败才获得了第一阶段的成功。

（资料来源：https://www.douban.com/note/85937730/）

任务12.1　识别与启动创业项目

任务提示

本任务引领你了解创业前需要做好哪些准备，能够识别创业机会，掌握创业项目的实施步骤。

任务情境

创业启动资金如何测算

创业伊始，创业者需要一笔启动资金——但到底需要多少钱呢？无论启动资本总额多少，创业者都需要计算出具体的数字。为此，所面临的挑战是找到可信可靠的信息。创业者可以从许多渠道获取到具体的数额和宝贵的建议。

（1）同行。经营和你类似业务的企业家，是计算创业初期运营成本的最佳信息来源。你未来的竞争对手可能不想帮助你，但是只要不在同一区域，他们都是非常乐意帮忙的。

（2）供应商。供应商也是一个研究创业成本不错的信息来源。

（3）行业商会。根据不同的行业，商会可以提供启动费用明细和财务报表的样本、行业内相关的企业家和供应商名单、市场调研的数据和其他有用的信息。供应商的行业商会也是好的信息来源。

（4）退休企业高管。有经验的退休经理人所掌握的信息是对创业非常有价值的资源，可以指导创业者完成公司启动的整个过程。

（5）创业指南。创业者可以从一些独立的出版社和商会获得创业启动指南。

（6）连锁加盟机构。如果你想购买特许经营权，特许经营权拥有者会给你启动费用的相关数据。然而，不要把这些数据当作绝对值，因为费用会因为地区的不同有所变化。

（7）专题文章。报纸和杂志的文章很少会为一个特定地区的特定业务逐项列出创业所需的费用。然而，创业相关的文章可以让你大致估算所需的启动成本，并帮助你列出需要调查的费用清单。经常使用可靠的信息来源，不要忘记查阅相关的行业杂志，可以了解供应商信息、行业所需成本和最新行业动态。

（8）创业顾问。一个合格的创业顾问可以提供关于启动资金的相关建议，甚至为你做很多调查，也可以帮你将自己的调查变成有用的财务预测和具体方案。单一的途径并不能帮助创业者了解具体创业成本的所有信息。但是通过不断努力研究估算启动资金，你能最终找到需要的具体数字。创业者只有完成了创业启动成本估算，并且根据这个数字制作出相应的商业计划，这样才能说你为创业准备好了一切。

12.1.1 准备创业

创业的成功案例一直像磁铁一样吸引着大众,于是越来越多的人开始走上了创业之路。但创业路是一条漫长的道路,中间会遇到各种各样的困难与问题。有的人成功了,获得了鲜花与掌声,但往往还有很大一部分人以失败告终了。人人都可以创业,但不是每个人都能成功。创业的你必须打有准备的仗,创业前到底需要做好哪些准备工作才能保证事半功倍的效果呢?

1. 创业的心理准备

(1) 正视挫折的心态。创业之路不可能一帆风顺,面对挫折要保持一个积极的心态。心态是命运的控制塔,心态决定我们人生的成败。

(2) 持续的学习毅力。有了完整的创业想法,下一步便是尽量让自己多接触各种信息与资源管道,诸如专业协会及团体等组织机构。这些团体、组织不仅可以帮助你评估自己的创业机会与潜力,还可以尽早让创业计划到位。

2. 创业项目的准备

(1) 选择适合的创业项目。成功的道理是相似的,失败的原因各有不同。在很多成功创业的故事里面,有着许许多多的小秘诀,而这些秘诀并非都来自创业成功个案的经验,很多也是从失败的例子中去反省、领悟而来的。

适合大学生创业项目选择的方向有以下几个:

① 高科技领域。

② 智力服务领域。

③ 连锁加盟领域。

④ 零售领域。

⑤ 农业、养殖领域。

(2) 初选品牌及公司名称。最佳的品牌及公司名称是能够充分反映产品或服务与众不同的特色及独特性的。基本上,品牌或公司名称与产品之间的关系是成正比的,就是要能在消费者或顾客群的心目中产生一种紧密的联想力。具有创意的品牌或公司名称不仅有助于建立品牌的形象,同时也能打动顾客使其产生购买欲。

(3) 确定合法组织架构。在开始计划营运前创业者必须确定何种法定组织架构适合具体的创业。

3. 资金准备

(1) 编列具体的预算报告。创业阶段产生的一些费用将是一次性成本,还有一些费用将是持续性成本。为了最好地估算出自己的创业成本,需要列个清单——而且是越详细越好,从有形的商品(如原料、设备和固定设施等)到专业的服务(如广告和法律事务等),还有办公场地租金、保险或者员工薪资、原材料成本、营销费用、管理和营运成本等,然后开始计算为这些商品和服务所需要支付的费用。

(2) 募集启动资金。创业者在筹措创业资金时,必须是以能支付公司的创业第一年内所有的营运开销为目标。通常,内外募款是比较普遍的资金来源,来自于亲戚、朋友、银行、房屋抵押等的资金是较为可行的,甚至信用卡借贷也能派上用场。但是,创业者必须知道如何善用各种渠道去募集资金,不可使用单一渠道取得资金,以免资金吃紧时找不到救援。

12.1.2 识别创业机会

1. 创业机会的含义和特征

创业机会是指具有较强吸引力的、较为持久的有利于创业的商业机会,创业者据此可以为客户提供有价值的产品或服务,并同时使创业者自身获益。

创业机会具有如下特征:

(1) 客观性和偶然性。创业机会是在特定条件下产生的,它是客观存在的,但机会的发现和识别具有一定的偶然性。

(2) 时效性和不稳定性。创业机会具有很强的时效性,甚至稍纵即逝,另外创业机会刚刚出现的时候各种外部环境往往是不稳定的,正是由于环境的不稳定性导致机会与风险并存。

(3) 均等性和差异性。创业机会在特定范围内对创业者都是均等的,但不同的人对创业机会的认识会存在差异,另外由于创业者自身的素质和所拥有的资源不同,利用机会的可能性和利用程度也存在不同。

2. 创业机会的来源

(1) 技术进步。技术变革是有价值创业机会的最重要来源,这些机会使人们创建新企业成为可能。技术变革之所以是创业机会的来源,是因为它们使人们能够以新的更有效率的方式做事。当前信息技术、网络技术、移动互联技术迅速发展,为创业者提供了大量的创业机会。

(2) 政策变化。政策实质上是对资源利用和分配的制度安排,所以政策的变化必然会导致资源分配和人们解决需求途径的变化,市场机会也往往随之产生。

(3) 社会与人口的变化。社会与人口的变化也是创业机会的重要来源。首先,社会和人口变化改变了人们对产品和服务的需求。由于创业者通过销售顾客需要的产品和服务来赚钱,因而需求的变化就产生了生产新事物的机会。其次,社会和人口变化使人们针对顾客需求所提出的解决方案,比目前能够获得的方案更有效率。

(4) 市场需求变化。如由于中国目前平均收入水平已经进入中高收入阶段,人们对教育、旅游、健康等方面需求增加,这些方面就产生了更多的创业机会。

总之机会来源于变化,在变化中产生,创业者要把握机会,必须关注市场变化,分析市场趋势,只有这样才能发现创业机会。

3. 识别创业机会的途径

(1) 感知。感知是指感觉到或认识到市场需求和未得到充分利用的资源。

(2) 发现。发现是指识别或发现特定市场需求和专门资源间的配合。

(3) 创造。创造是指以商业概念等形式创造一个独立的需求与资源间的新的配合。

4. 创业机会评价

蒂蒙斯创业机会评价体系(表12-1)给我们提供了一套系统的评价框架和可量化的指标体系。这个工具可以帮助创业导师和创业者,科学深入地评价创业项目的可行性及其价值性。蒂蒙斯的创业机会评价框架,涉及行业与市场、经济价值、收获条件、竞争优势、管理团队、致命缺陷、个人标准、理想与现实的战略差异等八个方面的53项指标。通过定性或量化的方式,创业者可以利用这个体系模型对行业与市场、竞争优势、管理团队和致命缺陷等做出判断,来评价一个创业项目或创业企业的投资价值和机会。

表12-1 蒂蒙斯创业机会评价体系

行业与市场	1. 市场容易识别,可以带来持续收入 2. 顾客可以接受产品或服务,愿意为此付费 3. 产品的附加价值高 4. 产品对市场的影响力高 5. 将要开发的产品生命长久 6. 项目所在的行业是新兴行业,竞争不完善 7. 市场规模大,销售潜力达到1 000万~10亿元 8. 市场成长率在30%~50%甚至更高 9. 现有厂商的生产能力几乎完全饱和 10. 在五年内能占据市场的领导地位,达到20%以上 11. 拥有低成本的供货商,具有成本优势
经济价值	1. 达到盈亏平衡点所需要的时间在1.5~2年以下 2. 盈亏平衡点不会逐渐提高 3. 投资回报率在25%以上 4. 项目对资金的要求不是很大,能够获得融资 5. 销售额的年增长率高于15% 6. 有良好的现金流量,能占到销售额的20%~30%以上 7. 能获得持久的毛利,毛利率要达到40%以上 8. 能获得持久的税后利润,税后利润率要超过10% 9. 资产集中程度低 10. 运营资金不多,需求量是逐渐增加的 11. 研究开发工作对资金的要求不高
收获条件	1. 项目带来的附加价值具有较高的战略意义 2. 存在现有的或可预料的退出方式 3. 资本市场环境有利,可以实现资本的流动
竞争优势	1. 固定成本和可变成本低 2. 对成本、价格和销售的控制较高 3. 已经获得或可以获得对专利所有权的保护 4. 竞争对手尚未觉醒,竞争较弱 5. 拥有专利或具有某种独占性 6. 拥有发展良好的网络关系,容易获得合同 7. 拥有杰出的关键人员和管理团队
管理团队	1. 创业者团队是一个优秀管理者的组合 2. 行业和技术经验达到了本行业内的最高水平 3. 管理团队的正直廉洁程度能达到最高水平 4. 管理团队知道自己缺乏哪方面的知识
致命缺陷	不存在任何致命缺陷

续表

个人标准	1. 个人目标与创业活动相符合 2. 创业家可以做到在有限的风险下实现成功 3. 创业家能接受薪水减少等损失 4. 创业家渴望进行创业这种生活方式,而不只是为了赚大钱 5. 创业家可以承受适当的风险 6. 创业家在压力下状态依然良好
理想与现实的战略差异	1. 理想与现实情况相吻合 2. 管理团队已经是最好的 3. 在客户服务管理方面有很好的服务理念 4. 所创办的事业顺应时代潮流 5. 所采取的技术具有突破性,不存在许多替代品或竞争对手 6. 具备灵活的适应能力,能快速地进行取舍 7. 始终在寻找新的机会 8. 定价与市场领先者几乎持平 9. 能够获得销售渠道,或已经拥有现成的网络 10. 能够允许失败

12.1.3 启动创业项目

1. 创业项目启动的类型

创业项目启动的主要目的在于通过项目的实施情况来检验创业项目的可行性,增强项目的价值感,从而为其在未来的创业活动争取更多的资金、智力等资源。创业者在开始创办企业的时候,不要想着获得一个多么大的市场,可以从一件简单明确的事启动,在一个比较小的市场站稳脚跟,获得市场地位,后者是比较容易做到的。

创业项目启动分为单点启动、单边启动、双边启动、多边启动等四种情况,难度和成本依次递增,而一旦启动成功,其竞争门槛则从低到高。

（1）单点启动。项目特征是个体用户使用你的产品和服务,不受其他人或服务商的影响。

（2）单边启动。这类项目特征是依赖于一定人群同时使用,才可以启动,一旦无法满足人群同时使用的指标,现有用户会迅速流失。

（3）双边启动。该类项目特征是需要供需双方都有足够的参与频率,才能同时启动,任何一方达不到足够的参与度,均无法形成有效稳定的发展,参与用户均会流失。

（4）多边启动。这类项目特征是除了供需双方,还需要第三方甚至第四方的参与,才能同时启动。任何一方达不到足够的参与度,均无法形成有效稳定的发展,参与用户均会流失。

2. 实施创业项目

实施创业项目：一是如何将技术、创意变成产品；二是如何把产品从企业转交到用户手上并从中获利。这两个问题：一个关于产品开发；一个关于商业模式。

用户有需求,产品才能卖出去。好的产品能够提醒用户自己没有意识到的需求,能够创造新的需求。创业公司如何寻找突破口去确认用户需求呢？

（1）明确待验证的假设。即使是再完美的方法也不能保证你获取用户的真实需求，即使你是某个领域某个方面的专家，也不要过分相信自己的假设，因为人无完人，在变幻莫测的创新环境中，创业者的经验都是未经证实的。只有尽早接触客户，才能尽量减少不确定性带来的损失。

（2）制作原型。按照创业者的想法用最小的成本、最快的时间制作出一个粗糙的产品原型或仿真原型。

（3）找出非典型用户。找出具有创新意识愿意参与产品改进的几个非典型客户，做出一个只有简单核心功能的原型请他们试用。

（4）寻找更大范围的用户进行试用，根据反馈改进产品。根据上面的需求分析再反馈回来，做新的改进，并进一步完善产品。

（5）把产品做稳定，安排市场推广。整个流程的思路就是先针对一群极端用户，通过看得见摸得着的原型，渐进式地深挖需求，找到产品卖点和新的市场需求，在这个过程中尽量把重大改进往里放，而不是针对大众市场，做一个大家都能想到的产品。这对中国的创业公司更有挑战，因为中国消费者不喜欢表达自己的思想，所以更需要通过观察和开放性的问题来理解客户需求。

任务 12.2 策划与包装创业项目

任务提示

本项任务将引领你了解创业项目策划设计的基本内容，掌握项目包装的内涵、原则与要求，熟悉项目包装的形式——商业计划书。

任务情境

和总理打羽毛球的机器人火了

黑黄相间的"外衣"、滑轨式挥拍支架与机械运动底盘、"背上"两个羽毛球拍，外观略"呆萌"的羽毛球机器人，是目前最火的"网红"。2016 年 4 月 25 日下午，李克强考察成都菁蓉创客小镇，在与创业者的交流中，李克强应邀与创业团队设计的羽毛球机器人"切磋"球技。

如何将普通市民眼中"高大上"的技术转变为"接地气"的经济力？这是不少科技型创业公司始终绕不过去的难题。单打羽毛球机器人每台售价 40 万元，其高价定位，到底会在市场上激起多大涟漪？对此，骆德渊给出了一组数据：从 2015 年年底投入市场以来，羽毛球机器人供不应求，订单已排到 2016 年年底，定金到账 200 余万元。这些订单来自体育场馆、民营企业、教育行业等。2016 年销售收入预计在 5 000 万元左右。我们创业的底气，是电子科大机器人竞赛团队 14 年的积淀。现在，电子科大学生创业公司已开始新产品的研发，而另一边，因为羽毛球机器人的市场需求量大，公司已着手扩大产能，建设工厂。

（资料来源：华西都市报）

12.2.1 策划创业项目

1. 策划项目的三个内涵

策划项目是创业项目的所有涉及内容中最具有技术含量的。创业项目可以分解为三个内涵：第一是技术的内涵，其核心指标是性价比。第二是经营的内涵，其核心要素是盈利点。第三是合作的内涵，其核心要素是共赢点。在这三个内涵中首先要确定的是技术内涵，因为技术的变化往往会引起经营模式和合作模式的变化。

三个内涵中，经营的模式处于核心地位。经营模式的宗旨是盈利，无论技术模式还是合作模式都需要围绕这个宗旨形成。一个项目可以没有技术模式，可以没有合作模式，但是不可能没有经营模式。经营模式是一个项目得以立项的必要条件。

三个内涵中，合作内涵的策划是最困难的，也是技术含量最高的。如果技术模式和经营模式涉及的是权益如何产生，那么合作模式涉及的则是权益如何分配。权益分配的方案不但取决于项目公司本身的决策，同时也取决于合作方的决策，它是合作双方或多方博弈的结果，是一个互动的过程。一个项目即使有非常好的技术模式和经营模式，可是如果合作模式没有设计好，也会功亏一篑。

2. 策划技术内涵

首先涉及的是技术方案的选择，首要考虑的问题是适用性。这是技术选择的底线，任何技术方案首先必须满足基本的功能，然后才能在此基础上考虑拓展功能。其次要考虑的问题是稳定性。最后要考虑的问题是经济性。经济性有两个评估指标：一是投资成本；二是运行成本。

3. 策划经营内涵

项目经营模式的宗旨是赚钱，这是衡量它优劣的主要指标。无论多么简单的经营模式，能盈利就是好模式。经营模式的设计策划包括三个步骤：第一步是捕捉商机，发掘项目的盈利点；第二步是设计流程，整合项目的四个流；第三步是屏蔽风险，论证项目的可行性。

（1）捕捉商机，发掘项目的盈利点。项目要想盈利，首先要发掘盈利点，即价值发现，必须解决以下问题：卖给谁、在哪卖、怎么卖。

需要发掘的是一些可以间接创造利润的手段，他们往往都隐藏在表面利润的背后不易被人发现。

经营模式的主要宗旨是让项目的盈利稳定，而并不一定追求暴利。一个好的模式至少可以保证它们盈利的可持续性。可是如果硬要把一个原本做不大的行业做大，试图打造连锁体系，为此在经营流程中增加了很多额外的环节，最后有可能得不偿失。

（2）设计流程，整合项目的四个流。找到了商机发现了盈利点，只完成了经营模式策划的一半，这只不过意味着看到了资金回报，不等于能够盈利。要想实现真正盈利，还需要对经营模式的流程进行设计和论证，评估其中每一个环节的可行性。

项目都由四个流组成：人力流、物流、信息流和资金流。运营流程技术就是要把这四个流进行有效组合，最后让资金流完成循环。经营模式的设计方法主要是绘图，在图中把四个流和必要的节点画出来，以便与投资者沟通和论证。

（3）屏蔽风险，论证项目的可行性。一般来说，经营模式的流程都由项目融资方设计，由投资方论证，设计和论证往往是一个博弈的过程，其博弈的核心问题是流程的可行性。可行性主要体现在四个方面：是否可操作、是否可控制、是否可复制、是否可变现。

①可操作性是衡量一个经营模式是否可行的基本门槛。

②可控制性意味着整个流程要最大限度地消除不确定性。

③可重复性意味着经营流程的运转不能满足于一两次的成功，而是能够无限次地复制成功。

④可变现性是项目完成之后能否把钱收回来。

4. 策划合作内涵

项目中的合作不仅涉及融资者与投资者之间的关系，同时也可能涉及所有项目关系人之间的关系。所谓项目关系人是指所有与项目公司具有利益关系的人，包括公司的股东、投资人、业务合作伙伴、关键技术人、团队员工、客户、供应商、经销商、政府、银行，甚至利益相关的老百姓等。

如果说经营要解决的主要问题是怎样赚钱，那么合作要解决的主要问题就是如何分配。分配模式不但涉及合作各方如何分配收益和权利，同时还涉及如何分担风险和责任。一个分配模式若要想被合作各方所接受并且可持续运转，必须符合基本原则，即分配方案公平合理，操作过程公开透明。

12.2.2 包装创业项目

1. 项目包装的定义

所谓"项目包装"，是指创业者根据市场的运作规律，以一定的形式反映项目内容，更好地让社会认识到项目价值，从而在市场上树立良好的项目形象。通俗地说，项目包装其实是给投资者、加盟者讲故事，故事的精彩程度决定了能不能得到投资、加盟，以及创业项目是否成功。

项目包装是一种具有建设性、逻辑性的思维的过程。做好项目包装，一定要认识到对项目的包装是成功融资融智的关键，绝非可有可无。一个成功的项目背后必然有一系列成功的包装，项目包装是对一个项目各种要件的充分准备和尽可能地完善，是明确了项目的目标、内容以及为实现目标而进行的主要活动。项目的名称、外在形式、环境、采用的材料既属于项目自身的内容，又属于项目包装的范畴，它包含对项目假设及项目风险的识别。

2. 项目包装的实质

项目包装既是项目投资内容的分项，也是对项目投资内容的包装。从项目包装的定义可以看出，项目包装是形式，项目包装的目的是"树立良好的项目形象"。简单地说，项目包装就是把好用的东西变成好用又好看的东西。所谓形式是指项目的外在特征，所谓形象是指项目的外在特征给人留下的印象，形式是自设的，形象是利他的。项目包装的实质是一种造势活动，项目包装的工作对象就是势力。所谓势力是项目在硬实力的基础上构造的软实力。软实力是对硬实力的补充和发展。

包装是对项目既有亮点的提炼，提醒其他投资人该项目的优势和投资价值所在，让其他投资人更好地认识项目，从而能以更有利的价格完成投资交易。

3. 项目包装的基本要求

从很多创业企业的发展历程来看，其在创建过程中都十分重视项目的包装，把项目包装看成是营销过程的一个有机组成部分。成功的项目包装，一般要满足科学性、可行性、规范性、吸引力等要求。

（1）科学性。项目分析技术目前以财务分析为基点，发展出了一整套经济分析的方法，并且对政治、社会和生态环境等给予相应的重视。这就要求在进行项目包装时，要以财务、管理、会计学、技术经济学等自然科学和社会科学为依据，对项目的经济效益进行科学论证。同时，由于项目包装建立在市场预测的基础上，其分析结果不可能达到绝对准确。但是，一个好的包装项目，其论证结果应该努力达到一定的精确度。为此，进行项目包装时，必须坚持实事求是的原则，数据资料要真实可靠，据理论证，公正客观，那种故意缩小项目风险，夸大经济效益的"钓鱼式"项目包装的做法，为项目合资或合作留下了纠纷的隐患，同时对创业企业的发展也极为有害。

（2）可行性。创业项目包装应认真做好市场需求预测，充分考察项目产品的国际国内市场供求情况，对未来企业产品的销售前景进行可行性分析。做好项目的技术可行性分析，以经济效益为核心，采用动态和静态两种分析方法，提出项目可行或不可行的结论以及多种供选择的方案，对政治、法律环境等各种因素的变化对经济评价指标的影响及项目的风险要合理预测与推算，对各项动态经济指标和对项目的盈亏平衡分析、敏感性分析等要具有充分的科学依据，要对设备选择、建设规模、发展方向等方案进行多方案比较。在项目可行性研究中，要尽量减少主观性描述，多用客观经济分析；保证数据的正确性、合理性、可靠性，结论应清楚、简洁。

（3）规范性。创业项目包装的内容、语言、格式要力求规范化，并且要注意不同项目的特殊要求，要注重与国际惯例接轨。

（4）吸引力。项目有无吸引力，直接决定着融资融智的效果。项目包装要具有较高的立意，总体策划要充满新意，准确把握时代脉搏，与国际市场的需求和最新发展尽量保持同步。

4. 项目包装的禁忌

项目包装不是项目伪装，而是对项目内容、功能、价值最恰当的反映。做项目包装，关键在于通过形式体现完美，只讲求内容，不讲求形式，内容就会贬值。

而只讲求形式，不讲求内容，那是形式主义，是不能取信于市场的。恰当是形式反映内容的度，包装不足与包装过度都会影响项目的价值，力争避免出现以下情况。

（1）项目包装简单化。有些人总感到项目包装可有可无，认为项目包装只是要投资者知道有这个项目的存在即可，从而把项目包装简单化，项目包装立意起点较低，总体策划缺乏新意，没有准确把握时代脉搏，与市场的需求和最新发展相差甚远。殊不知一个项目的包装，其最终目的，就是要让投资者在很短的时间内做出选择。

（2）项目包装单边化。有些项目虽然花了很大精力进行项目包装，但从实际的效果看所推出的一些前景很好，本应具有很强吸引力的项目，却少有人问津，倒是一些不很被看好的项目，或者是一些边缘项目，却意外地获得了成功。之所以造成这种情况，是因为在项目前期的预测和包装上做得还不够全面，只看自己，不看市场。尤其是对项目融资的趋势把握得不准，一厢情愿，根本就调动不起投资方的积极性，吸引不了投资者的眼球。

（3）项目包装表面化。对项目包装的目标和意义认识不够到位，项目描述停留在表面，主观性描述多于客观经济分析，评价的数据缺乏正确性、合理性、可靠性，结论不够清晰、简洁，市场调查缺乏针对性，对竞争者、竞争能力、同类企业生产水平和经营特点缺乏准确的分析，对项目在技术、市场、经济上的问题，实施过程中对产品质量保证消化技术的能力等可能出现的困难以及意外和预防的问题估计不足，或有意隐蔽可能出现的风险。让有经验的投资者对项目的可行性和操作性产生疑问，最终致使本来发展前景良好的招商项目被投资者否决。

（4）过度包装。有些项目包装在项目可行性研究中，对一些基础数据和经济评价的主要指标，如投资额、成本费用、生产量销售收入、利税、收益率、经济净现值、投资净效益率等数据，计算方法、结果不准确。甚至有些企业为达到引资的目的，故意低算成本费用，高估利润，如有的企业将利润率设定较高，不符合实际，大大降低了项目的可信度。

12.2.3 撰写创业计划书

项目包装可采取多种形式表现，当前还没有一个特别、固定的标准模式。在各种不同类型的项目包装的表现形式中，一般都将注意力放在对项目包装的外观形式的表现上，即文字、语言、图片、格式、画面布置、色彩协调等诸方面设计上，而没有注重内容表达和外观表现的统一性。由于没有强调项目包装内容和外在表现的统一性，因此，项目包装就不能完整地、全面地、正确地表现出来，这对融资融智的实现十分不利。项目包装的表现形式主要有项目推荐书、可行性研究报告、项目策划书和商业计划书等，其中商业计划书被广泛地应用于经济活动中，当前也越来越多地出现在创业项目融资融智工作实践中。

1. 商业计划书的层次结构

商业计划书，首先要使用规范的概念，其次要使用专业的方法。

商业计划书的形式既不可过于烦琐冗长也不可过于精练简洁，而应层次分明、有节有据，商业计划书可分三个层次。

第一个层次是项目概要。概要当以简洁为主，但是概要关系重大，如同钓鱼之饵。如果这个饵能够引起投资者的兴趣，后面的千言万语他们都会一个字一个字地认真读，可是如果这个饵不能引起投资者的关注，后面的所有内容全是白写。

第二层次是商业计划书主体部分。原则上要框架清晰，框架清晰在于让投资者读完之后对整个项目的框架有一个整体的把握。一般常犯的错误，是把商业计划书的这部分写得过于烦琐，在论证过程中随处夹杂着大量的数据，让投资者看了后边忘了前边，最后脑子一片模糊，看不到一个完整轮廓。这部分只要阐述清楚四个问题即可：观点、结论、过程、方法。那么数据和论据怎么办？难道数据和论据就不重要了吗？当然重要，把它们集中打包，放在下一个层次的附件中处理。

第三层次是附件。把所有的数据和论据制成表格，编上检索号码，集中放在最后的附件部分备查。附件的主要功能是为商业计划书中所有的观点、推理、判断、结论提供论据。

商业计划书的附件不怕繁杂，越详尽越好，要求每一个论据后面有足够的数据支撑。这些数据一般情况下没人看，只有等投资者对项目真的感兴趣的时候才会发生作用。

2. 商业计划书的基本框架

项目包装最终落实到项目的商业计划书。通常，商业计划书的基本框架主要由六部分构成，见表12-2。

表 12-2　商业计划书的基本框架

1. 项目概要 　1.1 项目简介、故事梗概 　1.2 合作方式、权利义务 　1.3 投资回报、效益结果 2. 项目公司 　2.1 公司现状、发展历史 　2.2 股权结构、管理团队 　2.3 经营业绩、发展规划 3. 商业模式 　3.1 技术模式、解决方案 　3.2 经营模式、运作流程 　3.3 合作模式、分配方案	4. 市场分析 　4.1 市场规模、目标份额 　4.2 行业地位、竞争对手 　4.3 市场定位、营销策略 5. 投入产出 　5.1 投资预算、资金来源 　5.2 成本估算、收入预测 　5.3 效益指标、数据说明 6. 风险分析 　6.1 风险预测、风险原因 　6.2 风险评估、量化指标 　6.3 防范措施、应对预案
附件：营业执照、相关批文、相关协议、资质等	附表：预算、投入产出、现金流量、盈亏平衡等分析

（1）项目概要。项目概要需要用简洁的文字囊括整个项目商业计划书中所有最重要的信息。让人读过开篇之后，就会对项目的整体轮廓有一个清晰的认识。

① 项目简介和故事梗概。

② 合作方式和权利义务。

③ 投资回报和效益结果。

（2）项目公司。融资不仅是卖项目，同时也是卖项目公司本身，要让投资者了解今后的合作者，所以要插标自卖，对自己做个介绍，也就是项目公司的简历。

① 公司现状和发展历史。

② 股权结构和管理团队。

③ 经营业绩和发展规划。

（3）商业模式。本部分在整个计划书中不但技术含量高，同时也最难表达，对于深入浅出的要求最高，很多项目的商业模式策划是一流的，但是由于在商业计划书中表达不清，投资者看不明白，结果还是功亏一篑。项目商业模式包括三个部分：

① 技术模式和解决方案。

② 经营模式和运作流程。

③ 合作模式和分配方案。

（4）市场分析。市场是项目存在的理由，也是其可行性论证的重要环节，全方位的市场分析包括容量估算、动态预测、横向对比、拓展战略等几个方面。

① 市场规模及目标份额。

② 行业地位及竞争对手。

③ 市场定位及营销策略。

（5）投入产出。本部分涉及项目的财务测算，首先估算资金的需求，然后规划资金的供给，最后通过收入预测和成本核算进行损益分析，求出项目的投入产出之比，作为项目的经济效益的核心指标。

① 投资预算和资金来源。

② 成本估算和收入预测。
③ 效益指标和数据说明。

（6）风险分析。风险分析是投资者必须做的功课。既然如此，就应该事先做好。本部分可以表现出项目公司的成熟和自信，所有的风险都在预料之中，不但要有量化的分析，同时还要备有应对预案。

① 风险预测和风险原因。
② 风险评估及量化指标。
③ 防范措施和应对预案。

总之，项目千差万别，现实中商业计划书的撰写并没有固定的模式，上述框架不过是商业计划书的参考结构模板。

3. 商业计划书的撰写要求

商业计划书吸引住了投资者的眼球，只说明成功了一半，要想让投资者下决心投资，还需要三个条件：思路清晰、数据充分、概念动情。

（1）思路清晰。思路清晰是指对项目的论证必须逻辑严谨，找不出相互矛盾和不切实际之处。投资者一般不会轻易就范，他们总是会带着怀疑的眼光从项目论证中挑毛病。因此项目要事先自圆其说，让投资者无懈可击，挑不出毛病。

投资者评估一个项目有两个指标：一个是绝对指标，即看项目的各项指标是否能够满足他们的基本底线；另一个是相对指标，即把项目和他们手中的其他项目横向对比，看条件是否比别人更加优越。

（2）数据充分。任何论据都必须有数据证明，无论把自己的项目说得多么天花乱坠，让投资者下决心的最终还是取决于数据论证的结果。市场的论证需要数据，技术的论证需要数据，财务论证更需要数据。

（3）概念动情。概念描述当然要有文采。文采在商业计划书中可以无足轻重，也可以点石成金。

4. 商业计划书的沟通捷径

商业计划书就是项目包装的成果。而这个成果实际上是用来与投资者沟通的工具，沟通的效果有可能出现四种情况，其中深入浅出乃沟通捷径。

项目公司把项目研究得很透彻，但是商业计划书满篇专业术语，晦涩难懂，除了他们自己，谁也看不明白，"茶壶煮饺子，塞得进去但是倒不出来"，这种情况普遍存在于那些由技术人员创业的高新科技项目。

如果项目公司自己都没有把项目研究明白，因此商业计划书写得简单肤浅，尽是人云亦云的套路，让人感觉不到有半点专业水平，同时也提不起任何兴趣。这种情况多半是由于项目公司涉足了一个不熟悉的行业或者策划了一个力所不及的项目所致。

对于很多项目而言，深入基本不是问题，问题往往在于浅出，一个项目如同一个产品，项目公司如同产品的开发者和生产者，对于自己产品的深入理解，无人可以与之相匹。可能够深入的人未必能够浅出，正如一个产品的开发者往往不是这个产品好的销售者。

任务 12.3　推介与路演创业项目

任务提示

本项任务将引领你了解推介创业项目的意义和作用，熟悉创业项目路演的目的和条件。

任务情境

大学生创业：项目推广成难题　聚焦项目推介平台

"好的创业者绝对应该是一个出色的学习者。"才 20 岁出头就已经着手多个创业项目的李远哲说。这名即将从北京师范大学传播系毕业的同学介绍，自己已顺利完成了保研，目前自己的投资公司也已起锚，并投资了几个项目。李远哲认为，现在既然有用低成本尝试创业的机会，那么有野心的年轻人值得一试。

"路由人走，积极试错"也是夏麦的创业观。为给将来的创业做好铺垫，这个北京大学工学院博士生很早就为自己设计了"计算机 + 管理科学"的交叉知识背景，目前她正和伙伴们做一个工艺美术的创业项目，她认为唯有兼具好想法、好团队和足够的时间，创业才能真正起步。

一年前，由北京大学计算机系学生 Jesse 担当技术负责人的校园社交 APP 还只是个"想法"，目前这个项目即将上线。谈起找投资几经碰壁的心路历程，Jesse 认为自己从中收获了颇多经验和建议。

项目推广对于不少白手起家的大学生创业者都是个不小的问题。夏麦说，自己的团队目前奇缺新媒体营销的业内合伙人，而推广已经成为大部分互联网项目最烧钱的事项。李远哲则期待出台一些政策，为大学生创业项目推介提供一个低成本的平台，或者将当前现有的推介平台做大影响力。

对于在资金、团队等方面存在的短板，一些大学生创业者认为，学校在这方面应当有所作为。

（资料来源：中国新闻网）

12.3.1　推介创业项目

1. 创业项目推介简介

所谓创业项目推介，是指创业者面向市场、面向投资者推广介绍拟实施（或已实施）创业项目，以获取创业资源的一系列行为，它是创业活动的一个重要环节。项目推介包括项目背景、项目简介、项目团队、商业模式、融资方案等内容。

① 项目背景就是项目的来龙去脉、行业发展情况、国家政策等。

② 项目简介包括创业企业的项目目标及发展前景，在做什么，有什么产品，目前的概况如何等。一般来说，企业需要拿出实际的产品才能打动投资者，然而，光有能看到的、摸到和使用的产品是不够的。投资者还需要知道产品的市场吸引力、产品的用户增长情况。

③ 项目团队，即公司创始人及主要成员，每个人的能力、学历背景、拥有资源等。

④ 商业模式是项目吸引投资、打开市场的关键，因此，商业模式是项目推介的重点。

商业模式的建立需要考虑产品与市场定位、商业模式设计、财务分析和组织保障者等方面。

⑤ 融资方案包括财务状况、融资方式（债权还是股权融资）、融资规模、资金使用计划、资金退出方式、融资期限、项目融资对象、融资承诺等内容。

现在更有一些企业为了减少成本扩大影响而采用网络推介的形式，即采用视频播放、非互动或互动宣讲、在线游戏等方式，利用互联网的多媒体技术向全世界进行推介促销。

2. 创业项目推介会

项目推介会就是推广介绍招商引资项目、创业融资项目的大会或活动，旨在帮助企业、社会组织和团体、政府等宣扬自己的特点、产品和政策，促进交流活动，是促进项目与资金对接的一种方式。

创业项目推介会通常包括创业加盟项目推介、自主创业成果与项目展示、创业项目与资金对接、创业孵化园区推介、优秀创业项目路演、创业主题论坛和创业扶持政策现场咨询服务等板块，是企业宣传品牌、招募加盟、扩大影响的最佳平台，也是创业者寻找项目和资金的好机会。

（1）创业加盟项目推介。通过征集一批投资少、风险小、市场前景好，符合国家环保、卫生、健康、安全要求的自主创业项目，以及适合在当地落户发展的国际品牌特许加盟项目进行展示交流。创业项目可以涵盖科技创新、文化创意、电子商务、服装服饰、工艺礼品、医疗保健、教育培训、社区服务等容易进入的领域。

（2）自主创业成果与项目展示。集中展示一批本地区、本产业领域自主创新创业项目以及最新创新创业成果，提升项目知名度。

（3）创业项目与资金对接。组织银行现场提供小额担保贷款政策咨询与办理服务。邀请创业金融服务机构，以及风险投资机构，现场提供项目咨询和评估、项目融资、投资咨询服务。

（4）创业孵化园区推介。邀请知名创客空间运营商以及自主创业孵化园区（基地）进行现场展示和推介。

（5）优秀创业项目路演。邀请优秀创业项目代表进行现场路演并分享创业经验，同时组织银行信贷机构、风险投资机构代表等进行现场推介，并与观众现场互动。

（6）创业主题论坛。举办以大学生创业为主题的论坛活动，邀请创业导师做主题演讲，并现场与优秀大学生创业项目代表交流互动。

（7）创业扶持政策现场咨询服务。宣传创业环境和最新创业促进政策，邀请市场监管、税务、就业服务、创业指导专家等进行创业扶持政策的现场宣传和咨询。此外，政府主办的项目推介会除了会有创业项目展示、创业服务对接、创业贷款等内容外，还会涉及一些创业项目申报奖励、创业场地补贴、自主创业奖励、创业带动就业奖励等直接的资金支持。

12.3.2 路演创业项目

1. 路演简述

什么是路演？路演是当前社会上一个使用频率较高的词。顾名思义，路演是在马路上进行的演示活动。早期华尔街股票经纪人在兜售手中的债券时为了说服别人总要站在街头声嘶力竭地叫卖。路演一词就是由此而来的。到后来，虽然有了交易大厅、有了先进的电子交易手段，但路演的习惯还是保留了下来，而且，路演已经成为国际上广泛采用的股票发行推介方式。发展到现在，路演已经不仅仅是为发行新股而进行的推介活动。

路演是促进投资者与融资人之间的沟通和交流，在投融资双方充分交流的条件下促进交易达成的重要推介、宣传手段。

2. 项目路演的性质

所谓项目路演，是项目方向众多的投资方讲解自己的项目产品、发展规划、融资计划，并进行有效沟通的互动过程。项目路演具有下列性质。

（1）项目路演采取自愿报名、审核通过的机制。

（2）项目路演是国内外诸多风险投资机构实现融资的高速公路。

（3）规模：项目路演由8~10个创业项目和8~10个投资机构代表组成。确保每个项目进行较为充分的展示，并与投资人进行深入的沟通。

（4）私密性质：除创业项目和投资机构代表之外，项目路演全程谢绝无关人员参观。

（5）项目路演主办方及所有参会人员均须承诺：除非得到本人许可，对项目商业秘密和项目路演的资料进行严格保密，不将项目路演的任何内容用于其他商业目的。

3. 项目路演的条件

（1）项目团队人数最好能2人以上。

（2）项目成功运作过一段时间。

（3）项目必须有内容可供演示。

（4）项目必须有完整的商业计划及其历史财务资料。

（5）项目必须拥有独特商业模式和商业价值。

（6）项目必须有明确的融资需求，融资标的范围。

4. 项目路演的目的

路演有两种目的：产品销售和项目融资。融资路演的要点就是在于挖掘提炼共同的理念，以便与投资机构调整出相同的思维频率，而目标只有一个：让双方看到属于大家的、共同的未来。

项目路演的好处在于：

① 可以同时让多个投资者很认真地倾听创业者的讲解和说明，同时还可以有一个思考和交流的过程。

② 能够让投资者在安静的环境里，在创业者声情并茂的展示下，真正读懂企业的项目，从而做出更为准确的判断。

项目路演最终目的是获得融资，但项目融资的目的，不仅仅是为了获得资金。

① 投资方的价值不止在于提供资金，投资方还可以为企业带来行业经验、人脉、渠道资源、合作伙伴，这些价值远比资金的作用大。

② 获得融资的企业有更多机会获得下一轮的融资，提升企业的成长速度。

③ 分配给团队的股权价值被体现出来，更利于巩固团队，扩大团队。

5. 项目路演的模式

从形式上，目前项目路演分成线上项目路演和线下项目路演两种类型。线上项目路演主要是通过QQ群、微信群，或者在线视频等互联网方式对项目进行讲解；线下项目路演主要通过活动专场对投资人进行面对面的演讲以及交流。

线下类型，主要表现为以下4种模式。

（1）精准度、私密度最高的"一对一模式"。
（2）精准度、私密度较高的私董会模式。
（3）由政府部门、知名机构或平台线下组织的项目路演会或专场路演会。
（4）带有大赛和推广性质的创业大赛或创业 TV 秀模式。

随着视频技术和移动互联网的应用，项目路演呈现的方式越来越多元化，越来越多地运用多媒体技术向投资人呈现项目的具体信息。不管是从效率还是从效果来说，相比传统的纯文字演讲式的演讲，线上路演是一个巨大的进步。之前的 QQ 群、电话会议、远程视频路演，现在的微信群路演，就体验和互动而言，还是目前的微信群路演更佳。

（1）微信群路演。在微信群里，商业计划书都会提前发布和观看，在互动的时候语音根本不给创业者以组织、修饰的时间，而通过这种直接的思维对撞类似于头脑风暴般，判断出是否跟进这个项目。

（2）AMA 模式。线上路演还有一对一的 AMA（Ask Me Anything）模式。AMA 是一种新型问答社区模式。

当然，线上、线下两种类型的路演形式都随着跨界、技术、共享等领域发展而不断地进化更迭，呈现不同的模式，但这些变化最终还是服务于创投双方的高效对接，实现彼此的期望：投融资对接成功。在这些路演平台上，需要创业者做好充足的准备，迎接投资人热切和挑剔的目光。

6. 项目路演的准备

为保证路演成功，创业者非常有必要想好自己真正的路演需求，做好路演前的准备工作，以做到有备无患。那么，创业者在路演前都需要准备些什么呢？

（1）思考投资人关心的问题。
（2）准备一份比较详细的商业计划书。
（3）制作一份路演幻灯片。
（4）提前了解投资机构。提前了解投资机构，做到知己知彼，能够提供项目路演成功率。

7. 项目路演的内容

（1）讲故事。从一个动人的故事开始路演，这会从一开始就勾起听众的兴趣。而且如果路演者可以把自己的故事和听众们联系起来的话就更加完美了。当然，所讲的故事应该是有关于创业项目产品所要解决的问题的。

（2）解决方案。分享创业项目的产品独一无二的地方，和为什么它能解决前面所提到的问题。这一部分最好简约而不简单，要做到投资人听过以后，可以轻松地向另一个人介绍你到底在做什么。尽量少使用行业里的生僻词汇。

（3）团队成就。投资人投资第一看重的是团队，第二才是项目创意。

（4）目标市场。不要说世界上所有上网的人都是项目产品的顾客，就算有一天这成为现实。

（5）获客方式。

（6）竞争对手。

（7）盈利模式。投资人总是对这个部分最感兴趣。

（8）融资需求。清晰地说明你的融资需求，出让多少股权，未来的财务计划如何。

（9）投资人的退出机制。如果你融资额在 100 万元以上，那么大部分投资人都想知道你的退出机制是怎么样的？你是希望被收购，还是上市，或者别的退出方式？

8. 项目路演的注意事项

项目路演的时间是宝贵的，千万别让台下的投资者继续维持云里雾里的状态，因为他们的耐性是有限的。

（1）与技术相比，投资者更对效益感兴趣。投资公司的人常说，创业投资投的第一是人，第二是人，第三还是人。可是归根结底，投资公司关心的目标，第一是能不能盈利，第二也是能不能盈利，第三还是能不能盈利。千万别在投资者面前卖弄你的专利和核心技术，关键是要告诉他们这些要如何赚钱。在那些声称拥有领先技术、核心技术的项目中，创业者的术语一个接一个脱口而出，只会让人感觉越听越迷糊，到最后就误以为你是在玩概念。如果听众是外行，就很难迅速切身地理解投资项目提供的商品或服务，理解它们所带来的价值和效用。

（2）投资者不相信"项目没高竞争对手"。当你信誓旦旦表示你没有竞争对手的时候，很可能台下的投资者早已经听说别的公司在做这个事情了。因此，千万别声称你没有竞争对手，这不能显示你"目中无人"的宏大气魄，相反只会让对方觉得你对行业其实并没有吃透。

（3）千万别对"天才创意"自我陶醉。通常一个人有了构想时，会将其讲给信任的人听，但他内心并不希望找寻事实真相，而仅仅只是希望有人对他给予认可，却将真相放在一边。创业者就常常扮演这种一厢情愿的角色。

创业者一般都会相当自信，毕竟项目就像是自己的孩子，别人觉得不怎么样，在自己眼中却是"最美的天使"，这很自然陷入一种自我陶醉之中。如果任这种情绪进一步地深陷下去，危险便是寻求对自己构想的肯定而非事实真相。

课程小结

2015 年李克强总理在政府工作报告中提出"大众创业、万众创新"，以简政放权的改革为市场主体释放更大空间，让国人在创造物质财富的过程中同时实现精神追求。大学生有朝气、有激情、有梦想，是大众创业的生力军。但创业往往比就业面临更多的问题和挑战，所以在创业前必须仔细分析、精心谋划，为后期创业成功做好准备。在创业前首先要在充分分析环境和市场的基础上寻找创业机会，找到好的创业项目，并将创业项目包装策划好，可以通过各种创业大赛平台展示和检验创业项目，并最终推动项目实施，实现成功创业。

课后自测

一、单选题

1. 项目的可行性分析以（　　）为核心。

A. 市场前景　　　　　　　　　　B. 消费者需求

C. 经济效益　　　　　　　　　　D. 社会效益

2. AMA 是一种（　　）。

A. 新型问答社区模式　　　　　　B. 一对一模式

C. TV 秀模式　　　　　　　　　　D. 线下专场模式

二、多选题

1. 创业机会具有以下哪些特征？（　　）
   A. 客观性和偶然性　　　　　　　　B. 时效性和不稳定性
   C. 均等性和差异性　　　　　　　　D. 主观性和持续性

2. 创业机会的来源有（　　）。
   A. 技术进步　　　　　　　　　　　B. 政策变化
   C. 社会与人口变化　　　　　　　　D. 市场需求变化

3. 创业项目启动的类型分为（　　）。
   A. 单点启动　　B. 单边启动　　C. 双边启动　　D. 多边启动

三、填空题

1. 项目包装的目的是_____。
2. 项目包装一般要满足科学性、_____、_____、吸引力等要求。
3. 路演的演讲和材料中最好不要超过_____个关键概念。

四、判断题

1. 经营模式的主要宗旨是让项目盈利稳定，而并不一定追求暴利。（　　）
2. 项目包装是可有可无的。（　　）

[拓展学习]

医生的创新创业大赛

由广东天普生化医药股份有限公司和贝壳社主办的"天贝杯"医生创新大赛在福州启动，共征集到202个"创新金点子"，涵盖了医疗器械、互联网医疗、诊断医疗、医疗教育等多个方面，直击临床"痛点"。大赛为医生提供"天使投资"的机会。在202个"创新金点子"中最多的是外科项目，共57个，以及有不少来自麻醉科的项目等。

数据表明大赛创新项目很多是操作性的技术改进，对于改进治疗具有十分重大的意义。大赛有关负责人表示，大赛准确把握医生创新所面临的缺乏启动资金和时间、缺少推广团队和商业经验的四大挑战，通过汇集医生创新方案或既有专利，连接企业创新导师、贝壳社医健产业孵化平台、国内外资本投资机构、天普药业推广体系的力量，帮助医生克服创新产业化中的困难，实现创新梦想。为了助力医生创新，大赛设计了完善的参赛流程：首先收集临床医生的创新金点子或者临床痛点，由医疗导师团对征集到的项目进行初筛，确定入围项目之后将入围项目进行创新配对，组建项目小组，进行创新孵化。孵化成功后将举办项目路演，由医疗专家、资本投资机构组成的导师团，评审出优胜项目。最后大赛主办方会寻找天使投资，在产品投入市场后更有天普药业的营销渠道支持，将提供更加精准、精益和精诚的医疗服务。

"天贝杯"医生创新大赛医疗导师团"大咖"云集，这些医疗导师们不仅医学造诣深厚，而且极具创新精神。在大赛发布之际，导师们也畅谈医生创新，并且分享了大赛中的创新项目，到底这些创新项目能让我们的患者得到哪些受益？

拥有十多项发明专利，西安交通大学外科"梦工厂"创始人，西安交通大学医学部副主任吕毅教授现场分享了其创新的项目"真肝模拟人"腹腔镜训练系统。这是一种崭新的外科医生腹腔镜培训系统，对医学生临床实践课优化、住院医师规范化培训、专科医师培训产生巨大而深远的影响，而最终受益者是患者。

在癌症治疗方面，上海交通大学医学院附属新华医院副院长刘颖斌教授分享了一个创新项目：胆囊癌靶向药物的研发。

1. 小组讨论上述案例。
2. 各组写出讨论结果，进行分享。

[技能实训]

实训目标：能撰写创业项目商业计划书，会进行创业项目路演。

实训内容：创业项目策划。

实训地点：实训室、多媒体教室均可。

实训设计：全班分成若干组，每组5~6人，各小组根据自己的兴趣、能力、特长等实际情况模拟策划一个创业项目，要求各小组在课下利用两周左右时间撰写创业项目商业计划书，制作项目介绍的PPT、视频等内容，然后在课堂上对自己的创业项目分组进行路演。

[学习资源]

线上学习资源：

1. 亿邦动力网 http：//www.ebrun.com/
2. 创业网 http：//www.cye.com.cn/
3. 创业邦 http：//www.cyzone.cn/

线下学习资源：

1. ［美］辛德胡特. 创业营销：创造未来顾客. 北京：机械工业出版社，2009.
2. 姚飞. 创业营销：案例与微课. 北京：中国纺织出版社，2017.
3. 谌飞龙. 创业营销. 北京：机械工业出版社，2017.

参 考 文 献

[1] 刘喜敏. 网络营销（第3版）[M]. 大连：大连理工大学出版社，2009.
[2] 彭石普. 市场营销[M]. 大连：东北财经大学出版社，2014.
[3] 覃常员. 市场调查与预测（第4版）[M]. 大连：大连理工大学出版社，2013.
[4] 谌飞龙. 创业营销[M]. 北京：机械工业出版社，2017.
[5] 陈寒松. 创业营销与杠杆效应[J]. 现代企业教育，2006：65-71.
[6] 姚飞. 创业营销理论与案例[M]. 北京：经济科学出版社，2013.
[7] 刘卫国，闻春荣. 市场营销基础[M]. 北京：电子工业出版社，2013.
[8] 钟立群，李彦琴. 现代推销技术[M]. 北京：电子工业出版社，2013.